当代世界学术前沿译丛

Reorienting Economics

重新定向经济学

（英）托尼·劳森（Tony Lawson） 著

龚 威 译

中国书籍出版社
China Book Press

英文版出版说明

在这本覆盖面宽、能启迪思想的书中，T. 劳森进一步阐述了他备受赞誉的《经济学与实在》中的基本论题，即需要对社会理论化，特别是在经济学中，给予比迄今为止更明确、更系统的关注，将注意力集中在考虑其题材的本质上。正式地说，作者继续呼吁社会理论化中的本体论转折。

T. 劳森发现，经济学已处于一种不很健康的状态，表明这些问题的产生，主要是由于经济学家们普遍不考虑分析语境或分析条件而对方法进行规定的倾向。为了应对这种形势，作者极力主张从根本上扭转经济学的研究方向，容许一个更加多元化论坛的存在，一个除了包括大量别的东西以外还包括本体论和批判思维的论坛。

强调多元化是 T. 劳森的基本论点。与猛烈抨击当前占统治地位的那套经济研究做法迥然不同，T. 劳森坚持的论题是，如果想挽救经济学，最理想的办法是，在可行的地方，在所有兴趣方之间寻求连续不断的对话。

《重新定向经济学》的内容包括：对经济学现状的各种评论，本体论理论化的性质（包括其各种后果的性质），社会解释的各种可能性，经济学的范围，演化论的思维，包括女权主义经济学、后凯恩斯主义、旧制度学派，经济学借以采取当前方向的历史过程，以及许多别的东西。

诚如 T. 劳森以前的著作那样，《重新定向经济学》不仅会引起经济学家的兴趣，而且会引起哲学家、各领域的社会理论家的兴趣，引起对理解社会理论化的现状及改进措施感兴趣的任何人士的兴趣。

前言

本书的核心论点是，现代经济学这个学科已经到了必须从根本上改变其方向的时候了。具体地说，这个论题要表达的意思是，现代经济学可通过更加明确、系统和持续地关注本体论而获益。

本体论也许是一个不怎么为人们所熟悉的术语。但即便如此，我也希望，这个问题不会成为读者继续读下去的障碍。这里探讨的东西对该学科的未来至关重要。的确，我想一开始就清楚地表明，这本书并不仅仅，甚至主要不是为了那些专门探讨方法论本身的人而写的，而是为了任何关心经济学，更一般地说，关心社会科学理论化现状的人们而写的。

所谓本体论，我的意思是指研究存在（being or existence）本质的一种理论。它是关于确定包括结构在内的实在的一般性质的一种艰苦探索。在这本书中，我特别关注社会实在的本质和社会存在的问题。

通过详细讨论对经济学这个学科的重新定向问题，我想明确表示，在事物存在的现状中缺失了某些东西。我还在暗示，我心目中的那些问题可以借助我提出的观念转变加以纠正。让我简单勾勒一下我的论证轮廓。

作为一种学术事业，现代经济学的很大一部分已处于不太健康的状态，我的论证从这一认识开始。正如我们将在下面的第一章中所看见的那样，这个认识甚至被许多该学科的主流发言人所肯定。同样显而易见的现象还有，在过去的 20 或 30 多年里，许多大学和中学经济学系的入学率持续下降（Abelson，1996；Chote，1995；Parker，1993；Du Pisanie，1997；Kirman，2001），并且在校生，特别是在法国，公开批评其授课内容和现代经济学教科书对社会现实缺乏中肯的描述（参见如 Kirm，2001；Fullbrook，2003）。当我写这几行文字

— 1 —

时，批评该学科现状的请愿书似乎正在受到来自全世界的有不满情绪的经济学家和其他人的广泛支持（见 Fullbrook, 2003）。

鉴于这种情形的性质，也许仅仅转向具有本体论表象的哲学并不会令人满意。一种看上去更加明确的回应，特别是对那些具有务实精神的人们来说，也许是要用更多精力来构建一套理论，使其既能兼容现有理论见解，又能解决那些具有直接经济意义的问题。

后一种回应的问题是，这样的行动路线早已得到推荐甚至遵循，但该学科的实用性却无任何明显改进（见 T. 劳森，1997a）。某种东西阻挡着理论与实践的进步。我的评估是，为了充分确认和理解这个障碍的实质，进行本体论分析是必要的。的确，我们将会看到，阻碍实用性提升的核心原因恰恰是该学科接二连三地忽视本体论。本体论绝不可能成为更具实用性、更强有力的经济学的替代品，但它的确能够起到为这个目标服务的作用，特别是在这个时刻，对实现这个目标的作用也许是带有根本性的。

为了了解本体论如何在此刻特别显得有助益，要重点考虑对它来说能被接受的两个作用。现在，对这整本书具有中心意义的一个论题是，分析的具体方法和标准要适合阐明某种客体或物质而不适合于其他种类。K. 马克思在《资本论》第 1 版序言中曾经说过："分析经济形式，既不能用显微镜，也不能用化学试剂……"（Capital, vol. 1, 19）（见《资本论》第 1 卷第 8 页，中共中央马克思、恩格斯、列宁、斯大林著作编译局译，人民出版社出版，1975 年版——译者注）。当然，他的观点是，讨论中的题材具有一种性质，让公认的工具也不适合于对其进行研究。但提出的这个观点是一般性的，被研究的物质的性质对我们如何才能认识或不能认识它总是有影响的。

因而，本体论研究的一个作用，就是通过采用任何一套具体的研究方法与程序确定（通常是隐式的）关于实在的性质与结构的概念。同样，它还能确认在其下具体程序是相关的并很有可能出成果的那些条件。

第二个作用（对本体论来说至少是基本的），是在看上去切实可行的意义上尽可能完整、涵盖尽可能宽地阐明一个相关领域的实在的广义性质与结构。其目的是得出一个似乎包含作为特殊构形的所有实际发展的总概念。换言之，一个核心目标是提供一种表达具体语境中实现所有具体类型的分类语法。

正如我们将看到的那样，在每种作用中本体论所取得的成果可以通过多种方式得到应用。但在此刻，认识到在这两种作用中所取得的成果可以特别有效地结合起来加以使用，这样特别有好处。因为如果通过在其第二种作用中利用本体论，我们就能获得一个总的框架，这反过来可通过运用前者作用中的本体论揭示许多科学本体论与实践本体论的特殊性（亦即由科学的具体方法或策略主张预设的实在的概念）。换句话说，在所讨论的两种作用中应用本体论可使我们将具体方法本体论预设与我们对社会实在的本质最佳描述进行比较。以这种方式应用本体论的观点，尤其能够揭示任何方法或立场的错误和不必要性，这种方法或立场是先验性地被普遍化了，是高度具体的。这样的本体论观点，还能够识别这种错误：似乎把特殊案例看作普遍的或无处不在的。相对而言，它还能凸显把许多抽象看作隔离的错误，即是说，似乎它们比实际情况更加正确（见第二章）。

我匆匆讨论了这些问题，因为我的评价是，现代经济学的所有显著问题均源自现代经济学的研究方法与其研究题材的错配而导致的大范围的失败。的确，现代经济学提供了一个非常清晰的案例，即一个相当狭窄的研究方式，这种研究方式被先验地、不假思索地、错误地普遍化了，并产生了不幸后果。

这里，现代经济学强调方法，这是有意义的特点。现代经济学置自身于社会科学之内或把自己视为社会科学。因而它使自己朝向社会领域。但不像我知道的任何其他学科，现代经济学，或准确地说，其占据主导的主流传统，最大的特点就是关注方法，尤其是它坚持主张经济学必须依赖数学建模技术。坚持数学形式主义是现代主流传统范围内所有发展的一个共同特点。但坚持形式主义方法并非因为它们适合用来分析社会现实。事实上，甚至极少有人深思熟虑过这样的方法有无可能适合于经济学题材的性质的问题。

因此，正如我所说，这里我们有一个具体观点被先验地普遍化了的例子，一种只能说是很冒险的做法。事实上，现代主流经济学家四处鼓吹的各种形式主义方法极少适合分析社会现实，这相当容易确认。换言之，这些先验地被普遍化了的方法是非常错误的，这很容易表明。我坚信，这就是现代经济学处于如此混乱状态的原因。有必要对被经济学家们公式化了的那些理论加以限制，以便使其与他们的形式方法所预设的世界观相符和。人们有理由认为，这一世界观不能描述人类社会的特点，主流理论在为其建构的大多数语境中几乎不能提高理解力，这就不足为奇了。

这样，促成这本书的一个基本论题是，现代经济学的根本特点是其分析方法与其力图阐明的物质性质之间的错配。这种错配是形式建模方法的本体论预设与我们实际上生活在其中的社会世界的性质之间的错配。这种错配的确不仅解释了该学科广泛而持续的失败，而且说明之前对该学科的各种问题应对之声的局限，那些声音力图使它更具见识、更具有与策略的相关性。那些应对之策并未挑战主流传统的形式建模方法论，这样一来，（如由这些方法所预设的那样）不可避免地形成了一种隐式世界观，并使其见解和策略适应这种世界观，而这种世界观继续与（大多数）社会实在的性质不相匹配。

只有在以任何非常明确且持续的方式解决本体论问题方面不断失败的语境中，坚持这种方法与题材错配才真正容易理解。因此，我力主转向本体论在此刻具有特殊价值。

然而，在接下来的几章中，我用本体论的观点表明先验地将相当具体的断言令人怀疑地普遍化，并不限于当今对数学建模方法的强调。其他一些理论家对事物先验地进行普遍化的倾向也持批判态度，他们已拒绝人类到处都一样这种共同假设，正如我在第一章和第九章的注释中所说的那样（这种假设本身最终受到强调数学形式主义态度的鼓励）。但通过聚焦于个体经历和个人身份的独特性，这些理论家已经趋同于承认只有差异的观念。然而，从下面几章中捍卫的本体论观点出发，人们已经发现将差异普遍化本身就是不合理的，因为它忽视了人类与社会世界本来就有的这种共同特征（特别参见第九章）。

因此，本体论在鉴别也许被称为不应有的普遍性谬误的例子中很有用处。它帮助我们识别把具体方法或具体理论断言当作比其在实际上更能广泛应用和更具相关性的案例。

然而，这并非是唯一的有用功能。本体论，尤其在其揭示实在的一个领域本质的意义上，还有助于形成更加积极的方式，特别是有助于对各种各样的情况和偶发事件提出深刻见解，为达此目的必须谨慎从事，研究人员必须在方法论上有所准备；它还能指明有可能结出硕果的前进方向。正如我们将在后面的诸多章节中所看到的那样，它还可以依据语境以许多其他方式提供帮助。

此刻，我也许要强调指出，虽然我力促向本体论转折，但并不认为所有经济学家都必须投入到社会本体论的研究中。毋宁说，我只是认为，如果更多的践行者至少意识到其更加广阔视野的本体论预设，（在最小限度上）看到这些世界观和本体论观点与他们采用的方法和实质性取向的本体论前提并不抵触，这个学科就一定会受益。

让我在"实在论的社会理论化"的标题之下将所有观点理论化，使其以这样的方式在本体论上明确化并受到关注（不管是否构成对本体论的贡献）。因而，本体论的阐述只是后者的组成部分，但并不是对它的详尽阐释。我在劝告以更大的热情关注本体论问题的同时，并不坚持我们大家都需要开发自己的本体论理论（特别是在可持续的、已得到发展的观念被适当应用的地方），更精确地说，我极力提倡更广泛地采取实在论的社会理论化。

这时，我也许还要强调，我在这里并没有提倡在任何独立于语境的意义上都要把本体论作为优先项目。可是，我的确认为明确而持续的本体论分析，或其结果，可能是很有价值的，在此关键时刻，鉴于现代经济学的状态，可能是必不可少的。但本体论，像所有其他形式的理论化那样，本身是一个受情境制约的、片面的、可错的过程，产生着至少在某种程度上有可能是瞬变的结果。因此，我提倡一种全面的经济学理论化方法。我只是主张，本体论的各项发展，方法与实质性理论化的各项发展，并驾齐驱，共同演进，并在可能的地方相互沟通、相互丰富。

让我稍微阐述一下我个人对形式化建模的取向问题。虽然这本书的各个部分，特别是第一章，对现代经济学中采用各种建模方法的方式都进行了批判，但我也希望读者能够看到，我的批评是具有高度条件性的。反对采用形式方法本身不是，也从来不是我的意向。宁可说，我从根本上反对的，是不顾或先于对解释相关性的考虑，在面临不断失败的情况下，到处强加这些方法的态度和坚持其无处不被使用的顽固立场。因此，这个论文集的真正目的是重新定向该学科：转向更明确地把阐明社会实在的目标放在优先地位的行事方式。一旦（或如果）这种实在论的优先地位被重新确定，形式主义就可用于人们认为合适的地方，或作为可供选择的多种方法之一被保留下来。我特别不想为禁止某种活动形式提供支持，也不想限制方法论的自由选择。

我不否认，我对经济学中数学方法能取得重大成功的前景持相当悲观的态度。根据下面几章中所捍卫的社会本体论观念，加之对形式化建模方法的本体论预设所做的评价，我发现，后面这些方法用起来很不顺手，就丝毫不是什么令人吃惊的事。但在承认我的悲观主义态度的同时，我并不反对把一部分资源用于用数学方法研究社会物质。除其他事情外，正如我已经强调过的那样，所有知识都是可错的，因而，具体地说，我的悲观主义情绪的根据也许也是错误的。毋宁说，我批评的基本对象一如所陈述的那样。在其最一般化的概括中，我的反对意见是针对任何类型的先验教条的。我所辩护的实在论观点与任何一种无根据的立场针锋相对，这种立场坚持认为，只有或几乎只有某些方法应当被遵循。这种坚持在当下显得尤其不合时宜，因为相关研究方法都表现糟糕，而这背后的原因又完全能够得到解释。

我还想强调，当我把现代主流理论描述为过于狭隘（坚持把一种可能只有有限相关性的方法普遍化）的理论时，我并不同意那些将很不光彩的有问题的意向归咎于其从业人员的见解。某些批评现代主流经济学的人的确显得很自信，认为不管怎么说，强调形式主义观点都来自政治野心或主流理论家的取向，或来自与科学研究过程无关的心照不宣的目标。这不是我的看法（如我在第十章中阐明的那样）。毋宁说，我的体会只是，对大多数主流经济学家来说，不利用数学方法，经济学也许往往会搞得更好，这种想法或者不会产生，或者如果产生，也看上去不太具有可能性，或因太具颠覆性而无法令人接受。

事实上，对许多现代经济学家来说，数学演绎推理是科学的精髓。因此，对这个群体来说，放松强调现有的数学方法实际上等于放弃把经济学作为科学的可能性。

对这种想法的一种反应是质疑为什么经济学必须是一门科学。许多批评家也确实拒绝把经济学当作科学，但这并非是我的观点。相反，我所关心的远不止恢复经济学的科学地位。本体论能帮助我们更好地理解科学的本质，正如我们将要看到的那样，帮助我们认识到数学对它并非那么重要。正如到时我们将会看到的那样，即便是在自然领域，把科学实践化简为数学形式主义，或使数学形式主义成为必要的想法，就是又一次错误地、先验地将一个特殊案例普遍化（在这种情况下，它只是科学实践的一种具体形式）。

如果我在此批评主流经济学家把重点放在形式化建模方法上，我（当然）承认，同样这些经济学家偶尔也写非数学性的总统讲话或特约社论，等等。另外，即便是高度形式化的论文，也常常含有见解深刻的分散性序言或旁白。但是在现代经济学学术界氛围中，形式化建模方法的取向决定着任何指定个体是否有资格成为主流圈的持卡成员。正是形式化建模方法，也在现代经济学学院

— 6 —

（与商学院、管理研究机构、人类地理学系等相对），现在几乎独一无二地构成了现代经济学课程的"核心"内容。

我并不否认，在现代经济学学术界外，人们对有相关性的经济学进行了大量见解深刻的探讨。其中很大一部分是分散的，主要关注的是解决具有重要意义的紧迫问题，对特殊语境高度敏感的问题和其他值得重视的问题。早一点的时候，当我提及在迈向更具相关性的经济学道路上的绊脚石时，我是在说经济学在经济学学术界内是受指控的。正是在这后一点上所指的"经济学"中，强调形式化建模方法被无批判地普遍化了。

我也许还要说，有时提出各种不同的（非本体论）理由反对在经济学中利用数学，但我基本上不接受这些理由（见 T. 劳森，1997c，2002；下面的第一章）。某些个人仅仅因为他们不熟悉形式化分析而反对它。其他人则由于其显然难以利用而贬低它。例如，A. 马歇尔，虽然数学也是他的研究步骤之一，但他认为利用数学取得结果之后，即便那些结果具有相关性，也应当将其数学的推导来源烧掉（A. 马歇尔［Marshall］，1906）。我不赞成这种观点。如果人们普遍发现经济学家利用的那种数学有助于我们进一步理解社会实在，我相信更多的人会选择获得有关技巧。站在一般立场上，我肯定同意支持尽可能多的人获得相关技巧的意见，尽早从数学中获益，并从中获得乐趣。

进而言之，我很理解那些在各个学科领域都力求数学背后的实用性的主张。数学证明可以是优美的，运用数学的确可以达到高度清晰与严谨。然而，在加强对社会的理解方面，数学论证并非是独一无二的方法，所以仅仅依靠数学来达到实用性标准也是不够的。

如果认可我们的目标是增进对社会现实的理解，我一直认为这应当是首要目标，那么那些坚持认为几乎所有（或甚至相当一部分）资源必须配置给开发、应用和教授数学建模方法的人，就有责任让其他人相信，这种方法起码有在理论解释和实践应用上获得成功的潜力。但迄今为止，尚无证据或论据表明这样的形式主义论证与社会分析有多大相关性。

如果至此已经清楚本书的中心论点是有必要对现代经济学重新定向的话，我现在必须强调指出，我并不企图纯粹抽象地进行论证。毋宁说，我考虑的是如何以最好的方式在选就的方向上开始前进。具体地说，在后面的章节中，到处可见以本体论为方向的论证意向。所取得的各种各样的成果都被系统化为实在论社会理论的一种具体项目（即常常被指称为批判实在论的一种理论）的一部分，或由其充实。换言之，我不仅仅捍卫本体论的不可还原性，而且追求树立某种既具有其实质又有轮廓的东西，特别是在社会领域。我不仅要为经济学的重新定向而争辩，而且要竭力为建立一种具体的本体论方向的理论观点做贡献。

因此，实际情况是本书的基本论题是一个既高度抽象又相当具体或特殊的确切表达。在其非常抽象、非常基本的水平上，我的论辩只是为了在包括经济学在内的社会理论化方面向本体论转折。这里，我的核心论断是该学科需要从纯粹的（或主要是）先验的立场朝实在论的社会理论化方向转变。我的论题的更加具体或特殊的概括是，现代经济学学科需要离开当前占统治地位的数学—演绎主义建模方法，采取更具一般性和包容性的批判实在论的框架。如果主流的形式化建模的重点是先验思维的现代主要表现，其本身是现代经济学失败的主要元凶的话，那么，我相信批判实在论是目前最可持续的（当然，如果总是容易犯错的）一种事后实在论或现实主义的社会化理论，它能（至少能指出其通向的道路）超越该学科的无数弊病。

虽然后面那些文章的内容相互联系、相互交叠，我还是觉得把本书分为四个部分为宜。第一部分"经济学的当前方向与替代路径"包含三篇文章。第一篇阐述我对当代经济学的现状的评价，重点阐述数学化传统的作用。我放弃了最初把批评主流方向的另一些章节包括进去的想法。至少在某种意义上说，这是因为我想强调与我关系密切的这个理论更具建设性的一面。虽然《经济学与实在》（Lawson，1997a）中差不多一半的内容与提出一种替代当前主流方法的方法有关，但正是在那本书的前半部分，我对主流理论的批判受到了评论者的极大关注。我留给当前这本书的希望是，使该理论的那些建设性方面更加突出。第二章主要阐明我力图提倡的本体论方向，这包括对我主张观点起源方式的讨论。因为我正在提倡能够摆好自己的位置，描述好、解释好自己，似乎这种要求很合理。第三章是对我的基本观点的简短概述，希望它能起到进一步阐明该论点的作用。

第二部分的标题是"经济学的各种可能性"。这里我的目的是，探讨我为之辩护的本体论观念如何能够与其他问题产生关系的方式。在本书的这部分，我特别聚焦于（虽然不是专门）解释、演化理论化和经济学。我将特别讨论那些《经济学与实在》的评论者感到覆盖面和阐述不足或至少不够显著的问题。

第三部分的标题是"当代经济学的异端传统"。所谓"异端",我的意思是指,对目前被绝大多数现代经济学家,特别是那些集体组成当代主流的经济学家,视为正确的非常基本的学说持批判态度的那些传统。支持异端传统的撰稿人倾向于把主流经济学看作在其试图解释社会现象方面很不成功的学科。在本书的这部分中,我考查了各种各样的新路径或异端传统、借以力争做得更好的那些理论的性质。

我的论点是,通过提出各种形式的批评或捍卫关于理论与方法的各种观点,且那些批评和观点与比现代主流的显著预设内容更广阔、更丰富的本体论相一致;具有这些异端传统的经济学家为了建立更具相关性的经济学一直在努力工作着。此外,我的另一个看法是,这些理论(或至少是其中某些显著的分支)在此时刻可从使其本体论理论化或事业更明确、更系统和更能持续中获益,可从重新明确阐述它们自己,使其为我所称的实在论的社会理论化做贡献中获益。

本书的第四部分,也是最后一部分"从历史角度看经济学实践"只有一章。这里,我考查经济学当前的方向在学术界是如何产生的和持续的问题。如果广泛观察到当代数学化趋势从解释角度看表现得相当差劲,而可能的富有成效的替代路径又是可行的,似乎需要阐明目前的数学化理论是如何取得和保持其统治地位的。在本书的最后一章,对这个显然相关的甚至是急迫的问题,一个似乎需要进行历史考察的问题的一个暂时性解释进行了概括性叙述。

对任何已经读过《经济学与实在》的人来说,显而易见的是眼前的这本书是对同一个基本理论的拓展。我已经表明,我的意向是对前一本书中语焉不详、处理粗略的那些方面给予更多的考虑。因此,有些以前作为中心话题凸显的内容,在这里必然不怎么会受到强调,在某些情况下会被暂时搁置在一边。这样,《重新定向经济学》的最终视野既比《经济学与实在》宽广,又比它狭窄。在内容相同的地方,我将利用这个机会澄清较早的一些论点的某些方面,特别是已经产生了误解的地方。在尽力做后者的时候,我承认不断需要并反复追求表达我的论证的基本结构和背景预设。举例来说,在我总结归纳我的理论的性质和创立这个理论的动机时,解释为什么要把其恰当地确定为实在论时,简介如何才能掌握本体论推理时,阐述取得其成果的方式时(特别见第二章至

第六章），在这些时候就是如此。从此时起，特别是在这样的问题上，同时也在其他问题上，这本书尤其关注凸显那个基本观点与框架，它在背后支持或制约着看上去更完好或更富色彩的《经济学与实在》的画面。

最后，我也许应当提醒读者，虽然这本书是对现代经济学界状况的一个回应（这样，后者为我的各种论点提供了背景），但其分析却使我与经济学理所当然地是一个孤立研究学科的观点分道扬镳。的确，我论证的观点在很大程度上是社会理论与科学领域的跨学科观点。我的结论是，经济学，如果适当地调整其方向，继而对其进行更加合理的研究，最多也只是更加广阔的社会科学的一个分支，本身并不是一门单独或独立的科学（见第六章）。因此，虽然这本书名义上是为现在的和未来的经济学家而写，其激发语境是现代经济学界的形势，但其许多，也许是大多数，结论总体上与社会理论化有关。

下面的大多数文章之前均未发表过，并且，并非所有文章都包括在本书的构思之中。事实上，以前未发表的文章的一些早期草稿最初是为《经济学与实在》而写的。

说实在的，包括在下面的文章最初并非全都是为这本书构思的，相反，这本书是为了接受劳特里奇出版社的 A. 贾维斯（Alan Jarvis of Routlege）的邀请把已发表的那些文章集结起来，使其成为一个论文集而开始的。然而，在为了这个目的而挑选各种论文时，我还感到需要填补某些鸿沟。随着"鸿沟填料"的增多、逐篇增长和相互融合，随着我对它们重新加工，我发现容纳这些已发表文章的空间越来越小。因而，最初打算将其包括进去的以前许多已发表的文章（实际上是绝大多数）只好被砍掉。

这样，这本书就以这样的形式出现了。正如先前所设想的那样，它是一个演变过程的成果。不过，对这个结果我是满意的。特别是这本书的结构，包括对上面所描述的观点的分隔，也达到了一个足够的水平。这个结构足以使我能覆盖许多到此刻为止我认为很重要的东西。

以这样的方式把许多文章放在一起，构成一本书，各章之间有一些重复之处，特别是在包括三篇以前发表过的论文的那几章中（第三章、第六章和第九章）。然而，每章相对独立意味着读者可以很容易地从任何地方读起或大致集中阅读任何内容，而组合起来的集子，我相信并希望是一个合理的、连贯一致的整体画面。

致　谢

最后，我在这里要感谢一些人。可是，说实在的，不可能感谢在这本书的写作过程中所有直接或间接影响过我的人。由于我与那么多人那么频繁地讨论和辩论过本书所包含的论题，我甚至怀疑我能否尽数表达我的谢意。但我知道，我一定要深深地感谢在最近大约12年里一直参加"剑桥实在论论坛"的那些人，还要深深感谢参加过我有幸参加的全球各地研讨会的人们，因为在这些会议上我曾表达过我的思想。对所有这些人，我要表达我最深切的感激之情。

曾经帮助过我的人中，我能说出名字的是那些阅读和评点过一章或多章（包括最后被割舍的那些章节）的人们。为此，我要特别感谢M. 阿彻（Margaret Archer）、R. 阿雷纳（Richard Arena）、L. 巴勒（Leonard Bauer）、R. 巴斯卡（Roy Bhaskar）、A. 卡里法蒂（Antonio Califati）、A. 科利尔（Andrew Collier）、K. 多普菲（Kurtt Dopfer）、P. 福克纳（Philip Faulkner）、S. 福利特伍德（Steven Fleetwood）、J. 福斯特（John Foster）、E. 加莱奥蒂（Elisabetta Galeotti）、M. 格拉卡·蒙拉（Mario da Graca Moura）、G. 阿尔古（Geoffrey Harcourt）、N. 侯斯特勒（Nick Hosteller）、G. 霍奇逊（Geoffrey Hodgson）、C. 劳森（Clive Lawson）、J. 拉齐斯（John Latsis）、P. 刘易斯（Psul Lewis）、L. 蒙茨（Leonidas Montes）、Λ. 牛顿（Ann Newton）、A. 诺里（Alan Norrie）、J. 帕克（Jenneth Parker）、E. 佩罗纳（Eugenia Perona）、S. 普拉顿（Stephen Pratten）、R. 罗德里格斯（Carlos Rodrigues）、J. 伦德（Jochen Runde）、R. 罗塞姆（Roy Rothem）、M. 沙耶特曼（Marco Schejtman）、D. 斯特拉曼（Diana Strassmann）、U. 威特（Ulrich Witt）和G. 茨维恩（Gregor Zwirn）（他们还帮

— 1 —

助核对了引文和参考资料)。

从前面的名单中,我特别要挑出两组人。第一组中有 P. 福克纳(Philip Faulkner)、C. 劳森(Clive Lawson)、L. 蒙茨(Leonidas Montes)和 S. 普拉顿(Stephen Pratten),其中的每一个人都阅读了全书的初稿,和我一起参加了一整天的研讨会,共同评论其形式与内容。第二组中有 P. 刘易斯(Paul Lewis)、S. 普拉顿(Stephen Pratten)和 J. 伦德(Jochen Runde),他们审读了整本书的倒数第二稿,进一步提出了颇为有益的批评意见。对以上这些人的大力帮助,我的确心怀感激。

我还要感谢洛特里奇(Routledge)出版社的 A. 贾维斯(Alan Jarvis)先生,是他积极促进这个项目并成就了这本书。R. 兰姆(Rob Langham)帮助、鼓励、接续 A. 贾维斯的工作,T. 克莱格(Terry Clague)后来加入了洛特里奇出版社的团队,他帮助解决了各种各样的问题,我也要感谢他们俩。

我还要感谢我的家人。我必须特别提到希瑟(Heather),像我写前一本书的时候那样,她不仅容许我使用家庭电脑(虽然这次不是那么痛快),而且,特别是在我为参加各种研讨会修改各种版本的草稿、为其准备材料时,教我如何更好地使用某些电脑包。最后同样重要的是,我要感谢我的伴侣 J. 佩欣特(Joelle Patient),感谢她对我持续不断的鼓励、支持与建议。

最后,我要感谢有关杂志的编辑和出版人,他们准许我复制了下列论文:

"实在论与其有何关系?",《经济学与哲学》,1999,第 5 卷,15 号,第 269—82 页。

"经济学是一门独立的社会科学吗?论经济学的本质、范围与方法","应用经济学,1997,L 卷 2 月号,第 2,5—35 页"(Econimie Appliqué, 1997, tome L, no. 2, 5—35)。

"女权主义、实在论与普遍主义",《女权主义经济学杂志》,1999,第 5 卷,2 月号,第 25—59 页。

除此之外,我还利用了下述材料的各种修改版:

"数理经济学理论的不同命运:一种演化诠释",《欧洲经济与社会体制杂志》,2001,第 15 卷,4 月号,第 241—68 页。

"经济学应当是一门演化科学吗?凡勃伦的关注与哲学遗产",《经济学问题杂志》,2002,第 XXXVI 卷,2 月号,第 279—92 页。

目 录

英文版出版说明 ………………………………………………………… 1
前言 ……………………………………………………………………… 1
致谢 ……………………………………………………………………… 1

第一部分　经济学的当前方向与替代路径

第一章　关于现代经济学现状的四个论题 ………………………… 3
　　演绎主义 …………………………………………………………… 5
　　本体论 ……………………………………………………………… 13
　　封闭系统 …………………………………………………………… 13
　　原子论与孤立主义 ………………………………………………… 14
　　社会本体论的一种理论 …………………………………………… 17
　　虚构 ………………………………………………………………… 19
　　建模的成功 ………………………………………………………… 21
　　争论的本质 ………………………………………………………… 22
　　科学 ………………………………………………………………… 25
　　主流理论与科学 …………………………………………………… 26
　　经济学科的含义 …………………………………………………… 28

第二章 经济学中的本体论转折 29
语境与哲学方法 29
经济学方法论的各种竞争性路径 30
经济学中的批判实在论 33
超验分析与社会理论 35
具体策略 36
社会本体论的一种理论 37
社会规则 38
社会地位 40
内在关系性 41
转变与再生产 41
随时空变换的再生产 42
突现与过程 45
人与主观性 46
习性 47
意识 48
能动性与结构的相互作用 51
前瞻性行为 52
个人身份与意义 54
各种视角的局限性 55
本体论探索的含义 55
错误与危险 56
澄清问题 60
方向性 62
本体论的语境 63

第三章 实在论与之有何关系? 66
作为非实在论对比的实在论 67
实在论的:不是少,而是多 68
各种竞争性理论 69

当代主流经济学的问题 ………………………………… 70
一种实在论的替代路径 ………………………………… 71
经济学方法论面临的形势 ……………………………… 72
D. 豪斯曼与经济学 …………………………………… 73
D. 豪斯曼与批判实在论 ……………………………… 76
结语 ……………………………………………………… 78

第二部分　经济学的各种可能性

第四章　社会科学的解释方法 …………………………… 83
社会解释工作的条件 …………………………………… 83
因果解释与溯因推理 …………………………………… 84
社会解释的核心问题 …………………………………… 85
出发点 …………………………………………………… 88
对比与兴趣 ……………………………………………… 90
一个说明性实例 ………………………………………… 91
再谈科学实验 …………………………………………… 91
作物种植 ………………………………………………… 92
成功可能性的条件 ……………………………………… 93
迁移至社会领域 ………………………………………… 94
对比解释 ………………………………………………… 96
解释过程的开启与兴趣的相对性 ……………………… 97
导向解释过程 …………………………………………… 99
区分各种不同的因果假设 ……………………………… 101
有助于社会领域中的解释性研究 ……………………… 102
一个貌似一般的解释模式 ……………………………… 106
半规则性 ………………………………………………… 109
持续或广泛的社会过程 ………………………………… 111
社会解释的可行性 ……………………………………… 112

— 3 —

第五章 演化经济学？关于借用演化生物学的问题 ………… 114
 演化经济学的魅力 ……………………………… 114
 生物学与社会的关系 …………………………… 117
 演化理论与隐喻 ………………………………… 118
 演化模型在社会理解中的优势：一个初步方向 ……… 120
 社会物质的性质 ………………………………… 121
 生物模型与主流经济学 ………………………… 122
 自然选择 ………………………………………… 124
 一个生物学案例：C. 达尔文的雀科鸣鸟的喙 ……… 125
 走向一般化演化模型 …………………………… 126
 PVRS 模型 ……………………………………… 128
 自然选择机制 …………………………………… 130
 回归社会程序 …………………………………… 130
 作为社会活动转变模型的 PVRS 演化模型 ………… 131
 演化生物学与演化社会科学的不可类比性 ……… 134
 自然选择模型或生物演化模型的特殊性 ………… 135
 作为一个有限的认识论案例的演化解释 ………… 136
 经济学与隐喻 …………………………………… 137
 模因与模因理论 ………………………………… 138
 适应语境 ………………………………………… 144

第六章 经济学是一门独立的社会科学吗？ …………… 146
 经济学的性质、范围与方法 …………………… 146
 经济学竞争性设想的背景 ……………………… 146
 一种科学观念：以前的成果 …………………… 148
 溯因推理 ………………………………………… 150
 科学的不同特征 ………………………………… 151
 社会科学 ………………………………………… 152
 研究社会现象是一门特别学问吗？ …………… 154

经济学的性质与范围？走向综合 ………………………… 156
评 L. 罗宾斯的论文《论自然与经济科学的意义》 …………… 158
L. 罗宾斯反对"物质主义"或基于财富的各种概括 ………… 159
L. 罗宾斯与科学普遍原理 ………………………………… 160
L. 罗宾斯与经济学一般原理 ……………………………… 162
作为"选择科学或理性行为"的 L. 罗宾斯的观念及其
　　对主流的解释 …………………………………………… 164
经济学可作为一门独立的或独特的社会科学吗？ ………… 167
关于独立性的最后论述 …………………………………… 169
一种经济学观念 …………………………………………… 170

第三部分　当代经济学的异端传统

第七章　后凯恩斯主义的实质与各种异端传统描述中存在的问题 …… 176
　　一致性的问题 …………………………………………… 177
　　后凯恩斯主义更加突出的特点 ………………………… 177
　　走向一致性 ……………………………………………… 178
　　J. 凯恩斯的实在论方向 ………………………………… 181
　　后凯恩斯主义的多种竞争性理论与策略 ……………… 185
　　一致性的多种含意 ……………………………………… 188
　　异端传统的范围：共同性与差异性 …………………… 188
　　区别各种异端传统的提示性基础 ……………………… 189
　　经济学在社会科学中的地位 …………………………… 190
　　经济学范围内各种异端传统的地位 …………………… 190

第八章　制度经济学与实在论社会理论化 ……………………… 193
　　演化科学与本体论 ……………………………………… 194
　　方法、认识（知识）理论与判断方向 ………………… 197
　　T. 凡勃伦的演化认识论 ………………………………… 199

作为一位彻底的演化论者的 T. 凡勃伦 ……………………… 200
　　支持 T. 凡勃伦是一位彻底的演化论者的原文证据 ………… 202
　　T. 凡勃伦的评价方向 ……………………………………… 205
　　批判本体论与明确否定 …………………………………… 206
　　T. 凡勃伦对演化论方法的支持 …………………………… 208
　　T. 凡勃伦对支持演化论方法持保留态度之谜 …………… 210
　　含意的一致性 ……………………………………………… 212
　　一个建设性大纲的遗产 …………………………………… 213
　　T. 凡勃伦贡献的性质 ……………………………………… 214
　　一种转变性社会本体论 …………………………………… 215
　　T. 凡勃伦的演化经济学 …………………………………… 216
　　经济学范围内演化论方法的位置 ………………………… 219
　　演化科学、制度和自然选择 ……………………………… 221
　　习惯、制度和转变模型 …………………………………… 223
　　当代旧制度学派的意义 …………………………………… 225
　　充分利用 T. 凡勃伦的成果 ………………………………… 229

第九章　女权主义、实在论和普遍主义 …………………… 230
　　先验普遍化的做法 ………………………………………… 230
　　女权主义与实在论 ………………………………………… 232
　　实在论或本体论重要性的一个标志 ……………………… 233
　　示例1：关于社会过程的形式建模 ………………………… 234
　　形式建模的特殊性 ………………………………………… 234
　　结构化的本体论 …………………………………………… 236
　　封闭的条件 ………………………………………………… 237
　　社会领域 …………………………………………………… 237
　　社会地位与社会关系是社会实在的组成部分 …………… 238
　　内在关系的重要性 ………………………………………… 239
　　作为社会科学一般化工具的形式建模 …………………… 240
　　示例2：认知实践不可或缺的地位性兴趣 ………………… 242

开放系统的一种认识论 …… 242

　　对比性解释 …… 243

　　情境性认识 …… 245

　　对比性解释与女权主义认识论 …… 246

　　示例3：人的解放的可能性 …… 250

　　实在比事件和事态过程具有更多的意义 …… 251

　　关于人性问题 …… 252

　　需要 …… 253

　　人类解放的可能性的基础 …… 254

　　结语 …… 256

第四部分　从历史角度看经济学实践

第十章　对当代主流经济学数学化趋势的一种解释 …… 261

　　需要解释的现象 …… 261

　　解释的第一步 …… 262

　　另一个谜 …… 264

　　拓展了的解释性论题的性质 …… 265

　　演化解释 …… 265

　　自然选择模型 …… 267

　　PVRS模型 …… 268

　　当代主流经济学 …… 270

　　社会演化故事的基本组成部分 …… 271

　　参与体与复制体 …… 272

　　起源问题 …… 274

　　法国经济学数学化的驱动力 …… 275

　　法国的数学文化 …… 278

　　环境：社会现象数学化的各种取向 …… 279

　　J. 萨伊的影响 …… 281

对 L. 瓦尔拉斯的接受 ································ 285
转折性环境：重新解释数学 ························ 287
政治环境 ·· 289
二战后美国的语境 ···································· 290
前反馈与后反馈机制 ································ 293
纵览与进一步的问题 ································ 296

注释 ·· 299
参考文献 ·· 382
人名索引 ·· 417
主题词索引 ·· 435

第一部分
PART ONE

经济学的当前方向与替代路径

本书第一部分的主要内容是阐明我的基本观点、提供一个第二至第四部分中所利用的框架。它包含三章，它们在相当程度上系统化了我在其他地方提出的论点。这里的一个中心目标是澄清和巩固，但对我以前的论点也有一些发展。

这三章中的第一章是最具批判性的。这里，我注意到了现代经济学很不令人满意的状态。我集中讨论该学科的那些我认为是其最成问题的特点，并说明它们是造成该学科当前不尽如人意的重要原因。

在第二部分，我极力主张重新确定该学科向前发展的一个具体方向。这里的重点是本体论。我特别概述了本体论理论化的一条路径，讨论了所取得的各种成果，并简略指出了这些成果可能造成的某些影响（在本书的其余部分对后者进行了更加详细的描述）。

第三章是之前发表于《经济学与哲学》的一个相对简短的注释，解决为什么把我的理论确定为实在论是恰当的这样一个具体的问题。

第一章
关于现代经济学现状的四个论题

我们如何概括现代经济学的状态？在开头的这一章里，我提出四个与此问题根本相关的基本"论题"。这里，我要为每一个"论题"辩护到一定程度时才会进入细节性讨论。在此时我一并重新考虑它们的目的，是将许多相关的背景性成见系统化，并澄清它们。在其后的大多数章节中它们集体提供的画面被认为是已知的事实（如果进一步阐述的话）。这四个论题可简单陈述如下。

论题1：当前，学院派经济学在很大程度上被主流传统或正统派统治着，其实质是一味坚持数学演绎主义建模方法。

论题2：这个主流理论已处于不很健康的状态。

论题3：主流理论之所以表现如此差劲，是因为数学演绎主义方法正在被应用于不适合于它的情况。

论题4：与其雄心相反，现代主流理论主要起到了限制经济学获得其潜在（却真实）的理论解释力和作为自然科学的科学性。

现在，让我逐一讨论上述每一个评价。

论题1：当前，学院派经济学在很大程度上被主流传统或正统派统治着，其实质是一味坚持数学演绎主义建模方法。

几乎毫无疑问的是，现代经济学被一种企图将数学方法应用于所有研究领域的理论统治着。目前，大学经济学系教学计划的重点是使用数学方法[1]，并常常仅仅包括了微观（数学）建模、宏观（数学）建模和计量经济建模[2]。大多数被视为核心或权威的杂志几乎只发表数学公式化的文章。[3]

这种数学化理论在经济学中占据了强大的主导地位，实际上当今许多践行者（不像他们的前辈们[4]）几乎不（或不愿）承认有什么别的替代性路径。对持这种观点的大多数人来说，"经济理论"甚至仅仅是"理论"一词都变成了数学建模的同义词。[5]一篇在主流圈即便可算作经济学方面的文稿，也要求作者采用数学方法，并最终产生成型的模式。理查德·利普西（Richard Lipsey）曾说：

> 为了在今天的顶级经济学刊物上发表一篇文章，你必须提供一个模型，即便它对你的文字分析不会增添任何意义。我参加过许多研讨会，主讲人说话几分钟后就有人问"你的模型在哪儿？"当他回答说"我没有模型，因为从我阐述的问题出发，我不需要做模型，甚至不能做"时，对方就不再感兴趣了，即使人没真走，心思也早已不在了。

（R. 利普西，2001：184）

要认识这种形势就是不否认讨论中的理论总是以某种方式还与社会现象有关，或者至少与各种社会范畴有关。经济学家通常不会抽象地只关注（数学）操作人员的性格特性和元素集的性质问题，而且还热心关注称之为"消费""收入"等等的变量问题。[6]虽然像 G. 德布勒（Gerard Debreu，1959）那样的某些人声称拥护不需任何解释的布尔巴基学派（Bourbaki）的理想框架（见第十章），这个理想似乎永远不会完全实现。它的确能起到使该理论从取得与实在的联系的迫切性中放松一下的作用（我们在第十章中还可再次见到）。但现代经济学的践行者似乎决不会完全放弃对社会范畴的关注，或放弃早晚会阐明社会实在的希望。最终，其目的似乎是使社会世界的各个方面让人容易理解。因而，有一种感觉，那就是从本质上看该理论的解释力总是有待提高的。

这里，仍需强调的一点是，这个理论的解释观念或解释模式必须是一个以利于广泛使用包括形式建模在内的数学形式主义（公式主义）。[7]那种早就开始发挥作用的解释模式就是演绎主义。

演绎主义

所谓演绎主义，我意指一种解释类型，在其中规则性形式"如果事件 x，那么事件 y"（或随机性近似等价物）是一个必要条件。这样的规则性被认为是持续存在的，并实际上常常被当作法则看待，在要求有初始条件伴随的情况下让演绎产生各种结果或预测。在这些规则性出现的系统据说是封闭的。[8]当然，封闭并不仅限于两个事件或"两个变量"之间的相互关系的情况；后者你想要多少就要多少。通过假设一个非线性函数关系，或通过指出，如在混沌理论或诸如此类的理论中那样，所发生的事也许对初始条件极为敏感，这两种做法都免不了一个封闭系统。鉴于同样精确的条件，如果同样的结果的确会（或可能会）接着发生（或在一个概率公式化中平均发生，等等），该系统在我使用这个术语的意义上是封闭的。

请注意，解释的结构是这里讨论的重点。或者被经济学家解释为结果（包括事件或事态）的许多实体可能是虚构的，或者声称的相互关系实际上并不成立，这两者均不会损害演绎主义是该理论的解释模式的论题。换句话说，所谓演绎主义，我仅指一些解释形式，对这些形式来说封闭系统是一个至关重要的构件；保证任何假设的封闭系统或规则性的真实性绝不是先决条件。

还要看到，不管所强调的是归纳或先验演绎都是无意义的。如果要利用经济学家转而依赖的那些数学方法，就必须要求封闭（预设封闭），不管它们在观察报告或"数据"中是广受欢迎的还是纯粹捏造的。演绎主义是一种解释形式，它假设或要求这样的封闭，不管任何这样的封闭是否实际上被发现。因而，如此理解的演绎主义显然囊括了现代经济学的大部分内容，其中包括大部分微观经济学、宏观经济学和计量经济学。[9]

如此描述的现代主流理论可以被贴上各种各样的标签。在下面的几节中，我把其活动交替地称为数学演绎主义建模、形式主义封闭系统建模，或仅仅称之为形式（或数学）建模，等等。这些描述实际上是同一回事，也可在"（现代）数理经济学"[10]的名目下被松散地系统化。然而，正是这种方法，不管我们怎样称呼它，目前正在该学科中广泛流行。我的意思是，正是对这个方法的顽固坚持才是其范围内占据主导的现代主流理论部分的显著特点（又见 Dow, 1997；Setterfield, 1997）。

虽说主流的数学化努力占有绝对主导，它的追随者都把它视为该学科的全部，但这是错误的。虽然不仅许多持不同见解的个人，而且，各种各样的富有成效的高产异端传统被边缘化，但他们却一直追求着对经济学的理解，同时反对主流坚守数学建模方法的顽固立场。在比较突出的后者传统中，我们发现了，例如，奥地利学派、女权主义经济学、（旧）制度学派、后凯恩斯主义、马克思经济学和社会经济学等。虽然这些理论范围内的小群体或许多个人有时的确会求助于形式主义建模，但却没有将经济方法简化为形式主义建模技术。让我引用《女权主义经济学杂志》的编辑 D. 施特拉斯曼（Diana Strassmann）的话，她从异端视角出发准确地扑捉到了现代主流理论的方向：

> 对一位主流经济学家来说，理论意味着模型，模型意味着用数学形式表达的思想。在学习如何"像经济学家那样思考"时，学生学到了某些关键性概念与模型，通常一开始就通过简单的数学分析传授一些思想。学生学习这些模型，它们就是理论。在较高级的课程中，经济理论是以更加复杂的数学模型表述的。主流经济学家们相信正确的模型——好模型——采取的是一种可识别的形式：用等式（方程式）表达，采用数学表达的定义、假设和设计清晰的理论上的发展成果。学生们还学习经济学家是如何辩论的。通过学习，他们得知合理的辩论方式是借助模型和按计量经济学构成的证明形式。虽然学生们也学习以往时代产生的用文字和几何学写成的杰作，但他们很快就知道急于找工作的新手们应当模仿当前的老师，而不是向已故名人学习。
>
> 因为所有模型都是不完全的，所以，学生们还知道了没有完美的模型。的确，学生们知道，从事过度质疑简化假设的工作显得很差劲。声称一个模型不足功绩不大——可能任何人都会做。真正有价值的是搞出一个更好的模型，找到一种更好的理论。这样一来，受过"正规"教育的经济学家们的积累性智慧大行其道，而那些只知道批评却拿不出更好的模型的人只能是外行狙击手。科学上的重大胜利需要一种更好的理论，这种理论必须要有以可识别的形式表达的更好的

模型。这就是经济学家们学习其道的方式,这也是我的为学之道。

因此,当我听到来自其他学科的女权主义者将"理论"这一术语用于文字形式表达的思想时,当其被用于不包含甚至是数学表达的可能性最小的那些思想时,请想象一下我的反应。"这是理论吗?"我问道。"数学在哪里?"

(1994:153—4)

虽然 D. 施特拉斯曼在这里认识到数学建模与当前的主流理论之间的密切联系,但有一些经济学家却从其实际的理论化特征出发力争描述现代主流理论。可是,这样的努力却证明是不成功的。大多数情况下,它把主流经济学与人类理性理论或均衡等诸如此类的概念联系起来。

这里的问题是,前述的特征在热情和时尚的快速转换中往往难以为继,上述理论倾向要反复经历这种强烈的兴趣冲击。[11]

在承认这种形势的条件下,有些具有批判眼光的观察家得出结论:当前的主流理论游移不定,难以捉摸。有些人甚至怀疑主流理论的各种各样的分支是否有衔接性与共通性。在 P. 米罗斯基(Mirowski)看来:

历史学家被迫承认,事实上,它最后被描述为各种完全不同于正统学说的一个序列,被准竞争者们的半阴影围绕着;正是这个,而不是任何演绎或归纳的"成功",才造就了它的长寿。

(1994:68)

P. 米罗斯基忽视了主流理论持续依赖数学—演绎推理的现象,他认为我们必须质疑这个理论能否被说成"最多是由面对每两代或三代就反复断裂的关于连续性的鲁莽断言所构成"?(出处同上:69)。

那些用这样的方式进行推理的人把现代经济学的数学化视为理所当然的事(虽然不必是任何具体的数学形式[12])。毫无疑问,这样做的共同趋势被大多数发生在主流内部的对数学中心地位的捍卫或甚至对其评论所遭受的广泛失败强化了。因此,我认为,值得我们回顾一下 A. 怀特海德(Whitehead, Alfred North)在更一般的水平上考虑哲学时发出的警告:

当你批评一个时代的哲学时，不要把你的注意力主要集中在那些其鼓吹者感到必须捍卫的思想观点上（intellectual position）。会有一些该时代所有不同体系的追随者无意识地预设的某些基本假设。这样的假设看上去显而易见，结果却是人们不知道他们在假设些什么，因为他们从未见过说明事理的别的方式。有了这些假设，有限数量的某些类型的哲学体系的存在是可能的，这些体系构成了该时代的哲学。

(1926：61)

无论如何，在面临现代经济学看上去不容置疑地依赖数学演绎推理方法的情况下，值得反复强调数学建模对社会理论化与社会理解肯定不是至关重要的。这是我在下面论题4的标题下提出的一个观点，事实上，我坚决主张，当前强调形式主义可能常常会削弱解释上富有见解的社会分析。可是，我在这个阶段关注的是，要强调指出，由于主流坚持数学方法，而异端的各种传统和其他流派却不认为它是必不可少的，我们可以看到，正统派的各种不同的分支不仅有一个共同特征，而且有一个特别出众的特征。诚如我所说，这就是坚持认为数学—演绎方法必须尽量用来提高对被视为经济的现象的认识（进一步的讨论，见 Lawson, 1997c; 2002）。

论题2：这个主流理论已处于不很健康的状态

我要提出的关于当前形势的第二个评价是，当这个主流理论被视为与社会解释有关的事业时（与考虑在追求保持其在学术界的统治地位方面时相对），实际上是很不成功的。

事实上，现代主流理论的许多问题被那些反思该问题的人们足够广泛地认可（与记录），在此，不需要我多说什么。正如该学科的密切观察者所做的那样（见例如 Patker[13], 1993; "经济学家"[14], 1997; Howell, 2000[15]），异端经济学家长期以来一直把矛头指向该理论的大量失败之处（见 Ferber 与 Nelson, 1993; Fine, 2001; Hodgson, 1988; 1993; Kanth, 1997; Strassmann, 1993a）。甚至某些拥护主流理论的人本身也正在表现出更多的忧虑。无疑，某些对该理论做出贡献的人承认，根据其自身制订的衡量成功的（解释/预测）标准，它表现得也相当差劲（Kay，1995；Rubinstein，1991；1995），并饱受其宣称怎样做与实际做法之间的紧张关系和不一致性的折磨（Leamer，1978；Hendry 等，1990）。即便按照自己的基本原理，该理论基本上也被认为处于某种混乱与不清晰的状态（如见 Bell 和 Kristol，1981；Blaug，1997；Kirman，1989；Leamer，1978；1983；Leontief，1982；Parker，1993；Rubinstein，1991；1995；Wiles 和 Routh，1984）。举例来说，A. 鲁宾斯坦（Rubinstein）曾回忆到：

> 解释经济理论的问题……是目前经济理论家面临的最严肃的问题。我们中大多数人的感受可归纳如下。经济理论应当讨论真实世界的问题。它不是抽象的数学的一个分支，虽然它也利用数学工具。由于它是关于真实世界的，我们总是期望该理论在实现实际目标方面证明是有用的。但经济理论尚未做到这一点。根据经济理论得出的预测尚远不如自然科学所提供的预测那么精确，经济理论与实际问题之间的联系……微不足道。
>
> （A. 鲁宾斯坦，1995：12）

这位主流"理论家"继续写道：

> 经济理论关于其目的和解释之间的联系缺乏普遍一致的看法。我们一遍又一遍地发现我们自己在问这个问题："它要走向何方？"
>
> （A. 鲁宾斯坦，1995：12）

早在 10 多年前，一位名为 W. 列昂惕夫（W. Leontief）的诺贝尔经济学奖得主就已经哀叹该理论在提高理解力方面遭到的不断失败：

> 大量的经济学专业期刊中充满了数学公式，把读者从一套套貌似多少有点道理、实则完全武断的假设引向虽被精确陈述但却毫不相干的理论结论……经济学家们年复一年地不断建造着难以计数的数学模型，并极为详细地探究着其形式特性；计量经济学家们把所有可能

的、各种形式的代数函数应用于本质上相同的各类数据，却无论如何也看不出能够提高对真实经济系统的结构和运行机制的有系统的解释力。

（W. 列昂惕夫，1982：104）

最近，M. 布劳格（Blaug），也许是最著名的主流方法论者，也至少如前面那样明白无误地对那些问题进行概括：

> 现代经济学患病了。经济学日益成为自己而不是为了在理解经济世界方面产生的实际影响而玩的一种游戏。经济学家已将这个学科变成一种社会数学，在其中分析的严格性就是一切，而实际上的应用性则什么都不是。

（M. 布劳格，1997：3）

M. 弗里德曼（Friedman）也是一位诺贝尔奖得主，他补充说：

> 经济学已日益成为数学的一个深奥分支，而不是研究现实问题的学问。

（M. 弗里德曼，137）

R. 科斯（Ronal Coase），另一位诺贝尔奖得主，进一步说：

> 现行经济学是漂浮于空中的一种理论体系，与现实世界中发生的事没有多少关系。

（R. 科斯，1999：2）

当然，在承认现代（主流）经济学的状况不怎么令人满意的人中，并非所有的人都实际上将它的问题与其数学性质联系在一起。与此相反，仅仅是因为质疑对数学方法的广泛依赖，就是质疑其理论的真正本质，这件事将是大多数主流经济学家最后考虑的问题。考虑一下主流"经济学理论家"艾伦·科尔曼

（Alan Kirman，1989）的回应就知道了。在一篇题为"现代经济理论的内在限度：皇帝没有穿衣服"的令人钦佩的文章中，这个题目明确显示了作者的批判与反思倾向，艾伦·科尔曼关注的是当前奉行的"经济理论"的各个方面。然而，尽管对变化持开放态度，科尔曼看上去仍然不能使自己认可需要除数学形式以外的某种东西的可能性。艾伦·科尔曼企图"确认"现代"经济理论"的"问题之源"，他写道：

> 关于问题的根源的论点……使我们被不能逃脱的数学桎梏所禁锢，这个观点似乎不是很有说服力。我们使用的各种数学框架使我们改变或者至少改善我们理论的任务相当艰巨，这是不容否认的，但是，很难令人相信有人已经提出了一种概括明确的新方法，让我们有可能不再采用经济学研究的适当的数学工具。
>
> （A. 科尔曼，1989：137）

计量经济学的无数失败得到了同样的回应。举例来说，爱德华·李默（Edward Leamer），此人很像 A. 科尔曼，显然也是该学科的一名具有批判与反思精神的学者（发表的文章中有的名为"让我们除掉计量经济学中的骗局"），他承认不仅"计量经济理论基本上不具相关性的见解为经济学行业一大部分人所持有，这令人尴尬"，而且存在着"计量经济理论与计量经济实践之间的巨大差距"（Leamer，1978：vi）。然而，在未能解决显著的理论与实践不一致的问题后，爱德华·李默写道：

> 我预见不到将会出现能使数学推理理论得到充分应用的任何进展。不管是好是坏，真正的推理将继续是一个高度复杂、难以理解的领域。
>
> （爱德华·李默，1978：vi）

可是，非数学理论的推理思想却没有引起更多思考。

然而，这里的核心观点是，所有这类令人瞩目的回应都建立在承认该学科处于不怎么景气的状态之上。不管所寻求的或所提供的诊断是什么，广泛认同的看法是，现代经济学处于不很健康的状态，不管对形式主义主流理论已经上升到如此之高的统治地位作任何种解释（见第十章关于此问题的论述），都不是因为到目前为止该理论为解释我们生活的这个社会和世界做出了重要的贡献。

论题3：主流理论之所以表现得如此差劲，是因为数学演绎主义方法正在被应用于不适合于它的情况。

我现在想提示，讨论中理论的表现一直很差的情形完全可以解释坚持把形式建模的诸多方法应用于非常不适合于它们的社会条件。我明白，对许多经济学家来说，这样的一种可能性几乎是不可思议的。F. 哈恩（Frank Hahn）在宣称任何认为它是"一个肯定不值得讨论的观点"的见解时，也许抓住了很大一部分人持有的态度（Hahn, 1985: 18）。事实上，F. 哈恩后来劝告我们，要像回避瘟疫那样"避免讨论经济学中的数学问题"，根本不要去考虑"方法论"（Hahn, 1992a；又见 Hahn, 1992b）。然而，鉴于现代经济学数学化实践的不良记录，我认为，需要对其性质和相关性进行详细讨论，这已成为今天更加迫切的任务。

很多人对我提出的任何类似论题（亦即认为数学化趋势本身也许至少是问题的组成部分）深感怀疑，在这些怀疑背后，是有时经明确陈述、但我认为是广泛持有的一种观点，那就是：应用于经济学中的数学仅仅是另一种语言（例如见 Samuelson, 1952）。我相信，这种观念再怎么说也是误导人的。我们在这里主要讨论的是，经济学家把各种现成的数学程序应用于其学科的那些方式。把数学更一般地说成是工具而不是语言更容易使所出现的诸多问题得到缓解。我相信，很少有人试图用梳子写信，骑着把刀去上班，或用钻探去擦窗户。然而，所有这些工具在适当的场合都有自己的用途。经济学家们四处挥舞的建模方法也是如此。当然，即便我举的这些例子不怎么精当，但如果牢记这些例子有助于挑战自满（有些自满观点认为，任何工具，包括形式主义数学推理在内，可以普遍适用），那么这些例子就达到了目的。

本 体 论

这些思考把我们引向本体论话题。所谓本体论，我意指对存在的研究或理论，关注的是组成实在的"材料"的性质和结构问题。当前所有研究方法都包含有本体论的预设或前提，只有具备这些前提，方法的运用才是恰当的。一旦采用了任何一种研究方法，也就预设了某一种世界观。

然而，情况似乎是，经济学家采用的数学建模方法的本体论预设极少受到质疑，甚至极少被承认，至少没有任何系统性或持续性的承认或质疑。这样一来，本体论可能的不匹配（这些建模方法的预设与被研究的社会实在的那些特征本质的错配）就有可能忽视。然而，诚如我所说，像所有方法一样，数学演绎主义建模方法同样也有本体论预设。所以我的观点简单说来就是（我将在下文进行辩护）这些数学演绎主义方法的先决条件似乎没有在社会领域里经常出现。

封 闭 系 统

为了更深入地探讨问题，证明这个评价是有道理的，让我首先评说一下经济学家主要使用的各种形式的建模方法，从应用它们的目的出发，这些方法要求存在事件的规则性或假设事件是有规则性的；他们预设了封闭系统的出现。主流经济学，正如我所说，是一种演绎主义形式。所谓演绎主义，我再重复一遍，我只是意指假设或构想了规则性的任何形式的旨在解释的努力，那些规则性（决定地或随机地）将诸如事件或事态这样的现实存在连接起来。

当然，形式建模方法要求确认或构建事件规则性，这一事实已被主流经济学家所公认。M. 阿莱（Mauris Allais, 1992）认为演绎主义建模与科学之间存在联系是理所当然的事，他很好地表达了那种约定俗成的情况：

> 任何科学的根本条件存在着可被分析与预测的规则性。天体力学

的情况就是这样。但对许多经济现象来说它也是正确的。的确，其透彻而详尽的分析显示了规则性的存在，这些规则性宛如在物理学中发现的那些规则性一样引人注目。这就是经济学是一门科学的原因，就是这门科学如物理学一样仰仗同样的一般原理和一般方法的原因。

(M. 阿莱, 1992: 25)

但是，如果阿莱正确地指出了现代主流强调确认社会事件的规则性或将其公式化，他对现代经济学的状况的描述在其两个方面实际上是相当错误的。计量经济学家反复发现，所概括的那类相关性一报道出来就宣告失败。社会事件规则性的必要条件很难获得（见 T. 劳森，1997a：第七章）。实际情况并非如阿莱所指的现代主流经济学家所追求的那种"令人瞩目"的事件规则性，是科学的必要条件。它们的盛行只是经济学家们强调有相关性的数学演绎方法的一个先决条件，但应用这些方法并不等同于科学。我将在下面为后一种断言进行辩护。我暂且只能说，关于经济学中数学建模方法的普遍相关性的任何假设最终都预设了（严格的）事件规则性的普遍性。

原子论与孤立主义

但这还不是应用于现代经济学的数学演绎建模方法的预设前提的全部。另一个往往不怎么被承认的（或至少是很少明确承认）特征是，数学演绎主义方法对封闭系统的依赖反过来或多或少需要，并肯定会鼓励以（i）孤立的（ii）原子概念进行公式化表达。这里以原子比喻无关大小，而是指那些展现自身独立且不变（因而可预测）的效力的东西（相对于初始条件而言或作为初始条件的一个函数）。现代经济学中所追求的这种演绎主义理论化最终必须用这样的"原子"概念表述，以便保证在给定的一些条件 x 下，总是会接着发生（可预测或可演绎的）同样的结果 y。如果理论中的任何主体在某些具体条件 x 下能做某种并非既定的 y 的话——或者因为该主体由于内在结构能够在每次出现 x 时别样行动，或者因为该主体的行动可能性受到其他正在发生事情的影响——被分析的个体就不能说成是原子的，演绎推理就决不能得到保证。

我为什么要具体说明一下这样的推断，坚持认为现代经济学强调的方法只能起到鼓励（并非完全需要）原子主义的作用？为什么我所指的仅仅是"现代经济学中所奉行的那种"演绎主义？

当我提及现代经济学所奉行的演绎主义时，我就会想到那些封闭，在这些封闭中，据说许多有关联的事件处于一个因果序列的关系之中。人们要求这种条件到了也许可以暗示后面那些封闭没有穷尽演绎主义的程度。让我简单阐述一下。

在说处于因果序列的两个事件时，我的意思是指，譬如说，一个事件 y，在某种意义上因先前的另一事件如 x 而发生，或作为最终结果而发生。描述处于因果序列中的两个事件不必意味着 y 的发生（或被认为发生）是 x 的直接结果。在社会现实中，被视为处于因果序列中的很多经济事件通常情况下至少要受到人的能动性的调节。因此，例如，一个人为了增加其在某些商品上的花费而增加其收入，这个人通常必须行动，必须发挥必要的因果能动性。但增加了的收入仍然是一个导致额外收入的因果过程或因果序列中的事件。说两个事件处于因果序列中就是断言一个处于另一个的因果史中。

也许会被反驳说，演绎主义不要求许多事件处于一个因果序列的相互关系中，为什么？出现这些情况，两个事件 x 和 y 的各种变体往往是伴随发生的，也许是由第三个或第三（套）因素中的变动造成的。经济领域里这样的例子像在任何其他领域中一样随处可见。当美元（或石油或任何进口商品）的英镑价格在英国东部上升时，往往在西部也会上升。罢工中的垃圾工突然不来搬运我的邻居的垃圾时，他们也不会来搬运我的垃圾。显然，在这样的例子中，相关的事件并没有，也不需要处于一个因果序列的关系中。此事件不必是（甚至不必间接的是）彼事件的原因。

因为我已经界定了一个封闭系统，像其他任何系统一样，在其中会出现事件规则性，因此，我们也许想把一个在其中很多事件是相互关联的系统，但在那里没有哪一个会对另一个产生重要影响，说成是一个伴随封闭，以便与一个因果序列的封闭相区别，在那里某个事件（跟随事件或因变量）要受到其他事件（先前事件或自变量）因果上的影响。前一种类型的封闭在社会生活中可能特别有用，其中包括如我们将在第四章中所见的那样的（非演绎主义的）解释工作。我在这里将聚焦这种形式的封闭，只是为了表明它并不预设一种原子主义的本体论。如果因为 x 和 y 两者都与一个（一组）第三因素有关而一起行动，那么，就不必假定后者中的行动是如何与前者中的任何一个或两个行动发生关系的。

即便突出了这些限定性条件，我们也不必因此而停留在此。虽然到时将证明它们对我自己的理论是有用的，它们却与现代主流经济学的实际做法无甚关系。因为，作为一条规则，主流经济学家虽然致力于假设封闭为实或查明它们，但同时又关注着对一个因果序列归类的理论性概括或解释。在建立其模型时，现代经济学家将消费与可支配收入联系起来，将工资与消费物价联系起来，将进口与最终总支出联系起来，将投入与利率联系起来，等等，这样做时，他们假定，假设关系之所以出现，是因为在每一组事件中，或因后者中的变化，或因为适应了那个变化，前者最终会产生某种变动。

实际上，我必须承认，即便坚信封闭那种因果序列说，也不必最终或正式地需要原子论。这就是我在上面承认后者只是受到鼓励（尽管很强烈）的原因。我提出这样的条件，仅仅因为即便是这种（因果序列）类型的事件规则性也是偶然出现的，每种情况下都有一个不同的因果复合体与事后相互联系的事件连接着。这样的一个可能性，看上去无论怎样荒唐，原则上都不可能被排除。当然，经济学家需要的比这更多；他们需要以事件规则性得到保证的方式构建其理论，容许演绎推理，等等。因而虽然严格地说并不存在其形式上的必要性，但如果经济学家们想要将既定事件之间的联系理论化，坚持在其微观与宏观计量经济建模方面继续努力的话，就必须卷入原子本体论。

这样，如果经济学家们通常需要的那种类型的封闭必须得到保证，原子论是必不可少的。然而，即便在著名的方案中，原子论的假设也不足以使封闭得到保证，从而有助于包括预测在内的演绎主义解释。因为即便有原子本体论，如果所有其他伴随原因不同的话，对感兴趣的结果的总体影响可能发生几乎任何程度的变化。在具体经济分析中（原子）个体往往被假定为孤立的独立集或系统，这就是原因所在。

因此，坚持数学建模的（或者受其鼓励的）本体论预设是由孤立的原子集构成的社会领域子集。最典型的是，对演绎主义建模的这种热忱鼓励一种原子论的人主体（社会原子论）的观点，在那里，这些主体是社会分析（方法论个体主义）的唯一解释单位。[17]

到目前为止我尚未准确地指出为什么我认为现代主流传统作为一种解释方式表现得很糟。我仅仅阐释了，如果坚持把数学演绎建模的方法作为研究社会领域的普遍有效的方法，也就默认了社会中到处都是由孤立原子的（封闭）系统组成的。

现在我觉得，马上就会明白，后面这些条件不必是社会领域的特点。[18]我想说，事实上，封闭的那些显著条件在社会领域鲜有存在。我是根据（事后获得的）社会本体理论得出的这个结论，这是一个在后面几章（特别是第二章）和其他地方（特别是 Lawson，1997a）捍卫的关于社会实在的物质本质的观念常常被系统化为批判实在论。为了避免过多重复，我想把对这种本体论的论证推后到下一章进行，在此，我想转过来简述一下讨论中的本体论概念的一些方面。

社会本体论的一种理论

所谓社会实在或社会领域，我指的是其所含范围内的所有现象都起码部分取决于我们本身。因此，它不仅包括像社会关系这种完全依赖于我们的东西，而且也包括像技术制品那样的其他东西。在这里，我把技术也作为一种现象包含在内，它具有物质的内容和社会的形式。

现在，如果社会实在依赖于具有转变能力的人的能动性，它的存在状态就必须是内在动态的或过程的。请想想一个语言系统，其存在是我们通过语言行为等进行交流的一个条件。在这些语言行为的总量运动中，该语言系统被不断再生产着，并且，至少在某些方面发生了变化。因而，一个语言系统是内在动态的，其存在方式是一个变化的过程。它的存在总是处于一个连续变化的过程之中。实际上，社会实在的一切方面都是如此，包括我们的个人身份与社会身份在内的我们自己的许多方面。社会世界有赖于人的社会实践。

社会领域还具有高度的内在联系性。当各个方面或各种项目借助于身处其中的与其他方面的关系而各就其位、各司其职时，它们被认为是内在联系的。显而易见的例子是雇主与雇员、教师与学生、地主与佃户或父母与子女的关系。在每种情况下，都不能只有一个方面而没有另一个方面。

事实上，在社会领域中，人们发现正是各种社会地位明显具有内在关联。我居于大学教师的地位，这种地位与学生地位具有内在联系。每年都有不同的个体拥有学生地位，拥有由此关系决定的各种义务、权利和任务。我们最终都拥有数量庞大的不同的、变化着的各种地位，每个地位对我们能做什么都有意义。因此，社会领域是高度内在联系的或者"有机的"。

人们发现社会领域是结构化的（它不会简化为人的实践活动和其他现实情况，但却包括上面所说的这种底层结构、过程与其力量和趋势）。除此之外，人们发现社会领域的材料还包括价值和意义，并且是多价的（例如不在场是真实的），等等。

我所说的这个广义的观点将在下面的几章（特别是第二章）中详细阐述。但我怀疑，一旦对这个观点进行深刻思考，就会发现它特别容易引起争议。其主要强调的有机体或内在关系性并非特别新颖（见下面的第三部分）。然而，应当清楚地知道，如果这里捍卫的观点是完全正确的，可以初步认为，主流经济学的原子与封闭的先入之见从根本上说常常是站不住脚的。

那就是说，让我重述一遍，因果序列的封闭的那种可能性，即主流经济学家们所追求的那种类型的可能性，是不能被事先排除的。当然，在上面简单描述和下面几章中捍卫的本体论观念中，绝没有全部排除社会领域里位于因果序列中的事件规则性的可能性。但是，其所支持的那个观念却先验地将经济学家们四处挥舞的各种各样数学—演绎方法普遍化，这种做法即便说不上胆大妄为，也会使其实践活动冒某种风险，因为它实际上要求或预设的相关类型的社会事件的规则性普遍存在。中肯地说，如果在后面各章中被系统化了（也在前面简述过）的社会本体论不能全部排除在各处出现的所谈社会事件规则性的可能性，对数学演绎或封闭系统解释方法相当缺乏事后普遍的（或至少有限的）成功，它的确提供了一种到目前为止令人信服的解释。

实际上，我所捍卫的本体论观念仍然具有更强的解释力。因为它不仅对过去50年左右当代经济学广泛存在的连续性解释失败的一种可能的解释提供了根据，而且还能对以下两种情况都进行说明：

（i）那种初看上去令人困惑的现象，即主流经济学家以一种与其他学科很不相同的方式到处假设，认为（受承认的）的虚构化总是必要的，和

（ii）当经济学中的数学方法如经验所示的那样获得如此（有限的）成功

时，流行的条件类型。

让我依次简略讨论一下这后两种断言。

虚 构

当代经济学不仅仅无法做出预测和解释，而且同样突出的是，主流理论充斥着各种主观概念和荒唐的虚构，并且公开承认这种现状。主观臆断大量存在，每个个体都具有完美无缺的预见性（或稍委婉地说，具有理性预期），或无穷的自私性，或无所不知，或长生不老。而且，这类的假说并非是新近的创造，而是一贯受到那些想使该学科数学化的人的推崇。例如在 L. 瓦尔拉斯（Leon Walras）和其先驱的著作中就有这些观点（见第十章），跟今天简直一模一样。

在此我不想有失偏颇地找出某些例子来说明虚构大量存在（因为任何主流文献都足以说明），而只举主流理论的一位久负盛名的反思性人物的一段评论说明问题。主流理论家 F. 哈恩（Frank Hahn，1994）在承认当代主流经济学建立在虚构断言的基础之上后写道：

> 有一个使我的认识逐渐清晰的教训……它也许促使我有点倾向于"反数学"派。
>
> 经济学中数学推理的巨大优点是，通过其对假设的精确说明，应用于"真实"世界充其量是暂时性的，这变得无比清楚。当一名数理经济学家假设，有一个能持续两个时期的三好经济，或经济人是永生的（也许是因为他们看重其所知道的后代的实用价值！）每个人都能看到我们不是在讨论任何实际经济问题。那些假设的目的是要产生某些结果，而不是因为要把它们看作是可描述的。
>
> （F. 哈恩，1994：246）

这段评论抓住了大量存在于当代经济学中的各种假设的实质，并认为各种不同的方面是值得强调的。

首先，请注意，当代主流经济学范围内形成的那种虚构假设，并不包含那些在我们某种可能反事实状态的世界里可能是真的断言。我把后者作为真实世界领域的组成部分进行解释。真实可能性如现实存在一样真实。两者均可具有因果性影响。主流经济学不断求助于不可能出现的事态等（又见 Lawson, 1997a：第九章）。

第二，请观察一下，那套虚构假设不会还原到对分析结果并非很重要的那些假设中（如果有任何这样的假设的话）。宁可说，虚构的建构在产生获得的结果中通常是必不可少的。正如 F. 哈恩公开承认的那样，这些类型的假设目的很明确，"就是要产生某些结果，而不是因为它们是可被看作可描写的"。

但是，如何解释对虚构的这种强调？此刻，请注意，F. 哈恩的评价中所示主流公式化概括的第三个特征。正如一个假设集，如理性、无所不知或充分贪婪等总是出现，以便把人的主体变成原子状的，另一个假设集，如像一个给定的经济人数量或（如上一段中所示的那样）"三好"与"两个时期"等，总是准备着确定分析的边界，以便使分析聚焦的那个原子集孤立起来。换言之，原子主义与孤立主义总是以这样那样的形式存在着，它们是（通常无质疑地）依赖数学—演绎推理方法的结果。[19]

这样，当代经济学的虚构性质的理由便清楚了。人类与社会事实上是复杂的、进化着的和开放的，在这种程度上说，一种方法论要求被处理的题材到处都是原子状的、被孤立起来的，这样的方法论往往有可能使人们对解释虚构的，或至少是相当肤浅的人类个体行为和集体行为感兴趣。

可是，这样一来，对心想在任何情况下保持数学—演绎方法的主流实践者来说，除了继续硬着头皮坚持以外别无选择，他们认为，虽然从所做断言的实质性角度看是有点肤浅，但根据某种实用标准（诸如雅致、简单、清晰地展示那些假设所指引的方位、产生推理出的结论/预测，等等）衡量，表现还算不错。R. 卢卡斯（Robert Lucas）提供了一个这种类型的扭捏反应的例子：

> 经济学是建立在关于个人行为与社会行为的肤浅观点之上的学问的观察，在我看来并非是一种深刻见解。我认为，正是这种肤浅才赋予了经济学强大的力量，使其有能力预测在对其构成知之不多的情况下人的行为和我们力求理解其行为的人们的生活。
>
> （R. 卢卡斯，1986：425）

这个具体"辩解"(和其从中派生出来的1953年弗里德曼的半工具主义的立场[20] (见Lawson, 1997a: 309—10) 的主要问题当然是,经济学家们在预测人的行为方面实际上做得并非很好(也就是说,比较精确的预测与产生着无数很不精确的预测相比—见Kay, 1995: 19)。

建模的成功

我的第二个断言如何?即关于上面提供的本体论分析阐明了在其下经济学中的数学方法有可能证明是很有用的、也许可以说已经取得了很大成功的各种条件的断言。如果我的论点是正确的,这些条件恰恰是那些条件,在其中,首先,发现被分析的主体(能)有作为的范围极小(正如原子那样,它们的活动主要由环境决定的);其次,只发现少数因素对感兴趣的结果产生影响,或同样可以说,在一组影响因素特别强的地方,其他因素的影响就会被排挤到边缘。

突然想起的例子可能是繁忙城市里交通高峰期的汽车司机的行为或西方社会里收入极低的那些人的决定——是花费呢还是节省他们获得的收入呢?一般地说,正如上例所示,当基本生理需要正在被满足时,封闭就会出现。克莱夫·格兰杰(Clive Granger)令人信服地辩称,[21]有可能用计量经济学提供比较成功的现象短期预报,比如当一个因素(如温度或更具体地说,极端寒冷)支配行为时的那些地区的用电负荷与用电高峰等。即便在这里,人们发现主导因素的效力有赖于当天的时间和是否是周末。但是,著名预测者如恩格尔(Engle等人,1992)聚焦于当年的一段具体时期,试图分别预测那天的每个小时,将周末外的每天与周末分别处理(共建立了48个模型),似乎取得了一定程度的全面成功,用当代计量经济学的研究标准[22]衡量成功度显得很高。

然而,核心问题仍然是讨论中的那些条件在社会王国里似乎并不是事后常见的。宁可是,正如我所说,包括其他特点,社会实在实质上是一个开放的、有结构的、动态的和高度内在相互联系的系统,而获得一个局部封闭的那些条件似乎很罕见。因此,针对经济学(也包括大量存在的虚构)普遍失败,我们最好的解释是，数学演绎或封闭系统建模方法常常被应用于那些不适合于它们的物质材料。的确，可以想象，全套适合于它们的社会情境实在不是很大。

争论的本质

我的论点是本体论的。我很强调这一点，因为在我的印象中，少数明确回应把重点放在对形式建模的批评上的作法避开了这个问题，而是致力于对付往往不怎么重要的其他批评形式。也许为了支持这种观察，我应当明确提一下显而易见的批评（对这些批评一直有回应），但我认为那些批评大体上是错误的。它们肯定没有反映我自己的忧虑。

例如，克鲁格曼（Krugman，1998）推测，之所以兴起对主流强调的形式建模方法的批评，是因为发现实施后面的那种形式方法往往反驳着人们喜欢的批评理论（1998：1829）[23]。因而，应当很清楚，我自己所关注的几乎是相反的。恰恰是这些形式方法似乎极少有助于反驳（或支持）任何东西。

我也不把强调数学方法视为特别卓越（Krugman，1998：1831）[24]我更不希望把清楚、严格与一致的价值贬至最低[25]。可是，我的确坚持认为，这些特质仍然不够，阐明社会王国的能力也很重要。

进一步说，我并不否认建模者常常利用数据，并就策略问题发表意见。[26]但这样的做法本身足以把像主流这样的理论与实在联系起来，这种假设我确实拒绝接受。

让我阐述一下后面的话。克鲁格曼（1998）有时给人一种印象，即处理数据或提及政策问题就足够具有相关性了。我甚至意识到为建立当代经济学相关性所做的努力，是通过确定在核心或"旗舰"杂志发表文章的比例进行的，这些杂志要考虑"经验事实"或"设计"政策效果，据说这个比例还比较高。

让我说得清楚点。如果经济数据记录现象产生于一个开放的、具有高度内在联系的社会系统，主流经济学家不加批判地坚持采用那些方法分析它们，而那些方法预设了他们记录着产生于封闭的和原子状系统的那些现象，那么，这些经济学家只是因为涉及数据而做出的与实在有联系的任何断言都是根据不足的。实际上，它们仅仅显示了有关的误解水平。同样，如果理论建模的整体框架不可避免地大体上是假,并已知是假,在做出的政策性决策时,并不明显需要相关性或真知灼见。[27]

然而,为了回到中心论题,我希望,我采取的方向是本体论的,这一点是明确的。数学演绎方法具有许多理想的特点。但与实际"相符"也是很重要的。[28]主流立场的问题是,其形式主义方法的本体论前提在社会领域看上去不仅不带有普遍性,而且实际上在相当特殊的条件下才会出现。假如我们既知道社会生活到处都是原子状的,又知道任何类型的结果总是由一套固定、孤立的原因所造成的,这样,所有其他因果过程只能作为一种稳定的、非干预性的、由同类组成的背景,我们就会有理由对主流经济学家强调的他们所采用的那些演绎方法产生信心。然而,我们最后的本体论分析表明,封闭只是社会实在的特殊现象,而我们的事后经验是,这种特殊情况似乎是不常出现的。[29]

论题4:尽管抱负不凡,但与此相反,当代主流理论主要充当了束缚经济学实现其(尽管如此,是真的)不仅具有很强的解释力而且在自然科学意义上是科学的潜能

虽然至今成功甚微,但许多经济学家坚持的数学—演绎建模方法似乎的确是他们一个根深蒂固的信仰,认为这些方法是一切科学的必要组件(见Lantner, 1997:58)。并非所有经济学家都抱有这样的信仰(例如R.克洛尔, 1999;A.科尔曼, 1997);但并不是所有人都坚持这样的信仰。[30]诚如T.马耶尔(Mayer, 1997:21)所表达的那样:"形式分析给人一种做'科学'工作的安慰感……"

即便如此,我认为可以证明,数学对科学并非是至关重要的。此外,有充分理由预料,即便不采用数学—演绎方法,对社会现象的研究成果不仅解释力会很强,而且在自然科学的意义上是科学的。事实上,主流在不宜于使用数学建模方法的条件下坚持使用它们,实际上起到了阻碍经济学像自然科学那样发展的作用。让我通过重新检讨我们谈论自然科学时可能意味着什么,简单论证一下第4也就是最后这个论题。

现在,我认为我们可以同意自然科学是在数不清的语境下进行的见解。我在《经济学与实在》(Lawson, 1997a)和其他地方捍卫的观点是,如果对自然

领域里的科学解释有什么带根本性的东西的话，那就是从众多现象的一个层次深入追溯到它们的底层因果条件。即便在发现不了稳定的事件规则性、数学形式主义不适用的地方，这个追溯过程往往也是可能的。

与此断言相反，演绎主义建模者的最好（也是通常的）回应是奉行一个信条：不管自然科学的范围有多大，它的一个固定不变的组成部分是成功地受到严格控制的实验室实验。这种实验活动支持被当代经济学形式主义建模者接受的科学偶像。因为在严格控制的实验室实验中，有规律地寻找因果序列类型的事件规则性（或封闭），且往往会被找到，在被找到的地方，形式—演绎建模的各种形式就会容易得到。

我承认这种观察的输入。但更严密地考虑在这样的条件下发生着什么对达到我的目的是有用的。事实上，一旦我们认识到以下两点，演绎主义者的问题就会暴露出来。

（1）大多数被视为令自然科学家感兴趣的因果序列类的事件规则性实际上要受到实验控制条件的限制，同时，

（2）这些实验的结果频繁而成功地被应用于实验之外，在这些地方，事件规则性并非显而易见。

理解这种情况的关键，在前面讨论经济学家的数学—演绎建模方法的隐性本体论时已经进行了适当说明。因为数学—演绎建模方法预设了因果序列类的事件规则性定会出现。我们已经看到，为了产生采取这种形式的相关结果，经济学家需要根据既是孤立的又能对既定情况产生恒定不变的反应的实体，具体说明其理论。

这个分析关系到我们必须如何解释实验产生的规则性问题。这是因为我们仅仅通过把实验人员看作在干预实在的一个领域并借助实验操作它，而能够理解这些规则性要受实验条件的制约现象，其目的在于：

（1）使一种具体的内部稳定的因果机制运行；

（2）与抗衡因素产生的影响相隔离。

正是因为一种内部稳定的机制在其所在地被隔离，事件规则性才在机制的触发条件与接着产生的后果之间被产生出来。如果一种被考察的机制是不稳定的，或容许抗衡因素干预，规则性就不会被产生出来。[31]

现在请注意，为了使实验过程具有意义，最重要的是要认识到，所产生的

事件规则性与经验验证的底层因果机制相符和。换言之，即便在实验工作中，即是说，即便在与产生因果序列类的事件规则性联系非常紧密的科学工作分支中，主要关注的还不是产生事件规则性本身，而是对一种底层机制的经验验证（对如此产生的任何规则性共同负责）。

还应注意，只有通过这种理解实验过程的方式，我们才能理解上面已注意到但未加讨论的那个观察，即实验知识在某种程度上可被成功地应用于实验室以外，即便在未出现事件规则性的情况下。这是因为所获的知识或见解主要不与所产生的（偶然并仅限于实验的）规则性有关，而是与一种（实验上和经验上确认的）机制有关，这种机制一旦被触发，它就独立于科学家与其实验而运行。因为因果机制通常不是现实性地发挥作用（在所有情况下造成同样的实际事件或结果），而是超事实地起着作用（不管结果如何，自始至终具有效力）。因而，引力机制或趋势总是对秋叶起着作用，并非只是在它们飘落地面或从屋顶或烟囱上方飘过时才是这样。[32]

科　学

这个讨论可以拓展出很多意义（见 Lawson，1997a）。但我在这里要表达的中心点是，即便在那些成功地产生出事件规则性的实验条件下，（成功的）科学的真正贡献不是产生事件规则性本身，而是确认一种底层因果因素。实验实践活动的目的是增强我们对负责我们产生或观察到的那些事件的底层力量、机制和趋势等的理解，或"检验"关于它们的理论。

因此，我们发现，即便是实验室实验的结果也会最终构成支持下述观点的证据：如果对科学过程有什么必不可少的东西，那就是这个过程是追溯从表面现象到其底层原因的过程。这是因果关系解释（而不是事件预测——见下面第四章）。因此，确认原因不限于产生稳定的事件规则性的那些情况。正如我们将在特别是第四章中所见的那样，原因可在数学—演绎推理完全不适用的情况下成功地被发现。可是，这里相关性的意义是，人们发现，即便是科学实验工作本身也与理解因果因素相关。

简言之，如果科学能够以其活动的任何一个方面为其特点的话，这里和别的地方支持的分析（见 Lawson，1997a）意味着，主要选择是，从对一个层面令人感兴趣的现象的看法（解释性）转变到对其另一个层面原因的见解。不管借助任何一个方面或过程，科学是以因果关系解释为其特点的。如果上面简述的和下面第二章中捍卫的社会本体论是正确的，具体地说，如果社会实在的确是有结构的，这对研究社会现象和研究自然现象的人来说同样有用。举例来说，经济学家能够力求揭示支配失业、贫困或诸如此类的社会过程。[33]

其结果是，即便在经济学中应用数学—演绎建模方法的实践活动不能继续获得成功，仍然有充分理由认为经济学家能够成功地在（成功的）自然科学意义上进行科学实践。[34]

主流理论与科学

把我们从一个层面上对现象的观察带到另一个层面上关于其原因假设的推理形式是溯因推理。因果解释依赖于它（见下面第四章）。主流经济学家也能采纳这一招吗？如果主流经济学家要建立（新的）社会理论，力争为假设的因果序列的事件相关性提供根据，那就一定离不开溯因推理的一种形式，即便这种做法仍然有待承认。

当代主流经济学家在采纳解释性目标方面的问题不是是否应用，而是如何应用溯因推理。因果关系解释关注的是，识别在一个较高水平上产生现象的力量、机制、趋势和结构。目的是揭示表面现象是如何产生的。虽然主流经济学家不回避关于力量与机制的所有讨论（例如，正如 K. 胡佛［1997］提醒我们的那样），[35]显然，在溯因过程中，可行性选择的范围会受到获得（数学上）容易推演的观念的先验和起主导作用目标的严格限制。

这样，在主流模型中，主体常常被赋予了如理性这样的力量，理性不像那些譬如说"精确预见"或"无所不知"的概念那样，在这种程度上说它似乎是真实的。然而，为了有助于演绎或封闭系统的形式建模，属于主体的任何力量（不管是真实的还是不真实的）都必须假设为总是在被使用和以既定的方式被使用。为了产生事件规则性，假设主体仅仅能（亦即仅仅有能力）做这或做那是不够的。力量必须被使用且必须以可预测的方式被使用。因此，主体如果被赋予了理性能力,他们在其实际行为中总是理性的。主流事业的起始点是从事演绎建模的欲望,所以,最终结果是形成一个有助于实现这个欲望的理论系统或一套概念。

诚如我已经讨论过的那样,在一个开放的世界里,包括力量(能力)在内的结构表象,在大多数情况下会具有相当程度的不真实性(假象),阐明这些表象要求有助于一个因果序列的封闭系统。的确,它们将是能确保一个孤立的原子系统的那种类型。在最终意义上,所有这样的被概念化的力量就其本身而论在任何情况下对结果来说基本上是不相干的。对演绎主义者来说,分析要求底层力量等总是要被充分反映在可预测的行为中,即是说要被现实化,一般地说事件不可能会在别的地方发生。

当然,主流经济学家开始时想要表明,任何结果都是个体使其环境最优化的结果。这种建立设置的方式能最容易,或(被广泛认为)最令人信服地产生可预测或可演绎的结果。为了只含有一个最佳效果而建立的隔离环境,加之主体总是能进行优化,就可比较容易地满足形式演绎建模程序的要求(从而理所当然地解释了那么多评论者阐释了主流理论的原因,而主流理论是从关注充分利用个体原子的角度定义的)。

然而,这种策略虽然可用,但并非必不可少的。许多假设的大意是,譬如说,不顾语境而遵循固定规则的(孤立)主体,同样能把工作做得很好。的确,理性假设并非在被公认为主流的所有文献中出现(有关实例,参见 T. Lawson, 1997a:第八章)。[36]

可是,这里重要的是,在一个非原子世界里,对仅限于提供预设了一种原子本体论的理论教条,会导致我们不去发现感兴趣的现象的真实原因(从实在论的角度解释)。这样的限制是坚持认为基本目标永远是建立在数学上可操作的概念或"模型"的不可避免的后果。在以这样的方式确定自己的方向时,当代主流理论,尽管自以为是,实际上起到了损害其明确的、实现经济学志向的作用,这种经济学在自然科学意义上是科学的。同时,它还起到了限制该学科发挥其更大的解释潜力的作用。

经济学科的含义

那么，简言之，所有这一切的含义何在？很清楚，当代经济学准则需要在相当程度上重新定向。具体地说，有充分理由要求经济学家们转向本体论，比此前更加明确地从事实在论社会理论化活动。如果这里概述的具体实在论分析完全正确，还有充分理由要求经济学家们对该学科接受更多元的研究取向，放弃其在所有情况下都坚持形式主义的封闭系统建模的那些方法。

做出这样的结论，我根本不是在暗示形式建模方法在各种可供选择的菜单中不应当存在。在本章的讨论中，我的目的不是通过企图禁止一种具体方法而缩小方法选择的范围。毋宁说，它是为了拓宽可能性的范围，这种拓宽是通过批评下述事实和方式而实现的，即至少在许多方面，在当前，讨论中的那种具体方法往往不假思索地被普遍使用着。[37] 其目标，诸如我所说，是一个多元论坛[38]，在那里，在社会理论化的过程中，明确地研究本体论与批判性反思在所有可想得到的经济学研究的组成部分中能够占有自己的地位。我相信，只有达到这个目标后，我们才能再次有理由对经济学研究的可能性持乐观主义态度，取得解释方面的丰硕成果。

第二章
经济学中的本体论转折

这本书的主要目标是论证社会理论化可从本体论转折中获得诸多好处，以更明确、更系统化的本体论来考虑问题具有许多显著的优势。还有第二个目标，与第一个目标密切相关，在本章中我将致力于此，着重讨论一个具体的本体论概念。我将通过说明这个具体概念（这一概念有时被系统地概括为批判实在论）的可持续性与有用性[1]，来同时达成上述的主要目标。

正如社会理论和哲学中的许多广义概念那样，我在这里主张的本体论概念从以下三个方面进行考察：（1）形成这个概念的方式；（2）其核心特征或成果；（3）接受它后所产生的各种意义。本章就是按照这三个方面依次安排的。《经济学与实在》（Lawson，1997a）的框架与成果确实得到进一步拓展。然而，本章中我的主要任务是巩固与澄清。[2]

语境与哲学方法

我以从源头推导的方法开始，从中获得我支持的本体论概念。要想梳理出任何理论方法的特点，与对论证方法的理论化一样，往往需要将所研究的方法与其他方法，尤其是与所熟悉的方法进行比较。在此我采取了这种对比的策略。

对相关文献的一项研究显示，许多（也许是大多数）最近关于经济学方法论的文章大体上都能够纳入两种基本方法之中。一方面是那些接受经济学科学性的人，他们主要寻求或（至少暂时）澄清经济学已经成形的正当理由，表明正在从事事业的性质与合理性。另一方面是那些力求把该学科以外确定的正确的科学或方法的各种概念强加于经济学的撰稿人（物理学哲学家或诸如此类的人）。[3]

现在，也许因为某些经济学方法论的评论者认为"从下到上"和"从上到下"是唯一可选择的两种方法，他们推断，我和许多其他人一直全心投入的那种实在论必须采用其中一种。更具体地说，因为讨论中的实在论在某种程度上批判当代经济学的实际做法，这被某些人解释为不可避免地符合外在强加的或"从上到下"的投入形式。

然而，我采取的方法完全不是这种类型。在某些方面它无疑是自觉规定性的，但它是以那两种著名的方法论路径都没有很好地掌握的方式进行的。首先，让我简单阐述一下，以表明其比那两种著名传统方法含有更丰富的内容。

经济学方法论的各种竞争性路径

最近的辩论之前，也许，在经济学方法论者中占统治地位的观点是哲学所扮演的角色，至少在经济学中，是证明已经被视为理性的科学活动的正确性，证明已经发生的事情是正当的。M. 弗里德曼（1953）早期的方法论文章是这类论著的众所周知的例子。

提供对如此构想的哲学活动的批评有可能是轻而易举的事。很明显，面临当代经济学最近令人沮丧的记录，包括毫无质疑地接受下述假设的任何策略都充其量是自鸣得意，即无论经济学家们在做什么，它一定大体上是理性的（或科学的或可持续的）。尤其是，它从一开始就弃绝有意义的批判哲学输入的可能性。[4]采取这样一种立场的方法论者，往往被限制在或者改变衡量主流理论的标准，或者被限制在阐明（如果不是捍卫）其程序或公式化概括类型的藩篱之中（见 Friedman, 1953，或最近的 U. Maki, 1998）。在这些情况下[5]，诸如为什么经济学当前处于令人沮丧的状态这样的问题基本上无人问津[6]，或看上去几乎不可行[7]。

进一步说，在哲学家或方法论者只关心证明所遵循的那些做法是理性的（其理性已被视为一种事实），那些已经采用这样做法的经济学家至少需要加以更多注意，但这一点尚不明显（尽管对他们如何正在做事已经做了某些澄清）。

在这个问题上,哲学与方法论似乎无所事事。关于方法论的贡献的这种看法为很大一批主流经济学家所持有,这大概能部分地解释他们常常对此感到很不耐烦的心情(虽然很少婉转地说出来)。其他一些人此前就讲过这一点。例如,M. 布劳格(Mark Blaug)写道:

> 写关于经济学方法论的作者中有太多的人把其角色看作仅仅是使经济学家的传统论证模式合乎理性,也许这就是普通经济学家认为探究方法论无济于事的原因。坦诚地说,经济学方法论在培养当代经济学家的过程中几乎没有地位。
>
> (M. 布劳格,1980:xiii)

因此,近年来,某些经济学方法论者和元方法论者倾向于做出结论:把方法论仅用于说明已经被认为是理性的方法的合理性即便并非确实没有价值,也没什么益处,这样说法也许并不令人吃惊。

对这后一群体中的一些人来说,特别是对那些仍然不肯挑战占统治地位的理性做法,但却放弃为主流澄清其各种做法与预设性质目标的人来说,其结果是事实上拒绝规范或规定方法论。做出的结论的确是"方法论对实践不产生影响"(Weintraub,1989:487)。如果方法论的确要保留什么输入的话,这部分的论证要点常常是,仅仅为了完成说明该学科各种做法的任务,它应当与其社会学一起被保留。

可是,实际做法的理论依据确实欢迎被质疑、被批评,还有一些人愿意接受这一点。对这群人来说,主要响应是号召自然科学哲学为经济学提供指令。

这一直是 M. 布劳格(1980)的看法。M. 布劳格既注意到了当代经济学连续不断的差劲表现,又注意到了经济学家的实际做法与其宣称的(通常是波普尔的)实践理论或"标准经济学方法论"之间的重大差异,这些"理论"或"方法论"被编进了基础教科书。在提出其医治这些弊病的办法时,M. 布劳格坚决支持转变实际做法,使其与上述教科书中的理论相一致:

> 经济学家们早就意识到需要捍卫其学科的"正确的"推理原则,虽然实际做法与所说教的东西无甚关系,但说教按其本身提出的条件

还是值得考虑的。

(M. 布劳格，1980：xii)

几个段落之后，他解释道：

对其学科的地位自鸣得意许多年后，越来越多的经济学家对他们正在做的事开始用更深刻的问题拷问自己。不管怎样，怀疑经济学建造的"房屋"里并非所有东西都是好的的人数在不断增加。……像许多其他经济学家那样，我也有《经济学有什么毛病?》的看法。我引用了本杰明·沃德（Benjamin Ward）一本书的书名，但与其说我关注的是当代经济学的实际内容，不如说我关注的是经济学家们是如何证实自己理论的。我认为，几乎每一本关于经济理论的教科书的第一章中确定的标准经济学方法论的错误并不很多；错在经济学家们没有按自己的说教去做。

(M. 布劳格，1980：xiii)

M. 布劳格回应的问题，正如其他人在这件事上存在的问题一样，通常是所要求的理论原理或方法论原理被公式化后外加于该学科，甚至外加于社会领域，只是声称与经济学有关而已。它们没有明确有力的根据使自己成为社会科学实践的一般方法。宁可说，它们只是借助其概括者的权威或这些人表面上的或自称的在其他领域获得的成功而被充分证明是有道理的。

此外，意识到 M. 布劳格称之为"标准教科书中的方法论"与实际做法之间的差距，经济学实践者已经倾向于做出这样的结论：上述两者之中，很明显，缺乏的是方法论。[8]已发现标准教科书中方法论在经济学语境中是不适用的。例如，E. 李默讨论过计量经济学语境中的这种情况，讨论结束时说，在信以为真、广泛流传的不遵循规范方法论的"罪恶"面前，"不可避免的罪恶根本不能是罪恶"（1978：vi）[9]。D. 麦克洛斯基（D. McCloskey）在反思了这些事情之后，提出了为什么与经济研究的实际做法无关的方法论理论化应当值得重视的问题：

经济学中关于方法论的论文有责怪经济学家不容许其进行更多干预的习惯。1980年，M.布劳格在其有益的著作《经济学方法论》中总结了经济学方法论所起作用的状况，这是最近的事情。其副标题有可能告诉"经济学家应当如何解释"。也许把它称之为"年轻的K.波普尔是如何解释得"更好，因为它反复攻击现存的经济学观点，说它们不符合波普尔在1934年《科学发现的逻辑》（Logik der Forschung）中确定的原则。

M.布劳格的结尾是经济学方法论者中最好的典型："经济学家们早就意识到捍卫其学科的'正确'的推理原则：虽然实际做法也许与其说教的东西无甚关系，但说教按其自身提出的条件还是值得考虑的。"（Blaug，1980：xii）这样的话轻易地从该经济学家的笔端流淌出来。但不清楚的是为什么与实际做法无关的说教还值得考虑。为什么经济学家们必须抽象地为其各种推理原则辩护？在谁的公断面前辩护？方法论者——不管是逻辑实在论的，还是波普尔派的，或奥地利派的，或马克思主义的——应当提供答案，但实际上并没有。古代常识和最近的科学哲学都间接表明它们不能。

（D. 麦克洛斯基，1986：21）

然而，M. 布劳格有一点说得对：经济学作为一门学科即便按其自身规定的条件也不很成功。的确，这方面许多最著名的撰稿人也承认其已处于某种混乱状态。此外，它缺乏方向，没有目的意识，不能将其实践与其自己的方法理论联系起来，加之在解释方面长期未获得什么成功（见第一章），这一切都显然表明，方法论应当有所做为。

经济学中的批判实在论

在这样的语境中，依据如此变化多端的评价与策略，批判实在论的理论已在经济学领域产生出来。其切入点和动机多种多样。[10]一种非常明显的促进因素是，经济学科的显而易见的混乱现象，特别是其缺乏经验与解释方面的成功和理论与实践的显著不一致。至少在我看来，另一个相关因素是，同行学者和其他人常常强词夺理，认为不包含形式—演绎模型的论文说不上是规范的经济学论文。事实上，这样的断言不是建立在对社会物质的分析之上，而主要建立在自然主义社会科学的概念之上，这促使我较早地将目光转向被当代经济学忽视了的本体论问题。[11]

似乎很明显，在这种背景下，迫切需要显性哲学与方法论分析。在这一点上，我支持 M. 布劳格的看法。但关于如何进行工作有各种不同的想法，仅仅坚持理性观念或任何方法论的地位优势或一套做法（不管是源于该学科内还是该学科外的）都不够好。在这个问题上，我支持 D. 麦克洛斯基和 E. 温特劳布的观点。宁可说，有必要一开始就提出一个不回避具有相关性实质问题的论点，根据这个论点，说实在的，总是存在这样的可能性，即任何甚至所有方法都可能被表明在某方面是有欠缺的。

因此，从一开始就由我本人和其他致力于批判实在论的人处理并担保的一个问题是，是否有可能放宽这种假设——研究者（经济学家或其他研究人员）的各种做法必须是理性的，而不强加与恰当的经济学研究方法（特别是在其他语境中确定的那些做法）有关的公式化表达。或从稍微不同的角度提出问题：哲学或方法论如何为科学实践提供一种非武断的输入？怎样才能合理地发挥其重要作用？

从这个角度看问题，实在论的理论事实上与确定各种不同的前提（或假定）密切相关，如果是这样，这些前提或假定就能合理地使一种规范哲学或方法论分析发挥作用。如果我们拒绝接受科学实践活动必须是理性的或是有充分理由的假设，那么，用什么来替代它？

所采用的替代路径的出发点是，假设科学活动并非不可避免的是理性的，但它们（实际上所有人类实践活动）是可理解的（intelligible）。即是说，承认所有实际做法，不管是否科学，不管根据自己所定的条件是否成功，都是可解释的。总是存在一些条件，使各种做法确实得以实施并可能产生某些结果。让我把这个假定姑且称为可理解性原则（intelligibility principle），以与波普尔的理性原则形成更鲜明的对照，波氏的原则认为个体总能随其境遇而适当行动（见 Popper, 1967: 359）。因而，对于接受可理解性原则，我的一条策略就是寻求解释某些人类行为的（一些特征），确认其可能性的条件。或更确切地说，我的策略一直是解释各种各样的一般化经验特征，包括人类行为，以便找到关于实在的结构或本质的一般化见解。这无疑正是本体论中的一项功课。

这一举措如何显示其有所助益？基本上是对社会分析的可能性与限度提供大量深刻见解。我将在本章中的第三部分讨论这一切。[12]现在让我非常简单地概述一种特别有用的论证模式。

超验分析与社会理论

初始假设是，人的社会活动是可以理解的，也就是说，可理解性原则不应当是特别有争议的。我们都按照这条原则行动。很难想象，例如，有别样的假设或断言的任何一个人劳神去阅读与理解这几行文字。

我已经注意到，我所指的那类本体论分析的各种前提通常表达某种意义上相当一般化的经验特征。把我们从经验的普遍特征（这里包括关于一般化的人类实践活动或它们的各种特点的各种观念）带到其可能性的根据或条件的推理形式是超验论证。[13]超验论证（或超验"推理"或"演绎"）因而明显是溯因论证的一种特殊方式，它从任何一个层面的具体现象推到关于其底层条件或原因的假设。(见 Lawson，1997a：第二章；下面的第四章)。

通过超验推理方式得到的任何结果显然是有条件的。它们依选择为前提的或我们关于它们观念的人的实践活动而定，同时也依所采用的超验论证的充分性而定。

另外，显然如此构想的哲学，即是说，方法主要依超验论证而定，如同科学考虑的一样，考虑的是同一个世界，实际上起着用自己的深刻见解完善后者成果的作用，是与之相辅相成的。然而，它是根据纯粹的道理进行的（虽然总是根据植根于历史实践活动的先存观念使用它），并产生着催生知识的必要条件的（易错）知识。

具体策略

关于批判实在论的撰稿人已经以许多不同方式采用着超验论证的方法。的确，举例来说，这项解释性工作开始时，有些人采用自然科学实践活动的那些前提（或假定）。我并不否认，我本人也利用这种做法中获得的很多洞见。具体地说，我力求揭示成功的自然科学实践的根本特征，我已经考查了其在社会领域的研究中进行同样实践活动的可行程度（例如下面第六章）。换句话说，我已经考查了应用自然主义的可能性程度，在那里，自然主义的论题是，对社会现象的研究可在自然科学的意义上是科学的，但重要的是明白怎样做和为什么要那样做。

"怎样做"，或对自然主义问题的探究绝不是要把自然科学实践的观念强加于社会领域。正如我所说，宁可是，如果是那样，我只是考查了在什么程度上应用自然主义是可能的。因此，所采取的关于自然主义的观点是对这个问题的回答。确定一个答案预设了社会本体论的独立分析；这是某种只有在一种本体论或其他关于社会领域的深刻见解被独立发现之后才确定的东西（例如 Lawson，1997e）。

"为什么"或者说我坚持探究自然主义问题的理由，至少部分地具有战略意义。（见 Lawson，1997e；Lewis，2002b）。当前，经济学这个学科处于某种混乱状态，从制度层面看，它被主流传统统治着，其特点是坚持认为经济学研究应当主要应用形式—演绎建模的那些方法（见第一章）。现在，仅仅因为讨论中的方法被视为所有科学必不可少的组成部分，强调这一点常常被认为是正当的。换言之，第一，自然主义已在日程上；第二，被主流经济学家坚称是真的；第三，是根据应用数学—演绎建模方法诠释的。正如我所说，我拒绝这样的看法：自然主义，无论如何解释，只能被断定为正确的。但主流对自然科学的评价无论如何都是错误的（见第一章）。因此，在我看来揭露这一点是重要的，[14]这是因为它消除了另一个进行更有根据、更公开的讨论的障碍。这件事至少是我的动机与策略的中心环节。[15]

如果这一切有助于解释我的研究方向与策略的话，也许仍然会有一些人认为，我为之辩护的本体论观念总有点从外面被硬塞进来的感觉。假若是那样的话，我想简述并在适当的地方拓展我在《经济学与实在》（特别是第十二章和第十三章）中阐述的社会本体论的理论，而不借助自然科学的各种方法或任何自然科学哲学。我这样做，有希望能清楚表明，自然科学的那些思想方法对这里得出的基本论点或方向绝无必要或部分地没有必要（即便如我所说，它们对我的整个理论总体上还是有用的）。阐明我所捍卫的本体论观念将是本章的第二个主题。

社会本体论的一种理论

所谓社会实在，我的理解是，现象领域的存在至少部分地依赖我们。在确定其性质的各个方面时，一个有用的出发点是，人们观察到，人的行为的确通常看上去相当成功。如果初看上去社会世界有些复杂，但我们大多数人在越过这个障碍时的确显得相当成功。我们能这样做至少要在达到某个年龄之后（往往要相当成熟）。当然，只有在达到某个年龄之后（一个似乎所有社会都存在的现象）和在接受大量指导有了许多经验之后我们才能这样做，这种事实使我们更加相信社会的确有复杂的思想。对其理解与驾驭并非琐碎小事。这个评价还被下述现象所证实：当我们离开熟悉的地方和文化外出旅行时，我们大家好像有时都会遇到应付某些困难和适应新环境的问题。

然而，我们通常会发现，在任何具体的背景下，"本地人"不但能应付，而且能以看上去很能干的方式与包括陌生人在内的其他人互动。为了使其可能，必要条件是相当大比例的个人活动或做法至少在某些方面能被其他人理解，理解力在一定限度内甚至达到可预测的程度；假如我们所观察到的那么能干的人际互动会以别样的方式出现，那似乎是不可思议的。

在21世纪的英国，举例来说，我期望其他在公路上驾车的人在路的左侧行驶，在红灯面前停车，等等。的确，我希望各行各业的人遵循我所知道的其他各种各样的做法。在大多数情况下他们都在那样做，但他们并非总是那样做。后一种现象也是一种重要的观察，我将在第四章中回头讨论这种观察。但的确有一些情境，在其中至少很大一部分时间里某些做法是惯例性的，要不就是这些情境具有可预测的特点。在许多场合下，可以预料其他许多（虽然不是全部）人高度惯例化的行动不会逾越的界限，至少在很大一部分时间里可预料这样的界限。

社 会 规 则

要使这种高度概括化的事态具有可能性，特别是使行为惯例化具有普遍性经验的可能性，一个必要条件是形成一个由社会规则或法规形成的社会世界，这些规则与法规决定着人们遵循的各种做法（见 Lawson, 1997a：第十二章）。这可能是（实际上是）超验推理。但说实在的，我们已经知道推理的那些条件是这样的。我们已经知道社会生活是受规则制约的。

附带说一下，人类能干行为的许多方面不会还原为惯例化做法或按规则行事。下面我将讲讲其中一些方面，第四章中也会涉及这些问题。但我将暂时把重点放在高度由规则形成的社会生活的那个方面。

社会规则可被概念化为行为的一般化程序，至少在经过适当的转换之后，程序可被表达为这样的形式指令："如果在条件 z 下 x 做 y。"举例来说，"在 20 世纪的英国，如果想在一个拥挤的研讨会上发言，必须先举手"。"在条件 z 下"的规定在明确的公式化概括中常常被略去或未得充分认可，但总是隐含在其中的。所有行动都发生于有限的时空区域和具体的社会文化语境之中。

这个概括具有相当的一般性，意在同时可应用于语义形式、道德形式、构成形式、管理形式，等等，或类似规则的诸多方面。换句话说，"做 y"可被广义解释，其中包括这样的形式如"解释为……""算作……""意思是……"等等。当然，任何规则都具有使组织、管理、道德、语义等规范或合理合法或协助它们的力量。一条社会规则，换言之，是行为的一种概括形式，在具体条件下，它必须、应当或能够有用地、合法地、有意义地或明智地被实行，而不是对一个行动的预测或观察。它是一个（可能是被质疑的）官方指示、一条准则、一种惯例，或对关于一个行动可能或应当如何被执行的一种理解；它本身不是一个预言或断言，断定被如此指导的行动事实上总是照常进行的。正如我已经注意到的那样，人的行为如果可预料的话也是不可能完全预料的。不过，在一个社会规则受到普遍尊重的系统中，其结果是能在一定程度上对各个方面，其中包括行为的某些形式的限度进行预测，那些限度似乎足以容许能干的行动成为可能。于是，正如大家都知道比赛规则并遵守它们容许我们进行团队比赛那样（尽管通常不能预料确切的动作，只能预料动作的类型与其限度）——众所周知的知识和接受，譬如说，各种语言规则或言语互动的惯例有助于交谈。

如果我们已经知道社会实在部分地由社会规则构成，但这些规则还有需要阐明的不同的方面和各种条件。尤其是，社会规则在本体论上说不同于社会习俗惯例。[16]承认这一点后，我们就会立即去观察和探究（超验推理）已经注意到的经验具有普遍性特征的可能性的各种条件，这个特征就是，由规则支配的习俗惯例不总是或通常不符合我们对这些规则的确切表达。（有意的）反叛行为需要与顺从行为同样多的关于规则的知识。目前，英国的汽车司机的行驶速度大都高于法律规定的速度，虽然在每种情况下因害怕被交警抓住通常不会明显快于其他人。采取罢工或怠工行动的工人反复扬言在按规则办事。理解规则常常或有时或可能系统地与其规定的惯例行为很不同步的事实，要求我们承认规则与惯例行为两个方面是相互联系的，但在本体论上说是不同的。

因而，社会王国是结构化的；它并不仅仅存在于如行为这样的现实之中。社会规则与习俗惯例之间本体论上的区别是前者具有产生影响的可能性的一个（超验推理）的必要条件，但同时又往往与后者不同步。

附带说一下，我也许要强调，我并没有断言因为需要与地方规则保持一致，关于规则的知识或关于合法行动的知识是如何获得的，也没有断言社会规则产生影响的方式。实际情况也许是，举例来说，与许多规则一致的各种行动是通过尝试或犯错学到的，或者通过模仿别人学到的，至少对许多个人来说，与规则一致的行动的很多形式也许从未给予过明确的概括化表达。所以，关于规则的知识也许并非总是或并非通常采取法典形式。

但是，承认这一点，就推知在所有这样的情形中社会规则不以某种方式产生因果影响则有可能是错误的。只要有社会规则的地方，明显与那些规则相抵触的各种形式的行为将有可能引发冲突。因此，或者习俗惯例，或者他们违反的规则（或者两者）必须进行调整。当然，通常情况下，个人的一些错误并不会导致普遍流行的规则的改变。因此，要使具体行为模式延续下去的一个条件是，它们不与现行规则发生严重抵触。换言之，现行规则扮演着一个"挑选"

角色。不管证明有效的习俗惯例中的每个习惯做法最初出自何种动机，公认的规则的流行将与哪些规则最终会被再生产的问题有关。直接激发各种形式的行为过程或机制，也许与任何直接阅读和遵守各种系统的规则很不相同，但是，作为习惯上采用的日常化的各种形式的行为，某些习俗惯例的可持续性将部分地由那些习俗惯例与流行的规则系统的一致性来解释。[17]

社 会 地 位

经验的另一个高度概括化的特征是，人们遵循的习俗惯例，包括常规（它们也许会也许不会成为习惯性的），是高度并系统地被分割的或者说是有差别的。似乎我们并非在任何情况下都被赋予了做各种同样类型的事情的能力。教师遵守常规和其他认可的惯例，它们与学生遵守的不同。同样，雇主遵守的常规与雇员的不同，房东与租户的规矩不同，等等。因此，实际情况是，或者并非我们大家都遵守同样的规则，或者既有的社会规则为不同的人群规定了不同的责任和义务，等等。

怎么会是这样？还请注意，作为尚待进一步概括化的一个经验特征，即在任何语境下可遵循的习俗惯例，与支配正在生效的权利与义务的各种规则一样，常常独立于在任何时间点实行它们的具体个人。例如，作为一名大学教师，我每年都要面临各种学生，要求他们听课，写论文和参加考试（正如要求我授课一样，等等）。但同样，作为学生面临我的那群个体每年都与前一年的不同。惯例在继续，但制订它们的那些人却在频繁更换。

我们能通过承认社会实在的各种成分理解这一切，这些成分包括人们被安插其中的各种不同的职位，拥有与管理各种义务和额外权利等相关的各种规则的职位，由占据该职位者承担这些义务或享有这些额外权利。需要人们被安置其上的这个真实的地位系统，能帮助我们理解面临不断更换着的个人的社会生活的连续性（也是社会生活连续性的一个必要条件）；正是各种规则与这些不同地位的联系才能使我们理解所遵循的各种常规系统的分割现象。这样，通过进一步的超验论证，我们发现社会世界的本体论不仅包括生活惯例与社会规则，同样也包括社会地位。

内在关系性

社会世界还包括社会结构的其他方面。举例来说，我们能够注意到并力求解释进一步概括化的那种经验特征，即我们的习俗惯例不仅是有差别的，而且通常在系统上和构成上以他人为导向。界定任何一个群体的惯常做法通常是针对其他群体而言的，它们即便在一定程度上与第一套惯例相似，但通常是很不相同的。因而，学生的习惯做法是配合老师的习惯做法的（虽然很不相同），反过来亦如此。以同样的方式，面朝其他方向的这个特点，是雇主与雇员、房东与租户、家长与孩子、说教者与会众、表演者与观众等特有的。

这个朝向其他人的社会惯例可能存在的一个条件是，社会领域存在着内在关系。因为各个方面处于这样的关系之中，这些被关系者（the relata），正如它们本身就是那样，凭借它们身处其中的关系，有能力做它们做的事。内在关系也存在于自然界，例如磁与磁场的关系。可是，请注意，正是各种地位间的各种关系（与人们本身相比）在社会领域可能具有最重要的意义（关于这个论点的阐述，见 Lawson, 1997a：第十二章）。

转变与再生产

关于社会本体论的画面还有更多的内容可推演出来。因为社会结构无处不在产生影响（如果没有语言的先在性，我们就不可能像现在这样说话，不知道已存在的交通法规，我们就不能安全地在公路上驾车，等等），我们能推理出，社会结构既是相对自主的（它先存在于我们目前的行为），也是真实的（它能对可能发生的事情产生影响）。因此，必须拒绝唯意志论。进一步说，因为社会结构（因其社会性）依赖于我们（即依赖人的改变事物的能动性），结构决定论的解释也必须遭到拒绝。

简而言之，社会结构既是人的行动的条件，又依赖于人的行动。所以，它既不能被人的行动创造出来，也不能创造人的行动。这意味着我们必须用另一种观念取代唯意志论和决定论对社会生活的解释，根据这个观念，社会实在被认为是被不断再生产和转变着的。这就是社会活动的转变模式。只有遵循这种观念，社会结构才能是我们行动的（常常不被承认）的条件，其再生产和转变是（往往是无意产生的）结果的结论。

随时空变换的再生产

很明显，该转变模式与某些在时间或空间变化中有可能相对持久的结构相一致。这种可能性能否成为现实当然将取决于语境。然而，如果我们探究其可能性的各种条件的话，那么，各种各样的概括化经验特征与此有关，所谓经验特征，即是能提供关于社会再生产过程的洞见的那些特征。

这里一个有意义的观察是，在我们的日常事务中存在一定程度的事后连续性。虽然演绎建模者追求的那种事件模式在社会领域似乎比较罕见，但存在许多"（今天）这里发生的事，（明天）那里也会发生"的那种形式的规则性。在我生活的英国，商店通常每天都在同一个地方、每周在与同样的日子差不多的时间营业。同样，学校、银行和教堂也遵守合理的正常时间。医院的门几乎总是开着的。再说远一点，我们发现，不管当下邮票、报纸、电视许可证等的当地价格如何，英国其他城镇相同东西的价格也大致如此。我们还发现，在多数情况下，这些物品和数不清的其他物品天天保持着同样的价格，至少在几段时期内是如此。在更加抽象的水平上，整个英国在时间的推移中，人们天天都在买卖、开车、交谈、看电视、听收音机，等等。

显然，社会结构至少在某些方面事实上是相对可持续的，有些结构随着时空的（也许具有可观的）延展得以再生产，它们是这些具体的一般化经历特征可能性的一个条件。即是说，我们能够理解如在日常事态中体验到的持续性的各种模式，而理解是通过认识到下面的现象达到的：虽然社会世界本来就依赖具有转变能力的人的能动性，但碰巧社会结构的不同方面随着时空的显著延展仍然被不断再生产着。例如，各种各样的习俗惯例都预设了市场资本主义的某些结构、英语（或另一种）语言、一个广播网，等等的持续性（当然是经过变化的）。

我也许注意到，附带说一下，出现的各种类型的事件模式（即那些只能通过承认结构的持续性才能被解释的模式）常常非常接近（或在一定限度内被视为各种限制形式的）界定封闭系统的那些种类的恒定关联。的确，这些封闭并不是（或不会还原为）主流演绎建模者所追求的那种类型的封闭，在那里，相关事件处于因果序列中（亦即，在那里，自变量或前事件集 x 处于因变量或随后事件 y 的因果史之中——见第一章）。毋宁说，在上述这些例子中，这样的相关性或相互关系多半是因为讨论中的事件（譬如 x 和 y）是受第三个因素集（如 z）的影响，或者因为有相似的因果史而出现的。在 z 与 x 和 y 之间不必有一个固定的关系。所需要的一切是，在既定的一点上不管 z 对 x 产生什么影响，在那一点上，它对 y 具有同样的影响。因此，如果英国政府近来需要增加岁入，它有时就必须通过提高小车税（或国民保险分担等）的水准而实现。然而，结果是，无论什么时候小车税（或不管什么）的数额在剑桥已经提高（事件 x），"小车税的额度在英国的其他地方也以同样的数额增加了"（事件 y）。

我承认，在前面的内容中对这样的模式并没有进行大量明确考量（如在下面的第三、第六和第九章中对封闭的讨论所示例的那样，每个讨论在本书出版前放在了一起）。我将在下面的第四章中充分利用它们。暂且，我想强调指出，这里纠正其前面疏忽的最后结果是，我们现在有了区分两种类型的封闭系统的理由。记住，一个封闭只是一个系统，在其中会出现许多事件间的恒定关联，即是说，它支持"只要事件 x，那么事件 y"这种类型的规则性。在相关事件被认为处于因果序列的地方，如我们在第一章所看到的那样，要保证一个事件规则性就要求将一个（稳定的）机制从所有其他机制中隔离出来或使其与其他机制绝缘。在这种情况下，"封闭"这个术语是恰当的，因为他抓住了一个具体机制被与其他方面的影响隔绝的关键性思想。然而，在 x 和 y 因其具有相似的因果史而相互关联的地方，"封闭"较好地抓住了"遮蔽"或"覆盖"的含义。其所指意义是相似的一组因果力控制着一个具体区域。如果前者抓住了"隔离"的含义的话，后者则抓住了连续性或连接性的含义。

因此，如果从正在起作用的各种因果力的角度考虑，前一类型的一个封闭系统也许可称之为隔离（或绝缘）封闭，而后一类型的封闭可恰当地称之为连续性封闭。换言之，如果从（被连接的）各种事件的角度考虑，前者可叫作因果序列封闭，而后者的例子也许可叫作伴随（或并存）封闭。[18]

然而，现在回到目前讨论的重点：社会生活连续性的事实，可通过承认社会结构在时空中常常具有高度的持久性而使其成为可理解的东西。社会再生产不仅会导致各种模式的连续性，而且还会导致底层因果结构的持久性。

当然，哪怕是这里考虑的连续性类型的事件模式也极少是完整的，（例如，即便是英国的全国性报纸的价格在各地也有差异——学生可以买到某些减价报纸；我那里的本地电影院由一家特别的国家报社赞助，结果是，在其邻近的咖啡店里那份报纸是"免费"提供的；英国的电视许可证费最近对超过某个年龄的市民降了价；首日发行的"首日封"邮票通常价格比较高）。许多模式出现又消失，后来又出现；许多实际模式往往存在不均匀现象，间歇起落，但不完全消失（例如，金融资产价格中的稳定性——见 Keynes，1973a：第十二章；Lawson，1994c）。底层因果结构与机制不存在中断，而一种模式并非总是严格与之相应，我们可通过认识到这些很好地理解这种可变性，但抗衡机制通常也在起作用，影响着实际后果。这与往往相对持久的底层因果结构相一致，但总体上开放的社会世界并非如此（事件决定于多种不断变化的原因）。总之，诸如此类的模式，有些显得很明确，可以通过承认有些结构能够并常常的确具有持久性而得到理解。

请注意，如果我们经验的一般化特征，即"这里发生的事，那里也发生"的那类模式是常见现象，似乎还有一个相关的一般化经验特征，即是说，在这些（明确的或部分的）经验模式越抽象的地方，其时空伸展或延展的程度往往越高。有可能出现这种情况的一个必要条件是，越是抽象的模式反映的越是那些沉淀久深、基本的社会特征（或是那些特征的表现形式）。让我简明地阐述一下。

考虑一下一个国家，如英国，21 世纪初期每日的零售价格。如已经注意到的那样，人们发现这样的价格往往是比较稳定的，如果不是几周至少连续几天是这样。但是，时间一长，所有这些价格都有可能发生变化。但尽管如此，在这些时段的每一天都有当天的价格，这个事实本身就是一种相对持续的经验现象。生产的主要目的是为交换提供物品，而不是为了供当前使用（但所生产的商品的范围与类型却总是在变化着）。或者，请考虑一下我自己的大学。它以某种形式已存在 700 年左右。在这么长的历史中，教学、写作与研究这些活动一直是它的中心任务。正是因为这些同样的活动在大致同样的地方反复出现

（当然，某些学院和系的具体地点已经改变），我们才能设想剑桥大学自始至终具有同样的因果结构。但是，从较低的抽象水平上看，这所大学的各个方面一直在变化着。自从我到剑桥以来，一些新系出现了，而另一些系则消失了。同时，任何一个既成的系都比构成它的具体活动持续得久。尤其是学习某些课程的人越来越多，从而得到发展，而另一些课程则不断萎缩并消亡。在既定的一门课程内，技术在变化，教学方法也随之改变，等等。总之，模式越抽象，有关结构则越被沉积或越具持久性，至少情况往往是这样。

这里，也许我们有一把研究与理解制度（或机构）的钥匙。我以前把制度概念化为各种专门的社会系统，或各种结构化的互动过程，它们本身比较持久并显示出具有这样的性质（Lawson，1997a：317—18）。如果上述考虑是正确的，那么，就可能存在制度套制度的现象（传统课程在系内，系在学院内，学院在大学内，形成一个整体）；制度成为一个套娃式概念。肯定地说，该范畴作为分析框架似乎是现成的，随手可用。可是，这里的意义是，对日常生活中（大致上的）各种模式的超验分析揭示出某些社会结构，随着长段时间大块空间的推移，以某种方式可被并且已经被再生产的一些特点。社会生活在各个层面上有一定程度的持续性是显而易见的，虽然有些特点比其他特点持续得更久。

突现与过程

从再生产和转变本身的问题往前走，我们就能注意到，对人的行为有意义的社会结构，因而其起作用的能力，和其拥有各种不可还原的因果力的基本事实，预设了对突现现象的一种解释（见 Lawson，1997a：63—5，175—7）。同时，社会结构依赖于以"转变模型"表达的人固有的具有转变能力的能动性的事实（甚至承认某些抽象特点也常常随空间拓展和时间推移被再生产着），确立了其动态存在模式：社会实在是一个过程。让我简单说明一下这里所说的突现与过程意指什么。

一个层面的实在可以说成是突现的，或者说具有突现能力，如果有一种意义，在其中它：

①出现于一个较低层面，由在较低层面起作用的原理形成的；

②其存在仍然依赖于那个较低层面；但，

③含有其自己的因果力，那些因果力不能还原为在较低层面起作用的因果力，并（也许）能够反作用于较低层面。

因而，有机物质突现于无机物质。根据我捍卫的观点，社会王国突现于人的互动行为，虽然具有不可还原为后者的特性，却有能力影响后者。举例来说，语言系统具有的能力，不可还原为其所依赖的人的言语与其他交际行为。

社会是一个过程的思想的含义是什么？根据所支持的观念，社会结构诸如家家户户、市场、大学、中小学、医院和劳资关系系统并非孤立地存在着（并常常在时空中持续好几段时期），经历着各种变化。宁可说，变化对它们的存在和其存在方式最为重要。它们作为生成（与衰亡）的各种过程而存在。虽然，例如，剑桥大学总是支持教学与研究，但其形式与内容（像该大学生活的任何其他方面那样）一直在变化着。

因此，显然我们能够通过超验推理推出其可能性的各种条件，理解某些人的常规惯例的各种不同的一般化特征。在这样做的过程中，我们会得出关于社会实在的一个明确观念。根据这个观念，社会实在是纵向与横向结构化的；从纵向看，它包括各种底层力量与趋势和诸如社会惯例与其他事件在内的现实存在，从横向看，各种惯例是有区别的。此外，社会实在存在于各种社会规则、社会关系、社会地位和各种制度，等等之中。社会实在是一个突现领域，依赖于但不可还原为人的固有的具有转变能力的能动性，由具有内在动态性的材料组成，也就是说，包括许多别的特点在内，它无处不是一个高度内部联系的并往往相对持久的过程。

人与主观性

让我简略讨论一下关于包括主观性在内的人的话题。由于通过力求确认人的实践活动各显著方面的可能性的条件，也有可能在此领域推演出大量深刻见解。此话题是一个复杂的话题，我在这里只能简略讨论一下。但如果不显得让主流理论化的理性原子观念受到挑战，我不能完全忽略它。[19]上述转变模型显示，社会王国依赖于人的实践活动。在这里，我集中讨论以相当直接的方式，或以重要方式与那种实践活动有关的人类个体特征。

实际情况显然是，人类个体是结构化的。想一想我们所做的一切事情。我们走路、说话、阅读、写作、唱歌、互动、模仿，等等。为了做这些事情，我们必须具有做它们的能力。我们，譬如说，如果没有学习一种语言的能力，就不可能学习它（这种能力是其他物种没有的）；如果不具备已产生的一种或多种语言的能力，我们就不能从事语言行为。所以，人不可还原为他们所做的事，但仍然具有由其活动预设的各种各样的能力、性情、天赋，等等。

因此，对人的实践活动有显著意义的能力，是一种使各种形式的行动有可能习惯性地进行的能力。我指的是那种一般化的经验特征，即如果我们遵循一条行动路线的时间足够长，它就会成为一种习惯，即一种在适当条件下反复地不假思索地（即按惯例）进行的行为形式。于是，我们会反复地不假思索地在红灯前停止，走某些路回家，每天在大致相同的时间吃晚饭，等等。当然，思维方式只不过是各种活动形式，这些方式也可能成为习惯性的。即便是当代经济学家们的建模方法似乎也主要是按习惯操作的。

显而易见，实际情况是我们不可能以这样的方式行动，即按习惯办事，如果不具备这样做的能力的话。换言之，任何习惯的可能性的一个超验必要条件是，一个以上述方式行动的倾向，这里，倾向只是一种如此结构的或如此侧重的、本质上受限的能力，它永久指向或针对在适当条件下产生某种形式的行为（习惯）。

习　性

我们能注意到更一般化的经验特征，那就是，我们按部就班地同时按许多习惯性方式行动着。因而，它似乎服从再次作为这个经验特征的可能性的一个超验必要条件，即个体部分地含有一个（可持续并可转换的）各种倾向的复杂结构。这个结构，根据 P. 布尔迪厄（Pourdeu Bourdieu，1990：第三章）的说法，是一个我们可称之为习惯或习性的东西。[20]因为许多以习惯方式行动的倾向是持续性的，习性（在那里，每种倾向总是显示出其各种获得条件）确保了过去对现在的重要影响，有助于解释我们能几乎同时完成很多事情的明显事实。它能使我们以与我们非得深思熟虑否则根本解决不了的方式大相径庭的方式越过大量障碍。因此，习性似乎是理解实际行动的另一个极其重要的组成要素。[21]

当然，具有像习惯和倾向这样的特征在日常生活中发挥着重要作用的意识，并不必分散我们认为人是反思性主体的思想。这里，特别重要的是，人是向前看的那个更加广义的经验特征。人并不只是被动的反应器，而从根本上说是行动的发起者。人具有意向性。我们能制订计划，实施它们，并且常常获得成功。这些和其他特征预设了人具有的那种特殊能力，也就是意识。

意　识

似乎我们大家都有主观的、第一人称或内心经历，我们把这些经历称之为（或归属于）意识。这些东西明显具有其可能性的各种条件，很可能包括大脑里的许多过程。但是，各个主观方面似乎不可还原为任何神经生物活动，这意味着我们在这里谈论着各种突现力量，即那些突现于某些较低层面的原理并依赖于它们但不还原为它们的各种力量。[22]

我们的意识能使某些行为受我们意欲的和理解的东西的影响。承认意识并不表明个体对其意识状态总是很明白，或甚至能够很容易明白。但意识与想法密切相关，即我们能对我们的所做所为进行反思并为其提供方向。

请注意，另一个一般化经验事实是有两类事情：一类是我们做着我们不想做的事情，它们不是我们目标的组成部分（例如，我们被绊了一下，或拉断了电线等），另一类是我们想做或计划要做的事情（如安全地从A走到B，打开灯等）。这里的区分不是指单独的人的行为，而看上去是指在其各个方面的视野下的所有人类行为。因此，像拉灯线这样的行为，在其为了照亮房间的看法指引下，可被认为是有指向的。当同样的行为从拉断了电线——或如果成功地照明了房间，使潜行者产生警觉，或打扰了窗外的动物——该行为就不被视为有指向的。后面的这些结果通常不会是指引该行为的心理状态的目标。

然而，请注意，我们也许可将人类行为的各种不同的组成部分和条件进行分类，似乎这里所做的这个区分很有意义。在有主观指向性的那个方面下观察人类行为的必要条件是意识。这样的行为是由基于生活中的实际利益的信仰指引的。在《经济学与实在》（Lawson，1997a：第十三章）和其他地方我已在意向性的标题下讨论过行为的指向问题。我把有意向的行为，也就是在其受指引的方面被观察的行为，称之为行动。换言之，行动是人类有意向的各种行为。我把基于生活中实际利益的、能促成行动和对所发生的事有影响的、因而必须评价为因果性起作用的那些信仰集中在了"理由"的标题之下——（见 Lawson，1997a：175）。[23]

简而言之，在我为之辩护的框架中，人的行动仅仅是有意向的人类行为，意思是在执行这些行为的过程中理由起着因果性作用，在此处，理由是以生活中的利益为基础的各种信仰。

我承认，其他撰稿人也许不仅会从不同的角度进行争论，而且会以对照的方式界定或使用上述（或类似）范畴。[24]但情况仍然是，我们所做的事情中的有些方面，但不是全部方面，往往会出现，因为我们渴望它们，鉴于我们的认识，力求促使其出现。似乎出现这种情况的可能性的一个超验必要条件是信仰、欲望、心理或心智倾向以及其他能力的因果效力，不管我们如何决定称呼人类行为的各种不同的方面与条件。[25]

另一个一般化经验特征似乎是，许多，实际上是大多数我们的有意向行为或行动是没有经过我们对其直接或明确考虑而执行的。但人类活动毕竟是不断流动的，而每一个思考行为或推论性反思都需要一定时间。为了使这种不断流动的行动成为可理解的，我们必须在意识范围内不仅要找出一个在其上经过推理思考或预先考虑可能发生的层面，而且要找出在其上不经过思考能促成行动的层面。我把前者称之为思辨意识层面，把后者称之为亚意识或实际或意会意识层面。

我区分这些不同的层面，并不意味着意识不是（或它产生着不统一的经验）统一的。但我们所做的不同的事可用不同的方式启动。我们的活动的一些方面直接依靠思辨思考方式。另一些方面则不是这样。在实际意识层面做的事，举例来说，默默起床后，在屋子里踱步的同时思考着别的什么；应用某些社会惯例在开车的同时，构思我们将要进行的一次谈话；在喝咖啡的同时阅读或看电视；在辩论一个问题时应用语法，等等。这些行为如果需要归类时，通常可被归于推论意识，虽然有时需要做点努力。但因为实际意识在不进行有意识地仔细考虑的条件下就能起作用，所以，它对人类活动是很重要的。的确，正如我所说，大多数人类行为似乎正是发生在后者那个实际意识层面。

承认很多人类行为在不经过预先考虑或认真思考的条件下发生的事实，并不意味着它们是非指向性的。一个人也许会起床并在屋子里踱步的同时思考着什么，或在打电话交谈，或在不管做什么时，他并没有完全意识到他在行走。但这种来回走动也许照样是指向性的：为了伸伸腿或宣泄不满或去一个较安静的地方；在此过程中，行走路线也许是朝着家具方向的，等等。换句话说，行动，即有意向的行为可能并的确在不同的意识层面上发生。当然，说行动理由或意向性应用于不同的意识层面，并不是要贬低区分各种意识层面的重要性，而是要提出意向性在不同的层面是如何起作用的这样的问题。[26]

我已承认，我们在实际意识层面所做的事情，如果需要的话，通常可归于思辨意识。有些动机等，似乎通过思考是不能复原的。这里，可能的解释是，它们被压抑，或在语言能力形成之前就已被获得，或拥有它们的个体的脑部受过一定程度的损伤。可是，它们仍然是意识的一些特点。如果它们在其上存在的那个意识层面通常称之为潜意识的话，这必须与非（或无）意识状态区别开来，如像一把木凳子的那种意识状态那样。[27]

现在，应当清楚的是，这里讨论的各种不同的特点都在彼此以其他特点为先决条件。例如，思辨反思如果不依赖实际意识、其他能力、癖性、趋向、习惯等诸如此类的东西，就不能进行，因此是以它们为先决条件的。如果我在参加讨论时思考着眼前的话题，这些其他能力与习惯也在同时起作用，从而，我才能符合语法地发言，站立端正，来回走动时不至于撞到其他东西，等等，这些都是一下子完成的。

我们还可注意到，在思考的帮助下，我们能够并且在不可计数的情境下必须最终改变由背景带来的各种能力、癖性和习惯。例如，在英国驾驶时，虽然我习惯性地走公路的左侧，但在跨欧洲大陆时，我就必须并主动克服这个习惯。我有意识地（有时是明确地）告诉自己"走右边"。此刻，规则无疑具有法典式的意义。然而，过20分钟左右后，我通常会发现我变得有意自动地走公路右边。因我坚持习惯性地走右边，所以，最后回到英国时，我只得再主动调整方向，改变我的某些驾驶能力。[28]思辨思考、其他形式的人的能力、习惯，等等，相互需要并因果性地相互影响着。虽然社会世界的一切事情都依赖人的实践活动，但社会生活的所有特点中没有哪一个需要优先解释或分析。

总是有更多的东西需要说或确定。[29]但是，希望上述讨论足以澄清（或阐明）我使用的术语，并足以表明超验论证不仅能使我们了解社会本体论，而且能使我们了解人类主观性各个方面的特点。我承认，我只是触及心理学的某些问题。如我所说，我主要集中阐述和理解社会中与人的行动直接相关的某些方面。然而，如果这里对我捍卫的观念只作了有限阐述的话，但所提供的讨论已绰绰有余地使人们相信这个观念几乎不可能化约为当代主流经济学的"代表决策人或代表代理"（representative agent）的概念了。

能动性与结构的相互作用

让我简略地阐述一下人的能动性与结构是如何联系在一起的问题，特别是后者如何影响前者的问题。两者的会聚点是各种社会地位（或职位）。但两者是如何联系在一起的，特别是结构如何影响能动性的问题，需要进一步阐明。

我已经得出了社会活动的转变模型。在聚焦于社会结构的时候，我注意到，后者通常不是在人类活动中被创造出来的，但它却既是这样的活动的一个条件，又是通过它某种被再生产和被转变的事物。同样的道理也适用于人主体，特别是他或她的具体个性或体现个性（embodied personality）。也就是说，转变模型如其适用于社会一样也适用于人类个体。让我简单阐述一下。

我辩称，人类个体是高度结构化的，即每个个体都具有各种各样的能力、癖性和倾向，等等。很清楚，发展出来的各种具体能力，或它们寓于其中的方式，依赖于处于具体的社会—文化环境与自然环境中的那个个体的地位。请再次考虑一下语言现象。大多数个体发展着其语言能力。但所获得的具体语言依赖于该个体所处的社会情境。的确，正如历史—地理环境往往影响着获得哪些语言一样，社会经济条件和个体的身份（地位）往往影响着所学语言的语种数量与所取得的能力水平。

此外，如果一个人相对持续地在操不同语言的群体中转移，其语言能力也有可能不断发生显著变化。可称得上发展和塑造语言能力的各种事物同样适用于人的大多数其他能力的发展。人带着与生俱来的一般性生存能力来到这个世界。但个体的哪些潜力会得到发展，能力与倾向形成的方式，至少在某些情况下反复被塑造，取决于该个体的具体活动，这些活动总是处于社会文化的语境之中，并受这种语境的影响。社会依赖个体而运行并塑造着个体，正如个体集体性地（如果主要是无意地）塑造着构成社会的社会结构一样。在两个方面，即个人与社会，虽然是相互不可还原的，但在有联系的或共同发展的社会转变过程中却具有相互依赖的各种特点。

如果我在此把能动性与结构的相互作用分为共时性与历时性两个方面，这样做也许是有用的。如果我访问一个其文化与传统均与我自己的国家很不同的国家，那么，这套社会结构，由于我对其的间接理解，至少开始时会主要起到制约我的思维和使我看到新现象的作用。这是共时性方面。如果我决定转而去一个永久待下去的地方，那么，新结构、新传统、新文化与新的社会关系等将可能很快就会影响我的个人身份与社会身份、习惯与倾向，等等。即是说，它们将影响我的具体个性的转变。这是历时性方面。重要的是要认识到转变模型抓住了能动性与结构相互依赖性的两个方面。将其还原为一种或另一种是理解错误。

当然，例如，正如前面表明的，相关社会的结构终究会重新塑造进入该结构的个体的社会身份等，但并不意味着在这种语境或任何其他语境中，社会结构在一定程度上能以某种外在的不通过中介的方式直接强加于个体。做事的正是人。社会世界里发生的一切通过人的活动才这样发生。无疑，正是通过人的活动，社会结构才具有因果影响力，不管是共时性的还是历时性的。如果那个进入一个不同的社会文化语境或系统的个体，想在其中尽力发挥作用，他或她就必须了解其规则与惯例等，并能熟练地遵守它们。因此，虽然在该个体试图在本地有能力的范围内，后者并没有将自身强加上去，但他或她的能力与倾向很可能被重新塑造，以便与新的社会的各种传统保持一致。

前瞻性行为

这里有一个我想最后考虑的问题，一个用来以许多方式把迄今为止大略讨论过的那个观念的各个不同方面联系在一起的问题。我已表明，人的一个重要特点是他们是向前看的，人不仅仅是被动的反应器，从根本上说他们是行动的发起者。然而，这种认识还不够充分，需要补充的是，还必须承认（如果看一看主流经济学家的许多确切表达的话）人具有某种有限程度的认知能力和计算能力。除此之外，人们发现社会实在本质上是开放的。因果序列类的社会事件规则性（如当代经济建模者所追求的那样）并不是普遍存在的。说实在的，在社会领域它们相当罕见，那些被发现（特别是在它们不包含惯例化［受规则支配的］行为的地方）的规则性常常不仅是严格受限的，而且是高度局部性的。因此，要预见未来结果总会有本体论与实践方面的限度。然而，尽管如此，我认为，人不仅能制订计划，而且，在其前瞻性的事业中往往取得多方面的成功，作为另一个一般化经验特征，这个看法应当是能被接受的。个体要使他们自己知道实现其目标要花费几天、数月或数年的时间，若从这个角度看，这个盘子可是相当稳定的。让我根据已经讨论过的其他所有问题考虑一下，必须具备什么条件才能使其成为可能。

到此，似乎获得这样认识的可能性的一个条件是，社会生活的某些（可认识的）特征具有相当程度的可持续性。从到目前为止的讨论看，似乎社会生活中越具持续性的特征，是那些越抽象、在某种意义上说越深、沉积越久、越根本的社会特征。

因此，接着应当这样说，鉴于向前看的行为可获得成功的事显而易见，个体就必须主要根据那些更加持久的高度抽象的社会特征制订自己的长远目标。然而，由于这些特征高度抽象，因而无助于弄明白具体细节。所以，情况必然是，个体：

（1）根据关于这种结构的认识制订概括性的比较抽象的计划（Lachmann，1971，1991）[30]、项目或方案；

（2）随着那些个体生活的进展和时间推移，有意识地补充细节或使计划适应具体情况和语境。

个体很可能根据宏观目标或目的制订计划，这些目标或目的（从该个体的长远眼光看）当前被认为是可能的和理想的，让细节问题日后确定。

我在本章不打算考虑个体是如何知道更具持久性的社会特征的问题。这个问题我将在第四章中讨论，那一章集中讨论社会解释的各个过程。这里，我只是承认，从长远看人们在其社会实践活动中往往获得成功的这个一般化经验事实，并认为（通过超验推理），社会生活的确具有一些可持续的特点（上述的），人们在某种程度上了解这些特点，并将其实践活动、具体计划、项目或目标建立在它们的基础之上，这是有可能获得成功的一个条件。

举例来说，不管个体发现自己采纳的社会形式是什么，在一种很高的抽象水平上，个体也许决定追求各种权利地位。或者，在不怎么抽象的程度上说，他们也许会有理由地假设，他们所在的社会将会继续，并追求与其最根本或最具持续性的特征相吻合目标。因此，例如，处于西方世界 21 世纪早期的一个人也许会制订追求某种类型的职业的计划，成为政治或宗教积极分子，结婚成家，去旅行，上大学，去教书，照顾他人，去帮助保护环境，等等。

如果我们想在一个开放的世界里在未来的行为中获得成功，我们唯一可行的选择是制订诸如此类的抽象计划，这似乎是完全可能的。因而，正如我所说，随着前进的步伐，我们补充具体细节，这要视行动的语境性质而定；使已有计划适应别的计划（自己的或其他人的）或者适应已改变的认识或已变化的形势，等等。

个人身份与意义

这些考虑不仅能使我们理解在任何一个时间点上能动性与结构相互作用的性质，而且能使我们理解在其中某些结构随着时间的推移能明显影响人主体和他或她的身份的具体方式。在人生的各种不同的阶段，每个个体都必须应用其自身的反省能力仔细思考哪些类型的（有可能实现的）大体计划或项目对相关环境范围内自己关注的事情最为有益。当各项计划相互冲突而又不能协调一致时，就必须进行优先项目选择（一个具体的个人也许感到需要决定家庭计划是否高于事业目标或者相反，等等）。

这样的优选过程在被执行的地方将导致或巩固个体的突现性个人身份（Archer, 2000）。被采纳的计划将对其持有者的行动提供方向，对其行动赋予意义，反过来通过诠释社会科学（interpretive social science）使重获意义成为可能。

此外，情绪性，即表达我们关注的感情倾向，有可能与我们的计划与其进展情况产生密切联系。当然，所有这些，和社会生活中连续性的经验事实，作为其可能性的一个必要条件，也都在该个体的具体化水平上预设了（如果总是在发展的）自我的连续感。

这样，超验推理就能帮助我们理解人和社会结构在一个开放社会里是如何发展的某些问题，以及能动性与结构是如何以各种不同的方式相互作用的某些问题。

总是有可能确定更多的东西。显然，这个讨论提出的许多问题需要进一步阐释。然而，这不是我在此想要承担的任务。我关注的仅仅是要指出，超验论证是如何能被用来（已经被用来）帮助形成不仅与社会本体论有关，而且与人的状态或人性、人的能动性与结构的相互联系的方式有关的深刻见解。

各种视角的局限性

在最终考虑所有这一切在经济学理论化中的某些含义之前，让我再次声明，本体论的一个概念，像任何其他概念一样，免不了是可错的、有局限的、至少在某些方面很可能是瞬变的。我相信，所有对批判实在论做出贡献的人都认识到这一点，因此，这些人继续孜孜不倦地拓展着该理论的各种洞见，纠正着其缺陷。[31] 的确，上面的粗略概述即便在此实在论的范围内（在某些方面，即便在 T. 劳森的概述与论证中：1997a）也必须被视为具有不可避免的片面性。可是，仍然希望，它足以使人们很好地理解各种断定的结果和取得它们的方式。

曾经一度获得的社会本体论的一个观念有何用处？尤其是，刚才阐述的那个观念能产生什么结果？讨论该观念的含义是本章第三个和最后一个主要话题，是我马上就要面对的问题。

本体论探索的含义

实际上讨论中的观念可用于许多方面。但在讨论某些用途之前，让我先澄清一下本体论论证的界限问题。以社会本体论形式出现的哲学在很大程度上是为如经济学这样的学科做服务性工作的。它决不能替代其他学科的工作。这如同适用于任何其他理论成果一样，适用于系统化为批判实在论的理论成果。衍生任何实际理论成果，依靠各种具体方法或提议各项具体策略，正如我常常强调的那样（见如 Lawson, 1996），都要求在所支持的本体论观念上，得到各种具体的经验性主张的扩充与加强。

对那些接受批判实在论的总体框架而在额外的经验性主张上持不同意见的人来说，不同的个体撰稿人因而针对具体语境得出迥然不同的实际方法论或政治上的取向，这种情况是合乎情理并且是常见的（C. Lawson 等人，1996）。关键是虽然批判实在论对所采用的各种方法或框架均有意义，对采取的路径也是如此，但其本身绝不决定所得出的实际观点。没有一个关于实际理论、策略或实践的观点，哪怕在具体语境中，必须被鉴别为批判实在论的观点才算正当可靠（Lawson, 1996：417—19）。

尽管如此，如果本体论形式的哲学不能替代实际理论化活动的话，正如我所说，它却能为这些活动服务。在这方面，它能揭示方法论上的错误和存在的危险，同时能给研究实践活动指出明确方向。下面，我简单阐述一下这个问题。

错误与危险

本体论如何揭示研究活动中的错误、指出其中存在的危险？它是通过（除别的事情外）揭示各种各样的结果或结构仅仅是可能的结果与结构系列中的特殊案例，从而揭示在先验地将它们普遍化的过程中存在的危险。

举例来说，上面支持的本体论观念社会实在是以深度性（或结构性）、开放性和内在关系性等为其特点的。这些见解分别有助于防止如下做法：

①把现实情况诸如事件进程（或位于实在的任何层面的特征）看作似乎它们是世界的唯一组成部分；

②把各种事件的具体关联看作似乎是周期性发生的；或者

③把非常抽象的、实在的各种特征看成是具体的。[32]

诚如我所说，包括其他方式在内，在这些方式中，上面辩称的本体论分析能帮助我们避免以偏概全，把具体看作一般的错误。当然，我们不能排除这种可能性：即便在社会领域，在许多可能实现的特征中只有一种特征事实上每次都会出现，比抛硬币时先验规定的可能性都大———一枚硬币被反复抛起（哪怕比如说一百万次），也不会总是正面朝上。但像这里支持的本体论观念的确揭示了，任何将可被确认为很具体的案例普遍化的做法都有可能具有风险的性质，而当事情变得不如所料时，它却能事后有助于解释无数失败或令人不解的实例。也许某些被错误地普遍化了的具体案例在这里也许是有用的。

在上面的第一章里，我集中讨论了当代经济学中被错误地普遍化了的形式演绎方法。我之所以强调这个问题是因为这是一个错误，是它塑造了当代经济学学科。但是，当代经济学中还有其他这类普遍化的显著例子，其中许多例子反过来产生于此种方法论，一旦上面陈述的本体论观念被接受，所有这一切都容易被认可。这样的案例显然太多，不能试图全部涵盖。让我简单提供几个例证。

首先考虑一下人类个体的例子。假设每个人在任何地方都是一样的，是一些当代主流经济学家惯用的说法。更具体地说，常见的假设是，因为某些个体产生了一种个体主义或利己主义思想和行为的强大能力（也就是说，行动要尽可能与当代经济学的优化代理（optimising agent）相一致，所以我们大家都有这种思想和能力。"代表决策人或代表代理"之类的概念甚至常被援用。

其他一些人则用有点相反的方式搞普遍化。即是说，他们把重点放在人与其经验或实践活动的具体差别上，将差别特征普遍化。换言之，最近，有些社会科学理论家倾向于把个人身份与个体经验的唯一性看作人性或人的所有方面的一个特征（见后面第九章）。根据后面这个观点，就只有差别。

然而，正如上面支持的本体论分析所示，两种形式的普遍化均是不可靠的。通过本体论分析揭露所有人的深层结构，证明共性或共同特征寓于差别性之中是完全可行的。举例来说，虽然我们大家都有可能发展出独特的混合语言能力，到处都在从事和体验着各种独特形式的语言行为，但所有这些发展都预设了一种共同的语言能力。更一般地说，我们每天都在经历着可能是与众不同的社会境遇，但我们都具有一个共同的进入社会存在（成为其中一员）的能力，不管以什么样的形式或方式实现它。

与各种相同类型相反但却同样怀疑普遍化趋势的观点在对社会—经济制度的分析中时有发现。这里，一个首先值得质疑的做法在于假设，因为具体的关系、规则、地位、生产体制或机制等是一种社会—经济制度（如资本主义）的各种特征，所以，这些同样的规则和关系（如特定市场或阶级关系）等等的例子应当存在于所有经济—社会制度里（包括譬如说封建主义制度）。

后者是 G. 霍奇逊（Geoffrey Hodgson）在最近的一部名为《经济学是如何遗忘历史的：社会科学中历史特殊性问题》（2001b）的书中所处理的一个错误。虽然 G. 霍奇逊的确考虑到一般性与特殊性的更一般的许多问题，但他的基本焦点是指出一个具体错误，即把某些社会—经济制度中存在的各种相对具体的历史性特征看作似乎它们是所有这样的制度共有的。[33]

有一种相反的做法同样不可靠，因为它依赖于各种有疑问的普遍化形式。它假设，因为每天（包括工作在内）的做法在全部社会—经济体制、社会或社区中都有所不同，因此，在这些体系中也不可能存在团体成员的共同习俗。然而，本体论推理表明，所有这些社会体制（制度）都是由社会关系、规则、地位、机构和诸如此类的东西构成的（见下面）。的确，正是借助某些这样的特征，我们才能把所指称的对象确定为社会—经济体制的各种例子，也就是说，确定为同一种事物的不同例子。[34]

另一个错误普遍化的常见例子是，往往假设一个人在某个既定场合以某种方式行动，他或她（或我们大家）在所有场合都会以那种方式行动。因此，某些个体在某些情况下权衡利弊的观察被普遍化为这样的断言：他们在所有情况下都会那样做（或我们都会那样做）。也许这可被称之为"代表性行动"理论（theory of "representative action"）。

无论如何，上面支持的本体论分析表明，人是结构化的，具有也许使用也许不使用的各种能力。确切地说，它支持这种可能性，即是说，即便具有了权衡能力，那些能力也许在某些语境下不会被使用（或者，即使被使用，也许会受到该个体自己的竞争性趋势的抵制）。当然，主流经济学家往往会坚持认为，从精于计划的意义上说，行为在任何地方都是理性的，即是说，各种相关能力总是被使用着（和变成现实），这仅仅是为了使他们的演绎模型易于驾驭。

一个有关的例子是，假设如果在一种情况下产生了与一种行为有联系的不管什么结果，那么，在任何情况下这种行为都会产生同样的结果。因此，可以假设，因为在前一情况下政府某种数量（或形式）的开支导致了就业人数一定数量的增加，所以，同样的策略行为在不同的情况下也会产生同样的结果。可是，本体论分析表明社会实在是开放的，所以，同样可能的是，在策略行为的每个不同的语境中，很不相同的一系列伴随因果力量与条件将会起作用，从而影响所出现的结果。

最后一个例子是，我想强调一下，常常采用的推理方式是，因为社会实在的某些特征似乎以某种方式被成功解释（如根据分析的某些单位），所以，所有特征都可被那样解释。最为常见的是，人们争辩说，因为某些社会现象基本上或仅仅可从个体和其偏好的角度进行解释（例如，一个独自坐在一家饭店的人从一份短菜单中所点的饭菜），所以，所有社会事件都可仅从个体角度进行解释。这样一来，方法论个体主义立场就被认为是正当合理的。

然而，诸如上面支持的那样的本体论分析能很快显示，任何这样的还原主义方向都是明显误入歧途的。具体地说，由于存在突现的事实（即是说，社会结构虽然有赖于人的能动性，但却具有不可还原为它的能力），方法论个体主义必须被视为虚假。这是因为正如社会结构各种形式可解释个体所做的事的条件或有助于个体所做的事那样，个体的行动总体上可解释社会结构的再生产与转变。

更一般地说，因为各种形式的社会结构与人的能动性以很复杂的方式相互依赖但又不可相互还原，所有方法论还原主义的观点都必须被拒绝。这不仅适用于方法论个体主义，而且适用于方法论整体主义（各种社会整体总是分析的主要单位），方法论制度主义（各种制度总是分析的主要单位）、方法论演化论（各种演化过程总是分析的主要单位），还可举出更多的例子（见下面的第五章）[35]。

正如我所说，我这里仅仅是选择了一些实例，这些例子表明，在当代经济学中特殊性也许不仅仅被错误地普遍化，而且实际上被频繁地普遍化。我的确强调这一点。虽然刚才讨论的错误普遍化的类型可被如此识别，至少根据所提出的本体论观点是这样的，但所举的例子事实上是十分显著的。这本书阐述的本体论的目的是帮助避免这样的错误。更一般地说，它力求为所有社会理论化事业服务，解决诸如共同性与差异性、普遍性与特殊性、连续性与变化、联系与差别等这样的问题。其目的是在总体上为分析的可能性和社会理论化的限度提供各种深刻见解。这样做，便能帮助避免很多很多特殊性（或普遍性）方面目前存在的问题。[36]

我已经说过（见第一章），我很猜测这里捍卫的那种本体论观念显得极易引起争议。的确，它往往是经济学家们在更广阔的视野中预设的一种观念。频繁出现的问题是，由于不承认方法、解释路径，或经济学家们采纳的各种具体实际理论的本体论预设，因而认识不到任何与这里支持的那种本体论观念的错位。其实，正是（通常未被承认的）所采用的具体方法的先决条件与清楚表达的较宽广的经济视野的（隐性）本体论预设之间的错配，诠释了全部经济学史中一系列常见的紧张与不一致现象，其中包括发现于 A. 马歇尔（Pratten, 1994；1998）、C. 门格尔（C. Lawson, 1995；1996）和 J. 熊彼特（Parca Moura, 1997；2002）等人相当有影响的描述中的那些不一致现象。

澄 清 问 题

这样，本体论可帮助识别包括不一致和谬误（包括被错误普遍化了的那些东西）在内的各种错误。可是，它能以更积极的方式（包括扮演澄清问题的角色）做出贡献吗？我相信它能。除了别的事情外，它还能提供一种分类语法，凭借这种语法，人们就能更好地理解更加实际的社会理论概念与差别。然而，很多因素决定了证明本体论观念有用性的方法与程度，其中包括该观念本身、语境、被考量的问题，等等。

为了举例说明，请考虑一下最近关于全球互动增大的程度、规模与速度是否被概念化为全球化的概念仅仅是扩大了的国际化讨论和辩论（Held and McGrew, 2000）。这些社会的实际范畴极少被严格界定，但讨论中的对比似乎通常有赖于把整体性的增强与互动的增加两者进行对比的想法。[37]一旦我们有了内在关系与外在关系的范畴，就会认识到谈论全球化的人主要指的是前者的扩大，而强调国际化的人则主要指的是后者的扩大，这样一来，就很容易看到有关问题的实质和找到如何做才能解决的办法。同样，一旦我们认识到实在的两个方面同时既具有内在关系又具有外在关系，我们就会开始明白在诸如此类的辩论中接二连三地产生误解的原因（例如，当我们能看到有些参与辩论的人认为 X 方面是扩大了的国际化的一个例子，而另一些人则把它归于全球化，这时，也许两者都是对的）。

其他各种各样的社会理论概念,其中许多概念或者与另外一些概念合并,或者界定不够明确,都可系统地从上述确认的范畴出发得到发展。举例来说,所有社会体制和集体性可被认为是网络式地并与规则与惯例相联系的各种(过程中的)具有内在关联地位的种种整体。这适用于国家、学校、医院、工会、家庭,等等。也可进行次级区分。一种社会体制可被认为是结构化的相互作用过程;一种制度,如已经注意到的那样,可被认为是一种社会体制与结构,它们是相对持续性的或被认为是这样的;一个集体可被认为是具有内在联系、由许多人占据的一个社会地位集,等等(Lawson, 1997a:165—6)。

已阐明的那些基本范畴还可为情境理性理论提供框架(Lawson, 1997a:第十三章;1997b)。各种真实利益和行动的可能性都依赖于个体所处的具有内在联系的各种地位。当然,我们大家都处于数量巨大的各种(从逐渐形成的具有关系性的角度定义的)地位之中(作为父母、子女、移民、本地人、老人、年轻人、教师,等等)。因此,除了集体或共有的逐渐形成的利益与意向外,还有存在相互冲突的未被承认个体的可能性。[38]

这种观念还为一种富有意义的分布理论提供了基础。尤其是,它容许对地位资源的决定因素和人的地位的决定因素进行分析。

在更广泛的意义上,像那样一种保留的观念鼓励对当代经济学中认为理所当然的许多社会理论化的范畴重新加以考虑,并为其提供信息。这个清单不仅包括已经注意到的制度、体制或理性的范畴,而且包括经济学中极其重要的其他范畴,如货币、市场、不确定性、技术、秩序和数不清的其他概念。[39]

同样,通过考查一位撰稿人的本体论先入之见,往往有可能进一步认清其实际主张与文稿的实质和意义,特别是在发现后者在其他方面容易接受大量看上去根据不足的解释的地方。[40]

本体论也许有助于研讨一系列能从语境中获得好处的其他问题。它可能,举例来说,对与经济学本身性质有关的问题产生影响。例如,什么是经济学的合理范围或题材?有可能把经济学划为一门独立的科学或甚至能为其领域划界吗?这样做有意义吗?本体论,鉴于其聚焦于存在的性质,包括研究"对象",有望为解决这类问题提供一把钥匙。批判实在论的具体概念(适当辅之以其他洞见)是否在这方面有所助益?上述问题在第六章中进行了明确探讨。

此外,还要探讨与当代经济学中的异端传统有关的一些问题。如果主流传统的标志是忽视显性本体论并坚持预设一种总体上站不住脚的本体论，那么，大概与主流对立的不屈不挠的异端学说必须反映一种很不相同的本体论取向吗？这个问题和有关问题在本书的第三部分进行了探讨，探讨的语境是分别考查后凯恩斯主义、旧制度主义和女权主义经济学。

方　向　性

现在让我转到本体论的一个观念，尤其是这里捍卫的观念，它可能影响社会研究的方向性问题，影响方式有许多种，这里着重讨论其中某些方式。非常明确，因为社会世界是结构化的（它不可还原为如事件和实际情况那样的各种现实），因此，现实论（actualism）是一个错误，社会研究不仅需要关注相关的表层现实情况，不然就描述这些情况，而且需要关注，似乎主要应当关注识别后者的底层因果条件问题。的确，社会研究，作为一个正确的必须达到的目标，具有根据其底层原因解释表层现象的能力。如果表层社会现象的模式具有科学价值，就能在某种程度上借助这些模式提供的路径达到结构条件，表层社会现象因结构而成为可能。[41]当然，结构条件反过来具有自己的结构条件，因而，根据较深层的原因寻求解释处于一个层面上的现象的过程也许是无限的。

进一步说，社会现象不仅依赖于具有转变能力的人的能动性，因而是过程性的，而且它们是高度内在联系的，因此，看上去它们被实验研究人员和其他人以任何有用的有意义的方式进行操作显然是很不可能的。因此，社会研究通常需要向后看，使已发生的事可被理解，而不是使自己成为干预者/实验者，因而成为预言者。毫无疑问，社会实在的各个部分能被看作可隔离的、稳定的切块，只坚持预设（学习与教授）的各种方法可能是相当危险的。

这样看来，当前将精力过度集中于（技能、大学的研究方法、课程，等等方面的）演绎（在宏观、微观和计量经济方面的）建模方法很有可能是短视的；其实，与过程中的开放系统相关的那些方法将证明至少往往是富有成效的。在这一点上，我现在意识到，有些研究者担心，在对社会的解释性探索中，没有预设社会世界一直是并将继续全部封闭的方法的替代品。为了消除这种忧虑，我在下面第四章中扼要说明了适合于开放系统分析的一般方法。可它不是（也不可能是）直接从批判实在论的观念中派生出来的。它仅仅是一种观念，考虑到关于该学科题材性质的现有见解，从这种观念出发，有理由期望在社会科学理论研究中取得更大的成功。

另外，很容易看到，如批判实在论这样的一种本体论观念对伦理学问题具有重要意义，对实际理论或策略理论也有意义。举例来说，因为所有人都处于与他人逐渐形成的关系之中，他们由这些关系塑造，与此同时，各人所处的地位不同（或独特），所以，所有行动由于有可能影响他人因而都具有道德的一面，任何不考虑差别而制订的策略计划，如果假定各种不同的人群都是同质的，那么，这样的策略很有可能一开始就是武断的。无疑，不考虑有可能影响较大人群的行动计划，一眼就会看出其潜在的缺陷。当然，这些考虑最终都是指向权利、民主和合法性等问题。它们提出的问题是，在一个具有身份差别的世界上谁应当服从决定，因为在这个世界上我们大多数人都可能以某种方式分别受到其他人行动的影响。的确，它们会招致质疑，即比整个人类少（也许更多）的任何事物能够在形成解放性规划和行动的过程中能否构成相关的焦点单位。[42]

本体论的语境

最后一个观察需要强调一下。（在上述讨论中和其他地方）我反复强调，如我主张的本体论观念虽然实际上是有条件的、历史的和可错的，但它总是需要辅之以更具体语境条件的经验陈述，然后才能与实际问题或具体问题产生联系，不管是有关理论的、方法的、还是有关政治和策略的问题。然而，同样应当清楚的是，虽然批判实在论缺乏对任何具体经验陈述的肯定，但它却不会跟随那些致力于这种实在论观念并且/或者为之辩护的人去切实避免、甚至能够不断避免继续唤起语境的具体经验陈述。本体论的理论化任何时候都是与这样的经验评价手拉手的。[43]

很容易看出本书是如何成为现在这个样子的。虽然我在本书，特别是本章中的目的，是为经济学的本体论转向提供充分理由，这个理由基本上是经验性的。它建立在以下评价之上：当代经济学处于很不健康的状态中，当代经济学的一个核心特点是其具有先验地将某些数学演绎方法普遍化的倾向，明确的本体论推理至少直至最近一直被当代经济学所全面忽视，等等。所有这样的评价至少部分地具有经验性。

如果不顾其正确性，我也许避免了做出这样的评价，但代价是毫无动机、毫无道理、毫无语境地把我对本体论的讨论和本体论主张拖至这个时候才着手做。因此，我在上面指出，所支持的本体论观念是如何给出理由，对使某些见解或先验做法普遍化的做法慎之又慎。但为了表明所支持的见解与现代经济学是如何相关的，提醒一下读者（也就是说要提出经验性评价），现有的将个体、社会经济体制、人的各种做法和解释取向这些高度具体的概念普遍化的做法是何等流行。

我在这里提出的总的观点是，我们每个人总是以各种具体的方式在一个语境范围之内做着贡献，这具有非常具体的社会文化政治利益。在贡献自己力量时，是根据我们的具体利益、价值评价与洞察力行动的。我们逃不出这个范围，也逃不出支持我们的具体事业、取向、正当理由，等等的经验。正如其他任何事情，批判实在论是其时代与地点的产物，尤其是创造它和将它用于实践的那些人的动机的产物。

我之所以强调这些，是因为要进一步支持已经做出的断言，即运用如这里所支持的本体论观念有许多许多方式。正如我也已经强调过的那样，虽然任何出自辅助高度具体语境经验评价规划的本体论见解的结果都不应被认为是批判实在论的，但这不是说重要成果不能以这种方式取得。在当代经济学的条件下，特别是有大量可做成的事情，正在启动的项目不断增加，至少在某些地方是如此。事实上，更加广泛的社会理论化工作雨后春笋般开展起来。[44] 如何取得实际成果的问题将无疑不仅取决于所捍卫的具体本体论，而且取决于社会文化状况和调查研究者的观点。[45]

在解释随后的大量讨论时必须把这些都牢记在心。在本书的剩余部分，尤其是在第二部分，我将进一步举例阐明上面扼要说明的社会本体论是怎样显示其意义的。我的基本目的是尽可能少地离开本体论的层面。我不想在实际推理的方向上走得太远。但我可以仅通过四处利用某些语境相当具体的经验陈述。我提出的问题和所采用的补充性经验陈述都很重要且理由相当充分。但是，即便这个具体的本体论观念也有许多进路，特别是第二部分的那几章，如果读者愿意，基本上可被视为这些方式的例证说明，通过这些例证，我捍卫的本体论观念就能显示其意义。换句话说，因为我的确能接受所有经验性补充和其他补充，这些补充融入其中（并把增补的陈述视为意义重大），讨论中的那些章节同样可以被理解为我自己（有本体论信息的、明确的）对（实在论）社会理论化的贡献。

可是，在转向这些问题之前，我用简短的一章完成（复制自《经济学与哲学》）第一部分，可作为对我这里捍卫的实在论方向的总结。

第三章
实在论与之有何关系？

近几年来，我和许多人（见如 Fleetwood，1999 的文稿）一直致力于建立和发展常常被描述为实在论的理论。在《经济学与哲学》杂志最近的一篇文章中，D. 豪斯曼（Daniel Hausman）质疑实在论是否是这个理论真正值得强调的特征（Hausman，1998）。事实上，D. 豪斯曼的看法已经发展到认为强调该理论的这一特征实际上也许是误导人，或者说是无济于事的。他的基本忧虑表现在该论文的结尾部分，他写道：

> 给一个人的经济学方法论贴上"实在论的"的标签，就不可避免地意味着那些竞争性理论不是实在论的或不足以是实在论的。对经济学方法论来说，这个看法是误导人的，因为不存在经济学方法论的反实在主义派别，也几乎没有哪个方法论者（与经济学家相对）是工具主义者。T. 劳森和 U. 梅基理论的特殊之处不在于实在论——这为其他方法论所共有——而在于别的东西。当然，那个别的东西可以是一种实在论的具体阐释，比如 T. 劳森的批判实在论。如果能以这些理论区别于其他理论的特点，而非与其他共有的东西来命名，就不会那么具有误导性了。
>
> （D. 豪斯曼，1998：208—9）

我从这段文字中推知，D. 豪斯曼的忧虑不在于有关理论被解释为实在论的（正如 D. 豪斯曼自己承认的）；也不一定是这些理论被认为是实在论的一种具体阐释（毕竟 D. 豪斯曼认为那个"别的东西"能使一种理论显得"特别"，"当然，可以是一种实在论的具体阐释，比如 T. 劳森的批判实在论"）；而在于其有时仅仅被当作实在论的。因为正是这种做法"不可避免地暗示了其他理论不是实在论的或不足以是实在论的"。然而，说实在的，即便出现后一种情况，我认为在此情形下也是很正当的。因而，我这里的目标是扼要地表明其理由。在此过程中，我想借此机会确认一下我认为的 D. 豪斯曼的理论与我自己的理论之间的某些显著差异。

作为非实在论对比的实在论

请首先注意，D. 豪斯曼肯定了把某种理论确认为"实在论"的两种推理方式：各种竞争性理论或者"不是实在论的"，或者"不足以是实在论的"。让我依次考虑一下每一种方式。

现在，我（当然）准备好承认，我们的确都是某些类型的实在论者，关于此术语的许多解释也是如此。事实上，我通常也在竭力强调这一点。举例说，在《经济学与实在》中，我承认"如果主张某种有争议实体的存在，那么这样的任何观点都可（在此术语的哲学意义上）被指称为实在论"（Lawson，1997a：15）。我补充说："显而易见，根据这个定义，我们都是某种实在论者，有许许多多可想象得到的实在论。"（15）我还相信，（承诺研究独立于或先存在于）至少某些他们假定的研究对象，就此而论，大多数科学家是科学实在论者。

肯定地说，我通常是以具体的方式使用这个术语的，主要目的是要表明一种本体论取向。然而，我同样准备承认，我们都是实在论者，即便在保持（或至少预设了）本体论观点的特定意义上来说也是如此。在我的著作中，我不断承认所有方法与标准都预设了一种隐性本体论，一种对实在的不明确的描述（见 Lawson，1997a：49）。正如我在讨论休谟的经验主义或各种形式的后现代主义时反复指出的那样，即便明确试图压制本体论的结果，也只能导致产生一种隐性本体论或各种形式的后现代主义（见 Lawson，1997a：第六章中的例子）。

所以，我们都是某些类型的实在论者，也许其中许多人是。因而，可以说以经济学为方向的社会理论不应当将自身确定为实在论的吗？不应当。各行各业的具体理论、计划、活动等经常根据某些同样出现于其他理论、计划、活动等中的基本方面或基本特征而被确认，但它们并非是其中的核心部分。

举例来说，D. 豪斯曼把自己的理论定为一种方法论。D. 豪斯曼确认我、梅基和其他人的理论全都（被 D. 豪斯曼解释为）与方法论密切相关。所有经济学家的确如此。经济学家（和其他每个人）采用的所有路径、方法、技术、目标、标准，等等都预设了科学的或正确的方法理念。因此，所有经济学家、实际上所有科学家和研究人员都是天生的方法论者。难道这意味着 D. 豪斯曼不应当再把他的具体理论明确地确定为方法论，以免 D. 豪斯曼被误解为因此暗示所有其他理论都不是方法论吗？难道厨师能因为我们大家都做饭而不被认定为厨师吗？或歌唱家因而不被确定为歌唱家，田径运动员因而不被认定为田径运动员，经济学家因而不被认定为经济学家，教师因而不被认定为教师，学生因而不被认定为学生吗？等等。

实在论的：不是少，而是多

我们大多数人之所以没有把自己确定为厨师、歌唱家、田径运动员、护工或清洁工，等等，并非因为我们不从事这些活动，而是因为我们没有经常一贯地足够热忱或严肃地做这些事。我认为这一点是具有相关性的。它使我想起了 D. 豪斯曼关于把一种理论明确标为实在论的第二个忧虑：这样做"不可避免地意味着那些竞争性理论……不足以是实在论的"。这里有一种意义，在这种意义上，这恰恰是我"正在"意味的东西。

为确认我的理论是实在论的，我想首先表明一个自觉的持续性的方向，在这个方向上，考查和概括关于社会实在的本质与结构的显性观点，并考查那些引人注目的或有意义的或有趣味的文献中的本体论（或其他）预设的性质与根据。我想暗示，正是这种对本体论问题的明确关注才是（或一直是）当代经济学所缺乏的。我认为这是一个确实能对纠正当代经济学的弊病做出重大贡献的缺位。在此术语（即"缺位"）的意义上，在我看来，对当代经济学的发展做贡献的大多数理论远不足以是实在论的。

但是，至少还有第二个但却有相关性的意义，在这个意义上，许多经济学理论不足以是实在论的，并在这个意义上，我想突出自己的理论。我这里指的是这样一种趋势，即大多数经济学理论隐晦地将真实的与表面的（或可觉察到的）东西混合在一起，却未能以任何有意义的、系统的或持续性的方式超越表面现象到达产生或决定实在的表面现象的（同样真实—但却不必是完全显而易见的）底层结构、力量、机制与趋势。

各种竞争性理论

然而，在更详细地阐述这一切之前，我必须再次提及对 D. 豪斯曼担忧的具体而确切的表达：其他人也许会推断我正在暗示"那些竞争性理论不是实在论的，或不足以是实在论的"。我在这里想集中讨论的它的特征是 D. 豪斯曼所指的各种"竞争性理论"。从嵌入其中的那段较长的文字看，似乎在 D. 豪斯曼的心目中只有方法论者的理论，在那里，D. 豪斯曼让方法论者与经济学家形成鲜明对照。因此，我应当立即强调指出，如果他在假设（因为他似乎在这样做），在采纳这样一种实在论方向时，我正在集中说明的各种"竞争性理论"仅仅是，或基本上是，明确将他们确定为方法论者的其他人的那些理论，那么 D. 豪斯曼是错误的。我的确想对这些人说明这一点。但他们绝不是我想要的主要听众、对手或"竞争者"。

例如，《经济学与实在》是明确针对一般经济学家的，主流与非主流经济学家都在其中。我把它视为对作为社会理论的经济学的一个贡献。确认的"对手"是为当代主流理论做贡献或有可能做贡献的那些人（Lawson, 1997a: xvii）。我乐意把我自己视为（并继续会视为）力图为经济学富有成效的转向贡献力量的人。我把采取明确的实在论的方向看作达到这个目标的重要一步（1997a: 15）。

据说，我恰巧的确认为被明确确定为经济学方法论的大多数文章也不足以是实在论的。我将在下面回到这个问题。然而，暂时我想集中讨论经济学中的主流理论。因为，正如我所说，在所示的各种意义上，这个理论都不足以是实在论的，这个理论与我自己理论的对比就有足够理由（虽然不是唯一理由）把后者明确定为实在论的理论。

当代主流经济学的问题

让我更具体地阐述一下。首先，对形而上学感兴趣的任何一个人来说，不需要非常通晓我们的学科，考查一下当代经济学家就实际理论与方法问题发表的各种各样的断言，以及关于这些问题的本体论（和其他）预设的性质与一致性等方面的定见，就会认识到他们所遭到的连续不断的失败。因而，我认为，随之产生的必然结论是，任何致力于系统地考查这些本体论问题的理论都可被明确公正地界定为一种实在论。在这个意义上，我自己的理论当然可被确认为实在论的理论。

但是，同样可在被合理地描述为实在论的方向上再前进一步。具体地说，我和其他一些人一直在进行一系列调查研究，目的是试图提供一种可持续的社会形而上学理论，一种关于社会实在的理论，为形成包括经济分析在内的社会分析方法提供依据。一个理论的根本任务是考察社会物质材料的性质，研究其存在的方式、结构与独特性、条件，等等。

因此，这种理论的方向与主流观点是有极大的不同，一些方法被认为成功地应用于自然科学或在某种程度上被认为能先验地描述正规科学的特点，而主流理论（不假思索地）采用这些方法。主流观念的根本问题是顽固地坚持形式建模。实际上，这个主流传统的主要目标是产生有助于数学驾驭能力的理论。相比之下，我的目标，虽然听上去显得有点天真，是追求真理论，或至少是力图获得解释力很强的那些理论。

我已经发现两套目标，即解释力强的各种理论和数学可驾驭的各种模型，这两者通常是不相容的，这是因为社会世界的性质使然。虽然发现社会世界本质上是开放的，看上去不易受科学上令人感兴趣的局部封闭的影响，但普遍采用形式主义经济方法却预设了社会世界无处不是可封闭的。所谓封闭，我这里仅仅意指一个系统，在其中会出现（决定论的或概率论的）事件规则性。

两组观察（至少）能被这种不相容性解释：一方面，如果人们曾发现形式主义模型在经验上是成功的，它们也是罕见的；另一方面，主流理论化中的实体（基于有利于数学操作和其他主要的实用标准决定的）通常在许多主要方面被视为不真实的。

主流经济学家们似乎认为没有别的做法。对那些关心与实在相一致（后者被假设为由可测量的事件和事态的数据所记录）的计量经济学家（如果不是全部也是大多数）来说，希望似乎是经验上成功的模型到时定会被发现。但是，虽然有些人同样希望假设理论上的实体或本体被认为严重不真实也是一种暂时现象，但许多人在行动上显得似乎它无关紧要。这里，在主流观念中的确有反实在论的元素。有些人在评论用来支持其模型（如果不是从被认为由"数据"测量事件与事态的观念出发）的觉察到的"理论上的本体"状况时是相当明确的反实在论的。即是说，他们明确宣称一种哲学理论（关于经济理论或模型的），大意是或者谈论真模型是无意义的，或者真模型是不可能的（例子见Lawson，1997a，特别是 p. 325）。

请注意，这里主流理论的主要问题或错误，如我所见，不是其参与者的形式经济建模的反实在论取向本身（一种可能显得具有某些合理性的态度），而是顽固坚持并认为所有经济学家只关心模型理论的决心，尽管其长期连续不断地缺乏经验上的明显成功。主要错误是不承认几乎排他性地只致力于封闭系统建模本身（一种主要适用于某些自然［实验］语境的程序）是有问题的，缺少正当理由。我相信，这是主流理论的关键性缺陷，依靠更普遍地回避对本体论的关注，从为有潜力的更富成果的替代路径奠定基础的观点出发，忽视对社会实在本质的探索。简言之，当代经济学的主要问题是对本体论的忽视。在这个特殊的具体意义上说，在我看来，大多数经济学家都不足以是实在论者。

一种实在论的替代路径

当然，刚才看到的建模者各种回应的主要目的无非是要使经济学建模理论继续勇猛前进。在某些地方，人们祈求于数不清的具有实用性或一致性的模型选择标准（精雅、简洁、复杂性与均衡框架一致等），似乎要排除任何对模型的经验评价的需要。

这样的回应无疑是颇有问题的。正如我所说，我的替代策略是用可持久的明确的方式深入研究社会实在的本质，并相应调整社会研究的方法。这当然使我对形式主义分析方法是否与社会领域有多大的相关性产生怀疑。在此过程中，我开始捍卫社会王国突现于但不可还原为人的相互作用或人的互动的观念。我为一种包括各种形式的社会结构的社会本体论辩护，其中包括社会关系、社会规则、社会地位、各种社会过程和各种类型的整体，等等，它们集体构成一个相对自主的王国，产生并依赖于人的相互作用，但却具有不可简化为人的相互作用的性质，虽然会反作用于它。事实上，在《经济学与实在》中，我曾辩称，这个社会本体论不但涵盖一个"纵向领域"，需要致力于发现底层社会结构、力量和本体等，而且涵盖一个"横向"领域，其中包括在开放系统和（任何可想象的）封闭系统进行的因果机制的超事实运作等，即是说不管其结果如何。在这方面，我发现具有因果作用（并且往往主要观察不到）的社会结构与机制等的确独立于我们对它们的调查研究而存在，并独自或整体地构成社会科学研究的适当对象。

经济学方法论面临的形势

到此为止，我一直主要在论述忽视本体论（在不支持明确的本体论推理和本体论深度的意义上）以及主流经济学家的方法论实践中这种忽视所造成的后果。与主流经济学家充分领悟的先验的不假思索的还原主义和科学的理论相比，我相信，我主张的社会理论有充分理由被确认为实在论的理论。

可是，D. 豪斯曼似乎更加关注与被明确确定为方法论的其他理论进行任何隐性比较。如果实际情况的确是经济学中这样的方法论把有意义地从事社会形而上学研究明确当成自己的事，那么，在我看来，这些理论也需要被明确确认为是实在论的。无疑，把面对并最终帮助改变（因此无可避免地对比）那套先验的科学做法，而这种做法是当代主流，如果任何这样的理论以这种方式加以考虑，那么我认为这样做都是对的。此外，如果在进行这种批判活动的过程中，能得出一个关于自然、科学与社会本质的明确观点并捍卫它，那么，任何这样的理论同样需要被确认为实在论的一种具体概括形式。

然而，碰巧，我确信，当代经济学中被明确定为方法论的那些理论大多数（少数例外）同样未能对本体论或形而上学问题给予足够的重视。大体上说，这是认识评价问题（即那些关于接受或拒绝理论理性基础的认识论问题），它们占据了关于经济学方法论的各种讨论（关于这些讨论，见 Lawson，1997a：xiii—xvi；Fleetwood，1999：127—35）。

我在此不打算概述这些理论的贡献。然而，为了进一步解决 D. 豪斯曼提出的某些重要问题，希望通过进一步讨论澄清我们之间的分歧，此刻，我也许想补充说，我对 D. 豪斯曼自己的理论（其见解虽然相当深刻且富有成效）是否足够重视形而上学问题持怀疑态度。它比其他理论更倾向于形而上学问题，并似乎越来越是如此。但在我看来，它也最终远未能达到足够挑战当代主流理论的相关性（包括本体论预设）问题的程度，也未能阐明带领我们超越实际事件与事态的一种本体论。我相信，这些断言对广泛认为的 D. 豪斯曼的产出来说是正确的。但为了当前的目的，让我集中讨论"经济学与哲学"中的那篇论文，在那篇文章中，D. 豪斯曼的意向很明确，他实际上是想要解决实在论者所关注的问题。

D. 豪斯曼与经济学

在其"经济学与哲学"论文的不同段落，在建立某个或其他观点的过程中（例如，"实在论者与认识论反实在论者之间的那场辩论基本上与经济学无关"［1998：185］），D. 豪斯曼实际上断定"经济学并非如物理学那样假定观察不到的事物"。的确，他的核心论题被概括如下：

> 把实在论者与反实在论者区分开来，与某些工具主义者区分开来的那些本体论、语义学和认识论问题基本上与经济学无关。理由很简单：经济理论基本上不假定存在新的观察不到的实体。
>
> （Hausman，1998：196）

我想追问的问题当然是：我们在谈论着哪些经济理论？一切都是可能的吗？按异端路径所概括的那些理论如何？为经济学中的批判实在论做出贡献或以其为根据的经济学家们，在其实质性贡献中，已经提出了一些经济理论，这些经济理论假定存在至少很大一部分是观察不到的各种各样的新实体。这些实体包括具体的社会关系（性别关系、种族关系、雇主/雇员关系、学生/老师关系、货币关系等）、权力的其他结构、社会过程、社会地位、社会规则、演变着的各种整体、具体制度或机构，等等（见 Lawson，1997a：第十八章）。这项研究，如其他关于各种工业区、区域、集体学习，等等研究一样，不断假设着新范畴、新关系、新过程和新整体，等等，其中许多（虽然不是全部）是不可避免地观察不到的，或具有不可避免地观察不到的各个必要方面。的确，人类社会本身的存在只能被认识，而不能被看见。因而，当 D. 豪斯曼提出"我不会……就经济理论极少假设存在新的观察不到的实体的断言进行争论"时，他是相当有问题的（1998：202）。（我对经济学的本质的具体看法，又见 Lawson，1997a；和下面的第六章）。D. 豪斯曼为何竟不顾一切地做出结论说"济理论基本上不假设存在新的观察不到的实体"？也许至少在他讨论的有关阶段是因为他隐晦而不加质疑地将经济理论化约为当前经济学主流理论的输出（或化约为其中的一个分支，就像主流"理论的"微观经济学那样的东西）。这当然是 D. 豪斯曼在其最近的（1992）名为《不精确的独立的经济科学》那本书中的明确策略。据此，我们就能很容易解释在其"经济学与哲学"论文中他几乎一心一意地致力于"解释和预测选择的偏好与预期是否是观察不到的"问题（1998：196）。因为只有对当代主流理论来说，这样的事情才担任这样的中心角色。

当然，即便我们只致力于这个有限领域，我们也有资格追问，为何或在何种意义上说，观察不到的事物是或不是新的是重要的（显然是意指不熟悉或非常识性的事物）。在一种意义上，D. 豪斯曼承认，信仰和偏好等等的确是观察不到的，甚至是可被质疑的，但却似乎认为，经济学中任何可能有益于实在论与反实在论的辩论无论如何都不如物理学中的那些辩论有意义，这仅仅是因为那些显著观察不到的事物是我们所熟知的：

> 我想坚持的是不同的一点。反实在论者力图在关于日常生活的相对不成问题的断言与成问题的科学理论假定之间画一条线。物理学假定存在新的观察不到的事物，常识实在论却不强迫我们承认其存在。虽然经济学也会论及观察不到的事物，但与物理学相比，它却不假设

新东西。它观察不到的东西——信仰、偏好和类似的东西——是人所共知的事物：它们是理解世界的数千年常识的组成部分。

(Hausman, 1998: 197—8)

他补充道：

经济学中不存在关于实在论与非实在论的有争议的问题，那个问题并非同时是一个关于日常对世界理解的问题。

(198)

现在，我同意后一种说法。但我从中得出的推论却与 D. 豪斯曼相反。当然，我并非仅仅因为存在对社会领域某些方面的实在与本质的常识性理解（不可感知的事物在这个意义上不是"新事物"），就会因此认为（如 D. 豪斯曼通常所做的那样）我们应当停止对它们的追问；我并不认为"对世界的日常理解"是不可矫正的。宁可说，我相信，应当继续对我们日常范畴中哪怕是最熟悉的那些范畴进行重新评价。例如，我把货币（在常识中也许理解为现代日常生活的一个特点）看作一种社会关系系统（解释为什么这片金属或纸或塑料的功能与其他东西不同）。这是常识性理解的解释部分吗？如果仅仅因为它不是，就不应当受重视吗？

同样，在任何给定地点和它们的结构条件下，如果是关于日常性别区分或阶级区分等，各种做法、权利、义务等，那又会怎样？我甚至认为 D. 豪斯曼的桌子和椅子是部分地由社会关系构成的。举例来说，我去野营时，许多东西具有充当桌子（平顶树桩、有平整面的石头等）或椅子（石头、翻转过来的篮子等）。哪些东西能成为如此构造的物品部分地取决于我们以及我们与它们的关系。当然，从根本上说，我们家里那些称之为桌子椅子的人造物品的情形同样不亚于这种情况。

换言之，正如 D. 豪斯曼容许"物理学把常识不容许我们假设的存在物假设为不可感知的事物"一样，包括经济学在内的社会科学也能（并常常的确）这样做。因此，正因为这个观点容许我们能够并往往应当超越或转变常识，这个观点是不能被排除的。由于它认为或承认日常生活与底层结构（包括更广阔的各种整体）具有内在关系，所以，我认为这里所支持的观点的确需要被解释为更具实在论的性质，而 D. 豪斯曼的看法却更具常识或准现实论（将实在还原为事件的实际过程）的性质。

在这里，这些考虑仍然不是我唯一或甚至主要的关注点。回到我的要点，即主要通过聚焦于偏好和预期这样的条目，D. 豪斯曼似乎隐晦地把经济学解释为与目前主流差不多的东西，几乎没有阐述清楚目前主流文献的那套内容。说真的，D. 豪斯曼在他的论文中用更有希望的标题写了一小节，该标题是"经济学中其他不可感知的东西"。但实际上，只有两样东西，即"社会必要劳动时间"和"人力资本"与"属性"，才被确认为真正的可能性。但两者均仅凭假设的根据或者借口"在经济学上没什么意义"（200），或者因"在经济学中相对不怎么重要"（202）而很快就被抛弃。但我们再次有权质问：在其中这些和其他观察不到的事物并不重要的经济学究竟是什么？它只能是当代主流经济学。这正是因其忽视了本体论遭到我批评的那个理论，而且我担心，D. 豪斯曼也许通过将该理论的产出视为神圣不可侵犯而很不明智地卷入其中。

请注意，似乎 D. 豪斯曼至少在反对后一种批评时能够答复说，仅仅因为这个主流理论能说明经济学界目前的大部分产出，他只考虑这个理论，从而证明自己是公正的。但这个论据还嫌不足。D. 豪斯曼明确质疑把我和其一些他人参与的那个理论命名为实在论的理由。他选择的策略依赖于表明，我参与的关于经济学问题的那些辩论和讨论等不涉及新的不可感知实体的假设，等等。但为了使其奏效，他的分析必须包括我所参与的所有辩论等，不管是主流的还是非主流的。为达此目的，聚集范围必须是一个比主要依靠偏好和预期宽得多、丰富得多的概念。

当然，D. 豪斯曼不能同时既认为我为之做出贡献的那个理论的实在论特点在当代经济学语境中并不显著，又认为正因为它很显著，所以，不应当被考虑为当代经济学的一部分。

D. 豪斯曼与批判实在论

必须承认，D. 豪斯曼似乎在他的名为"超验实在论"的论文末尾部分并没有进一步讨论我自己的理论。在社会领域是否存在不可感知的事物，这个问题不能基于先验的根据被合理地限制，甚至不能限制于对多种实体与性质的讨论，在这里，他对此提出质疑；我也许正在假设底层结构与机制等，把它们作为经济学研究的适当对象，D.豪斯曼最终容许这种可能性的出现。可是，到头来，这部分主要由各种各样的有点错误、且往往离题的说法或断言所构成，多半仍然反映了D.豪斯曼对主流传统的明确而毫不犹豫的支持。

举例来说，据暗示，我常常"为经济学家提供一种假二分法。或者他们能接受把科学看作是专门追求可感知事件的毫无例外的规则性的观点……或者他们能接受的批判实在论"（Hausman，1998：204）。那么，这种二分法假在何处（如果它是一种二分法的话）？批判实在论毕竟主张这个世界是开放的结构上复杂的世界。正因为如此，事件规则性，不管是严格的还是部分的（即"半规则性"）在某些条件下的确可被产生出来。批判实在论因而愿意考虑不同严格程度的先验事件规则性的可能性；一切都依具体情况而定。相比之下，主流演绎主义经济模型的必要条件是严格的事件规则性（包括那些在概率法则严格定义之下的规则性）是无处不在的。所以，这种选择，即二分法，的确就在科学是或不是"专门追求在可感知事件中的毫无例外的规则性"之间、在演绎主义的演绎断言与批判实在论的非演绎主义断言之间进行的。

D.豪斯曼认为，讨论中的论题，即经济学家应当放弃把演绎主义当作普遍性断言的看法在某种程度上来自"有争议的形而上学"，首先，它精确地将形而上学的范畴区别绘制到了可感知的与不可感知的事物之间的那些东西上；其次，它假设经验与各种机制的特点本身不可能是事件。我不能确信为什么D.豪斯曼认为两套断言中的每一套都是受到辩护的或可能受到辩护的。我个人从不对两种中的任何一种持有看法或希望如此（虽然我当然不否认社会结构、力量、机制、过程、趋势等等被事后发现大半是不可感知的）。

D.豪斯曼进一步问道："通过同化或吸收关于例如社会准则［也许在其他社会结构之中］地位的问题到关于电子的存在的问题获得了什么？"（1998：205）。但正如我已经指明的那样，不存在正在发生同化吸收的问题；这些纯粹是同样种类的问题。两者都反映了假设存在一些有争议的各种实体；两套假设都需要调查研究。总之，D.豪斯曼似乎旨在把所有结构与机制的所有方面缩减至"日常常识理解"的水平，好像从而所有方面都可在某种程度上被看作摆脱了实在论与反实在论的争论似的。

D. 豪斯曼还简短地讨论了公司和假设的"收益递减律",试图表明"T. 劳森对实在论的强调分散了人们对实际问题的注意力"(1998:205)。但这里,D. 豪斯曼看上去认为,我对经济学的批判,如果应用于讨论公司和"投入的回报"的话,仅仅相当于一个建议,那就是更多的可变量或因素应当包括在分析之中(收益递减律……只抓住了产生被观察到的复杂现象的一个因素。我们不必为了成为一名批判实在论者而承认这个关键性观点〔Hausman,1998:205〕)。我正在论证的事实,即包括公司在内的社会世界,部分地由内在动态的(和大多数不可感知的)高度内在联系的力量或能力等的有关结构等构成,它们不可还原为任何实际上的现实,这个观点似乎还未得到充分赞同。

D. 豪斯曼还提及我在这里没有篇幅讨论的"经济学的其他基本'原则'"(1998:211)。但我的一般性观察是,在所有这样的例子中,像刚才注意到的假设的收益递减律那样,经济学的构成成分完全是未经任何批判的假设。的确,从我自己的观点出发,D. 豪斯曼和各种各样的其他方法论者贡献的一个最显著的特点是,没有认识到被确认的那类"原则"与社会领域相关性是有限的。这种认识上的失败,在我看来,只能通过继续拒绝质疑整个主流的演绎主义传统的相关性而得到解释;尤其是,不顾其继续忽视本体论的做法。

结 语

D. 豪斯曼最近(1998)的"经济学与哲学"方面的文章包含大量断言,大意是某些问题或有争议的问题与经济学有关(或无关)。似乎在每一个这样的断言背后都有一个假设,即为了使一个问题具有相关性或"迫切性",那个问题必须是当前主流经济学家关注的中心,或是其一个辩题。这种推理思路本身似乎受到一个更具一般性的假设的支持,那就是经济学被简化为大多数经济学家(包括经济学方法论者)目前所做的事。

我自己很不相同的起始点一直是那个(得到广泛认可的)现象,即当代经济学几乎不能阐明我们生活于其中的这个世界,实际上处于一种混乱状态;我深信,我们应当为改变这种状态做些什么,特别是要寻求取代(或至少补充)

主流方法的其他策略，这些策略在解释方面更能获得成功并很有用。对我来说，解决这样的问题才与当代经济学面临的任何问题一样具有相关性或迫切性。

因此，我理论的核心是找到该学科遭受无数失败的原因。我无疑已经发现，那些问题不仅仅取决于当代经济学家们（包括方法论者）所关注的那些事情，而且至少同样取决于那些至今极少受到关注的事情。具体地说，我认为当代经济学的诸多问题与对本体论的忽视有根本关系。因此，我个人所尽的努力主要是明确而持续地对本体论问题进行阐述，聚焦于解释行为在社会领域的含意。其他人已经用同样的方式做出了贡献。

结果是产生出一种比大多数其他理论更明确、更系统地以本体论研究为取向的经济学理论，它把阐明社会科学的社会形而上学作为自己的使命，而且人们发现它支持一种比经济学中的大多数竞争性观念丰富得多、深刻得多的社会生活观念。

当然，所捍卫的这个观念可能是有争议的。不管此理论具有什么价值或产生什么结果，实际情况是其贡献实际上总是有条件的、可错的、片面的并可能是瞬变的。但不管对我一直讨论的理论还可能有（或没有）别的什么要求，我认为，显而易见的情况是，如果我们要问在当代经济学语境中这方面什么问题很突出，答案是与其最相关的莫过于实在论方向了。

第二部分
PART TWO

经济学的各种可能性

第一部分中简述的本体论观念可以通过多种方式对社会理论产生影响。举例来说，它指明了社会科学研究人员有理由为之做好准备的各种条件的范围。能令人当即感兴趣并有意义的一个问题是，面临根本上开放的社会系统，解释性的理论究竟能走多远。尤其是，在没有可供依靠的实验干预可能性的条件下一套解释性理论如何展开？为了取得一些成绩，过分简化直至蓄意虚构是必要的吗？许多经济学家似乎相信应当这样做。可能大多数都是如此。第四章中我主要关注的问题背后的基本观点是，任何此类观点都是缺乏根据的。我将表明，尽管社会领域从根本上说是开放的，但不含蓄意虚构的社会解释性工作获得成功是完全可能的。

经济学家不总是需要"从原点出发"形成自己的方法。他们还可借用其他学科。实际上，经济学家们总是在这样做。我写这些话时，越来越多的经济学家似乎对借用进化生物学感兴趣，尤其是对 C. 达尔文式的"自然选择"模型感兴趣。在第五章，我将探讨采用自然选择模型来理解第一部分呈现的社会实在对社会领域所具有的潜在意义。我认为本体论的观点是采纳其他领域方法过程中的一个基础。

本体论可用于确定实在中特定领域的性质，从这个程度上说，其成果还能为辩别与确认不同科学提供一种非任意的基础。即是说，本体论的研究成果能够根据不同类型的研究材料和原则为区分不同类型的科学提供一个基础。实际上正是由此，我们才得以区分物理学、化学和生物学。只有当代主流经济学家才试图根据其（自认为的）不同研究方法来界定一个学科。一旦我们抛弃了这个方向，采取基于被研究的物质材料性质的实在论视角，就有可能重新提出与该学科的性质与范围有关联的各种新问题。尤其是，我们如何能把经济学从社会理论的其他分支中区分出来？另外，经济学成为或可能成为一门独立科学，这有什么根据吗？如果有的话，它能够或可能被恰当地界定为一门独立的科学（即具有自己独立研究对象）吗？第六章中将探讨这类问题，该章是一篇转载自《应用经济学》杂志的论文。

第四章
社会科学的解释方法

如我在这本书中所提倡的本体论观念如何担负起社会解释的任务？它不具备的功能是决定我们应该如何去解释，它显然没有规定一条特定的路径。[1]可是，它的确能够服务于多种目的。其中之一，也是我在本章的重点，是指明一些条件或场景，我们必须审慎地做好准备。它正是以这种方式为科学的社会分析提供了指引。

社会解释工作的条件

根据我为之辩护的观念，社会实在显然是开放性的。事件的模式的确会出现。但是，凡在有关现象高度具体的地方（诸如实际价格的变动、原材料的数量或产量、以及当代经济建模者的大多数其他特别关注的事情等），人们发现这样的模式倾向于采取半规则性的形式，即是说，这些规则性的形式不仅是高度受限的，而且在一定程度上是局部性的、不稳定的（Lawson, 1997a: 204—21）。此外，处于因果序列中与事件有关的各种模式（即那些有关联的事件因果性地影响着其他事件的模式）在社会领域似乎确实很罕见。至少在一旦我们的视线越过涉及规则支配的合理的日常化行为方式时是如此（遇上红灯时车辆停止行驶等诸如此类的现象）。

然而，人们发现，社会实在不仅按已描述的方式开放，而且是有结构的。即是说，它不仅由实际事件或事态构成，其中某些我们可直接体验，而且由深层结构、力量、机制和趋势等构成，它们产生这些事件和事态，有助于或不然影响这些事件和事态（见第二章）。这个评价直接把我们引向因果解释研究或因果关系解释的方向。这是因为不管给定的各种现象在社会实在的任何一个层面与其他现象是否具有相关性，它们都可根据其底层因果结构和条件（从产生或有助于产生现象的意义上说）得到解释。[2]

因果解释与溯因推理

这样，第二章中辩护的本体论观点引导我们考虑在经济学中如何开展因果关系解释项目。这种强调反过来凸显了对开发超越演绎与归纳逻辑通常形式的推理模式的需要。依赖后面两种推理形式的结果，如通常所解释的那样，是把研究人员限制在只考虑需要解释的现象已被发现的实在的那个层面。然而，为了进行因果关系解释，我们通常必须进入更深的层面。当然，演绎方法通常是从一般陈述推到具体情节。例如，如果我们承认"所有金属加热时都会膨胀"这个陈述，我们就可通过演绎得出"我们面前的这种金属加热时会膨胀"的结论。归纳法要求我们从具体陈述到一般结论。如果我们的研究实践表明"每一种（一小块）被检验的金属加热时都会膨胀"，我们就有可能通过归纳得出"所有金属加热时都会膨胀"的结论。在每个例子中，我们都是从关于各种金属的行为的一种陈述推到关于金属行为所处层面的第二种陈述。

根据这里解释的解释因果关系，我们需要一种推理模式，把我们从表面现象带到它的成因，或更一般地说，从处于一个层面的现象推到往往位于一个更深层面的原因。这就是溯因推理。它把我们从"我们面前的这种金属加热时会膨胀"的认识带到一个借助其该金属加热时有能力膨胀的它的内在结构（或不管什么）的概念。

关于溯因过程实际上可能如何进行的问题，除了常常遵循类比或比喻的逻辑外，在具体语境之外没有多少可说的，往往取决于灵感与运气（见《经济学与实在》，特别是第十五章）。举例来说，人们发现，20世纪80年代末，英国的许多牛出现了我们称为"疯牛病"的症状，通过与其他疾病进行类比，根据溯因推理，一种病毒正在引起这种问题。然而，这种溯因假设后来证明是不正确的。只有借助许多技能并凭运气，被定位的蛋白感染因子才是最有可能的（解释力强的）因果关系假设（例如 Lawson, 1997a：293—4）。

这里，具有明显意义的是溯因推理指导下因果解释，不必规定只有原子解释描述才被视为是可能的。溯因推理本身并不对可能被发现的解释观念施加限制。这一点在这里是很重要的，因为我主张的本体论观念表明，社会实在是开放的、有结构的，并且是高度内在联系的、动态的，等等。也许最能解释某些感兴趣的被确认的现象的概念是一个整体性存在、原子状实体、一个演化过程或某种瞬间冲动的东西。每个或各种类型的现象都可通过溯因推理得到解释。这样，在聚焦于因果解释和溯因推理时，我们在我主张的本体论框架之内进展得很好。

社会解释的核心问题

如果社会实在的开放性是对追求因果解释的一种驱动力的话，它难道不同时也是获得这种成功的根本障碍吗？虽然在某些自然科学语境中实验事件规则性的频繁产生本身可作为这些自然领域也是开放的证据列举出来（只有在实在的一个领域是开放的条件下，才有可能人为地设计一个实验封闭（或部分封闭），毫无疑问，正是因为严格控制的实验能使因果机制与其他因素绝缘（隔离），因而从经验上得以确认，所以它才有助于因果关系分析。因此，在我看来，对社会解释的大量艰苦工作的一个核心挑战或根本性挑战，是在缺乏实验干预的开放系统语境中确定如何开展解释工作。[3]至少在社会过程不会还原为规则支配的日常化类型过程的地方，这是一种根本性挑战。

这里出现的问题有三个具有内在联系的方面或部分，三个非实验研究面临的相对不利条件。在实验语境中因果关系解释工作在以下几个方面被看作是有用的：

（1）确认一种事件规则性；
（2）形成能解释该规则性的因果关系假设；
（3）对与该规则性一致的各种竞争性假设进行辨别。

只有在与这三种活动有关的条件下，社会解释问题，或更一般地说无实验相助的解释问题，才可能被考虑。

为了阐明问题，首要的困难是，在实验控制条件下设计的那种事件的规则性不明显的地方确定如何启动一项解释工作。我们如何知道从何处着手？

第二，如果证明还有可能以一种有意义的方式开启一项解释工作的话，也会产生如何导向任何一种因果解释研究的问题。第一章的分析表明，实验产生的事件规则性与一单套内在稳定的机制被有效地从抗衡机制中隔离出来的情况相符。在这种非常具体的情况下，因果关系假设针对的是被实验条件隔离的底层机制。在诸如人类社会这样的开放系统中，因果类序列中比较少见的规则性反映了这样一种事实，各种事件和结果大体上每种都是由多种原因决定的，其中至少某些原因是瞬变的、不稳定的。从这样的理解角度出发，社会领域初看上去的因果关系研究问题，实际上是确定如何才能从作用于我们也许感兴趣的任何现象的可想象得到的众多原因中找出一个具体原因。

第三，在完全可追求理解一单套因果机制的程度上说，当出现各种对其竞争性的解释时，就会有对它们进行辨别的任务。在实验室背景下，各种各样的因素可以一种受控制的系统性方式发生变化。在非实验室情况下有哪些可供选择的途径？显然，我们关注的是因果关系解释，而非相关性分析本身，因此，对各种竞争性解释进行选择的标准将不是预测的精确性，而是解释力。我们可接受使在其范围内最宽广的现象具有意义的那种假设，或能使我们理解那些现象的假设。但在缺乏事件规则性的条件下，在评价已存在的各种竞争性假设的相对解释力时，哪种类型的经验现象是现在我们有可能指望的？

开放性的"三个部分"问题正是这里有待解决的，它们是：了解在缺乏事件规则性条件下如何开始对控制实验中产生的那种规则性进行解释的过程；了解决定如何指导因果关系解释推理；知道能够在这样的竞争性替代假设中进行选择。在本章的剩余部分我将重点讨论这些问题。

面临严峻形势的主流经济学家们通常可求助的手段是，事实上仍然是坚持认为，在实验室设计的那类普遍严格的（或表现好的概率）事件规则性在社会领域无处不在，虽说尚待发现。总体上说，这个行动过程不是由对社会实在的本体论条件的任何反思驱动的，而是由一个三合一欲望驱动的，一是自然科学意义上的科学性，二是不加质疑、坚信达到这种科学性是可能的，三是错误地相信科学必须依赖数学方法。无疑，这个铁定目标通常是可驾驭的数学模型。如果每次建模都预设一个某种类型的封闭，在一切场合下坚持形式方法就必须要求相关类型的社会封闭是无处不在的。社会实在的开放性被有意抹杀了。

正如我所说，主流的这种回应是由一个不假思索的先验假设驱动的，即形式建模一定具有相关性，把这件事搞清楚，使之正当有理，只是个时间问题。其他一些人，虽然所持的态度（或"辩护立场"）不同，但最终还是采取了相同的演绎主义路径。特别是，还有那么一些人，他们既不喜欢演绎主义的解释方法本身，也没有被其数学欲望的驱动所迷，但仍然采取了主流的演绎主义方法。这群人似乎顺从了这样一种看法：因为社会实在是相当复杂的，所以，别无他途，只好在仅仅看似社会领域中四处存在因果序列的普遍而严格的（或表现良好的概率性）封闭道路上行进，即便他们知道有足够的理由拒绝任何这样的假设。这里，根本问题是有一种共同的忧虑（如果是错误的话），那就是，因为社会实在是复杂的，所以，我们必须有意进行虚构，以便说起任何事情来使其足够简单。这就是隔离程序常常乘虚而入（如果时而被错误描述为抽象方法）之处。对于那些能接受此看法（容易表明被误导的看法——见 Lawson, 1997a：ch. 9）的人来说，[4]这主要是个认为通过虚构化的演绎主义（以迄今为止界定不明的方式）于事有帮助的信心行为。这种信心行为来自虽说面临反复失败但除了坚持演绎主义外别无他途的假设。我这里的目的是要表明，诚如前一个求助毫无道理的希望是不必要的一样，这后一种假设也是没有根据的。

附带说一下，我也许注意到，这两群人中的成员在寻求依赖因果序列的相关性的概括化表达时，都表现出一种越来越明显的倾向，即指望着将各种粗略的模式牵强附会地使其成为特征化事实的结果。因此，这种理论是一种基于特征化事实的演绎主义。较早在经济学中提出"特征化事实"这一术语的 N. 卡尔多和其他一些人现在用其来指这种模式的粗略性质（Kaldor, 1985：9）。当然，这恰恰与普通用法中的"特征化"一词的含义相反。这使得某些论者利用该范畴涵盖那些可认可的极端理想化的公式化表达（即便是明摆着的虚构），与此同时，又显然在竭力宣称其 N. 卡尔多之流的那种更加真实的构成。该术语充其量起到引起混乱的作用。因此，我在写作中继续把实际事件与事态的局部性模式称之为半规则性，而不称之为特征化事实。这个标签能更好地表达这样的见解：隐含的模式通常充其量是局部性的、不稳定的，而不是某种被牵强附会地说成封闭体系来源的各种精确结合的东西。

这样，我的任务，更充分地说，是要表明，在与比日常化行为更广泛的问题有关的社会科学研究中，在控制实验方法似乎不可行的开放系统语境中，在

— 87 —

只能利用这样的事件模式，尤其是被发现可获得的半规则性，也就是在不假装情况完全不同于我们一再发现它的方式的条件下，有可能启动并指导因果关系解释事业，有可能在任何有争议的各种因果假设中进行区分工作。

经过如此构想，我的总目标仍然是高度受限的，这是可以理解的。正如我一开始就注意到的那样，情况必然如此。我的最大希望是能表明，在这样的条件下，成功的解释工作的确是有可能的。在这样的情形下，我至多能找到一种使那种潜力富有成果的方法或路径，并不断证明那种方法是行之有效的。所阐明的任何具体方法或路径的实际相关性总是取决于语境。然而，正如我已经注意到的那样，连这个最低的目标在许多人眼里似乎也是不可达到的。实际情况是，人们广泛相信，对社会解释性研究最终依赖于我们把实在的相关领域看作封闭系统的那些方法，并要求我们这样做，即便在我们认为并非封闭系统的地方也必须如此处理。所以，我这里的目的（虽然有限）看上去并非无关要紧。

我也许还得强调，我这里主张的有限方法不可能在任何非常详细的程度上进行公式化概括。本章中，从我们可能如何承担解释开放系统中产生的社会现象任务的角度出发，我的目标肯定是尽可能确定的。的确，我打算阐明并捍卫可被解释为一种确定的解释路径的做事方式。但目的不是，在我的评价中也不可能是，提供一个仅须了解并遵循的高度具体的方法论规则清单。的确，如果读者把方法论理解为只狭隘地关注详述具体、无懈可击的研究规则学问，那么，我正在为之努力的理论根本就不是那种方法论意义上的理论。[5]可是，在为社会科学服务的广泛意义上，它是关于方法论的。

出 发 点

我们从何处开始？这里，这是个具有某种重要意义的问题，因为我们大多数人每天都在自己所处的这个开放、动态、复杂的社会世界通过协商相当成功地处理着各种各样的事情。这样的成功不能简化为我们遵循着（规则支配的）各种日常做法。肯定地说，后者在每日与其他人的互动中极其重要。但这些互动通常只能被认为是更广阔（短期与长期的）各种项目的一个组成部分。我们的目的也许是成功地从 A 到达 B；从银行取钱，也许其数量足够支付一段时间

（如一周）的活动所需的费用；为朋友、邻居或姻亲准备一餐饭；处理点小事故或急事；为孩子选择一所学校（或计划一次假日游玩）；安排一段时间在国外休假；参加一次公共活动（譬如说，批评某些群体受其他群体的压迫，或评论世界上的各种资源如何被利用）；准备或参加一次婚礼、周年纪念活动或葬礼；为一个项目募资；对其他人，不管是陌生人、家人或朋友的某些计划或期望持续保持敏感；等等。每一个这样的活动都涉及我们（同时）参与大量复杂的各种社会过程。很难相信，我们要想在这些活动中经常取得成功，不需要非常熟悉我们经常参与的包括多种系统在内的社会结构与过程。显然，我们都会犯错。但即便承认这些错误也反映了我们大多数人在日常工作或行动中所取得成功的程度。这里的问题不是是否，而是如何获得一个开放社会实在的一系列因果结构知识。研究这个问题的一个有希望的起始点是，探讨在日复一日的基础上我们大家都采取的多种成功解释策略。

这里，我具体的方向性主张是，我们大家都通过首先质疑为什么某事并不如我们所期望的那样，来常常提升我们生活的这个世界的各个方面（包括社会制度）。我认为，这种观察显然是一个概括化的经验事实，证明其对社会科学研究具有根本性的意义。

无疑，这样质疑的例子很容易浮现在我的脑海里。为什么我的钥匙不像通常那样在我的衣袋里？为什么我的自行车今天不如昨天那样好用？为什么与前些年相比今年学生的考试成绩更差或更好？为什么目前世界上那么多地方攻读经济学的学生人数在下降，而攻读看上去具有可比性的其他学科的学生人数却在上升？为什么近几百年来英国的生产率增长往往低于其他工业化国家？为什么英国东南部的房价最近比其北部的房价涨得快？为什么20世纪90年代北大西洋公约组织对科索沃局势的反应与其较早时间对波黑事件的反应不同？为什么我今天与平常相比感到不舒服或疲倦？为什么今天早上没有送牛奶过来？为什么与通常相比英国外出迎新年（与新千年巧合）的人数较少？

我认为，必须承认这类令人惊异的期望或探询式反思是天天发生的事。但同样有意义的是对应的解决办法。正常情况下，我们能够并的确会想出我们的钥匙不像通常那样在我们的衣袋里的原因（也许有个新的洞）；我们的自行车不那么灵便的原因（一根树枝卡在挡泥板上）；最近一批学生考试成绩较差或较好的原因（与考生对课程的理解程度有关）；等等。其他问题也许需要更多的努力，但似乎仍然具有对解释的开放性（例如，我认为这本书的中心论题可适当地解释为能有效地找到攻读经济学的学生人数不断下降的重要原因）。

如果人们接受提出并回答这类被确认的问题是广泛存在的，但似乎这些做法对决定社会科学研究的解释程序的任务来说，充其量只有微小意义。如我所说，我的论点是，恰好相反，它们对这个有争议的问题具有重大意义。说实在的，通过理解这些例子中正在发生的事情的某些中心特征，就有可能确定在开放的缺乏实验选择的结构复杂的系统中，开创适合于因果解释研究方法的一般基础。

那么，如上面简略列举的那些例子那样的实例会显示出什么意义？在回答诸如此类的问题中，当获得成功时，是什么说明那些成功？首先通过考查这类问题与答案的结构或性质而准确理解正在发生的事，然后通过确定其（本体论的）先决条件，即如果这样的成功做法出现时那些必须成立的条件，我们就能解决这样的问题。从理解后者的那些条件中，我们就能推知社会解释工作的更广泛而重大的结果。

对比与兴趣

所以，我首先考虑的是所提出的那类问题和获得的答案的结构或性质。这里，重要的是要看到，在每种情况下，提出的问题不是"为什么是x？"的形式，而是"为什么是x，而不是y？"的形式。在每种情况下都要做出一种对比，显示出惊异、关注或兴趣，正如所料，结果是x而不是y。

与此相应，在每种情况下，答案都是一个不说明x本身而是解释"x而不是y"的对比的因果关系因素。它解释观察者的惊异或其关注的话题。这里，简括地说，我打算表明，对开放性的三合一问题我们有一个重要的解决办法。这个对比的取向能使我们着手进行解释工作，有助于对一个具体机制的识别过程。仅通过使一系列可对比现象具有相关性，就可在各种竞争性假设中进行选择。

一旦这个解决三合一的开放性问题的办法被接受，我们就只需确定以这种方式进行工作的可能性的条件，以了解这个路径的相关性。然而，在转向这个问题之前，简单描述一下刚才说的提问与解释的相关形式的结构将有可能从借助示例的方式进行的某些阐释中获益。因为，从迄今为止所提供的研究中，我还拿不准，显而易见的情况将是，挑选出的对比结构在缺乏实验封闭机会的开放系统语境中，或者对这样的成功如对在社会生活中经常取得的成功一样重要，或者足以帮助解释性的科学研究。此外，对讨论中的解释实践活动，还有比眼下清楚显示的更多的内容。

一个说明性实例

为了说明讨论中的对比形式的相关性，同时，为了揭示如所获得的那些解释成功的相关条件，更详尽地研究一个成功解释理论的实例很有用。我需要将重点放在一个解释练习上，在这里，已经获得成功和如何获得成功的问题都很清楚。可是，在这里我遇到了第一个有意义的问题。因为虽然往往有可能求助于已发表的社会理论研究，以了解结果与结论是如何得来的，但使爱挑剔的读者或对手信服这种分析的确是成功的，总是有一定困难。那就是，在利用任何例子说明关于如何进行成功研究的论点之前，针对所选择的那些例子确实构成成功解释或在某种程度上是成功解释的典型的问题，一定有所争论。但当然，在当代社会科学的容易引起强烈反应的氛围中，一个主要问题是，几乎没有任何一套系统设计的做法或结果被如此明确看待。

因此，仅从策略理由出发，我想求助于某些自然科学的做法，或随便什么其他"被接受的"科学形式的做法（见第二章）。如我所说，我这样做，仅仅是为了确认说明我想传递的那个方法的做法实例，而那些实例已被广泛认为是成功的。最终将会看到由被考虑的那些实例产生的深刻见解也的确与社会领域有关。到时，我将会转向明确考虑社会领域里的解释工作问题。

再谈科学实验

事实上，我借助控制实验的一个实例，那些控制实验似乎是大多数评论家一致认为成功的实验。但我不想集中于自然科学中的"控制实验"受控最严的部分，即除了其性质正在被研究的那个因素外，所有其他因素均被认为是恒定的或被困住的那些实验室实验。这样的计划在社会领域几乎是不可行的，也不会轻易符合我这里的目的。况且，这样精确的计划在各种其他领域也基本上不可行，包括某些在其中成功控制的实验的确仍然会出现的领域。并非所有控制实验都在同样的基础上进行，有些实验发生于不能隔离所有背景因素或不能使那些因素保持恒定的情况之下。这里，我想考虑的正是后面那种类型的实验，到时将会看到，这样的实验的确暗含着与社会科学具有相关性的意义（即便这类实验也许实际上在那里不可行）。作物种植实验可作为一个例证。

作 物 种 植

在作物种植实验中，研究人员常常关注一种物质，譬如说一种化合物，是否具有肥料的作用，能使某些农作物增产。然而，这样的实验背景是它们往往在敞开的田野里进行实验，在其中多种因素能影响作物产量，而那些因素常常数量大，变化广，存期短，并/或不可测量，经常未被发现，似乎能以有机（非机械）方式结合。毫无疑问，不可能把作物从除一种因素外的所有其他因素的作用中隔离出来，或使其他因果因素的作用保持恒定，这种情况很典型。

在这种情况下，农业研究人员在其工作中仍然能取得成功。成功的策略通常是将土地分成若干块，给其中某些块施（不同数量的）那种化合物，某些块不施那种化合物。如果从总体上看施用那种化合物的田地里的平均产量要高一些，研究人员就有理由将这个结果归功于正在被研究其肥力的那种化合物。[6]

这个讨论是如何与我们的社会解释工作产生关系的，尤其是如何与上面列举的那些类型的问题产生关系的？有直接关系，因为重点不在一个具体的结果本身，即那种作物的产量水平，而在于比较或对比：施用了该化合物的地方的产量是否明显高一些。

当然，仅仅因为所涉及的实验设计的一个元素，这种引起讨论的作物的种植案例并不与我们期望在社会领域中找到的那种计划（或方案）相似。在适当的时候，我将考虑社会解释研究的这种不相似性会产生什么后果。我暂时认为我们能认可这种类型农业的研究常常是成功的，我想考查其可能性的多种条件。因为我们将会看到，这些条件，只要稍加改进，再加上由它们促成的解释成功的多种可能性，也迁移至社会领域。

成功可能性的条件

那么，什么是所讨论的成功种植实验的必要条件呢？第一，必须有某种类型的观察范围，我将把它称之为对比空间，各种实验在这个空间中进行。一个对比空间仅仅是一个范围，鉴于我们目前的理解（可能反映了实验设计，虽然并非必要），在这个范围内进行比较研究是有意义的。它是一个空间，在其中任何观察到的系统对比可被视为初看上去是有意义的或有趣的。在作物种植中，对比空间在地理空间伸展。它包括整个实验期间利用的多块土地。

成功实验或至少根据自己的要求（这些要求的相关性到时将很清楚）会获得成功的第二个重要条件是，对比空间的所有有关部分或方面将依据除一种影响外的大致相同的那套因果关系生产的影响得到正确评价，即不包括故意施于某些地块的那种化合物的影响。

在这个关于作物种植的具体例子中，我再说一遍，并不要求在整个对比空间中起作用的因果因素在时间推移中保持恒定。一切都可以用不可知的方式发生变化。也许某些起作用的相关因素日日都在变化（或分秒都在变化），或者产生某种效果，或者产生与其效果相似的东西。相关要求或实验成功的可能性的条件，仅仅是在时间的任何一点，各种相关的因果因素（除被实验研究的那种化合物外）在整个对比空间（即实验中利用的各块土地上）是大致相同的。[7] 我再重复一遍，没有这样的预设：即没有任何因果因素，包括被研究的那种化合物在内，与其他因果因素机械地或原子般地发生着相互作用。这类实验的成功，仅仅在任何时间点上的实验中利用的多个地块上那套起作用的因果因素足够相似（除其因果关系性质是研究关注所在的那种化合物外）的条件下才是可理解的。

迁移至社会领域

现在，请考虑与上述作物种植的例子很相似的一种情形，只是没有农业实验员将那种化合物系统地配给各个地块，但结果是，一个农民事后吃惊地发现在田野的一端该农作物的产量平均高出一倍。在这种情况下，考察那块土地后，那个农民成功地确认位于该块田野那一端的一个因素（讨论中的那种化合物、树木造成的阴凉、一条河或随便什么）造成了这个地方的高产量，它就是造成观察到的那种对比的原因，这并不是太富于幻想的事。在某些方面，这个例子的情况很像我们开始关注社会领域时的那些例子，而且（正如我们将会看到的那样）在许多重要方面，它也相当于作物种植实验情形。

当然，那个吃惊的农民的情况与作物种植实验员的情况有明显差别，这是方向的差别。实验员是向前看的，关注的是设计实验、触发机制、观察结果。那位吃惊的农民是向后看的。他开始于其事后结果会引起一种兴趣感或惊异感的情境。实验员则设计一种有科学意义的情境（虽然在只有条件容许的地方存在）。对如那个农民那样的非实验者来说，必须"等待"有科学意义的情境出现。但这些差别并不是在有可能增加知识的条件下的差别，而只是在它们如何发生问题上的差别。只要讨论中的令人惊异的或有意义的那种对比在人类社会大量存在，而且我在下面表明它们的确大量存在，就没有理由认为方向向后的研究（就像那个农民事后力求解释地块的一端产量高的情况那样）不可能如设计实验研究一样成功。

然而，这两种情境之间，或至少在实验情境与那个吃惊的农民的例子（该例相当符合社会领域的情境）非常相似的一种观念之间，仍然存在第二个并相当重要的差别。这关系到关于该对比空间的判断的精确性问题。如果一项实验根据自己规定的条件将是成功的，最重要的是该实验的各种条件大体上与实验者所设想的一样。如果，例如，一个影响产量的第二种因素恰好位于施用该化合物的那些地方（也许某种东西在那种化合物被施用前就污染了所有那种化合物或一个样品），那么，该实验就可能遭到失败，因为得出的结论是错误的。

当然同样，如果那个吃惊的农民要追溯地头产量较高的一种事先不知道的原因，极为重要的是，除去那块地头的那种未知因果因素，他对该块地条件的事先评价大体上是正确的。一种因果因素刚刚以某种方式进入对比空间，如果采取这种意识形式，那么至少情况是如此。

然而，至少对非实验情境来说，情况立即就会清楚，我们可放宽这后种要求或条件（实际上，我们将会在下面看到，同样的策略也适用于实验情境）。这个可能性将证明相当重要。一种令人惊异的对比最终会显示，虽然基于观察者手边的最佳证据，但并非一个先前的未知因果因素以某种方式在对比空间出现，而是关于出现在对比空间的连续性、同质性或相同性的判断，这是不正确的。在这样的情况下，照样会有（或可能有）认识上的进步。只不过仅仅采取了一种以前姑且认为的理解的转变形式，而不是对起作用的某种新因素的深刻见解。

在那个农民的例子中，例如，也许是该作物的种子供应者总是把各种类型的种子混合在一起。那里绝没有同质性可言。某些类型的种子产量较高，而另一些类型的种子产量较低。在这种情况下，产量较高的那个品种在一个容器中恰巧集中放在了一起，被播撒到该块地的某一头。

到此，我用作物种植的案例说明问题也许做得有点过头。然而，一个如我们刚表明的那种案例仍然具有合乎逻辑的可能性，正如我们将会看到的那样，其性质与了解社会领域具有实质上的相关性。这个例子的意义是，在一个存在令人惊异的对比的情境中学习看，不只有一种方式。令我们感到惊异的基础也许的确是一种正在起作用新的因果因素，但同样，完全有可能我们先前对对比空间性质的评价一直存在明显错误。从这样的考虑出发我们就可以看到，我们认识中的进步性转变的可能性并不要求我们对对比空间的判断是正确的，只是要求我们形成的判断具有合理的根据。

结论当然是，即便是控制实验也可能出错。总是涉及一个关于实验条件的充分性的（难免错误的）判断。如果产生异常情况，就会导致实验人员发现未得到充分控制的那些因素。但当这种情况（看上去的确是一种常见现象）发生时，实验人员就会发现，在发现迄今不知道的或以前未认识到的一个影响因素和事后方知这两个方面，自己都处于与那个吃惊的农民同样的境况之下。

可是，我要强调，在非实验背景下（正如在实验背景下一样），一种关于对比空间的有根据的事先判断的情境仍然极其重要，如果解释性理解的进展完全可行的话（包括解释性工作进展顺利在内）。虽然观察者也许在某个地方把事情理解错了，可是，即便他在不得不把事情搞错时，仍然是很有见识、有根据的。一项解释性工作不会被任何旧的对比启动。它必须是引起令人惊异、关注、怀疑感或兴趣的对比。

为了专门给社会领域建立一个（极为简单）的案例，如果 X 注意到他或她的住宅和一个 Y 的住宅的外墙涂的颜色不一样，这样的对比通常不会引起惊异，因而不会触发对该对比的原因进行解释的工作。然而，如果这两栋住宅是同一座房子的两部分，X 拥有它们两者，他指导一个受雇的油漆工用相同的样式漆它们，任何事后观察到的颜色对比也许的确会引起惊异，引起寻求解释的欲望。

此外，如果一项解释性工作被启动，如我所说，任何得出的新见解都会以各种各样的方式表现出来。该对比的原因很可能是一种起作用的新因素。也许 X 的配偶或该栋房子的共同所有人在没有告知 X 的情况下违反了 X 最初的吩咐。然而，情况仍然也许是不存在起作用的新因素。也许 X 是一个（正常的）在外房东，事实上正在错误地看待那份不对头的财产。即便在这里也有某些需要了解的东西，虽然只需要我们的房东/主人发现他住在错误的街道上就行了。

这些考虑所带来的一般见解具有过程转变的性质，通过它产生认识的进步。世界的复杂结构并不仅仅由我们直接感觉它们而被揭示出来。知识也并非凭空产生。宁可说，我们开始在时间的任何一个点上着手储备知识、直觉、数据、异常现象、怀疑、猜测、兴趣，等等。通过与世界的相互作用，我们转变着我们的理解力。因而，我们发现知识是进一步产生新知识的已有手段。

所获得的具体见解关系着在一个开放系统中解释性过程的性质。通过表明人的认识与期望对解释过程的输入具有何等重要的意义，上述考虑就会导致产生一个解释性发现的模式。这是一个关于最初列举的那些社会案例的模式，诚如作物种植的那些例子一样，它们是这种模式的一些特殊案例。

对 比 解 释

上述反思的多种示例与思考实际上会使我们获得一个可称之为对比性解释的科学工作模式，我现在喜欢把它称作对比解释。[8] 根据这个模式，成功的解释工作只需要两个基本条件或被确认的组成部分。

第一个必要的组成部分是，在某种对比空间中（也许延展于地理区域、时间、文化等之中，在那里对比空间的范围根据语境也许大一些或小一些）发挥作用的条件的判断是有根据的（如果常常是默默形成的或是隐性的）。任何判断的必要条件是它必须有适当的根据，但该判断可不必是完全正确的。正如我们已经看到的那样，一个正确判断（至少是关于以往条件的判断）是一个通过识别一种即将起作用的新机制的方法进行学习的特别具体的条件。因此，这种方案只是对比解释的一个特殊例子。

对比解释的第二个必要的组成部分是，在对比空间范围内各种结果之间的关系最终会被记录下来，它被研究者（或不管什么人）看作令人惊异的或在某种程度上令人关注或令人感兴趣的东西。

我现在想提示一下，满足这样的条件给予我们所需要的一切，能使我们带着某种合理的获得成功的期望系统地开始从事解释工作，尤其是开始进行对本章前面部分中提到的开放性的三合一这类问题的探索工作。让我回顾一下该问题的三个显著方面有哪些。

在一个实验封闭系统中，因果解释能从探求规则性走向对因果关系假设的公式化表达，走向根据涉及这样的规则性的预测力对任何假设进行衡量。这种产生于缺乏常常在控制实验的条件下才能获得的各种各样的规则性的可能性的语境中的三合一问题，在于确定如何开始分析，如何引导其发现一种因果机制的一个具体方面，和如何在没有事件规则性辅助事件预测的情况下区分各种竞争性假设。让我指明，我们现在如何准备好应对这个问题的每个方面。

解释过程的开启与兴趣的相对性

切入点可能由惊异感、怀疑、关注或兴趣促成，它们与某些对比观察同时产生。因为我们总是拥有各种各样的知识，并形成许多期望，所以，我们可因所发生的事情感到惊异。因此，这里我们有一个开始分析的显著基础。有一种至今不知道的或未识别出的因果因素正在（将很可能）发挥作用，令人惊异的各种对比把我们的注意力引向这种可能性，或指明这个"地点"。在一个开放的、具有高度内在联系的系统中，这一点非常重要。如果没有这样的令人惊异的或令人感兴趣的对比性观察，很难设想如何能开展有意义的或系统的调查研究。

这里"兴趣"的概念当然是指一种相对评价。此外，它倾向于预设给予可能出现的情况一个"不令人感兴趣"的事先（同样相关地）评价。因为一种对比往往是令人感兴趣的，但在其不在场的情况下，在预料或想当然的意义上说可被视为不怎么令人感兴趣的。[9]许多想当然的事情一直在发生和发展。我们常常只注意到，在突然发生了某件不同的事情时它们一直是这样。

20世纪80年代前，看见牛群在田野里站立或走动，决不会引起一个英国村民的兴趣。的确，它并非一件非同寻常的事情。然而，正因为如此，后来（随着"疯牛病"的爆发）看见许多牛开始丧失站立和行走的能力，这件事引起了人们极大的"兴趣"，达到"惊扰"的程度。

我在我住的那条街道上行走时，人们从身边走过，鸟儿在空中飞翔。我通常认为这是理所当然的事。但如果一个路人突然冲入平流层（甚至如果一些性情特别紧张的鸟儿停留在地面上，但却选择从我身边飞过），我会特别感兴趣。

所以，当某些现象被描述为不令人感兴趣时，这必须常常被认可为一种已获得的印象，一种相对有见识的观察视野，标志着某个有可能发生许多非常令人感兴趣的事情的地点。这些令人感兴趣的事情就是那个可能性的现实化。

此刻，我也许注意到，在以前的文章中（例如 Lawson, 1997e: 79），我常常把某些类型的相当严格的事件规则性称为科学上有点不令人感兴趣的东西。这样说，我的确是意指某种像"不引人注目的"、"已被充分理解的"或"姑且认为的"的东西。通常情况下，这些事件规则性纯粹是伴随发生的那类事情，在那里，事件之间之所以相互关联，并非因为一个子集是另一个子集的因果性条件，而是因为它们具有相似的因果史。现在，我们的确可以看到，这种"不令人感兴趣"类的规则性是极性的或限制性的概念（即严格版），这些概念的多种模式是为对比空间设计的。当人们期望这种类型的相关性必须严格时，其失败或失灵在这里的相关意义上说可以是令人感兴趣的。因而，这些纯粹伴随类的事件规则性是那些模式的限制性形式，它们为开启对比解释奠定了基础。

总而言之，如果完全或基本上想当然地认为某事属实，那么，这通常是一个错误，我们现在可以看到，仅仅是因为我们经常这样做，对比解释才能进行。对比之所以常常被认为是令人感兴趣的，完全是因为它们先前不在场，那时，在认为是"很平常"的意义上，它们被视为不令人感兴趣。

这样，开放性的三合一问题的第一个组成部分在对比解释中得到满足。其根本特征是惊异、怀疑，或更一般地说是对"令人惊异的对比"的兴趣这样的元素，这个特征预设了受人关注的有见识的方向。正是人的兴趣才使解释工作得以进行。

导向解释过程

第二个问题，即方向性问题，既因兴趣或惊异而得到解决，又因令人感兴趣或令人惊异的各种对比观察的对比性方面而得到解决。因为正如实验室里产生的一种事件规则性初看上去标志着一单套起作用的因果机制一样，一种令人惊异的对比初看上去同样会把我们引向一单套因果机制，引向对各种结果之间的差异（结果与期望之间的差异）做出解释，这样便能说明"X而不是Y"的那个对比。

请再考虑一下与其所种庄稼的收成有关的那个农民。总产量取决于多种也许是复杂的相互作用的因素，通常很难解释清楚。然而，产量差别，田野一头的平均产量与别处的平均产量之间的对比，在我们有理由期望自始至终高度一致时，初看上去能为假设一个单一解释给出理由。

或请再考虑一下牛群和"疯牛病"案例的情形。首先考虑有人关心一头牛的状态或行为的任何和所有方面的解释。想象一下，这头牛的任何方面，其嘴巴、牙齿、腿、尾巴、父母、进入牛的演化过程的所有因素，许多因素最终回到任何一次大爆炸，这一切具有因果影响，因而，解释牛的行为或一般状态的某些方面也是如此。解释牛的行为或状态事实上并不是一个富有意义的主张。

然而，考虑到某个熟悉牛的人的情况，他感到惊异，很想发现，譬如说，在当地的牛群中（这个，也许是所有以前的牛群，是对比空间），一些牛，且只有一些牛，表现出该疾病的症状。通过企图解释的不是牛本身的状态问题，而是那个能够观察到的对比，也就是，为什么这些牛生病了，而那些牛却没有，所有牛共有的因素可被标准化，或被排除，这样，便有可能确认产生该疾病的各种症状的具体或直接原因。

那么，这足够满足我们的需要了吗？它肯定能帮助我们查明一种因果机制。但如果我们想要了解关于这件事更多的东西，那又如何？更具体地说，如果对比解释被一个令人感兴趣的对比引向一种具体机制，这种机制与其他机制一起共同产生一种具体现象，有没有什么办法识别讨论中的现象的其他因果条件？

如果我们的确想加深对一个开放系统中多元因素决定的事件的理解，即是说，识别与其有关的好几种原因，一个可能的方法是找出与其有关的不同的令人感兴趣的多个对比或"衬托"。

考虑一下我在《经济学与实在》（Lawson，1997a）中深入探讨过的一个案例。我选择聚焦的最初结果（或者说"事实"或兴趣的现实性）是二战后早期英国的生产率记录。核心问题是这种现象的不同方面可通过使其以多种对比或衬托为条件而被确定，然后，力求解释这些对比。

如果选择的衬托是那场战争前的英国的生产率记录，我们会发现更近的生产率表现（或我们最初的关注）是优良的。从而，我们就可追问最近的记录为什么比战前的好，而不是与其相同。对这个对比问题的可能答案是战后重建时期世界需求的增大。

然而，如果选择的衬托或对比是欧洲大陆某些国家战后早期的生产率记录，譬如说，原西德的生产率记录，就会发现战后英国生产率的表现，也是我们感兴趣的话题，是非常差劲的。在这个案例中，我们的对比现象依赖于跨国经济表现的差异。我们把回答为什么英国的经济比像西德那样的国家糟得多的问题当回事在做。对这个对比问题的可能答案是，英国的（与集中化相对）比较独特的地方化的集体谈判机制，加上其对变化的内在的缓慢反应（见 Lawson，1997a：第十八章）。

这里，不必要求读者接受对那些显著对比问题所提供的解释。这个案例表明什么地方涉及不同的衬托，什么地方不同的对比观察被用于开启解释性研究，与我们聚焦的对象（这里指战后英国的生产率表现）有关的不同因果机制有可能被揭示出来，这就足够了。我们能提出涉及一种既有现象 X 的对比性问题越多，我们就越有可能更多地了解它的不同原因。可能的结果是一系列的因果关系知识，这些知识也许最终会结合起来，帮助我们更全面、更深入地理解我们调查研究的具体现象。

当然，这一切都不表明关于溯因推理过程的任何一般性见解，凭借溯因推理，我们也许可从对一种给定现象的解释移向一种关于底层原因的假设。决定如何进行这种迁移的问题仍然是一个语境问题。但是，对比解释也没有出现在所有其他因果关系解释的情境之中，伴随这种对比解释语境中的溯因过程，没有出现困难。这里的情形与其他任何地方的情形一样，从现象到原因有赖于类推或比喻的逻辑、运气与灵感。溯因推理的任何困难问题对非实验情境来说都不是特殊的。

实际上，可能的情况是，意外的对比引起的惊异或惊愕激励着我们检查目前对事物的理解，并意识到我们已经对其有了解释。我们（和我们所处的情境）通常是以多种紧张与不一致为特点，使我们感到震惊、惊异或使我们感兴趣的一项发展可能（不管是什么明确的原因）会首先并主要导致内省或自我反省，从而通过已有（如果只是沉默地拥有的话）理解方式做出一个决定。这些是认识过程中的几个阶段，C. 劳森（Clive Lawson，2000））把它们描述为"认识论上有意义的契机"。他暗示，"这些契机的主要特征是，实践结构性条件中的某种形式的变迁、危机或断裂，它们能促使对主体已有知识的'取回'，但该主体并未推理性地意识到这一点"（189）[10]。这样的"重新获得"过程在社会理论研究中显然值得注意。[11]可是，这里的意义是，不管具体知识借以要求概括或"取回"的机制是什么，惊异或兴趣引起的各种对比都会对有意义地形成因果假设提供看上去适当的条件，因而也会提供许多机会。

区分各种不同的因果假设

最后，有一个如何达到（或者有可能达到）前面强调的开放性的三合一问题的第三个组成部分要求的问题。这是一个，在缺乏产生于实验室的那种规则性的情况下，确定一种类型证据的问题，这种证据也许可有效地应用于在各种竞争性假设中进行选择的过程。这个问题很清楚地出现于这样一种情境之中，在那里，我们认为一种迄今未得到解释的因果机制是产生某种令人惊异的对比的原因。我们寻求的也许是很有意义的一种证据，恰恰是与我们的那些竞争性假设有关和对它们有影响的几组对比。

请再考虑一下那块地一头产量较高使那个农民感到吃惊的例子。如果从旁流过的一条河被假设为原因，那么，查一查这条河流经的其他田地在靠近河流的地方的产量是否也要高一些，这是有道理的。如果所考虑的假设是树木遮阴是产量增高的原因，那么，就有可能去考查其他田地，看一看有阴凉地方的产量是否要高一些，如此等等。在每种假设之间存在竞争的情况下，就推出关于我们也许期望发现的各种对比的许多结论。在每种情况下，人们推断，如果该假设是正确的，在距离讨论中被假设的机制最近的对比空间区域的产量将很可能较高。根据这种意义上的经验充足性，在相关条件最宽的范围内，作用发挥得最好的那个假设有理由可被认为是更有根据。

当然，因为世界是开放的，所以，万事万物，如果曾经有过的话，也罕见是一清二楚的。即便在一条河通常会带来好处时，也可能存在着许多抵消因素（诸如洪水或上游工业泄污等）。合理的行动路线是，坚持具有较大解释力的、适合于最大范围证据的那个假设，看一看其解释失败的地方能否被抵消因素说明，等等。如果不能，最适当的回应将取决于语境。科学在任何地方都是一项杂乱不堪的事业。但在这里，原则上没有它克服不了的困难。

有助于社会领域中的解释性研究

我现在想捍卫的中心论题当然是，尤其适用于社会领域中对比解释的各种条件。这里，自始至终十分重要的一个一般观点是，对比解释的一个条件是理性判断，有见识的评价，对比空间是足够均质的（或者更加准确地说，贯穿该空间的各种事件具有相似的因果史）。这是因为只有把关于一个对比空间的性质的判断建立在有根据的基础之上，一个对比才可被认为是或被解释为有意义的。

支持各种对比空间的是社会生活中对连续性的期望，期望因果过程是这样的，即"这里发生的事情也在那里发生"的形式的规则性（严格或具体的）被证明是有道理的。我们在第二章中看到，事实上这样的规则性在社会生活中大量存在。它们支持着对连续性的所有观察：邮票的价格、电视行业许可证等等在英国到处都是一样的（特别是当前）；英国所有中小学校的课程都相同；英国的大多数酒店目前晚上 11 点关门，停止服务；到处都在买卖商品；等等。所有这些连续性的规则性都有确定的范围，在其范围内大多数是局部性的。但它们的性质往往是对连续性的期望是有见识地形成的，一个对比空间是可被合理描述的。

正如我强调过的那样，其结果也许是，从以一种具体的方式概括一个对比空间一开始就错了。即是说，最后往往也许是，一种令人惊异的事后对比并非是环境发生变化的结果，譬如说，出现一种新的因果因素，而是我们先前对对比空间性质的理解中出现错误的结果。但如果如此，在考查产生该对比的原因后，我们也许马上就会知道，我们的最初判断是错误的，并知道错误是如何发生的。[12]

这个讨论可能怎样具体与社会解释研究的实践活动发生关系呢？情况往往是，在我们日常遇见的人和事中，我们最好的判断与所发生的事之间观察到的差异导致产生如我强调的那种惊异感（或震惊感）。例如，一个熟人打破了礼貌行为惯例，英国大街上的那间商铺没有像通常那样在星期一早上开门营业，等等，就是这样的情况。人们远离家乡去远方，也是这样的情况。例如，一个英国人首次去那不勒斯旅行带来的惊异是，几乎没有人会在大多数交通红灯前停车。

然而，对于对比解释的多种条件很敏感的社会研究者来说，相关取向很可能是见多识广引起的好奇心，而多半不是事后的惊异或惊愕。尤其是，通过认识两种情况（第一，实际的或期望的事件规则性［不管在什么严格程度上说］能够并最终周期性地失灵；可是，第二，关于某些具体的或局部性条件［对比空间］的现有［难免错误的］知识常常把相同性［因果史的相似性］暗示为我们很有根据的评价），这样，社会研究者也许会找出具有科学意义的对比空间，看一看值得注意的对比是否终究出现。在某种意义上，社会研究者常常会十分在行地找出那些情境，在其中，他们或者感到惊异，或者鉴于现有知识，他们知道，他们和其他人对记录下来的多种观察感到惊异或许是不无道理的。

举例来说，通过探索给定结构中的变化（如采用最低工资立法，或星期日交易立法）是否会以统一的方式在诸如英国这样的整个给定地区造成影响，也许就有可能在不连续现象和差别被观察到的地方，发现具体的社会机制中（如雇用过程）不被充分理解的差异，尤其是能反映其与局部语境的内在关系的性质，这样便会获得比以往更全面的对起作用机制的解释。

换句话说，在这样的情境中，一名研究者并不必期望立法在所有地方以同样的方式产生影响，仅仅是其先验知识如此，以至于没有特殊理由期望在任何两个次级区域中，该影响在一个区域比在另一个中大。如果该事件之后，一种有意义的差别被观察到，很有可能某种值得注意的东西可通过追求解释而被确定。

同样，通过注视具体现象中的变动，如房价或生产增长率，不管什么，就有可能发现两个（或更多）区域中的结果有明显差异，此处，目前的理解有可能致使研究者期望更大的均质性。

间或，这样的发展会促使发现以前未识别出的因果因素。例如，最近英国剑桥的房价上涨，似乎在该城市的南部地区明显更高。此处涉及的隐性对比似乎是由想住在剑桥的购房者的人数增加这种现象引起的，但他们在伦敦工作，所以常常坐车往返于两个地方之间。由于这两个城市之间的铁路提速，车站又位于剑桥的南边，这种选择变得可行。

在其他情况下，已获得的知识也许是有关已识别出的各种因素，却未被充分理解。例如，生产率增长的差别也许反映的不是一种发挥作用的新的因果因素（如一种较快的火车系统），而是技术的各种新发展，这种技术在所有对比空间区域是根据不同的现有劳资关系（或技术知识的当地水平，或支持工业的各种形式等等）以不同的方式加以吸收。

对比解释的另一种可能的基础出现于研究者对最近发展状况的理解，譬如说，趋势性增长率或不管什么，会致使他们认为已识别出的趋势有可能一直继续下去（或从已有的理解出发有理由期望如此继续下去）。因而，明显的下行（或上升）就会使一个对比继续，由此推断出结果，表明一个显而易见的案例，它显示一种新的可确认的因果因素已经在发挥作用。

后一个例子实际上是在 C. 戈尔丹（Goldin）和 L. 卡茨（Katz）的一项研究中提供的。他们观察到，只是在 1970 年后，美国进入职业规划的女大学毕业生的比例显著上升，同时，所有大学毕业的女生第一次婚姻的年龄也急剧上升。举例来说，一年级法律专业的单身女生的占比从 1970 年的 10% 上升至

1980年的36%。虽然几乎50%的1950年出生的一群女大学生23岁前就结婚了，7年后出生的到此年龄时结婚的却不到30%。这些作者还提供了其他相关数据，1970年左右，某种事物影响着美国（某些群体的）未婚女人的生活方式。

因而，这里的对比现象是20世纪70年代早期前后的各种发展趋势。所提供的解释（其正确性不必把我们阻止在这里，但它却得到C. 戈尔丹［Godin］和L. 卡茨［Katz］的小心且有说服力的辩护）是，这些变化在相当程度上既是20世纪60年代采用"避孕药"的结果，也是法律环境变化的结果，这种变化使年轻的未婚女子能够获得这种药品。[13]

一句话，正是通过认识到对具体社会现象与过程的一般化概括通常是有限度的，而且通过探索具体的一般化概括如何在以下领域失败的——我们当前的理解表明（大多数理由是为了假设）他们仍然这样认为，我们可以借助对比解释了解到至今尚不为人知或理解不够的那些有影响力的因素。

在一个开放、复杂的世界上，意料之外的发展总是在发生。但通过从一个有见识的观点出发，即认为特殊变化或发展是意料之外的，那些发生的变化提供岔道，从这些岔道开始解释性研究似乎是可行的，鉴于此，解释看上去有可能获得成功。[14]

开始时例举的日常对比问题也是如此，对这些问题的回应使人感到是可行的。这些问题是：我的钥匙为什么不像通常那样在我的衣袋里？我的自行车为什么不像昨天那样好使？与其他年份相比，为什么今年学生的考试成绩差得多（或者好得多）？如此等等。实情不必是我的钥匙以前没有放错过，或那辆自行车以前从未那样差劲过，等等。仅仅是我有理由假设事情可能会不像目前发生的那个样子。

事实上，我们的确几乎到处都会遇到诸如此类的对比值得注意。例如，当今英国在女子学校就读的女孩子表现得明显比在男女混合学校就读的好；在所有学校，女生在学习上开始超过男生，而直到最近男生在学习上一直明显好于女生；据报道，21世纪初青少年怀孕率明显高于欧洲其他地方；在同样的工作中，男人通常比女人的薪酬高；等等，以上这些难道没有意义吗？在所有这样的案例中，先前的期望并不需要条件或状况在任何地方都完全相同，只是期望在整个相关的对比空间中比被目前发现的情况更加相似。开启解释过程所要求的一切，是观察到的各种对比足以引人注目，足以表明某个系统性事物正在发生和发展，考虑到所涉及的对比空间，产生对比的原因是可识别的。根据所有这些，我的结论是，对比解释将给社会科学研究中适当的因果研究方法带来希望，甚至接受我维护的社会本体论，其中包括不存在有助于实验探究的各种条件的情况。

所阐明的方法的本质很清楚，那就是我们通过有见识地把事情理解错而学习。因此，我这里反对的是对知识（认识）的实证主义或更一般地说一元论的阐释，即是说，在那里知识是难以矫正的事实的积累。我重申那个为人熟知的实在论观点，即认识（知识），虽然与一种至少部分独立的实在或不可迁"客体"有关，是一种双向进行过程。虽然面临的是研究"对象"，但我们学习的不仅是关于它们的知识，同时也是关于我们自己的知识，尤其是包括我们当前思维中的错误，无疑，还包括我们的各种社会文化状态、价值，等等中的某些东西。正如我已经强调过的那样，认识在本质上是一个转变过程。它是一个转变过程，在这个过程中不断避免各种各样的错误是十分重要的。虽然分析契机、对表层模式的深入探讨和利用在解释性研究中会发挥作用，但它并不能穷尽后者。毋宁说，认识过程从根本上说是一个辩证过程。

一个貌似一般的解释模式

从头至尾所指的各种各样的解释方案，借助我所说的合理的一般化（如果是抽象阐述的）对比解释的方法，人们发现对调查研究全都是开放的。[15]这是一种无疑会采用可被确定的事件中部分性（即半）模式的方法。不像演绎主义，它既不追求将所发现的这样的半规则性特征化，也不仅仅出自演绎出结果的目的而利用任何这样的规则性。宁可说，事件的各种模式只是因果过程中超越它们自己的片刻时间。

请注意，不仅对比解释不会还原为当代经济学渴望的那种演绎推理，而且，我们在此刻能够看到，演绎主义"解释"实际上是前者的一个特例。事实上，我想简要表明，各种不同的解释方法似乎也都是对比解释的各种特例。

虽然我以与自然科学有密切关系的控制实验方案开始，在其中只有一套因素保持恒定或被控制。这是演绎主义者尤其是经济建模者预设的方案，其中包括计量经济学家在内，即便它所代表的形式在社会王国似乎极不可能获得（事后也很少出现）。

从所陈述的观点出发，现在有可能承认把这个方案作为对比解释的一个非常特殊的例子，在其中两个条件特别能站住脚。第一个是对比空间被看作是持续性的（至少期望实验条件通常可被重新建立）。第二个条件是在整个对比空间中起作用的因果因素在该空间和在其行动中非常均匀一致：它们实际上是恒定的或被化约为零。如果在这样的一个实验安排中，一种机制被触发，其结果被记录下来，这无疑是该机制被触发之前的情况与该机制被触发之后的结果之间的对比。然而，因为在此类实验方案中，常常有一种表明在该机制被触发前"没有什么"正在发生的审视事物的方式，有一种感觉是，该机制的效果似乎正在被直接读出。可是，事实上，效果是随着触发该机制之前和之后的情形中的结果的变化而被确定的。这就是对比观察。变化可有理由归功于如此触发的机制。只是这个特例，其中所有背景因素都是恒定的或被限制的，才在当今经济建模做法中被错误地一般化了。

所以，对比解释最终位于即便是受控最严的控制实验情境中提供的那类因果解释之后。后者只是前者的非常特殊的例子。的确，我们现在可以看到，因果序列类的各种封闭预设了连续性的封闭或区域（即对比空间的有意对象）。然而，虽然因果分析一般只要求各种对比空间的多种结果处于一个既定的相互关系之中，但控制实验、经济建模中的操作方法却要求它们也要保持恒定。

实际上，这里有一个更一般化的对比现象在起作用。在关于控制实验的这个讨论之后，人们认识到，因果序列类的事件规则性常常可以在实验条件下产生，但在其他条件下则很鲜见。请注意，提出"为什么它们往往出现于实验条件之下，而不是一般条件之下"问题的一个"有关"的哲学取向，激发起一场本体论的解释性研究，并产生了批判实在论的具体本体论。那就是，通过处理这后一种对比，在解决时，我们揭示了某些关于实在的基本性质的内容，即它是开放的、有结构的、有差别的。因为只有后一本体论（批判实在论）才能使结果成为可理解的东西，即是说，只有通过实验操作，讨论中的那种事件规则性才可获得，不然则不会发生，这样的结果才能成为可理解的东西。这只是因为那种受欢迎的、相对严格的事件规则性主要（如果不是仅仅）发生于显著的限制条件之下,那些条件在科学中是很重要的。每个由实验产生的事件规则性都是衡量实验情境与非实验情境之间差别的尺度。在前者的情境中,并非后者,一个稳定的机制被触发并从抗衡力量中隔离出来,这样,其结果就与触发条件具有了相关性。批判实在论确认本体论观念,在那里这样的事情是可能发生的。

所以,现在我们能够看到,对比解释有一个其范围比用来发动那场讨论的实例更宽的应用领域。因为,如果被限制在一个具体的对比空间的一种具体对比现象可确认一种具体机制,那么,产生(并常常会再产生)严格而稳定的因果序列类事件规则性的地方的各种实验条件与不产生它们的其他地方之间的系统对比,能推断出批判实在论的本体论,即实在一般地说是开放的,且是有结构的,也以一种可能的局部化封闭方式来安排结构,适合于,或容许,从经验上确认底层机制。具体对比适合于关于具体机制的科学假设;一般化对比适合于哲学上的本体论。每一种都是对比解释的一个例子。

我认为,对比解释的另一个例子通过一种情境提供,在这种情境中,尽管语境是开放的,某个事件本身令人惊异或令人感兴趣,以至于促使我们要问它是如何发生的、为什么会发生。在这样的情境中,仍然有一种隐性的对比在被处理,它处于事件发生与没有发生之间。在这种情况下,对该事件的直接否定就是那种衬托。对一个结果 X 来说,对比的问题是"为什么是 X,而不是非 X"。请注意,初看上去,这似乎使所有结果都向对比解释开放,从而也许贬低了正在被阐述的解释方法。但这并非如此,因为对比解释的一个极其重要的条件是对比中产生的惊异、兴趣或怀疑,等等。我们需要一种情境,在那里,我们现有的知识使得我们曾期望"非 X"(或许曾经期望过"非 X",假如曾经想到它的话),但 X 的确出现了。如果我们没有理由期望它是白色的话,知道 P 某的房子外面不是白色的几乎不会引起惊异。但是,如果我们知道一个被公认很棒的体育团队却被一个被认为很差劲的团队打败,我们就会感到非常吃惊。理由也许会是自满、贿赂、疲惫或随便什么。虽然该衬托或对比是所发生事情的反面,我们的背景知识如此这般,以至于在这样的条件下我们仍然有理由设想,有可能一种可识别的机制在起作用。在本书的最后一章,我提出为什么主流的形式建模理论在现代经济学领域如此霸道的问题,尽管其在阐明我们生活着的这个世界方面取得的成功(绝对或相对成功)有限。显然,鉴于有其他现成的有潜力的、更富成效理论，我对此结果感到"惊异"。或者说，至少我发现这个结果足够有趣味、令人好奇，甚至令人惋惜，所以我提出了以下问题：为什么它没有一种更多样、更多元的学术氛围，没有出现于现代经济学研究中。[16]

最后一种考虑是，我们也许注意到，库恩范式的转变实际上也援用了对比解释的思想。根据库恩的观点，任何对理解的企图都预设了一个广义框架或范式，它基本上被认为是已知或既定的。这在自然科学的很大一部分中无疑是如此。然而，所得出的结果在受欢迎的框架或范式范围内往往是不能被解释的，按照这种情况，那些结果似乎的确很成问题。当这种情况发生时，那些结果常常会被作为异常现象而撇开。这些异常现象实际上是令人惊异的对比，是该范式引导我们去期望的结果与实际上人们发现的结果之间的差异。最后，那些异常现象逐渐发展起来。在某个时刻，那些异常现象变成为中心焦点。在某种意义上，被问的对比问题是："为什么与基本框架相一致的是这些异常现象而不是那些结果？"一种范式出现转移时，就会派生出一种新的框架并会被人们接受，其解释力至少与以前的框架一样大，但却能避免较早一个框架产生的那些公认的异常结果，也许会使那些结果成为能被理解的东西。[17]

半 规 则 性

按照以上讨论，有可能澄清半规则性的观念与作用，并且，我认为这样做是有用的。有些《经济学与实在》的评论者（错误地）把我对半规则性的描述理解为只表达了一种情况。在那种情况下，一种因果序列关系在可测量的多种经济变量之间发挥着作用，它是以足够的严格性助推成功地应用计量经济学的标准技术而做到这一点的，尽管只是在有限的时空范围内。多种经济变量之间的相互关系确实在我们背后发生，但只发生于有限的间隔之中，这就是想象中的前景。

举例来说，根据英国过去20年的数据估算的总消费（用稳定的可支配收入的一个固定函数表达的消费）的一个计量经济模型"说"并发现，对这20年情况的"预测"足够精确，但不超出这段时期，这也许可被说成是受到如此理解的半规则性的方式获得支持。

毫不奇怪，一旦我对半规则性的描述以这种方式且仅仅以这种方式被重新表述，人们已经"发现"我所捍卫的方法本质上与演绎主义主流的无甚不同。

事件规则性既是通过利用计量经济学的标准程序预设的，又仅仅在（足够）严格的（为了应用这些方法）意义上说，且仅在有限的范围内，是部分性的，可以说，任何这类已揭示的事件规则性实际上是一个受限的封闭系统。甚至实验封闭也是这种形式的（被限制在实验条件下）。在刚才看到的那个例子中，实际上是在宣称"如果在一个具体的20年内，那么，每当有X，就有Y"（或正用一个随机近似对应的说法表达）。

但是仍然有一个问题，那就是：是否这样一种模式构成一种受限封闭，不是如我所构想的半规则性的后一个例子（假设它会发生）？答案是"取决于具体情况"，如果讨论中的模式构成一种半规则性，它只是一个蜕化的特例。

"取决于"什么情况？这里的核心问题是正在探讨的关于"系统"的概念。在已知语境中一个关于系统的概念不含有具体意义。它仅仅意味着情况或空间的延伸，在其中讨论的事件模式被认为是成立的（或不成立的）。在刚看到的著名的计量经济的案例中，事件规则性被认为在20年的时段中是成立的。这个时段与语境是一个受限的封闭系统。现在，让我们将该"系统"延伸10年。在后一个10年时段里，人们发现，不像在第一个20年里那样，当前面的X被一个具体例子说明时，所期望的随之发生的Y并未出现。这是对一个开放系统的界定的问题。我们应当将该系统先描述为封闭的、然后又将其描述为开放的呢，或者在整个时期它都是开放的？答案并无什么意义。它取决于这里的系统是如何定义的。如果把前20年作为一个系统单独考虑，后者是封闭的。如果该系统包括整个30年，它就是开放的。

正是从30年系统的角度出发，讨论中事件的特有形式才可被说成采取了半规则性的形式，因为它是部分性的。当然，严格地说，任何受限封闭的内容，当从任何更宽广或全面的系统的角度看时都是一个半规则性，这个系统既包含受限封闭也包括至少一个机会，这时先前的事件就会发生，但接着发生的不是通常的随后事件。但是，诸如后者的一个方案或前景显然最多只是半规则性的一个特例或蜕化例子，在那里，在一个不间断的亚时期内规则性却能严格持续下去。它是一个特例，对这个特例来说，封闭是一个子系统。

请注意，在《经济学与实在》中，我的确没有设想过半规则性的范畴会化约为刚才讨论的实例。事实上，后者代表了我质疑的、关于其事后相关性的一种构形。我在那里的评价是大多数观察到的规则性并非是一致的，即便在有限的时空延展区域之内也不例外。

此外，在《经济学与实在》中，我表达了自己的观点，即大量存在的并与社会科学的进步有某些关系的各种类型的半规则性，往往是那些表现令人惊异的或有意义的对比模式（如上面概念化了的、在某种对比空间观察到的模式）。[18]简言之，我曾认为（现在仍然认为），大多数这样有趣的、部分性的模式都采取了对比半规则性的形式。

持续或广泛的社会过程

记住这个讨论，在社会研究中寻找那些方案显然是饶有趣味的，在那里：

（1）对比空间比较宽阔（即寻求多种条件，在那些条件下，也许事先可期望［在时空中］多种结果的广度伸展具有相似的因果史），并且，

（2）结果（一个意想不到、有趣的或重要的）对比，如果不是有规律地，然而也是频繁地明显出现于整个有意义的空间延展区域。

换言之，一种想要的或想寻找的有趣现象，就在该有趣对比（如果是部分性的）在广度延展的时空中显现的地方。

我在《经济学与实在》中非常重视（在上文中我也简略论及）的一个这种类型的例子，与测定的对比生产增长率有关。我注意到，在最近历史的一定时期内，在英国，观察到的生产率增长明显低于欧洲大陆可比较的某些其他工业国家。当然，这样一种对比（或比较）只有在下述条件下才是令人惊异或有意义的，那就是，如果我们的理论或目前的认识促使我们得出该对比现象处于一种与我们也许有理由期望的不同的事后关系中的结论。在上述讨论中（当对比涉及出生率表现的不同对比进行比较时），我只集中于紧接战后的那段时期。但实际上，这里讨论的对比现象的一个令人惊异或值得注意的特征是，直到1980年左右，这种情况在前一百年或更长时期断断续续地持续了大部分时间。正是这种令人惊异的长时期才使我们有希望揭示一种具有一定时空连续性的机

制。[19]所以，对比半规则性也许会令人惊异，因而成为研究的对象，这并非仅仅因为牵涉一种对比，而且因为以某种形式存在的这个对比相对频繁地出现，还因为它是一种具有重要的时间存在感的半规则性。

这类持续对比半规则性的另一个例子是，与近百年来的生产资料（produced goods）价格相关的初级产品价格的相对变动（见 Pinstone，2002 关于此问题的论述）。

其他可举的例子包括，在学术界与工商界，或者说在大多数现代社会，很高比例的高级职位被男性占据着，或男女同工而不同酬，如此等等。

最后，即便是与实验室的实验方法关系紧密的各种各样的对比都是被广泛体验到的（常常是反复出现的）半规则性的各种形式。实验往往遭到失败，包括重复以前成功的那些实验遭到失败，都是命运不好，或专业知识不足或操作不当造成的。如果许多个别实验的结果是半规则性的，实验结果与非实验结果之间的对比也是如此，这种对比最终有助于支持本书中捍卫的本体论。

社会解释的可行性

总而言之，广泛观察到的一个现象是，在我们的日常生活中，我们常常感到有点吃惊，或至少发现我们的兴趣被激发出来，这时，发现两套（或更多套）的结果处于一种相互关系之中，这种关系与期望明显相反，或者至少再经考虑，与按照我们目前所持的理论曾期望过的情境相反。发生这种情况的一个前提条件显然是，我们已经感到能够形成期望，这种期望涉及我称之为对比空间（和这些令人失望的期望）的领域中的关于多套结果之间的关系（或更准确地说对这两套结果的因果史的共性采取一个理由充分的观点）。此外，在这样的情况下，我们常常能够觉察到我们出错的理由。结果也许是一种新的因果因素开始发挥作用，并且，有一定意义的是，我们对对比空间性质的理解，特别是对在其中起作用的原因之间关系的理解，一直存在错误。

认识或理解这种日常的解释性活动，能为研究开放系统的方法论提供广泛的信息。因为被确认的这种背景知识有助于人们日复一日的信息沟通，它还有助于科学与哲学的进步。

如此便利的解释过程必须是向后看的（回顾性的）。在自然与社会两个方面，实在本质上的开放性，都要求我们常常从以某种方式最终（失败的实验、混合化合物引起的非同寻常的反应、明显相似的经济体的不同的事后经历、异常现象的积累，等等）令我们惊异的、引起怀疑或令我们感兴趣的情境开始，着手我们的解释工作。但是，只要将会获得令人惊异的对比，这就不会成为解释工作的障碍。

这就是说，成功的社会科学研究一定是高度依赖语境（对比空间）的。并且科学也可从撰稿人那里获益，这些撰稿人经历丰富，能够保持异样的惊异、兴趣或关注。因此，所有具有方法论知识背景的人，还有那些注重公平或民主的人，都应有权利用科学观点与科学资源。

但不管还会发生什么，解释性社会科学的成功是完全有可能的（它不依靠对开放的社会实在进行封闭或故意歪曲）。相反，如果我们仅仅将日常生活中的社会理论上的成功做法转变为我们的社会理论研究活动，尽管，也许其目的是，以更系统、更明确阐述、批判性地考查与自我反省的方式追求这些做法，就有充分理由预见我们学科的更加成功的表现。

无须说，还有更多我在此不能考虑的与此有关的问题，虽然我在别的地方已经讨论过其中的许多问题（例如，Lawson，1997a：第十五章；又见下面第六章；又见 C. Lawson，2000；Runde，1998）。在本章，我力求引出那些我认为将往往是开放系统中解释事业过程中的核心问题，并使它们系统化，但这些问题却被当代经济学界忽视了。具体细节将无疑在很大程度上取决于解释性研究的语境。但面临开放的社会系统，认识的进步肯定是可能的。为了使其现实化，现在就应当十分清楚，我们需要重新定向我们的解释路径。我已经表示过，对比解释，如我对其阐释的那样，看来完全有可能是特别有用的。但这仅仅是已经注意到的更加一般性见解的一个示例，鉴于社会实在的开放性、过程性和高度内在联系性，在我们的推理中不仅需要分析方法，而且，我认为从根本上说需要辩证方法。

第五章
演化经济学？关于借用演化生物学的问题

演化经济学的魅力

建立在演化生物学观点基础上的演化经济学思想，对许多当代经济学家来说显然具有诱惑力。特别是在最近几年里，着迷于它的经济学家似乎越来越多（例如 Dopfer，2001；Dugger 和 Sherman，2000；Hodgson，1997、1998c、1999b；Laurent，和 Nightingale，2001；Loasby，1999；Louca 和 Perlman，2000；Magnussen 和 Ottoson，1997；Nicita 和 Pagno，2001；Potts，2000；Reijnders，1997；还有许多其他经济学家；又见 Witt 在 2001 年的一个阐释性调查）。

这一思想并不是什么新的思想。A. 马歇尔（Marshall、Alfred）曾经有一个著名结论："经济学家的麦加（Mecca）在生物经济学，而不在动态经济学。"（A. 马歇尔，1961：xii）。T. 凡勃伦以"为什么经济学不是一门演化科学？"的问题激励了许多经济学家。此外，这个问题在上世纪自始至终反复被提出，尤其是在 J. 纳尔逊和 S. 温特（Winter，1982）的《经济变化的演化理论》中。

即便如此，很多学者在提倡借用生物学的益处时仍然不忘谨慎。举例来说，E. 彭罗斯（Edith Penrose）就生物学类比说了一段结论式的话，他辩称：

在寻求对人类事务中的经济与社会现象的根本解释时，经济学家和一般社会科学家最好直面他们的问题，按他们自己学科的一套行事，而不是间接地将风行一时的生物学模型强加于这些问题。

(1952：819)

第二部分 经济学的各种可能性

J. 熊彼特（在一段被解释为支持经济学家应当回避所有来自物理学和自然科学隐喻的文字中）[1]写道：

> 也许……个体企业系统的某些方面被正确地描述为生存斗争，在这个斗争中，适者生存的观念可以非冗赘的方式被定义。但假如是如此，那么，分析这些方面仅考虑经济事实就可以了，求助于生物学极少有用。
>
> （J. 熊彼特，1954：789）

其他一些人则明显持积极态度，虽然即便在倡导者中也有人承认借用其他学科，包括生物学，并不是万灵药（例如 G. M. Hodgson，1993）。总之，我认为，关于建立在从演化生物学中汲取的原理之上的富有成效的演化经济学是否是一个切实可行的假设的问题仍在争议之中。

在我看来，这些文献中存在的问题是，很少能说清楚从演化生物学（或者任何社会领域之外形成的理论模型）中汲取营养究竟是否合理。这背后的理由似乎还不是对演化模型的细节缺乏关注（虽然这一方面常常也有改进的空间），而是对作为进化模型应用目标的社会领域的性质没有足够的质询。而确定社会物质的性质确实很重要。作为研究对象的性质如何，总是隐然决定了如何对其展开研究。

虽然这一观点似乎显而易见，甚至老生常谈，但它却与当代经济学的很大一部分（如果不是绝大部分）内容相悖，这个学科长期忽视明确的本体论分析。的确，当代经济学的特征是广泛传承这种认识上的谬误。这构成如下观点：关于存在的问题总是可被化约为关于我们对存在的认识问题，本体论问题总是能被转化为认识论的术语。这种谬误假设了一种期望的形式，即可采纳来自任何领域或任何种类的方法——数学的、演化的或随便什么——且不顾研究对象的性质都可成功应用（Lawson，1997a）。

即便在更具深刻见解的关于演化经济学的可能性讨论中，本体论问题因集中于其他问题而往往被掩盖。后者包括诸如 C. 达尔文是否前后一致地只提出了演化理论或机制、J. 拉马克文稿的相关性与对其正确阐释、当代生物学中尖端建模的本质等这样的问题。虽然这些种类的探索有令人感兴趣之处，它们却容易分散人们对那些与以任何有用的方式把生物学引入社会理论是否可行的问题更具相关性的探讨的注意力。

总之，不管是什么理由，本体论问题在关于借用其他学科的成果的讨论中被忽视，这里，我的目的是帮助纠正这种状况。实际情况是，对本体论的各种考虑的确已经在各种学术研讨中不知不觉地进入人们的话题。然而，却罕见他们以充分明确的系统的方式这样做。[2] 我这里的有限目标，如我所说，是竭力帮助纠正这种形势。

也许，如果我此刻对我下面得出的关于值得借用生物学的结论有什么期待的话，那就是，它是有用的。首先，我想说，关于演化这个术语，我并不意指任何类型的变化，而是指除了逐渐改进调节生命与社会的记述以外（实质上是积累性因果关系），所有生物体（有机体）的系谱联系。因此，根据我的理解，自然选择仅仅是一种演化机制。然而，许多经济学家的确似乎认为，演化这个术语的意思是指自然选择的过程。记住这一点，本章主张的具体论题，通过基于本体论的论述，严格地说是演化经济学没有合乎情理的基础，如果：

（1）演化这个术语（在"演化经济学"中）被解释为一个过程，这个过程在某种程度上符合源于（C.达尔文式的）演化生物学的自然选择模型，并如果：

（2）"演化经济学"这个说法意欲表示一种经济分析的普遍方法（暗指所有经济现象都可被看作演化［自然选择］过程的结果）。

宁可说，我的论题仅仅是，社会世界是这样一个世界，以致某些社会现象可是这种演化过程的结果，特别是宏大的演化自然选择的各个过程的结果。在符合此说的地方，显然至少部分地需要讨论中的这种类型的演化解释。但这个具体的社会演化模型不应当先验地被普遍化。甚至连 C. 达尔文都曾认为，自然选择只是诸多调节地球上生命的机制中的一种，虽然在他看来是最重要的一种。因此，在《物种起源》的最终版本中，C. 达尔文（1872）写道：

但由于我的结论最近被严重误解，有人声称，我把物种演进仅仅归功于自然选择，也许会容许我说，在这本著作的第一版和继后的版本中，我在最显著的地方，即在前言的末尾写下了下面的话："我深信，自然选择是主要的但不是唯一的演进手段。"这没有一点儿好处。持续不断的曲解的力量很强大。

（C. 达尔文，1872：421）

正如我们将看到的那样，在社会王国，有更多的理由在解释工作中采取这样一种开放的、多元化的方向。

说真的，坚持模仿自然选择范式，甚至先验地确认有待理解或解释的现象的"演化经济学"，毫不比先验地坚持演绎主义或形式主义经济学的现代主流好，主流认为所有现象都必须用封闭系统演绎建模的方法处理。这种具体的演化模型的相关性，与所有其他方法或认识论原理一样，只能事后被确定。根据是在社会王国范围内，这种演化模型的相关性范围无疑是无边界的。现在让我简略论证一下这个论点。

生物学与社会的关系

正如我所说，近几年来，人们见证了借用生物学（至少其可能性）的兴趣的兴起。但是，为什么一些经济学家，特别是（但不仅仅是）异端经济学家对从生物学著作中获取见解，尤其是从生物学的演化理论中获取见解，表现得如此乐观？这种判断在很大程度上似乎是凭直觉获知的。肯定地说，我没有发现这种乐观主义态度在即便是最优秀的评论家中得到了明确表达。虽然我上面提出的概括依赖于使演化模型或方法与社会本体论观点相匹配，这个概括似乎足够简单，但是，即便是文献的较好部分也不总是承认有待确定的相关问题的确是，鉴于社会王国的性质，生物学取得的成就是否为其提供了一个有用的模型。

实际上，对相关文献的研究表明，好几种不同的推理路径非常频繁地被串联在一起。事实上，生物与社会的联系类型不止一种，而是三种：

（1）生物是社会现象存在的基础；

（2）生物与社会现象之间的相互作用是因果性的；而且

（3）生物是理解社会现象模型的源头。

我们对有能力的人的行为在任何水平上的理解都要求按照类型1和类型2的路线去理解生物与社会之间的联系。但我们这里的基本关注实际上与类型3有着密切关系。很大一部分现有文献的问题，在我看来，是对这些不同的联系形式极少区别对待，结果是，对类型3的支持有时被认为通过按类型1或类型3的路线而获得。这是站不住脚的。毕竟，虽然社会现象和过程是或者包括来自人与人之间相互作用的突然出现的剩余（与被还原为人自身相比），实际情况是物理世界（正如生物世界）照样为社会现象提供了存在基础，并在与社会现象的因果性的相互作用中存在。无疑，如果认为类型1与类型2的联系能证明类型3的那些联系的合理性，那是需要争论的。迄今为止，这件事仍然明显缺失。

演化理论与隐喻

为了评价生物学模型在理解社会现象中的相关性，有必要明确而比较详细地考察一下社会与生物这两种决定模式的性质。然而，在做此事之前，思考一下隐喻的性质与作用很有用。关于借用生物学的成果的讨论，如我所说，是从自然选择隐喻的角度表达的，我认为，在进一步讨论之前，必须弄清楚这样的用法是如何与当前的讨论产生联系的。

经济学家们对隐喻的讨论，如同更一般地从其他领域借用一样，即便不包括明显的错误推理，往往包括大量猜想。我意识到，经济学家们辩称，如果我们要借用生物学，仅仅因为该理论的成果是最新的就必须加以采用。如果我们要借用物理学，他们往往说着同样的话。为了使经济学繁荣起来，这种断言风行起来，那就是，必须照抄或仿照硬科学的尖端成果。

这种态度反映了一种我称之为"外延谬误"的错误。这是一种观念，它认为科学或人类推理的一个领域的见解、方法或理论，让我把后者称为源域，可被"外延"，用于另一个领域，即目标域，可在事先不考虑后者性质的条件下进行。这件事的基本事实是，物理学或生物学或随便什么学科，即便是尖端学科，如果其预设了一种物质或布局在社会王国完全缺失的话，其具体理论也与社会王国没有明确的相关性。例如，如果社会王国的某些区域无论如何都不是原子状的，那么，不管原子物理学的最近发展是何等牛气，它们与讨论中的社会王国的那些区域都没有明显的必然关系。[3]

对一种隐喻或来自外延臆断的被认为是挪用的其他形式来说，必须了解一些关于目标域的知识。这一点是很清楚的。如果使用某种隐喻是为了证明其作为说明目标域的一种手段是成功的，它就必须在此领域产生新的类似的或其他形式的推理思路。因而，我们期望一旦讨论中的范畴已被外延，它们将在新语境中呈现其自己的意义，即是说，其意义与它们在源域中所承载的意义不完全相同。

隐喻究竟是如何发挥作用的？我觉得我们现在已经有了足够多的有关隐喻的基本功能的知识（例如 Boyd，1993；Lewis，1996；2000b；Soskice 和 Harre，1982）来赞许它们对理解和知识发展有多么大的帮助！它们能如此作为，本质上是因为它们将两个至今仍未被承认为具有可比性的领域联系了起来。他们能这样做，事实上是因为它们揭示了源域中的一个物体或特点和目标域中的一个物体或特点都是同一类型的标志或表征，或每一个都是同一个更加抽象的对象的具体化。[4]

举例来说，如果我们说约翰是头猪，我们就是在暗示有一类更一般或更抽象的物体，约翰和猪都是标志或具体的亚类型。在这个例子中，这个种类也许是指以一种特殊方式吃食物的所有动物。如果我们说，珍妮是头驴，实际上我们也许想暗示珍妮，像那头驴一样，是行动缓慢的物体的一个特例。

在这些简单的示例中，我之所以在给出引人注目的解释中使用了"也许"这个修饰语，仅仅是因为确切的含义取决于语境。用这个隐喻将珍妮作比的那个人也许是想说并非珍妮慢得像头驴，而是像驴常常表现的那样脾性很犟。当约翰被描述为一头猪时，也许是因为他一直处于日光下，全身呈淡红色（至少像某些品种的猪那样。虽然如此，但参照草莓和龙虾的比较常见）。在这个具体的例子中，相关类型是所有的淡红色物体。使用隐喻抓住了这种类型的一个表征，即一个淡红色的物体，表示这种隐喻的要旨或目标体也是这类的一个表征，即是说，是某种淡红色的东西。可是，预期的抽象概念或类型的具体性质是某种只根据语境才能确定的东西。

当然，语境往往是一个总体性（不限于一人一事）的东西，因此，一群各种不同身份的人可能以该隐喻的表达者欲使用的方式进行解释。例如，如果据传交易不景气，总体情况也许是一切交易活动都有可行性，但几乎没有发生。如果据传价格已经达到其顶点，总体情况也许是一切商品的价格都有其上限，现在已经达到了。

因此，隐喻的功能是把以前认为是不相干的许多事物或方面等等联系起来，表示它们都是同一种普遍事物的特殊情况，是同一种类型的多种表征。在进行这种联系的过程中，隐喻可暗示有可能为基于源域中的那个物体的目标体建立一个模型。它容许我们利用来自源域的深刻见解建立一个类系统，这个类系统具有为目标域中的发展提供路线的潜力。

如果我们要求助于演化范畴，具体地说，我们能注意到的第一件事就是，假如我们把演化一般地理解为一种变化或发展形式（有些人的确似乎这样理解的），那么，社会过程根本就不需要隐喻。根据这种观念，社会过程仅仅是由演进产生的。[5]

宁可说，每当我们深入思考有些社会过程在更具体的意义上说是演进的（演化的），特别符合自然选择原则的见解时，生物学就变成了一种非常有趣的思想源或资源，其中包括隐喻。这里，正如我们到时将看到的那样，自然选择的思想是一种隐喻。含蓄的直觉或假设是，源域或生物学领域的某些"自然选择"机制和目标域或社会领域的各种过程的一些方面，的确都是同一个更加抽象的类型的表征或标志。

但我们正在跃进式地超越着我们自己。我的有点迂回的目的仅仅是澄清隐喻所扮演的角色（或者说我认为的其根本角色）。隐喻，如从一个领域"绑架"入另一个领域的其他任何形式一样，需要适当的条件。如同早些时候表明的那样，为了在社会领域有效地借用生物学，我们需要确保生物物质与社会物质之间具有足够的共性。我们关于隐喻的讨论能使我们把那个需要重新解释为对建立一个总模型的需要，社会界与生物界都是这个总模型的次类型或表征。

演化模型在社会理解中的优势：一个初步方向

现在，在开始进行确认生物物质与社会物质的性质之间的有关共性时，若非要这样做，我们当然不能从全然无知的状态开始。对生物界的研究可为分析社会提供相关的深刻见解，这种相当流行的乐观主义看法的一个非常明显的理由是，两个世界都由开放的（即高度不可预测的）动态系统组成。换言之，有一个极其一般的种类系统，即是那些开放系统与动态系统，社会系统和生物系统两者都可被直接确认为该一般系统的表征。让我在下面详细阐述一下。

社会物质的性质

可以肯定地说，社会界可被确认为一个开放的动态过程。的确，根据我在别处力主的社会活动的转变模型（Lawson, 1997a：特别是第十二和第十三章；又见上面第二章），我们发现社会实在不仅是开放的、动态的或过程性的，而且是一个突现领域，依赖于具有变革能力的人的能动性，但不还原为这种能动性，且由有结构的高度内在联系的物质等等组成。

更具体地说，根据该转变模型，人的能动性、实践活动和社会结构（包括社会规则、社会关系、社会地位，等等），是相互依赖的，但用本体论的观点看是不同类型的事物。人类社会依赖于实践活动。在行动中，我们两者都利用给予我们的各种结构，并为再生产或转变它们做贡献。正如我们通常不承认我们利用的那些结构一样，其再生产和转变也往往不是有意的。因此，我们通常说话时心存目的，它通常是将一个想法或信息传递给某人。但我们利用的语法规则却未被承认，这些规则的再生产，实际上取决于我们集体的、通常却不是有意的语言行为。

在这个转变过程中，社会结构与人的能动性是如何相互作用的？这里的关键范畴是社会地位和社会关系，特别是内在社会地位和社会关系。当两件事情被说成具有内在关系时，因为它们之间的这种相互关系，它们各自发挥其作用。这方面的例子包括教师与学生、雇主与雇员、业主与租户，等等。

请注意，通常情况下，并非个体之间本身具有内在关系，而在于他们所处的地位。一架客机的工作人员有一系列义务与利益，等等。但他们本身并非个人要依赖该团队成员。如果一个人辞职，第二个人将占据这个位置，他就有了第一个人原来拥有的由同样的地位决定的各种义务，等等。乘客更是如此。作为乘客，他们有权利与义务。但是，一旦其他人占了他们的位置，这些权利与义务等等都会转移。之所以这样，是因为他们依附于乘客所占据的位置。我们所有人选择或被分配到大量不同地位、充当不同角色（教师、学生、雇主、雇员、父母、孩子、欧洲人、亚洲人、老年人、青年人、男人、女人、售货员、顾客等），每个人都与一系列规则决定的义务、权利、责任、特权等有关，并关系到我们工作被调整后的其他位置。正是因为我们被安置在各种社会地位上，我们才有权利用各种社会结构，并根据与地位有关的权利、义务和利益行动，人类社会才会不断被再生产和转变。

因而，根据这种观念，人类社会是作为一个具有许多动态整体和内在联系的各种过程的关系密切的网络而突现出来的。如我所说，实践活动是社会存在的关键。社会结构依赖于人的能动性，正是通过人的实践活动，具体的结构才得以被不断再生产和转变。这种固有的动态的整体化地依赖于人的能动性的过程，在那里，社会结构既是行动的条件又是其结果，我再说一遍，才是"社会活动的转变模型"。目前的核心意义是，人们发现社会系统是具有固有的动态性与开放性的系统。

生物模型与主流经济学

当然，同样的话也适用于生物王国。的确，准确地说，促使演化（进化、演进）生物学发展的一个因素是承认生物界也是由各种动态、开放系统组成。这样的评价并非总是流行的。[6]但地球上的生命是一个不断转变的过程，这种观点现在已得到广泛认同，我将在这里阐述这种观点。毋宁说，我的观点很简单，生物演化模型在应对开放的动态系统方面取得的公认的那些成功，在一定程度上可直接使人们相信下面的想法，即生物模型可被证明与以某种方式有助于分析社会现象具有相关性。

当然，与当代主流经济学的竞争性机械论模型相比，生物模型被视为具有表面上的直接优势。因为前者关注的是基本上静态或不变的方案或前景。这些机械论模型充其量把变化概念化为对系统的外生震荡（虽然是就常常以重新获得平衡进行应对的那些系统而言）或诸如此类的东西。大体上说，当代主流经济学关注的是确认大量的地位和机制，在其中主体缺乏任何改变他们所做所为的积极端。比较之下，正如我所说，演化理论的发展使其有能力解释固有的动态秩序，说明各种相对持续性的变化过程。它是一个能把握任何被认为对未来根本上开放的系统的解释理论。

如果我这里看上去在重复解释这一论点，这是因为两个领域（生物的与社会的）之间的这些相似的东西似乎并非总是被充分认可。例如，A. 罗森堡（Rosenberg）推断"C. 达尔文的理论对经济理论来说，是一个极不适当的模型、隐喻、锦囊妙计，或理论框架"（1994b：384）。他的保留意见基本上可浓缩为一句话：生物学演化模型预测能力不强：

> 我的悲观主义结论反映了一种与从生物学理论中寻找安慰或灵感的经济学家们共享的关注。这种关注是要依据预测成功的合乎逻辑的标准澄清被接受的理论或理解新理论。这些经济学家中几乎没有人注意到反对这样一种经济理论标准的人们所看到的，那就是，演化理论本身已失去这种强大的预测能力。
>
> （A. 卢森堡，1994b：384）

然而，一旦我们以严肃的态度研究一下社会物质的性质，我们就能看到演化理论缺乏预测能力是无可辩驳的事实。成功的预测预设了封闭，而社会系统，像生物界那样，人们发现是开放的，似乎不易受许多科学上有趣的封闭（如果有的话）的影响，至少是受因果序列的那种封闭的影响。如果社会王国的性质是如此，以致对社会后果的成功预测是不可能的，那么，采取以取得预测的精确性为前提的那些方法就必须放弃源于本体论的深刻见解或置它们于不顾，去犯认识谬误的错误。表面上看，生物模型会给希望带来事后根据，这仅仅是因为社会系统是开放的、大体上非目的论的那种系统，演化论方法原则上能应对这样的系统。事实上，我怀疑正是生物模型的这个具体特点，才至少能隐晦地说明当前它对异端经济学家的吸引力。

自 然 选 择

如果事物演化模型将证明对社会科学是有用的话，关于开放的动态系统的两种科学的共同关注不可能是故事全部。毕竟，在当代经济学与社会理论中，我们已经有了关于社会活动的更加宽广的转变模型。生物演化理论必须提供更多的成果，如果它在某种语境下能把社会理论化事业继续向前推进的话。

正如已经暗示的那样，很多对"更多的成果"感兴趣的经济学家似乎热衷于自然选择这种隐喻。在经济学中，已经有大量文献声称试图表明社会秩序是如何（仅仅）通过人的有意识的干预或设计而产生的。在某种意义上，生物学研究的是被同样安排的秩序，但在那里，讨论中的秩序的形式并不是故意使其产生，即是说，并非有意识地设计出来的。这种巨大的成就削弱了历史上那个仁慈地事先设计的思想。我怀疑，正是这种见解，力图为在当代经济学中应用生物演化隐喻提供了相关动机和语境。

实际上，这种看法并不很正确。我探索过追求借用其他学科的（至少）两种动机。第一种动机，即我自己这里感兴趣的一种，是欲理解和解释社会实在，说实在的，就是追求真理。但我不能否认（实际上研究承认），有些撰稿人之所以给予了利用尖端自然科学的理论与做法较高的地位，仅仅是因为它们因更自然和更"尖端"而备受崇尚。我将使这种动机返回到本章的末尾。我暂时集中于我们面前的那些问题，认可基本目标是包括解释社会在内的对社会的理解。当然，这是本书从头至尾为本体论转折辩护的某种我认为理所当然正确的东西。

为了回到中心论点，我在此特别关注的是，其与"自然选择"的具体的 C. 达尔文模型社会王国的相关性。虽然说明开放性与动态性的特点的任务对生物领域与社会领域都是很平常的且相当容易完成的，但确定演化生物学中被系统化为自然选择机制的那些见解在社会领域是否有相似之物的任务却需要更加大量的工作。

解决这些问题的一条明确的路线是，追溯一个适当的（见下面）总模型，生物学的自然选择观念可被视为它的一个标志或表征，一个到时因其能否应用于社会现象而必须经受检验的总模型。然而，说实在的，（即便这是隐喻发挥其作用的方式）也根本不需要遵循一个总模型办事。所必需的一切只是从任何生物学自然选择案例中提取最重要的组成部分。我需要提出的问题仅仅是，这些最基本的元素能否扩大到社会经济领域。然而，通过把它们看作一个总模型的特点，任何生物学案例都被视为它的一种表征，我相信，就正在进行中的事情来说，混乱的范围就不会很大。无论如何，这就是我此处的策略。我将考虑一个生物学例子，提取自然选择机制的必要组成部分，把这些部分解释为一个总模型的许多特点，那个具体的生物学例子被看作该总模型的一个表征。我将考查是否它的经济表征也行得通。

这样，作为这条路上的第一步，让我先简单考虑一下生物学模型的一个具体案例。我知道，许多现代经济学家，特别是那些在（旧）制度学派的传统下工作的经济学家，都完全熟悉这样的案例。但我这里只详细讨论一个例子，部分原因是为了彻底，部分原因是为了表达我对自然选择过程的理解（当然有各种不同的理解与着重点），部分原因是为了将讨论重点不仅要放在抽象模型上，而且要放在真实世界的过程上。[7]

一个生物学案例：C. 达尔文的雀科鸣鸟的喙

这个例子被很多文献引用，在此为我的目的服务，它关系到"C. 达尔文的雀科鸣鸟"（这样称呼是因为 C. 达尔文最早研究它们），栖息于相对孤立的加拉帕戈斯群岛的一群雀科鸣鸟（在坐着英国皇家舰艇小猎犬号航行期间，C. 达尔文在该群岛上待了五个星期）。我尤其将重点放在这些鸟喙的大小演化过程中较近期上。

讨论中的那段演化经历于 1973 至 1978 年期间发生在一个名叫达夫妮（Daphen Major）的岛上。当时生活在该岛上的不同学科的科学观察者都记载了这件轶事（例如 Weiner, 1994）。当时的情形是这些观察者都分别"了解"该岛上几乎所有这类鸟儿的情况。

在这段时期的头四年里，达夫坭岛上草木茂盛，四处郁郁葱葱。尤其是，每年年初阶段雨水充沛，适合植物发芽生长和伴生昆虫迅速繁衍。因此，有大量食物供年初出生的鸟儿食用,据观察,不管条件如何,大多数雀科鸣鸟都活过了一年中剩余的日子。[8]然而,1997年一月的第一个星期后,几乎整年没有下雨。在这期间,岛上种子的总量大大下降,但未被吃掉的种子的平均大小与硬度却在稳步增长。[9]数百种雀科鸣鸟死亡。[10]值得一提的是,活下来的那些雀科鸣鸟的喙较大,它们能啄破剩下的又大又硬的种子。[11]这些鸟大多数是雄性,一般雌性鸟的喙和身体较小。总之,遭遇干旱之后,活下来的和有交配能力的鸟是那些在最初的群体中具有较大喙的鸟,这一点显得很突出。这样一来,人们发现,幸存者的后代也长有大或深的喙,通常比其几年前的先辈的喙大4%—5%。[12]

简而言之,结果是通过自然选择过程形成进化。这个时期的环境转变(在相对意义上)"有利于"长有大喙的鸟。大喙雀科鸣鸟之所以活过了环境转换期,是因为其后代继承了父母较大的喙,在仅仅几年的时间跨度里可以观察到演化带来的变化。[13]

走向一般化演化模型

那么,这里所讲的自然选择故事的本质特征是什么呢?什么组成部分对经过自然选择发生的变化或演化机制的生物学解释是必不可少的?换句话说,是哪种抽象模型支持着这个具体说明和其他类似例证说明,并将它们系统化的?凭借雀科鸣鸟的喙进行自然选择过程是一种标志性示例,对于这类模型的任何一种来说,什么是必不可少的?很清楚,其中包括好几种必不可少的组成部分。

第一个需要保留的解释特点是,在某种程度上,它处理的是一个具体类型(雀科鸣鸟)的个体的总数与这类鸟所处的环境或状况(食物)问题。请注意后者只是一个方面。这些鸟儿需要水、空气、适当的温度和其他许多条件才能存活。这里选择性因果影响的环境条件是在一种很难找到替代物的环境中种子形态的食物。

在相关群体中某种不同品种的存在是这种解释形式的第二个重要特点。就C.达尔文的雀科鸣鸟而言,不同品种包括喙的大小。在顺序上,为了使喙比平均水平大一些的雀科鸣鸟能以相对成功的方式生活，显而易见，在原始群体中就必须有喙比平均水平大一些的鸟存在。因此，请注意，对一个自然选择演化故事来说，该群体的个体既具有使其成为有关群体成员的特征，又具有在那个群体内使其显得与众不同的特征。

这种解释的第三个极其重要的特点是，再生产（复制或遗传）的机制被视为解释的组成部分。所讲的故事也许不能算作一个演化故事，如果喙的尺寸是雀科鸣鸟不通过后代形成的话，不算作一种对长有较大喙的鹊科鸣鸟在连续几代的繁衍中上升到显著地位现象的解释。从亲缘关系上说，我们这里有一种直系关系概念，即实体的时空序列，在这种序列里，后代从某种意义上说是前辈的后裔，因果性地由前辈生产出来。[14]虽然在讨论中的整个时期这个岛上的雀科鸣鸟较早几代的喙平均比后代的小一些，但它们仍然是雀科鸣鸟。在某种意义上说，喙较大的雀科鸣鸟是从雀科鸣鸟演化而来，是雀科鸣鸟的一种进化结果。

个体与环境之间相互作用机制的具体说明是该解释的第四个基本特点。在这种机制中，（具有具体特征的）该群体的某些成员被挑选出来。根据 D. 赫尔（Hull，1981）的说法，我用"参与体"（interactors）这个术语来指那些在其中环境与个体发生相互作用的实体。这通常是将其复制结构传递给一个不同的实体。根据 R. 道金斯（Dawkins，1976；1978）的说法，我把后者称为复制体（replicator）。如果基因复制的一种机制负责再生产或复制具有某些特点的雀科鸣鸟，这还不足以解释具有那种基因的鸟儿上升到突出地位的现象。整个有机体与其环境的相互作用是因果性演化过程的根本特点。尤其是，（在种子作为食物的环境中）雀科鸣鸟需要吃食物是这个故事的必要方面。（在生物学中，复制个体的基因构成称之为基因型或遗传型，个体或生命体的性质称之为表现型。）

这种解释性描述的第五个相关特点是，在不同特征形成的过程与在其中进行选择的环境机制发生的方式之间存在一定程度的独立性。如果模型要解释在没有设计的条件下出现秩序或（喙和种子大小的）"适合性"时，这样的独立性是必要的。否则，就没有任何必要显示解释性纲要与其他如在经济学中发现的那些东西的不同之处。具体地说，如果没有独立性，就可辩称，或者特征或者环境都必须产生出来以便与另一方相配，这样一来，没有设计条件下的秩序之谜就终究未被解决。

请进一步注意，与自然选择相一致的演化性变化要经过一段时期才会发生。第一，在一个相关群体内出现一种新特征，一个受现有环境支持的特征，或第二，环境以如此方式发生变化，以便支持长期存在的一种特征（或者通过两种类型的发展相结合的途径）。然而，在每个这样的方案中，可能性取决于产生多种特征或不同品种的过程，环境的贡献在于其在具体的、显著特征中集中进行的"挑选"工作。

PVRS 模 型

考虑到这些被确认的每一种元素都对自然选择故事必不可少（诸如由 C. 达尔文的雀科鸣鸟的喙所示例的那样），所有元素都将是任何一个抽象模型的组成部分，生物自然选择模型（亚自然选择模型）则可看成是这种抽象模型的象征或表征。

让我把任何含有这些组成部分的模型指称为群种再生产选择模型（Population - Variety - Reproduction - Selection）或 PVRS 模型或系统。我们必须记住，对于一个过程来说，即被 PVRS 模型描绘为自然选择之一的一个过程来说，V（品种产生）和 S（选择）的多种条件必须达到一种有意义的独立程度。问题是，在多大程度上独立？尤其是，这些条件必须严格地相互独立呢，还是不那么十分独立？

为了澄清这些问题，让我简略地阐述一下根据品种产生条件与环境选择条件之间的关联方式区分的三个版本的 PVRS 模型。

品种与选择条件严格独立的 PVRS 模型

首先，这样一个 PVRS 模型，在其中，影响具有不同特性的品种（V）与选择条件（S）的各种机制是严格独立的。这可被称作 C. 达尔文模型的极端或新的或严格版本。[15] 这是被认为在现代生物学中最具相关性的 PVRS 模型。

就 C. 达尔文的雀科鸣鸟而言，假定是，挑选出较大喙的雀科鸣鸟（只能找到很难破壳的种子作为食物）的条件严格独立于（基因突变）机制，这种机制对具有较大喙的雀科鸣鸟的首次出现过程产生了影响。

突出这种 PVRS 模型的这个版本的好处是，它相当清楚地说明了一种机制，即自然选择机制，能够和如何能够甚至在完全没有意识设计的条件下产生秩序的。

后馈 PVRS 模型

第二，我们可以突出一个容许 S 反馈到 V 或因果性地影响 V 的 PVRS 模型。这种后反馈版的一个生物学特征是 J. 拉马克模型，[16]一个容许获得性特性遗传下去的观念。它主张获得的特性或丧失的特性，在环境的残酷影响下，可回复到演化过程，在某些情况下能通过再生产被保留在"种"中。

声称 J. 拉马克模型的特点是 C. 达尔文雀科鸣鸟的演化发展的结果，就得假设雀科鸣鸟在其与环境的直接相互作用的过程中获得了较大喙具有的某种优势特征，并能将这种特征遗传给其下一代。[17]

前馈 PVRS 模型

最后，我可突出显示一下能使 V 前馈并因果性地影响 S 的 PVRS 模型。让我将此称为 PVRS 模型的前馈版或 V 到 S 版。

主张这样一个模型与 C. 达尔文的雀科鸣鸟的例子具有相关性，就得坚持认为产生较大喙的变异条件在一定程度上影响了选择的环境，也就是雀科鸣鸟食物的性质或者原因。

也许如 C. 达尔文的雀科鸣鸟的例子所示的那样，PVRS 模型的后馈与前馈形式与新达尔文版本相比在生物学领域的用途也许较少。或至少这种情况想来要早于人类干预。通过人的操作改变遗传基因，我们无疑会发现后馈模型的范围。借助人的干预确保一种环境的优势地位，在其中，某物种的一种具体的预期品种能繁盛起来，在这种情况下，前馈模型也有一定影响力。

但在生物界的其他领域，极端或新达尔文模型常常被认为具有很大相关性。人们发现，品种和选择条件，如达尔文的雀科鸣鸟的例子一样，往往或多或少是严格独立的。

自然选择机制

那么，这里 PVRS 模型的哪种版本与我们密切相关？请注意，虽然就 C. 达尔文的雀科鸣鸟的例子而言，V 条件和 S 条件看上去是严格独立的，然而，C. 达尔文模型独立性的严格程度或极端程度在生物学中是有争论的。进一步说，这里我们需要的只是与自然选择机制有关的深刻见解。很清楚，严格的 C. 达尔文版本最能说明自然选择机制的功能。然而，社会系统的开放性意味着，即便在 C. 达尔文机制起作用的地方，也有可能只是许多影响结果的机制中的一种机制。请记住，我们在这里受到下述观点的激励，即承认在一个开放的、变化着的世界上，使部分与整体、个体与环境相协调，甚至当这个结果并非有意设计的产品时，这种机制可以存在（在生物界显然的确存在）。这里，我们需要考虑的就是，在社会王国是否也有这种"自然选择"趋势在起作用。不必认为在任何变化场合或时刻自然选择趋势都是整个故事，或不必要坚持认为其在社会王国与自然界都一样。问题是这样一个演化机制是否一直在起作用，是否存在产生某些选择条件的趋势，那些条件基本上独立于品种产生的各种机制，那些机制以有意义的方式与某个群体的多种个体发生关系，该群体（通过复制或再生产）最终占据了统治地位。因而，值得进一步调查研究的最相关、有潜在用途的 PVRS 模型的版本，是任何在其中 V 和 S 条件至少是相对独立的版本。所以，严格的或极端的或达尔文主义的 PVRS 模型的版本算得上一种特例。

回归社会程序

此刻，摆在我们面前的任务是，准确确定这里构想的生物演化模型是否的确、或有可能与社会分析有关。如果我们承认，带有 S 和 V 条件的 PVRS 模型基本上是独立的，表达了使自然选择的生物演化模型一般化的过程，该表达方式抓住了其本质特点，如果我们这样看问题，那么，我们现在就需要评估一下，是否有任何途径能使其在社会领域具体化，使其有所助益，即是说，给出一个有意义的具体解答。

事实上，在此我们能够再次肯定。由于已经承认（已经阐明）社会活动的转变模型抓住了社会实在的本质特点，我们需要解决的具体问题是：

（1）PVRS 模型的这个版本是如何与该转变模型产生联系的？并（假设它的确有联系）；

（2）这个 PVRS 模型有可能取得转变模型尚未取得的什么成果？

作为社会活动转变模型的 PVRS 演化模型

虽然后一问题的相关性为前者预设了一个肯定的答案，但在这里仍然有可能首先处理它。因为已经很清楚，如果一个 PVRS 模型能给社会分析增加点什么，又能与转变模型保持一致的话，这是因为后者或多或少是"被设计的"，它非常抽象，所以包括（迄今为止）所有观察到的社会再生产（转变）的各个方面。后者是在发展一种一般化社会本体论的过程中被确定的。但如果这个转变模型容许转变与再生产发生的话，却对在其下一种或另一种有可能取得支配地位的各种条件，或对社会再生产（转变）的任何过程的具体情况，却言之甚少。因此，"自然选择"模型，如果很适合的话，也许会表明转变模型的一种具体情况。它将为社会结构具体方面的再生产和转变的产生提供一个更加具体的描述。

可是，此处更具根本性的问题是前一个。鉴于我们关于社会实在的已知知识，如由上面阐明的转变观念具体表达的那样，PVRS 模型（必须与转变模型相符和）具有阐明社会实在的潜在能力吗？

作为一个初步的方向调整策略，让我简单地回顾一下我们正在追求的那种模型。对一个社会演化故事来说，我们最低限度的要求是：每个个体将其各种特性传递（rendering）给该群体成员的社会个体的群体观念；一个导致产生在该群体内部、区分成员的额外特性的品种产生过程；一个相关环境的观念；一种机制，通过这种机制，具有各种不同特性的个体被，或能够，再生产或复制；一种机制，通过它该群体中的个体在不同程度上成功地与其环境相互作用；一个把过程作为整体的描述，该描述与社会活动的转变模型相一致。

首先，请考虑某些社会相互作用因子（与其环境发生相互作用的社会实体）可能的候选者。什么样的个体，如果有的话，具有各种不同的特点，他们在社会生活中与其他个体进行竞争，并最终被其从中产生的环境所选择？尤其是，这个问题的什么答案可被概括为与社会活动的转变模型相一致的形式？当然，也许有许多社会科学的表征。这里发展的任何演化框架都极不可能是独一无二的。即便如此，在我看来，社会生活的某个范畴或种类的确比其他范畴或种类优越，有希望成为我们这里寻找的那个社会相互作用因子群的候选者。我指的是社会实践活动。

举例来说，请考虑一下语言的使用，其中包括语言行为。想一想国际学术会议。虽然与会者操着许多种语言，特别是在当地餐馆里和其他会外聚会场合，但在学术报告厅，说一成不变的英语却占了统治地位（至少目前是这样）。在某些小组研讨会甚至主题论坛上，有些来自英语并非第一语言的国家的与会者竭力用他们自己的语言开展讨论。但由于各种原因，包括，通常情况下，发言人全是以英语为母语者，因为英语为非母语者往往英语说得很好，英语为母语者说其他语言的能力很差，这时，说英语通常就会占到上风。

请注意，这里具体的实践活动（此例中指用各种语言讲话）是竞争中众多个体的活动，并非人类个体本身。根据我的经验，第一语言为非英语的那些与会者往往既在国际会议上也在经济学行业的权力梯队（其中包括英国和北美）中占绝大多数。并非其第一语言不是英语的那些个体被排挤了出去，而是在公共论坛上说的不是英语的行为受到排斥。

当然，许多首次参加国际会议的年轻学者会认清这种形势，如果第一语言不是英语或其英语水平较低，也许会采取行动提高说英语的能力。确切地说，此过程很可能有一个后馈特征。但一般而论，语言能力的获得独立于国际学术会议做法的限制性影响。或至少，这些会议上语言使用方面的发展也许可被解释为符合演化"自然选择模型"，在这样的程度上是如此。[18]

我认为，这个例子还表明了相关种类的最有前途的社会演化框架的另一个可能方面：社会选择环境将通常包括，也许往往主要在于包括竞争在内的其他有关社会实践活动的总量。

因此，为了与转变模型保持一致，我会认为最有希望的，或者说至少可想象的，社会相互作用因子的候选者，不是别的，正是社会实践，选择环境包括所有其他社会实践，它们以某种方式与构成我们基本焦点的那些实践的人群相联系或连接。与环境的相互作用正是人类的相互作用。

哪类事情或方面可被解释为社会复制基因，即将其结构通过复制进行传递的实体？我认为，很容易与社会活动的转变观念相符合的答案，是社会结构，特别是包括社会准则与习俗在内的社会规则。

请再想一想语言使用的实践活动，譬如说法语。这是受规则等结构支配的，这些东西组成了法语。这些规则等东西支配着（虽然不是决定）语言行为。它们也只是通过说法语的人被再生产。这种在语言行为中利用语言规则的做法以许多社会实践活动特有的方式，迟早会变成习惯性行为。

作为另一个例子，考虑一下统治当代经济学学科（方法论方面的）各种做法。在别的地方，我（见第十章）辩称，形式演绎主义经济学的各种做法在20世纪上升至显著地位的现象，需要按照PVRS模型的路线用社会演化观点进行解释。远在数理经济学上升至统治地位之前，使该学科数学化的企图早已存在。这里的相互作用因子是试图将对社会现象的研究数学化的做法。复制基因只是一种信仰或（正如一些人认为的那样）"习俗惯例"或"文化准则"（见第十章），认为数学是所有科学与严肃研究的基本组成部分。从与其相关的解释业绩的角度看，数理经济学跃至显要地位并没有反映出任何明显的突破。毋宁说，它更广泛地反映了学术环境中研究方法的转变。在讨论中的这个时期之前，逼真性（realisticness）是一切数学探究的目标。随着20世纪的到来，数学与类似物理学（力学模型）的科学模型脱钩。的确，对任何转向数学解释的需要在相当程度上被化约为"为数学而数学"的思想，这个想法被广泛接受。这就取消了经济学中的数学模型（早些时候 L. 瓦尔拉斯和其他人感觉到的）必须真实的限制，使得经济学数学化的趋势更加风行起来。学术环境中的这种变化消除了依据以前受数学是科学研究方法的一个重要组成部分的传统信仰支持进行选择的那些因素。因而，讨论中的这种转变使得后来的数学方法拥有了更广阔的空间，使其无处不在，甚至最终占了统治地位。当然，这种演变机制绝不是故事的全部（其他内容在第十章中加以讨论），然而，似乎它仍然一直是有关历史过程的重要元素。

上述案例在第十章中作了比较深入的探讨，只是把经济学中的数学化趋势作为所有研究方法中的一套做法进行了重点强调。因为解释之谜的命运坎坷多变，但它的确在数学化趋势（不管以什么形式）中顽强存在着，那里的重点放在环境选择上。

然而，我也许注意到，如果将我们的视角收窄一点的话，经济学范围内那套庞大的数学方法可被理解为本身就是一个群。如果我们要把这个群聚焦为社会领域选择过程的一个候选者的案例，那么，兴趣将有可能更多地落在递增适应性变化的过程上，即是说，落在这种观念如何随着时间推移而演变的问题上。可能的或候选的复制基因目前似乎是，那些（或包括）支撑那个系列的大量显而易见的竞争性重要文献的持久性或核心观念、理论或方法（如供求分析、总平衡、经济计量方法等）。然而，这样的一个假设并不是我将在这里进一步探讨的问题。[19]

演化生物学与演化社会科学的不可类比性

如果说上述考虑暗示着自然选择 PVRS 模型有可能在社会领域被具体化，或表明如何使其具体化，那么，在确认生物领域与社会领域之间有着重要的不可类比性的问题上，作为助手转变模型也是特别有用的。

很显然，只有通过人的能动性这个中介或介质才能在社会王国产生变化或变革，再生产或复制和选择才能发生。在时间的推移中，社会结构的多种特征或方面可能被由个体组成的集体通过这些个体反复利用（采取预设并的确显示它们的各种做法）再生产，也可由全世界所有人在某个时间点通过（可能是下意识地）模仿，等等手段被再生产。社会系统既非自然地被再生产，也非自我再生产。宁可说，如正常发生的情况那样，这样的再生产或转变，是能干的人们有目的地忙于日常生活和任务，以非常确定的方式解释他们自己、他们的目的和社会秩序，以及不断与其他人相互影响（包括仿照其他人）的结果。尽管已经发生的很大一部分事情是在无意中发生的，也许是在误解中发生的，意向性在社会领域远比在自然领域有意义。人类有意向的各种活动总是社会再生产与社会转变的介质。

自然选择模型或生物演化模型的特殊性

社会领域与自然界的另一个明显差别是,不管生物界的品种生产(V)与选择条件(S)之间的精确关系是什么,这几套条件在社会领域往往更有可能是相互依赖或相互联系的(不管发生于社会领域的什么地方或什么时候)。我们只需要想一想市场分析(或研究)的影响,或者任何形式的前瞻思想或计划的影响,就会认识到后馈连接在社会领域具有某种力量,选择条件会影响品种产生。我们只需要想一想做广告,或任何形式的说服工作,包括利用权力关系,就会认识到前馈模型在社会领域的相关性,就会看到品种产生条件最终是如何影响选择环境的。

的确,正如我已经强调过的那样,正是因为这种生物界的条件与社会领域的条件之间的对比,才证明反思生物界,特别是反思自然选择模型,对社会解释是很有用的。因为这样的反思有助于澄清一种机制的性质,在这种机制下,秩序才有可能被产生,个体与环境(或部分与整体)之间的协调才有可能出现,这绝不是有意识设计的结果。

当然,正如社会过程鲜有与严格的或新达尔文主义模型(那意味着人的活动完全独立于人的意向性——见下面关于"模因"[memes]的讨论)相一致的情况,它们不会是纯粹的或严格的 J. 拉马克或后退式决定(现代主流经济学的功能主义决定错误)模型,也不符合极端前馈模型或前瞻性决定模型(唯意志论的或也许是环境如泥丸模型)。

我们也不应当期望,如果一种社会过程的种种进化特征被确认,并不管在什么地方被确认,它们都必然会持续下去,或有必要和可能持续下去。即便在社会进程中 V 条件和 S 条件存在,而且人们发现,在某个点上,这些条件在一定程度上是独立的,也不能假定必须始终保持 V 与 S 之间的一种同样的关系。即是说,虽然环境选择在一定的时空阶段对群体结构也许已经产生了影响,这本身并不能保证这样一种选择过程将继续下去。的确,社会王国中任何这样的机制的以往影响都有可能为权力斗争、技术发展等提供刺激,以使这样一个过程置于增强了的有意识的控制之下。这一切都取决于具体情况。

因而，这样的考量会使我们期望自然选择生物学模型，也许会充分证明对社会分析是有用的。但如果如此，我们还可期望，任何有理由可算作有关（自然选择）种类的社会演化解释的东西，通常都会识别相对独立的品种产生条件与选择条件之间的相互作用或影响的模式。为了充分理解一种社会过程，还有可能需要识别"众多个体"与环境之间的适应与拒绝、加强和谐与强化紧张的各种模式。严格区分复制与相互作用的模式，区分变异与选择的模式，过去常常认为是对生物界特点的描述，在社会领域现让位于更大或更显然的因果性相互依赖和相互深透性。的确，演化方案与许多其他社会解释方案之间的对比最终也许主要是一种程度上的对比，而不是种类方面的对比。

作为一个有限的认识论案例的演化解释

我认为，借用演化生物学具有某种在社会领域有用的潜能，在发现上述论题的适当支持证据之后，我还想（像我之前的许多学者那样，虽然不必以同样的理由）明确地提个醒。因为如果有理由认为，成功的社会演化解释根据语境总是有可能性的，帮助我们正确地看到这一点的转变模型也表明，演化模型从来就没有可能成为整个故事。它也许甚至是整个画面的一个小小的侧面。

（在抽象的有关水平上）比较完整的故事正是由关于社会生活的实在论转变模型提供的。其涵盖的范围仅仅包括变化的发展（包括整体计划的）形式、出现形式、一闪之念的形式等等。的确，它包括多种变化形式，在这些形式中，既没有一个群体中的变种，也没有一种充当选择角色的、可识别环境的有意义的概念。

转变模型与 PVRS 各种具体版本的一个不同之处在这里具有重大意义。这不是两者具体细节之间的对比，而是在其中社会领域里两种解释模型的来源或被支持的方式之间的对比。转变模型（不像 PVRS 模型）来源于一种对高度概括化的社会经验特征（如常规化行为方式的流行，不同类型的个体所遵循的各种各样的做法，等等，——见第二章）进行事后解释的方式。它源于对世界可能像什么的推断（通过超验论证），以便使显而易见的社会现象一般化。换言之，它源于对社会王国的直接考量。这与由此 PVRS 模型起源的方式形成对比，它是通过对发现在生物学中获得解释成功的自然选择模型进行抽象得到的。因而，PVRS 模型与社会分析的相关性问题总是欢迎质疑的，它是一个根据语境评价的问题。换句话说，在社会领域强调"自然选择"模型的站得住脚的理由，是拥有认为也许存在其可成功地应用于社会现象的某些空间的事后根据（我已论证过，依据我们对社会实在性质的理解和看到其与生物界的物质之间的相似之处）。

因此，利用生物学观点的"自然选择"思维的危险，是先验地将仅仅是一种具体见解或一套原理普遍化，人们事后发现，这些见解与原理在社会领域的相关性上是高度依赖于语境的。我并不是在暗示 PVRS 模型在社会领域不能具有相关性；实际上，我在上面已经表明了某些可能的用途。出自揭示演化故事的目的，需要进一步研究的案例显然是各种社会过程，在那里，人们发现结构和实践活动是验后相对持续性的，但那里的结果按任何一套绝对的或非常宽泛的标准衡量显然都不是一个成功的故事。这种社会演化解释的可能的候选者是某些制度的一些方面（亦即，各种有结构的相互作用过程的一些方面，它们揭示了时空持续性的一种程度，且被认为是在这样做——见 T. Lawson，1997a；165，317—18；本书第八章），同时，包括某些日常惯例与习惯和某些看似封锁的结构（另外，还包括技术结构），这些结构有可能与制度和习惯的发展有密切关系。

然而，这里我想强调，虽然这样的候选者也许很有希望，但我们尚未发现坚持"自然选择"演化模型或使其普遍化的观点的根据。我再说一遍，不进行调查研究和论证就坚持认为这样一种路径具有普遍的相关性，就是在宣扬一种先验的还原论的方法论指令，等同于方法论个体主义或演绎主义。

当然，我这里关注的是敦促在任何可行的地方放弃所有的先验指令，不但需要求助于看上去合理的试验与犯错的实验方法，而且需要求助于任何根据验后获得的社会本体论见解形成方法论原理的路径，其中艰苦探索是必需要素。

经济学与隐喻

为什么我已经注意到的各种还原论趋势在经济学中如此盛行？一个可能的

理由是早已注意到的那个信仰，支持它的人在某些地方似乎越来越多，那就是，经济学或对研究社会现象的一般研究，必须全心全意地借用其他学科的研究成果，尤其是，必须大规模利用将其联系于其他更具自然主义取向（特别是"尖端"或任何目前时髦）的发展的各种各样的隐喻。这种信仰明显受到下述观念的支持：经济学历来就是由对机械论的隐喻的迷恋驱动。将这后一种观念与该学科需要更新的评价联系起来的做法，鼓励着这样一种想法，即当前急迫的任务是用另一种也许来自生物学、机器人科学或其他科学的隐喻取代机械力学隐喻。

实际上，我相信，历史上把经济学视为由机械力学设想或力学隐喻驱动的看法（一种常常反过来诋毁性地归咎于"物理学羡妒"的取向）基本上是误导人的。数学化的驱动力一直是更具优势的关注（见第十章）。事情恰巧如此发生。经济学家们追求的形形色色的数学方法凭靠的是一种隐性机械力论的（本质上是原子论的）本体论，这样便在实质上弘扬了各种机械论观念。

进一步说，我认为，重要的是认识到当 A. 马歇尔、E. 彭罗斯和 J. 熊彼特等人提及生物学模型时，他们关注的不是采纳隐喻本身的必要性，而是由此达到对社会实在进行更切合实际的描述的可能性目标。

当然，我并非在暗示，把关于隐喻的争论说成是对经济学的历史或其科学性至关重要，这是不正确的，实际上我并不否认利用隐喻一直，并将继续，是有用的。毋宁说，我唯一坚持的看法是，任何具体隐喻对任何科学的有用性是某种经验上确定的东西，是事关该隐喻与被分析的物质的性质具有适当性的问题。

模因与模因理论

不可否认的是，可以看到，目前仍然有一部分经济学家抱有跟上科学发展的最新水平的希望，或跟上其最近很时髦的分支的希望。现在，碰巧的是，似乎有一种有些专横的趋势从别的什么地方冲了出来，尤其是演化心理学已经准备好拥抱这种具体的倾向。我指的是模因理论。的确，某些读者也许会问，为什么迄今为止的讨论几乎没有援引它。其中一个原因是，文献中尚未清楚地显示很多经济学家意识到了模因理论。所以，如果在我的论证中找到捷径是目标的话，援引模因论会有什么帮助尚不明显。

我此刻之前之所以未与相关文献联系还有其他一些原因。虽然我相信在该理论中心的此范畴中也许存在一定价值，即模因，模因论似乎主要由那些在寻求两种可疑的还原（简化）形式的人们热情提倡的。第一个是将自然选择机制还原为"利己复制基因"的成就。第二个是将对社会和文化的研究还原为演化生物学或演化心理学的各个方面。如果这个评价很准确的话，我真的希望保持一个批判性距离。因为这些趋势，尤其是后者，正是我始终提醒大家要注意的那种。让我快速简略阐述一下。

模因（meme）这个术语来源于演化生物学家 R. 道金斯（Richard Dawkins）的著作，特别是《利己基因》（*The Selfish Gene*, Dawkins, 1976）和《盲人钟表匠》（*Blind Watchmaker*, Darkins, 1986）。复制基因是任何一种复制的东西，即以复制的形式将其结构遗传下去的一种特性，介绍了复制基因的概念，并认可基因是生物学的复制基因，R. 道金斯提出其他领域是否也有复制基因的问题。他认为有。它们是文化传播（遗传）或模仿的单位，他说：

> 我们需要给新复制基因取个名字，一个能表达文化遗传或文化模仿的单位的名词。"Mimeme"来自一个适当的拉丁语词根，但我想要一个听上去有点像"基因"（gene）的单音节词。如果我将 mimene 缩写为 meme 的话，我希望我古典派的朋友们谅解我。
>
> （R. 道金斯，1976：192）

这样，模因便成了社会复制基因。事实上，它们是个体交流过程中心智与心智之间复制的信息片段。R. 道金斯写的是关于"音调、想法、名言警句、服装样式、锅碗瓢盆的制作方法或拱形物的建造方法"（1976：192）。

一个看似有资格充当模因的具体物品，被如此理解的东西，是已经讨论过的文化智慧或信仰，为了使研究工作算得上是科学的（或实质性的或严肃的），它就必须采取数学形式。"数学对科学是必不可少的。"这种思想虽然作为关于实在的一种论断是假的（见第一章），却是一个容易掌握和相信的思想（特别是鉴于数学在更大范围内不断取得杰出成就的情况下）。很多人（特别是在其印象中数学纯粹是一种语言，任何语言在科学工作中总是中性的那些人，这是一种由两个部分组成的印象。）把这种观点（数学方法总是被用于科学）仅仅看作是一种科学传统。正如我们将在第十章中看到的那样，这种对数学功能的理解一直以来是西方文化的一个要素。[20]

当然，科学需要数学的思想（或传统）在被接受的地方高度抽象，足以达到高保真的程度。随着时间的推移，按其提出的条件，各种实践活动、方法和理论被再生产和发生转变，这种思想被反复复制着（并隐晦地存在于教科书、论文和讲座之类的内容中，还支持着这些内容）。所涉及的基本信仰或传统并不直接复制自己。毫无疑问，没有人的帮助它是不能复制的。不过，基因在没有帮助的情况下也是不能复制它们自己的，当然不是在实验室外。[21]此外，如果复制不依赖于人的能动作用，获得的此种连续性就不是一个简单的个人意愿的问题。可供经济学家选择的项目既是有根据的，也是受当前学术界的各种做法和公认的知识清规及各门课程制约的。对于数理经济学家来说，目标不是在严格意义上再生产基本传统；后者是一种隐晦接受的信仰，充当达到目的的手段。察觉到的目标是一个新命题，或一种稳定的经济计量关系，或诸如此类的东西。但在做这样的工作并显示它的时候，有关"请复制我"的信息却被传递到所有未来的学院派经济学家那里。

如我所说，可以想象我们这里有一个关于模因的例子。但我没有把握，我将此留给模因理论家去决定。我对支持模因论的态度有些犹豫，首先来自一种看法，即认为其支持者主要利用一种夸张的说法，暗示接受复制基因是所有事件的原动力。环境选择（如果要发生的话）"需要"一些再生产出来的实体发挥作用。例如，就雀科鸣鸟来说，再生产和选择都受到鸟儿们自身（有共同表现型的生物群体）性质的实质性影响。并非仅仅依赖基因本身（基因型或复制基因）。然而，R. 道金斯似乎常常暗示，因为基因对任何显型形式、行为与再生产总是有遗传贡献，又因为这种贡献可被遗传，因而基因是选择据以行动的必要单位。R. 道金斯在其著作中对这样的解释提出了大量条件。但万变不离其宗，争论的推动力显然是，一切具有功能上的重要性与复杂性的事物是只对利己复制基因有利的自然选择塑造的适应性，也就是说，在生物界一切都是为了"利己基因"。

转换到社会领域后，利己复制基因变成了利己模因。再次引用 R. 道金斯的话：

当我们留心文化特征的演化、研究其生存价值时，我们必须清楚我们在谈论谁的生存。……一种文化特征也许按其自己的方式演化着，那仅仅是因为对自己有利。……一旦基因给其生存机器提供能快速模仿的大脑时，模因就会自动接管。我们甚至不必假定模仿中的遗传优势。

(R. 道金斯，1976：214—15)

探讨模因论的撰稿人似乎基本上接受这种观点，写那些受"心理病毒"伤害的人们的故事（Dawkins，1933；Brodie，1996）。思想会自己思考。[22]对 R. 道金斯来说，正如我们的身体是我们基因缓慢行走的机器人那样，我们的大脑成了我们模因缓慢行走的机器人，后者是一种只按自身利益演化的演化因子。

请注意，根据本书自始至终主张的描述，人，包括其他事物，是有意向的主体。但除此之外，社会王国不仅仅是人的智力活动的结果。社会甚至不是由人组成的。毋宁说，它是一个由社会权利关系、制度、地位、规则、过程和其他更多的东西组成的突现领域。文化不只是存在于人的心智中。许多模因论者所缺乏的似乎是对真实社会过程的严肃探索，不知道人的有意向的能动性与结构之间是如何相互作用的。

在上面所述和第十章中我表明，形式演绎经济学的持续性统治现象也许包括自然选择趋势。因而，我这里正在承认，这个过程（尤其是预设了复制基因信仰或"数学对科学是必不可少的"传统）有可能构成模因论的一个例子。但如果这的确被认为是那种实例的话，我必须强调，在试图解释讨论中的传统是如何被再生产的问题时，我并不是在探讨这种传统为自己做些什么，甚至我们能为此做些什么（这似乎是大多数模因论者设想的那套问题或采取的立场）。宁可说，我姑且认为，在那些追求将社会现象研究数学化的人中，一个核心动机是达到提高理解水平或促进科学进步的目的，至少在科学身份的形式方面获得满足。换言之，我的论点是，追求数理经济学不是由我们头脑中的自私自利的寄生物引起的，而是由其鼓吹者对科学的目标与性质的可理解的错误评价造成的。正是因为数理经济学的支持者们对数学必要性的看法往往是错误的，并可被证明是如此，所以，才值得接触它们，以便引起变化，或至少影响那些想站在主流理论一边的人们。

因而，此处有一个我从开始（目前就此问题我仍然小心谨慎）至今未涉及关于模因文献的理由。如果我在此错误地解释了模因论者们的意向（我的确承认在相关文献中发现大量多种附加条件），我怀疑问题主要在该理论表述的方式，即大体上是按这样的理解呈现的。[23]

但实际上，这里还有一个使我犹豫不决的更强有力的理由。那就是许多模因论大纲的撰稿人所采取甚至鼓吹的一般化和还原主义倾向。不管文献中关于模因有何种看法，我相信，数量一定很大，[24]我不接受所有由此构成的批评，[25]一个主要问题是许多其拥护者一开始就把此路径看作具有普遍联系的路径的倾向（甚至在此领域工作的人们就是否模因被表明存在的问题上达成任何共识之前——见例如 Robert Aunger 和 Susan Blackmore 的竞争性观点，两者分别见于 Aunger, 2000［第十一章和十二章］）。

C. 达尔文对付的是遗传的抽象单位问题，因为有一种现象需要他解释。但现代模因论者所处的情境却不相同。他们不但缺乏任何假设的模因论解释对细节进行清晰描述，而且看上去还缺乏对社会与文化性质的成熟且站得住脚的理解，而这正是他们期望说明的东西。无疑，我没有在任何地方发现任何很像上面讨论的转变模型那样的东西。也没有发现有多少明显用社会本体论进行的阐述。毋宁说，该理论的驱动力是想将整个社会科学与文化研究化约为演化论思维的一种形式的欲望，不管后者的研究"对象"的性质是什么。

因而，在具有标志性的大型书卷中发现很多研究模因的撰稿人也许并不令人吃惊（Aunger, 2000），大多数致力于模因理论的作者结果都倾向于生物学，而最反对这种倾向的人却都具有心理学研究和社会研究的工作背景。肯定地说，值得注意的是，通过利用模因范畴追求对人类社会的理解已（被 R. 道金斯主义者）系统化为"有普遍性的 C. 达尔文主义"，这个标题性说法轻而易举地传递了这样一种印象（不管其严格定义是什么）[26]：着力追求的不是形式性的，也就是说，不追求事后成功，而是范畴性的，它表示一种关于该模型的相关性范围的先验论题。也是以这种方式，我们可欣赏 D. 丹尼特（Daniel Dennett）的"具有普遍性的酸"的想法。在其著作《C. 达尔文的危险性思想》（Dennett, 1995）中对此作了概括，这本书对传播模因论的思想做出了重要贡献。讨论中的"危险性思想"是一个抽象的运算法则，有时把其称之为复制基因动力。它以从随机变异复制基因中进行选择为主要特征。

以这样的措辞表达，一种具体的 C. 达尔文演化过程，即自然选择，被解释为一种完全的普遍现象，这种现象不仅以生物物质（诸如 DNA）而且以其他任何种类的物质为特点，使 D. 丹尼特的算法得以应用于任何事物：

> C. 达尔文的危险性思想是还原论的具体化，有希望在一个巨大的版本中统管和解释一切事物。其成为演算过程的思想使其更加强大，因为由此具有的基质中性能让我们考虑将它应用于任何事物。
>
> （D. 丹尼特，1995：82）

如果模因论，至少如这些撰稿人和其他人所观察到的那样，入侵了遗传决定论的领地的话，它只是通过支持关于社会文化演化的普遍主义立场做到这一点的。即是说，通过正确地拒绝演化生物学或遗传学能够解释一切的思想，模因论者提倡生物学能解释自然界的现象，模因论能解释其余现象的观点。

S. 布莱克莫尔（Susan Blackmore）也许是在普及模因论的过程中贡献最大的人（见例如 Blackmore，1999a；1999b；1999c；2000a；2000b），正如他所观察到的那样：

> 新视野令人目瞪口呆……因为现在一种简单的理论涵盖了人类的全部文化与创造性，包括生物演化在内。
>
> （S. 布莱克莫尔，2000b）

到头来，很难避免获得这样一种印象：至少迄今为止，这种令人"目瞪口呆"的特点，这种有助于形成囊括一切的理论可能性，的确在很大程度上，是对目前越来越支持模因论的许多现象的主导性解释的核心动力。

本书中我个人自始至终主张的观点是，一条更确信的理解路径是在可行的地方要避免先验地进行普遍化，和根据验后结果确定相关性。当然，我欢迎对包括自然选择在内的各种演化机制范围的探索。但这与事先认可应当把包括经济学在内的社会文化研究还原为演化心理学或演化生物学的看法是完全不同的。[27]

适应语境

为了对本章做个结语，并回到其核心论点，我捍卫的基本论题是，经济学家借鉴的其他学科可从转向本体论中获益。一旦将本体论引入画面，可以想象，将会发现在借用演化生物学的合理性的辩论中许多饱受非难的主角之间不再存在什么实质性歧见。

J. 熊彼特辩称社会现象"必须仅仅依据经济事实进行分析时，并没有说求助于生物学的用处极少"（1954：789），我们可把他的话理解为，概括生物演化模型的抽象的 PVRS 模型与社会王国的相关性，仅由通过直接考查我们感兴趣的社会现象的有关方面的性质决定。如果的确如此，他的话根本就不需要将他与经济学应当避免所有来自自然科学隐喻的观点联系起来。

当 E. 彭罗斯写下面的话时：

> 在寻求对人类生活中的经济与社会现象基本解释时，经济学家和一般意义上的社会科学家最好用自己的主张直接解决他的问题，而不是间接地通过将风行一时的生物学模型强加于它们的办法解决。
>
> （1952：819）

这又不必与借用生物学的观点发生冲突。因为这里陈述的观点仅仅是外在地强加模型和隐喻可能于事无补，丝毫不考虑其与社会王国的潜在相关性。

演化自然选择模型只是一种构架，它具有有见地地分析社会现象的（事后或事后根据的）潜力。号召人们在适当的地方求助于这种演化过程只具有形式意义。正确的态度是，通过在语境中考察它的办法，确定任何具体的有关演化断言的相关性。尤其是在对自然选择机制感兴趣的地方，重要的是认识到 PVRS 模型（就是说，具有 S 和 V 条件的 PVRS 模型是相当独立的）并不是生物自然选择模型本身，而只是一种抽象概念，生物学模型是这个概念的一种表征或标志。然而，其在生物领域后验有用的方式（即是说，作为一个生物学表征的成功方式），鉴于我们对社会王国的模型与性质的了解，可向我们暗示在社会领域将遵循的或进行调查研究的路线，但绝不是强加的。

　　我的论证中有两个中心论点。更加具体的一个是，借用演化生物学或实际上任何别的学科，需要以由社会活动的转变模型的视角提供依据的方式进行。更加一般化的论点（前者只是它的一个特例），是通过借用其他学科的成果，经济学家可基于社会实在的本质获得（并且不断最新）的见解，致力于塑造与再塑造理论或模型并持续获益。的确，我推测，一旦本体论转折在经济学中产生影响，有时困扰讨论的那类问题就会迎刃而解，实在论的社会理论化工作就会实现更大的飞跃。

第六章
经济学是一门独立的社会科学吗?

经济学的性质、范围与方法[1]

什么是经济学？特别是，它是关于什么的学问，它能被合理地看作一门独立的社会科学吗？这是我在这里要问的问题，主要是受到两个现象的激发。一是关于该学科的研究主题或研究目标的不同界定大量且长期并存。二是虽然广泛认为经济学学科是一门众不同的、甚至独立的关于社会现象的科学，但这些含糊不清的想法极少受到检验，也没有什么论证的基础。在此情况下，我之所以追寻这些问题的答案是因为我相信，最近广义哲学本质的新发展可以让我们以新的角度来重新审视这些观念，而且必将成果丰硕。

经济学竞争性设想的背景

有一项研究总结了对经济学研究主题和目标进行归类的各类文献，揭示了（至少）有三种广为接受且长期存在的相互竞争的看法。大体上说，经济学研究的对象被认为主要是：

（1）产生财富的缘由，或
（2）人的日常活动，或
（3）人的最优决策。

在最后一种看法中，"最优"当然指的是在竞争性"目的"之间配置"稀缺"资源。也许每种观点的最著名的代表是 J. 穆勒（Mill）、A. 马歇尔

(Marshall)（他在某种程度上跨越了前两种看法），还有 L. 罗宾斯（Robbins）。这三位经济学家各自提出的代表性按顺序表述如下：

> 政治经济学作为一个科学分支……是非常现代的事情；但是它探索的主题是广为人知的，在过去所有时代都是人类探索的主要兴趣之一，而且在某些时代，它甚至是唯一重要的议题。
>
> 这个议题就是财富。政治经济学的研究者致力于教授或研究财富的性质及其生产和分配规律：包括探索直接或间接地使人类或任何人类社会繁荣或衰败的所有原因，毕竟繁荣是人类的普遍欲望。任何一篇关于政治经济学的文章都无法讨论或甚至列举所有这些原因；但本文要试着尽可能论述所有已知的政治经济运行的规律与原理。
>
> （J. 穆勒，1900：13）

> 政治经济学研究的是人类的日常生活与经营活动；它考察个人和社会行为当中与获得和利用构成富裕的物质条件关系最密切的那个部分。
>
> 因此，一方面它研究的是财富；另一方面，也是更重要的一个方面，是研究人的一个方面。
>
> （A. 马歇尔，1986：1）

> 经济学是把人的行为作为介于目的和可用作多途的稀缺手段之间的相互关系来研究的科学。
>
> （L. 罗宾斯，1940：16）

令人吃惊的是，至少据我所知，至今很少有人试图以任何严肃的方式将这些看法协调起来。尤其是，第三种看法把重点放在稀缺资源的配置上，正好与前两种看法相对立。某些著名观点在一定程度上相互交叠，这种情况立刻显见，这种现象尤其令人好奇，而从表面上看所有观点都具有一定程度的直觉性。然而，那些阐释某一种观点的经济学家显然是通过将自己的取向与别的取向进行对比而不是试图协调或综合；他们强调的不是这些看法的互补特点，而是其互不相容的那些方面。（例如 Robbins，1940；Hirshleifer，1985；Hodgson，1996）。[2]

与上述所有方法不同的是，我在这里的目的，是要将以上三个被认为互不一致的广义概念协调或综合起来（或如 A. 马歇尔那样，在阐明其相互联系性质的程度上认为前两种观点是可相容的）[3]让我简略地陈述一下我在这个问题上的策略。众所周知，当代经济学学科的一个显著特点是，按其自己制定的标准衡量，该学科面临着不容忽视的混乱与失败的局面。[4]近年来，借助社会科学哲学的深刻见解进行的分析使这种状况受到很多人的关注与理解。这里，我的目标仅仅是考察这些同样的哲学见解是否可以通过某种方式承载确定对经济学主题的站得住脚的评价并确认该学科的界限。因此，我将在下面的一节里简单回顾一下我的记忆中某些哲学与方法论方面的成果，然后在第三节中明确阐述开始时提出的那些问题。

一种科学观念：以前的成果

我所指的成果借助在社会语境中系统化为批判实在论的理论而取得。[5]所支持的基本观点是，与主流经济学的评价和隐性前提不同，科学首先最关注的不是各种表面现象存在的方式或它们之间的相关性，而是产生它们的底层原因。换言之，从根本上说，科学关注的不是以预测事件[6]为方向的演绎主义解释，而是因果关系解释。当代经济学的问题之所以连续不断，原因在于没有看见这一点。[7]依赖于演绎主义解释或预测的普遍性，并预设了严格的（包括概率性）事件规则性或封闭，是一个错误，因为一般地说，世界是开放的：让科学感兴趣的那些封闭甚至在自然领域也是罕见的，在社会领域几乎是不存在的（Lawson，1997a）。

批判实在论对主流经济学的批判承认世界总体上的开放性，但同时表明实在也是有结构的，即是说，它不可还原为事件和可能的经验现象的实际过程。尤其是，批判实在论注重经验的一般化事实，即为科学所知的并对其感兴趣的因果系列事件规则性主要限制在自然领域，特别是受限于实验控制条件。它表明，一旦认识到实验设置是用来起隔离作用的，因而在经验上确认非经验结构与机制（譬如说引力）既可在实验条件下也可在非实验条件下运行，这个观察就是可解释的了。因此，它支持一种科学观念，认为在事件层面追求更加严格的模式根本无须劳神推测。宁可说，必要的做法（社会科学与自然科学均可用——见下面）是，从观察任何层面上的显著现象到确认实在的底层结构的各个方面，通过这种做法，找到产生令人感兴趣的现象产生的根源。（见 Lawson, 1997a）。

可以简略地阐述一下批判实在论以此方式为之辩护的结构本体论。其基本观点是，世界是部分地由各种复杂的事物与情境组成，这些事物与情境借助其结构具有某些能力——以某些方式行动的潜力和能力。一辆自行车可借助其结构具有便于乘骑的能力；火药能引起爆炸；语言系统有助于语言行为。这些能力不管是否被使用都存在着。即便自行车老是停在车棚的后面，它也便于乘骑；即便火药从未被点燃过，它也具有造成损害的能力；即便在人们选择不说话的时候，语言系统也能使对话成为可能。在很多情况下，我们能从对一件事情结构的了解中推出其可能具有的某种潜力。当然，在关于火箭、飞机、桥和降落伞的力量或能力的大量知识被推测出来之后，才会选择其中任何一种具体推测，最后通过实验使其经受"考验"。这样，复杂事物借助其结构具有了能力，我们就能研究其结构，在有些情况下，可由此推测出其各种能力的某些因素。

一种机制基本上是一种有结构事物的行为方式。自行车与火箭以某些方式工作。无疑，如果不具有那样做的能力，它们就不可能以那些方式行动。因此，机制是作为事物的因果力而存在的。有结构的事物的各种能力通常仅仅是作为某种输入的结果被使用的：擦火柴、抡起锤子、打开电脑或与其互动、收缩声带、老师与学生来到学校或雇员来到工作地点。机制一旦在相关处被触发，就会产生作用。这样，有结构的事物就具有了因果力，当这些因果力被触发或释放时，它们就会起到生成机制的作用，决定世界的实际现象。[8]

请注意，因为实际事件或事态可能是由数不清的且往往是相互抗衡的机制共同决定的，所以，任何一种机制的行为，虽然是真实的，或许实际上表现出必然性，也有可能不会那么明显或"被现实化"。由于相关系统的开放性，行动的独特方式或机制的效果可能没有被实现，并且在这里被概念化为"趋势"。这种连续性活动的思想（有别于持续性力量或能力本身）才是趋势这个概念所捕捉的东西。一句话，趋势是也许可被操作或可发挥作用的各种可能性，但却不直接被现实化或以任何具体结果的形式显示出来。

因此，应当清楚，我使用"趋势"这个术语的方式与经济学文献中许多相应解释不同。在这里，根据其主要用法，关于趋势的表述并不是关于在事件层面上的长期、"正常"、通常或平均结果而言的。它也不可还原为假如世界有所不同会发生的事件或事态的一种反事实断言。的确，它绝不是一种关于事件实际过程层面上的任何东西的断言。宁可说，它是一种关于一个有结构的事物或主体典型的非经验活动的跨事实陈述；这里，跨事实的事物并非反事实的事物，但却把我们带到事物正在运行的水平，不管实际上会产生什么样的结果。换言之，关于一种趋势的陈述并非关于某实际事物或经验上存在的事物的有条件陈述，而是关于某非实际事物或非经验上存在的事物的无条件陈述。它并非一个受其他条件不变限制的逻辑上的必然性的陈述，而是一个不附加任何条件的自然必然性的陈述。它不是就假如情况不同事件就可能发生而言的，而是关于一种正在被使用的力量或能力的，不管接着会发生什么。举例来说，它是关于作用于我手中的这支笔的引力场的，且会继续发挥这样的作用，不管我把它抛入空中，还是用其继续写作，或把它扔进真空管。

溯因推理

这样一来，科学中利用的基本推理模式既不是归纳推理，也不是演绎推理。毋宁说，它是一种可被特征化为溯因推理或不明推理式（或混合模态三段论）或"似乎"式推理的推理模式。这种推理建立在类比与暗喻等的基础之上，在于从关于令人感兴趣的某种现象的一种观念到关于某种完全不同类型的事物观念的运动，这些不同类型的事物包括产生一定现象的机制、结构或条件。如果演绎推理表现为从一般性断言"所有乌鸦都是黑色的"到具体推断下一只被看见的乌鸦也一定是黑色的运动，归纳推理表现为从对无数黑色乌鸦的具体观察到一般性断言"所有乌鸦都是黑色的"运动，而溯因推理或不明推理式推理则表现为从观察到无数黑色乌鸦到形成一种致使乌鸦成黑色的内在（也许还有外在的）机制理论的运动。从范式上看，这是一种从"表面现象"到某种"更深层的"因果关系事物的运动。

因此，根据我在这里述评的结果，科学的目标在于揭示因果律。它关注的是识别各种结构、机制和受它们支持的各种趋势，这些东西产生、支配或促成某个不同层面的现象。如果科学的目标是阐明支配表面现象的结构的话，那么，规律或规律陈述既不是经验性陈述（关于经验的陈述），也不是关于事件或其规则性的陈述（不管是无条件的还是受假定其他条件不变限制的），而恰恰是阐明结构与其特别的活动方式的那些陈述。另外，从此角度出发，可不会有这样的先验假设：在科学解释工作中，存在揭示各种更深层面的实在过程的任何结果。举例来说，如果可被解释的现象是铜的良好的导电性能，我们将此理由置于铜的原子结构，那么，后者便标志着下一个要解释的现象，如此等等。当然，随着更深层面的实在被揭示和理解，这种获得性知识也许会导致我们修改之前根据更深层面解释任何一种现象时得出的看法。因此，在这个框架中，科学被视为一个连续不断的螺旋式发现与理解、进一步发现与修改、以获得更加充分理解的过程。

科学的不同特征

此刻，我打算阐释我正在评述的那个视角的一个具体特点，一个到时将证明有重大意义的特点：科学研究可被分为三个基本组成部分或契机。在上述简评中，我基本上集中于描述其纯解释或抽象解释特征之下的科学。也就是说，我一直在思考注重识别迄今尚未发现的因果机制与结构的科学最根本方面。当然，这个契机的确预设了部分规则性，在别的地方作为起始点被特征化为半规则性（Lawson，1997a；上面第四章）。虽然令人感兴趣的严格的事件规则性似乎不存在于社会领域，但粗略的成熟模式时而出现，表明初看上去需要一种解释。这些典型对比（Lawson，1997a；Lipton，1991）的半规则性是极其重要的，如果之前未知的因果因素需要确认的话。可是，这里的目标不是将这样的半规则性牵扯进严格的规则性，而是要探知其底层原因。

然而，这里我想强调的重点是，科学推理，即便按其本质特征从广义上设想，当然也比这个抽象解释模式具有更丰富的内容。尤其是，还原第二个解释契机：具体解释或应用解释计划。它与识别以前未发现的因果结构的活动无关，却与利用已获得的关于结构与机制的知识解释已发生的现象有关。例如，很多人注意到气象学家在预报不常出现的天气模式方面做得很差劲。然而，他们对位于相关现象下面的许多原理却非常熟悉，那些原理也被实验所证明。因此，事件发生之后，这些科学家就能轻而易举地往回追溯这些现象的原因，获知以前未确认的因果机制理应如何结合在一起产生已体验到的天气模式。

我的心目中的第三个组成部分更多地与实际干预有关，而不是解释本身。对我的论点来说，它无关要紧，不管我们认为它是科学的实际方面还是科学的实际应用。科学揭示结构、潜力和机制，以及其行动的模式，而且，探讨这些发现的不同特征、它们进一步潜藏的特性、它们可被激活并与其他机制结合、另外被利用的方式，具有很广阔的空间。正如所表明的那样，这种将科学分为抽象解释、具体解释和实际特征三个方面的做法，在我质疑经济学的性质时将在下面做出明确说明。

社 会 科 学

到此为止，我主要讲的是自然科学。但我们可以明白，被阐明的科学观念如其适用于自然领域一样，也适用于社会领域（Lawson，1997a）。首先，认为强调一下社会领域这个名称在此作何理解的问题。很简单，我把社会现象解释为至少部分地依赖于人类（有意的）能动性的事物。因此，社会领域是所有这类现象的王国。我认为这是不会引起争议的。接受这个定义意味着，社会科学的可能性依赖其有待揭示的社会结构，即是说，社会结构的存在依赖于人的有意向的能动性，它们支持和影响着诸如人的行为和事态这样的显而易见的现象。

如此设想的社会结构实在比较容易说明。如果我们留意一下人与人之间相互作用的条件就会发现，明显的候选者是各种规则、关系、地位等诸如此类的东西，它们是社会的组成部分，抑或社会是由它们构成的。对所有已确认的推定社会的现存研究，不管是否是工业社会，都是用这些术语表达其解释的。这样的社会在语言使用、体育比赛、交换方式等活动中都是由规则支配的。它们通常是按层级结构组织的，具有如王位、部落首领、教师职位、学生身份等各种地位，每种地位都由特定个体占据着。这些地位总是按与其他人的关系界定的（教师与学生、部落首领与其他部落成员、房东与租户）；等等。请注意，即便是最讲个体特征化的"方法论个体主义者"也不会不求助于如其在自己文章中引用的那样的社会结构（见 Hodgson, 1988 在其一个评价中的引文）。毋宁说，后者群体的成员似乎总是由一张将他们自己与其他人（不管可能是什么人）隔开的毛毡驱使着，这些其他人显然将突现的人的特性诸如意向和目的归因于某些或其他"聚合体"或"集体"。

社会结构，如规则，特别是社会关系，广泛存在于解释语境中。然而，这种认识尚不足以建立其自主性或实在。因为也许它可表明，这样的目标并非真实的，而仅仅是"理论建设"或诸如此类的东西，只用来组织我们对譬如说日常生活模式的各种解释与理解。因此，为了使确立自然主义成为可能，即是说，研究社会现象可在自然科学的意义上是科学的，就有必要证明，这样的推定客体的科学研究对象既是不可还原的，也是真实的。

这里，至关重要的一点是，科学不仅采用感性标准也采用因果标准，把实在归于一个假定为实的客体。后者依靠一个实体或本体的能力，其存在无疑会促使有形事物发生变化。磁场和引力场所满足的正是这个因果标准，而不是可感知性。这样，眼前的任务是要证明，假若没有社会，或至少各种各样的社会结构，包括行动在内的某些物质条件是不能被使用的。在这种条件性的程度上说，我们有正当理由接受这类结构的真实性。这种证明容易得出。如果没有语言规则、交通法规、银行系统、游戏规则和师/生关系的话，人类活动，诸如说话、写作、在公路上驾车、兑现支票、玩游戏和讲课等便不可能。后者全都是先存在的、对包括其物质性外观在内的各种活动都有影响的所有结构。它们的先存在使其自主性成立，一如它们的影响使其实在成立一样。J. 康芒斯（1934）把社会结构的这种特性理解为：

> 不愿利用以往成长起来的银行系统的商人，和当别人来工作时拒绝来上班的劳动者，也许都很勤劳，但他们却很难在工业化社会生活。人们对此足够熟悉。……但当习俗发生变化，或当法官和仲裁人通过解决一桩纠纷而强行按习俗办事时，或当劳动者或农民为了改变

一种商业习俗而罢工时,或当一场革命剥夺了资本家的奴隶或其他财产时,或当一项法令禁止一种习惯上的生活方式时,或当一家控股公司将一种旧习俗延至新领域时——这时,就会意识到习俗的强制性一直存在,但却未被质疑、未被干扰。

(1934:701)

再说一遍,如果正是这样的结构对人的能动作用的依赖性才显示出它们的社会性,反过来它们的能力又影响(能够并限制)着物理状态或行动的话,那么,正如自然领域里不可感知的事物如引力场和磁场那样,这便确立了它们存在的真实性。

因而,从刚才的阐述中可知,在自然科学的意义上科学地研究社会现象的真正可能性便被确立。在本章中,这个观点是通过有意向的能动性依赖于社会物质原因从而确立后者存在的溯因论证形式[9]获得的,社会物质原因在任何个体的行为之前就可被利用,这样便确立了其相对的自主性,并使其易于接受社会调查研究。也就是说,从有意向的能动性出发进行的溯因论证把实在的独立性和各种社会结构形式的暂时先存在确立为其必要的条件与手段。

研究社会现象是一门特别学问吗?

如果社会科学的可能性得到支持的话,我必须立即承认,社会科学研究的对象需要采用与自然科学中采用的非常不同的方法、技术和标准。这是由社会结构的那种特点决定的,即不像自然科学那样,其存在依赖于人的有意能动性。这样,在社会领域,人的实践活动与结构是相互依赖的。如果人的行动或行为是社会事件的形式的话,社会结构,包括规则特别是关系在内,则是其条件之一。但反过来,所有社会结构通过人的实践活动被生产、再生产和转变着,这就有必要把结构与实践设想为某种程度的整体的同一过程的两个基本方面,即便这两个方面是有别的。社会生活的这种具体的内在关系性[10],为了便于研究,有必要采用具有社会科学特色的方法与路径。

因此,如果人们发现据以行动的社会结构在一定程度上是持续的,这样的结构依赖于固有的具有变革能力的人的能动性，这种事实表明，它们的持续性只是相对而言的，比大多数自然科学的对象更快，或更受时空的限制。如此看来，社会科学，也许比自然科学更明显地受到历史地理条件的制约。除此之外，如果由于社会结构依赖于人的能动性而必须被不断再生产的话，结论必然是经济学关注的是具有固有的动态性的事物。"过程"这个术语因而对社会科学至关重要。这样说，我并非意指仅仅一系列事件（有些是这样，见例如 Langlois，1986）。宁可说，这里的过程指的是随着时间的推移，某种结构机制或事物的发生或起源、再生产和衰亡，某个实体的形成、更新和衰败。显然，如果社会具有固有的动态性，社会科学就必须高度重视这个特点，并使其方法适合于这个特点。除此之外，社会结构依赖于有意向的人的能动性的特征，在社会科学中还需要一个不可逃避的解释学契机，这种契机也许比自然科学中任何可相比的契机更加重要（见 Collier，1994；Lawson，1997a）。另外，这种结构/能动性关系意味着，在任何意义上都不可能有实验设计的封闭的社会系统。在没有自发产生的封闭系统的情况下，这个条件在各种社会科学中必须依靠理论发展的非预测性的纯解释标准与评价。

诸如上述这样的考虑显然表明，很多社会科学方法和实施方式都不会还原为自然科学的那些方法与方式。因此，自然主义的可能性（社会现象研究在自然科学的意义上可能是科学的）就被确立，社会调查研究也许仍然有资格成为一门单独的科学（也就是说，一门根据其具体对象的性质形成自己方法的科学）。然而，这里前一句话的第一部分最为重要。那就是，尽管社会现象具有不同特性，社会领域（可知的）有结构的、开放的条件的确能使社会形式的研究理论可在自然科学的意义上具有科学性。然而，成功的社会科学是否能够形成，或能达到什么程度，当然取决于局部条件和一直致力于研究实际社会问题的人们的活动。

总而言之，实在论社会理论化方面的最近发展已经表明，最终求助于（不管是真实的还是虚构的）事件或现实的假定相互关系的主流经济学的"演绎主义"框架，作为普遍的社会研究的方向站不住脚，并且是经济学这个学科在当代不断遭到失败与陷于混乱状态的基本原因。这里和别的地方被特征化为批判实在论的观点，给出了反对任何顽固坚持追求严格的事件规则性的立场的充分理由。可以说，它把科学诠释为一种可错的社会过程，其根本任务是识别与理解各种各样的结构、能力、机制与其趋势，这些东西产生或以有意义的方式有助于产生令人感兴趣的某种被确认真实现象——各种机制，等等，它们一经触发就会在开放和封闭两种系统中同样发挥作用。这是一种视其溯因推理方式为科学特点的观念，这种推理是一种从关于存在于实在的任何层面的某种现象的认识出发、推至关于实在的更深层面或层次的认识的过程，令人感兴趣的最初现象借助更深的层面被产生出来。

经济学的性质与范围？走向综合

本章的剩余部分将解决开始时提出的那些问题。具体地说，我关注的是经济学的性质与范围，是否有根据认为它是一门独立或特别的社会科学。在追问和回答这些问题时，我利用了上面评述过的成果。我较早注意到关于经济学的性质与范围的各种各样的定义，它们突出地出现于各种文献中，其中 J. 穆勒、A. 马歇尔和 L. 罗宾斯的最为著名（虽有争议）、最有影响，并将继续产生影响。无疑，它们是该学科史上最为人重视、最得到公认的几种概括。更加重要的是，它们似乎代表并一起涵盖了现有的各种概念或定义的广泛范畴或种类。因此，这里以考查和重新考虑它们开始，似乎不无道理。它们可被简略重述。J. 穆勒强调财富的来源，A. 马歇尔把重点放在人类日常生活与行动上，L. 罗宾斯则强调稀缺资源和其各种竞争性用途。当然，所有这些特点都在我们关于社会的观念范围之内（我们把社会看作其现象的存在部分地依赖于人的能动性的领域）。由此可知，如果经济学是一门科学的话，它显然是一门社会科学。应该立即追问的问题是，该学科要达到什么目标。现在，让我依据上述关于社会科学的观点考虑讨论中的三种概括，希望得出某种综合性结果。

事实上，J. 穆勒和 A. 马歇尔所支持的那种类型的各种概括很容易协调起来。我在上面辩称过，一种科学关注是依据其底层原因解释或理解各种各样的表层现象，即依据产生或有助于它们的结构、机制、能力和趋势。在社会领域，这相当于确认支配人类活动或实践的结构条件，特别是社会关系。在 J. 穆勒那里，强调的是财富的条件或原因，即各种解释，而在 A. 马歇尔那里，强调的则是财富的生产与使用关系密切的社会行动，即待解释的事物，一个可能的综合提法已很清楚，可概括如下：

> 经济学识别与研究的是支配与财富的生产、分配和使用关系至为密切的人类行为的那些方面的要素，尤其是社会关系。

让这个定义成为我的暂用定义。到时候，如有必要，可以调整。具体地说，到我下面探讨财富的意义时，我需要将其加以修改。可是，暂时我注意到得出的概括涵盖了 J. 穆勒和 A. 马歇尔两者的基本关注。A. 马歇尔强调的是人的行为，特别是那些与生产和使用有关的行为，等等，强调的是财富或福利的状况。解释 J. 穆勒强调的这样的行为就是要把那种行为置于新的概念之下去阐明它。从我们关于结构与行动的拓展后的本体论视角看，在考察现象及其条件时并不存在冲突或矛盾。毋宁说，在社会语境中，如我注意到的那样，每一个对另一个都至关重要，因此，理解其中一个必须理解整体。[11]

L. 罗宾斯的"节俭"观念并没有明确涉及财富，这个观念又怎样？让我就此问题简单表明一下使 L. 罗宾斯的观念与以上得出的概括协调一致的方式。我亮出观点后，将详细考察 J. 罗宾斯的观念以表明我的协调路径是合情合理的。

首先，请回顾一下，我们发现科学有一些环节或方面。也许最重要的方面是我所说的纯解释或抽象解释。它产生于部分规则性或半规则性的出现容许我们识别迄今尚不知道的因果因素的情境之中。然而，并非所有事件的产生都有模式，科学中的一个重要环节，我称之为应用解释或具体解释的环节，在于试图解释从之前确认的机制的角度看某种相对独特的结果。其目标与其说是识别迄今尚不知道的机制，不如说是理解使产生需要解释现象的已知机制的方式。很容易看到，我们对经济科学的上述概括能涵盖解释的各种纯形式和应用形式，或解释的各个方面。

但还有一个并非具有固有解释性的更加实用的环节。那就是研究科学发现可被应用的途径。不管我们把这种研究称为实用科学还是应用科学，正如我已经强调过的那样，基本上无关要紧；这种活动的每一种方式显然都是有意义的。请注意，在社会领域，这样的实用性研究相当于分析各种替代计划或策略。它研究在现存结构的范围内行动的不同可能性问题，或者考虑在可获得的各种替代结构之下的各种可能性问题。它考察的是那些与财富或幸福状况有关的行动的各种真实可能性,我想辩称,这就是 L. 罗宾斯概括的核心关注。如此说来,在把经济学看作科学这种观念范围内我们希望这样的活动被理解,在这种程度上,我们的暂时定义可调整为如下表达:

> 经济学识别与研究的是支配与财富的生产、分配和使用关系至为密切的人类行为的那些方面的要素,尤其是社会关系,再加上评价各种可供选择的具有真正可能性的方案。

评 L. 罗宾斯的论文《论自然与经济科学的意义》

现在,我意识到,我对 L. 罗宾斯概括的解释(或我的结合方式)在某些地方会遭到竭力反对。产生这种预感至少有三种理由。首先,构成当代占统治地位的那股经济学常常自称赞同 L. 罗宾斯的观念。然而,与我对其概括的解释相对照,我的解释限制了其与非解释性主要是实用主义的相关性的范围,主流理论把 L. 罗宾斯的定义视为其选择或理性行为公开承认的解释性科学的奠基石。第二,也许是最有意义的一点,L. 罗宾斯本人虽没有正式地把其节俭[12]观念限制于那套实际活动(我把这类活动与此观念联系起来),但却明确表示了基于确认科学一般性的对经济学的解释性作用。第三,在确认对经济学的这种解释性作用中,L. 罗宾斯反对有关财富创造与使用的任何"物质主义"观念,他明确将这一观点与 A. 马歇尔之流联系起来。对每一种这样的理由来说,我这里对 L. 罗宾斯观点的评价或态度初看上去并不令人信服或者没有根据。所以,让我阐述一下已经确认的三种特征,说明它们为何不会导致我放弃我对 L. 罗宾斯概括的输入评价。我将颠倒过来讨论它们,从 L. 罗宾斯公开反对显然与财富来源有关的任何观念的立场开始。

L. 罗宾斯反对"物质主义"或基于财富的各种概括

无疑，L. 罗宾斯的确将他的概括视为与 J. 穆勒和 A. 马歇尔思路相对立的一种，而不是对它们的一种实际上的补充。说真的，即便在提出其自己经济学的"节俭"概念之前，L. 罗宾斯就告诉读者，他旨在用其取代原本更加霸道的与财富来源有关的"物质主义"版本。

正如也许可从 L. 罗宾斯把替代物指称为"物质主义的"的做法中预料那样，他的评价在其对它的具体概括中求助于"物质主义的"一词。根据 L. 罗宾斯的说法，这个定义把诸如音乐家的工资这样的项目排除在经济学研究的范围之外：

> 例如，管弦乐队队员的工资是支付给与物质福利关系的距离并非最远的工作的。
>
> （L. 罗宾斯，1940：6）

在 L. 罗宾斯看来，经济学自然与工资理论有关，但对其"各种阐释却不限于为人类幸福的"更加物质主义的"一面服务的工作而支付的工资——不管它们是什么（6）。

请注意，L. 罗宾斯也许的确在探索"物质福利"的含义或"幸福的物质主义"的一面。事实上，如果我们回头去看 J. 穆勒和 A. 马歇尔的概括（L. 罗宾斯明确提及后者的概括，并在脚注中引用），我们看到，并没有用"物质福利"这个表达。[13]宁可说，J. 穆勒在一般意义上指财富及其来源，而 A. 马歇尔则仅仅指幸福的物质条件。很清楚，在 A. 马歇尔那里，幸福的概念非常像 L. 罗宾斯的福利概念。但要重复说一下，A. 马歇尔关心的是它的物质条件，这肯定是有道理的。即便认可 L. 罗宾斯的观点，即在管辖乐队演奏构成了"与物质福利关系的距离并非最远的工作"，它仍然是这种工作本身不可避免地具有物质特征一个案例（当然，包括人的能力在音乐技巧方面的发展），因为它提供着供某些人享受它的材料。

对 J. 穆勒来说，财富被设想为"所有有用的、令人愉快的、具有交换价值的事物；或者，换句话说，所有有用的、令人愉快的事物，除了不付出劳动与牺牲就可获得的那些东西外"（MILL，1990：18）。这里，牺牲这个概念相对重要，因为它与 L. 罗宾斯的稀缺资源的概念产生了共鸣。的确，我认为这是关键所在。如果 J. 穆勒并非总是前后一致的，似乎在表明经济学与在涉及劳动或牺牲的程度上说所有有用的令人愉快的事物的来源有关。换言之，它再次关系着理解幸福状况的原因，也就是说，借以达到目的的手段。

L. 罗宾斯对这些手段其他可能的用途感兴趣。这里没有不可避免的冲突。的确，L. 穆勒考虑从手段或舞台上的"乐器"的角度界定财富，但虽然认为这样一个概括在"哲学上是正确的"，仅仅因为它"太多地从语言习俗出发"才回避它。[14]请注意，虽然 L. 罗宾斯在其关于财富的观念中确实包括非可交换的目的，但这不应把问题搞乱。即便财富这个术语在不同的撰稿人那里在用法上有所不同，但没有人希望暗示所有目的都被看作物质的，更不用说正是其物质性才构成了经济学的题材。然而，为了避免混淆，我想调整一下我自己的暂时定义，用"幸福的物质条件"代替"财富"这一术语。如此，我建议的概括如下：

经济学识别与研究多种要素，尤其是社会关系，支配与幸福的物质条件的生产、分配和使用关系至为密切的人类行为的那些方面，加上评价各种可供选择的、具有真正可能性的方案。

L. 罗宾斯与科学普遍原理

即便 L. 罗宾斯反对基于财富来源的各种概括的理由被误解，但必须承认，L. 罗宾斯的确认识到揭示经济学一般原理的可能性，和赋予经济学解释功能的可能性。他把这种解释功能与他的只与配置稀缺资源有关的经济学观点联系在一起。那么，这个特点如何与我的主张协调一致？我的主张是 L. 罗宾斯的概括主要用于给经济学赋予一种实际功能，它主要适用于评价各种竞争可能性的实践活动。对这个问题的答案有好几个部分，通过一系列步骤一步步得到最佳阐述。

首先，应当看到，像他之前和其后的许许多多经济学家那样，[15] L. 罗宾斯采纳了科学的普遍原理采取"事件规则性"的形式、科学解释必须遵循演绎主义路径的观点。他对此毫不含糊。如此，他写了题为"经济学普遍原理的性质"一章，他是这样开始的：

> 我们已经充分讨论了经济学的主题和与此有关的基本概念。但我们尚未讨论这些概念借以产生相互联系的那些普遍原理的性质。我们尚未讨论经济规律的性质与起源。因此，这是写作本章的目的。
> （L. 罗宾斯，1940：72）

在此章结尾部分，这个观点得到充分阐述，归纳如下：

> 根据所有讨论，经济分析的性质现在应当很清楚了。它由从一系列假设中推演出来的结论组成，其中主要的是凡人类活动具有经济特征的地方存在的几乎所有经验的普遍事实，其余的则是各种假设，即关于基于要用理论解释的具体情况或情境类型的一般特征的更加有限性质的假设。
> （出处同上：99，100）

必须承认，L. 罗宾斯意识到仅仅相关性就足以构成一条规律："在缺乏合理依据的条件下假设密切联系，就没有足够理由认为历史"会重复自己"（同上：74）。然而，L. 罗宾斯却没有阐明足以解决何时才会有这类合理依据问题的一种本体论。具体地说，他没有明确承认自然必然性将机制与结果相关，该机制只有在孤立状态下起作用时才可能实现那些结果，而这在社会领域也许根本不会存在。简言之，一旦我们承认社会存在的有结构的、开放的性质，结论必然是，不管如何限定，这种科学解释的观念作为一种一般性断言都被误解了。

但是这种认识如何有助于支持我的评价，即 L. 罗宾斯的概括如何将经济学限制于考查可选择的社会安排的基本实用的角色范围？一个关键性因素是这个可靠的观察：人类社会是开放的、几乎不受局部封闭影响的。换言之，根据这种观点，极少发现科学上令人感兴趣的事件规则性或规律。

当然，陈述了他的演绎主义观念之后，L. 罗宾斯因而就不能那么容易或绝对地否认揭示事件规则性的可能性了。众所周知，大多数当代经济学家用虚构的"替代物"与"深入挖掘"恒定不变的规则性的指令相结合的办法去应付缺乏这种"规律"的状况。但 L. 罗宾斯实质上具有二重性的回应却是不同的。一方面，他推测只有那些可以想象的事件规则性实际上才具有高度普遍性。另一方面，他暗示在任何情况下，经济学的大多数原理已为人所知。单独或结合在一起，这些假设实际上都在孤立理解为一种选择科学或资源配置科学的经济学的任何（进一步的）解释功能。让我用事实证明这两个断言。

L. 罗宾斯与经济学一般原理

首先，我们可观察到，L. 罗宾斯在表明与节俭行为有关的科学命题都是相当一般性的。他写道：

> 同时，必须承认，迄今为止确立的命题实质上都是非常一般的。如果一种物品很稀缺，那么，我们就知道，对其处理必须符合某些规律法律（laws）。如果对其需要有某种秩序安排，那么，我们就知道，随着供应的变化，其价格必须以某种方式变动。但是……在这种关于稀缺的概念中一点也没有要求我们将其附着于任何具体的商品。鱼子酱是一种经济产品而腐肉是无用之物的说法，我们的推论并没有提供是正确的证明。它们为我们提供的有关对鱼子酱的需要和对腐肉的需要强度的信息则更少。从纯经济学的观点看，这些东西一方面受到个人评价的影响，另一方面受到既定情境的技术事实的影响。但个人评价和技术事实都在经济学一致性的范围之外。

（出处同上：106）

事实上，显然 L. 罗宾斯关于社会生活可能的普遍性这里已经想当然得太多。但他的确认识到社会领域本质上是开放的，在一个具体水平上可预料的东西太少。L. 罗宾斯承认，"供求的数量规律"可能有某种用处，假如它们是一种真实可能性的话，但他认识到这样的一致性不构成一种实在论假设：

> 无疑，这样的认识也许是有用的。但片刻的反思应当使我们明白，我们在此正在开辟一个调查研究领域，在那里，没有理由设想将会发现各种一致性。导致这种现象产生的原因，即在任何时候占上风的最终评价本来就是那样的现象，实质上是各种各样的：没有根据认为随着时空的变化，最终结果应当呈现出明显的一致性。
>
> （出处同上：107）

其次，如果这些段落表明，对 L. 罗宾斯来说，这类有可能被发现的规则性仅具有高度一般化的性质，另一些人则表达了这样的观点：该学科的普遍性法则，或至少（并非常重要的）构成其核心命题的那些据相信已为人所知，并确实是这样。事实上，这是由他的著作留下的一种整体性一般印象，但在某些地方，这是一种已经相当明确地证实了的评价。请考虑下面的陈述：

> 在最近的150年期间，经济学家们努力的结果是建立了一套一般原理，对其实际上的精确性与重要性只有无知者和反常者才会怀疑。
>
> （出处同上：1）

> 经济分析的最根本的那些命题是一般价值理论的命题。……说该学科的这部分理论是完整的也许说得过早。但很清楚，所做的工作足以保证我们确定那些核心命题。
>
> （出处同上：73）

经济学理论的命题，像所有科学理论一样，显然都是从一系列的公设中推出来。这些公设的主要部分全都是以某种方式涉及简单而无可争辩的经验事实，这些事实与作为我们科学主题的物品稀缺性实际上在现实世界中出现的方式有关。价值理论的主要公设是个人能有序地安排自己偏好，并且实际上在这样做。生产理论的主要公设是不止一种生产要素的事实。动态理论的主要公设是关于未来稀缺资源的我们没有把握的事实。这不是那些公设——一旦它们的性质被充分认识，现实中这些公设对立物的存在容许广泛争议。我们不需要受控制的实验来确立它们的有效性：它们大多数是我们日常经历的东西，只需被陈述后认可为显而易见的东西。的确，危险在于人们认为它们非常显而易见，所以对它们进一步的考查中得不到任何有意义的东西。

(出处同上：78，79)

也许应当承认，我们对经济学推理基础的认知在很多重要方面与我们关于其是自然科学推理基础的认知不同……的确也许应当强调一下……怀疑其真实关系的理由比怀疑自然科学的普遍原理的真实理由要少一些。在经济学中……我们基本概括的最终构成部分通过直接了解为我们所知。在自然科学中，它们仅仅由推断得知。相对于怀疑电子假设的理由，怀疑现实中个体偏好假设对等物的理由少得多。

(出处同上：104，105)

再说一遍，我是在说，虽然 L. 罗宾斯承认经济科学具有揭示广义上与他的节俭经济学观念协调的一般性功能，但他错误地接受演绎主义模型却导致他指出贬低其在实践中作用的理由，即便没有整个放弃它。

作为"选择科学或理性行为"的 L. 罗宾斯的观念及其对主流的解释

最后，"理性主体（或理性经济人）理论"又怎么样？肯定地说，这是 L. 罗宾斯的观念得以在具体层面成为解释性的基础，我的解释可因此而被抛弃吗？这肯定是很多人的回应。可以设想，如果经济学是关于节俭的科学，特别是如果与既定评价相比较它是关于考察稀缺资源可能如何被最佳配置的，那么，仅仅通过假设人总是最优化地做着事；人就在这之中；或在相关意义上是理性的，L. 罗宾斯的观点就可以当作解释性科学来用。这种论点构成了上面提到的第三个问题，现在必须细加探究。

第二部分 经济学的各种可能性

首先，可以承认，有些人提出某种经济学观念，显然既受 L. 罗宾斯构想的影响，又明确地把行动中的理性假设与行动扯在一起。举例来说，考虑一下 R. 波斯纳（Posner, Richard）的经济学观念，它显然受到 L. 罗宾斯采用的概括的影响。

> 经济学是关于世界上人的选择的科学，在这个世界中，资源与人的欲望相关并受到限制，它探讨和检验人能理性地实现生活目的最大化、使我们所谓的"自我利益"得到最大满足这种假设的含义。
> （R. 波斯纳，1997：3）

在其最近题为《不精确的独立的经济科学》中，D. 豪斯曼（1992）对主流经济学的设想如下：

> 经济现象是由不同的消费主义与利益最大化支配的理性选择的结果。换句话说，经济学研究的是理性贪婪的各种后果。
> （1992：95，原始强调）

但任何这样的理性断言地位如何？它们对 L. 罗宾斯式的概括有多重要？事实上，L. 罗宾斯详细地讨论过这个问题。虽然对理性的各种考量会被彻底拒绝，如果理性行为将包含"伦理上适当的行为"的话，他承认为了"某些分析性建构"被解释为一致行动的理性的重要性：

> 但在"理性的"这个术语被认为仅仅意指"一致的"程度上说，这种类型的一个假设的确会进入某些分析性建构。那个很有名的原理，即在均衡态中可除尽的商品的相对意义等于其价格，确实包含每个最终选择都与每个其他选择相一致的假设。
> （L. 罗宾斯，1940：91，92）

可是，更有意义的是，他认为它是很多假设中的一个：

> 在这种类型的建构中出现的完全理性数字的假设是完全真实的。但经济学的一般原理限于在其中行动完全一致的情境的解释时则不是真的。手段与目的相比较也许是稀缺的，即便目的也许是不一致的。
>
> （出处同上：92）

在这个问题上他的观点强有力地体现于题为"经济科学的意义"一文中，在深入思考的基础上，他在文章中仔细考查该学科的实际价值。最后，L. 罗宾斯似乎在此毫无怀疑地认为，经济学不是关于理解所发生的行动，不管后者是否是理性的，而是关于使理性行为的一种工具或技术更加便捷。他写道：

> 经济学给予我们的是认识工具（或知识溶媒）。它能使我们想象策略的其他可能性的深远意义。但它不，也不能使我们回避在各种方案中进行选择的必要性。但它确有可能使我们将我们不同的选择统一起来。它不能消除对人的行动的各种最终限制条件。但它确有可能在这些限制条件内使行动协调一致。它为当代世界的居民服务，而当代世界具有无穷的相互联系和关系作为其感知器官的延长。它提供了一种理性行为的技术。
>
> 因此，这是更深一层的意义，在这种意义下，经济学可真的被说成在人类社会中假设理性的学问。诚如常常声称的那样，它并不假装行为在所追求的目的不一致的意义上必须是理性的。在其最终评价中不必含有反省深思的一般原理中没有什么价值的东西。它不依靠个体总是理性地行动的假设。但它的确因其实际存在的理由有赖于这种假设——人们期望他们这样做。它的确认为，在必要性的范围内，最好选择能够协调一致达到的那些目的。
>
> 如此一来，在最后的分析中，经济学，如果不是为了其存在，至少也是为了其意义，依赖于一个最终评价——断定用知识进行理性而有能力的选择是最理想的。如果每时每刻都屈服于外部刺激与非协调刺激的盲目力量，如果非理性是高于其他一切的最好选择的话，那么，经济学存在的理由就会消失，这一点也不假。
>
> （出处同上：156，157）

一句话，在接受（错误地）演绎主义框架的同时，又认为日复一日的行动中的节俭方面（如所有其他方面那样）并不受演绎主义或预测主义逻辑的支配（即承认世界是开放的），L. 罗宾斯实际上将经济学还原为一种评价理性行动替代路线的技术。

然而，我们承认另一个 L. 罗宾斯忽视了深刻见解，即实在，不仅自然实在，而且社会实在，不仅是开放的，而且是有结构的，因此，经济学实际上不需要被限制于它的这个实质上的实用方面。当然，或者，即实用方面，并非不重要。由于在现存结构与多项选择下考虑各种可能性的原因，权衡不同策略的活动的确有可能是极其重要的。但如果构想适当，这种实际贡献现在可与经济学的解释性科学相辅相成。

经济学可作为一门独立的或独特的社会科学吗？

最后，为了评价经济学是否可以有正当理由被适当地设想为一门独立的社会科学，明确阐述一下早些时候用来确立社会科学本身独立性的策略，即建立与自然科学不同的关于社会现象的科学的可能性（实际上是其存在）的策略，这是有用的。在这里，重要的是要认识到，通过证明社会现象是突现的、具有突现性质，后者的结果实际上已被确立。请注意，如果领悟到该实体或方面出现于某个"较低"层面，而这个层面受到发现于该较低层面的那些特性的制约，并依赖于那些特性，但却不能根据这些特性进行预测的话，那么在组织的某个层面发现的一个实体或方面被说成是突现的。原则上说，可能较高层级的实体或方面借助其突现出来的那个机制可被重新构建，并可根据在较低层面起作用的那些原理对其进行解释。但是，位于较高等级层面的各种力量是真实突现的，那么，对它们的还原解释就会遭到排斥。

对一个真实突现领域的分析可能会犯两种形式的本体论错误中的一种，或两种错误均犯。不仅有可能把突现现象误解成可还原为某些位于组织的某个较低层面的元素和支配原理，而且同样有可能忘记较高层级现象总是有赖于在较低层面起作用的那些原理，较高层面的那些现象是从较低层面突现出来的，且要受那些原理的制约。同样重要的是，要像避免前一种错误一样避免后一种错误。诚如不能独立于对人能力的考虑去理解社会结构一样，必须承认自然秩序是社会行动的一个条件，因而是社会分析的一个对象。社会要素和心理要素均被嵌入了自然秩序，这些要素又反作用于自然秩序。

社会领域因而是一个突现王国，它依赖于人的能动性，但又不会还原为人的能动性。例如，语言结构具有促进语言行为的能力，却不可还原为人的能动性或这些行为。我们确认了因要分析它们而必须采用相对不同方法的特别是经济现象的一种领域吗？显然没有。尚不清楚这样的方法是否可行。人类社会的所有方面都依赖于人的实践活动，它是社会研究的基本待解释事项。不管令人感兴趣的实践活动是什么，社会解释的多种解释包括结构、地位、机制、过程之类的东西。换言之，根据其对象性质来区分经济学，即把它视为一门独立的科学，这没有明显基础。它也没有自己的领域。我想象不出人类活动的一个单独领域——从支持一支足球队到听音乐，或甚至到做爱——它们不具有（或不可能具有）一种经济特征（鉴于上述对经济学的解释）。这些和所有其他活动在时空中发生，两者均可具有可选择的用途。所有人类活动都需要物质条件，并会受到例如财产关系、"工作日"或"星期"的长度与结构、被放弃的机会等等的影响。但同时，仅具有经济特征的活动极其罕见（如果有的话），包括在车间干活、在办公室上班或购物等活动。诸如后面的那些活动可包括一支足球队的服装颜色或表示支持该队的信号或标志，或在看台上做一个人的陪伴或仅是一群人或一个社区中的一员，如此等等，不一而足。

根据这种观念，经济学的定位是它是社会科学的一个分支，正如高能物理学、低温物理学、射电天文学一样各自构成了物理学的一个分支，或如无机化学仅仅是化学的一个分支一样。其存在的理由并非有自身特性的独特现象的独立领域，而是全部社会生活的一个具体方面。[16]因此，当代（强行）将经济学学科与其他社会科学分开的做法必须被视为误入歧途。的确，这种分离的结果仅仅给经济学与其他社会科学分支同步发展造成了困难，至少一定是继续该学科传统的一个促进因素，其传统就是形式建模的方法，人们发现这些方法与社会科学理解和阐述极少相关。

关于独立性的最后论述

要知道，与经济学只是社会科学一个分支的评价相对，没有属于自己的领域（与在一个具体方面之下被观察的所有社会现象的关注相对），这些都是试图为经济学的独立范围划界。大多数为这个观点辩护的经济学家明确追求一种观念，这种观念（错误地）认为经济学是一种与把社会现象表达为优化决策的结果的理论（例如 Hausman，1992；1994）。这种看法已在上文中进行过评论，不再赘述。但还有一件事情需要说明，就是上面支持的科学观念与经济学观念没有必要不一致的问题，可它仍然竭力将社会世界的一个领域从中分出来，使其成为经济学科适当的对象或聚焦的范围。我指的是将经济学方略与交换经济（的某些方面）联系起来。

应该知道，正如我所想的那样，这无疑是经济学的解释性特征的一个案例，它要求解释工作在研究交换经济学的语境中扮演更具挑战性、更有趣味的角色。通过给经济学赋予识别与幸福的物质条件有关的那些因素的角色，强调所有社会生活都有赖于人的实践活动，我完全接受经济学是研究支配称之为工作的人的社会行动的所有因素（当然包括文化、社会关系、规则、地位，等等）的观点。很清楚，虽然出现于奴隶社会、封建社会、也许还会出现于后资本主义社会，但揭示社会再生产的机制的任务在这样的语境中有可能更加容易完成。比较之下，在一种交换经济，或更一般地说，在非故意协调的情境中，也许发生于"人背后"协调的情境中，虽然也是人们日常交流的无意识的方面，解释任务看上去却具有不同的性质和复杂的秩序。另外，如果 K. 马克思是正确的，即研究资本主义条件下的工作管理涉及生产关系研究，这种生产关系需要一种物质形式作为商品，解释工作事实上是一项既有趣味又复杂的任务。

但声称一个项目的经济分析也许更有趣、更有用是一回事；声称经济分析应当限定在任何这样的项目上则是另一回事。在交换经济与非交换经济之间进行这样的划分充其量能代表经济学中的一种劳动分工。此外，一旦我们转向经济学更加实用、节俭的特征，一种有趣的讽刺就显而易见了。因为我推测，那些最关心揭示资本主义的基本、真实机制的人在政治上倾向于那些主要忙于资源配置的各种替代方法问题的左翼人士。然而，如果实现了真正意义上的社会主义或解放性转变，因此真正需要被科学地显示出来，在某种集体民主的基础上由人民决定应当如何配置稀缺资源（也许总是稀缺的），以使至少这些被揭示出的需要的某些子集需要得到满足，那么，经济学的节俭特征就必须凸显出来。很明显，在这样的条件下，那些具有当前主流经济学家性情的人就会发觉自己最终受雇并有酬劳，而那些对发现与解释过程更感兴趣的人，今天的左翼人士或激进者，就根本不会去搞经济学研究了。

即便如此，这些想法或臆测没有一个能削弱这里支持的命题。中肯地说，不能认为经济科学实践的一个方面对某些具体现象最有用，就必须将其限制于对那些现象的研究。之前的考虑仅仅意味着经济科学的各个组成部分，其理论解释和应用解释功能和其更实用的"节俭"方面，会根据研究的具体重点假定不同程度的相对重要性。但是，在社会活动的所有条件下，在那里，很多个体共同生活与互动，幸福的条件将需要他们主动创造出来，并进行再创造。简言之，在人类社会，行为总是具有经济特征，对社会的科学研究总是包括经济学所扮演的一个或更多的角色。

一种经济学观念

总而言之，我坚决主张，某些重要的，如果人们推测是竞争性的，关于经济学题材的观念毕竟是容易协调的。这个成果是通过澄清社会科学的性质而取得的。人类的一切幸福总有某种物质基础。人类的所有行动都涉及生产、分配和使用这样的物质条件。因此，在这个意义上，人类某个方面的所有活动都是经济活动。这是 A. 马歇尔强调的重点。在其解释性特征之下，经济学的目标是确认并理解与生产和使用幸福的物质条件有关的人类活动的条件。这是 J. 穆勒强调的重点。在其实用性方面，通过试验、失败和想象，经济学探索如何能有效地利用或转变那些在解释阶段确认的条件。这是 L. 罗宾斯强调的重点。因为经济学与所有行动的某个方面有关，行动条件是社会科学所有分支都普遍存在的解释特点，所以，任何经济科学都不能被视为独立于其他社会学科的学问，更准确地说，这只不过是社会科学范围内的一种劳动分工而已。

第三部分
PART THREE

当代经济学的异端传统

异端这个词指代了一群人，这些人系统地反对在某一特定领域内被当前的大多数或主流观点认可甚至视为基准的系列原则和理念。我一直认为，当代经济学中的正统派或主流派的一个持续性的"真理"和根本特点是，不管是何背景，数学演绎建模的方法对所有严肃的理论化事业都必不可少，并应当用于经济学的各个方面。异端经济学家则一致拒绝这个"真理"，辩称形式方法往往不适用于社会科学理论化。本书第三部分的中心论点是，在拒绝接受数学演绎建模方法在社会领域的研究（和寻求替代路径）中普遍有效的观点的同时，异端经济学家们，或明或暗地，都更注重社会现实的本质。因而，异端对主流观点的拒绝归根结底预设了一种本体论的评判，不管这些经济学家承认与否。实际上不承认的还更多。

像这样对正统的反对意见可以有多种表现方式。也只有在实践中才最能体现这种反对的多样性，尤其是当这种反对背后的本体论动机（如果的确如此的话）通常只是隐含的或不被承认的时候。

反正统表现的一个例子是，专注于那些无法轻易与演绎主义（及其隐含的本体论）相容的社会特征，以及建立一个基于事实上暴露演绎的普遍主义预设是无效的评价与范畴的建设性大纲。这是我将在第七章中讨论的后凯恩斯主义和我将在第八章中涉及的 T. 凡勃伦或"旧"制度学派一个分支强调的重点。

第二种反对主流"真理"的表现形式是批判无根据的普遍化趋势本身。这揭示了任何一种理论方法，只要先验地存在普遍化倾向，一定都起码是存疑的。这是我将在第九章中讨论的女权主义经济学和我在第八章中讨论的旧制度学派的一支所强调的重点。

以上两类回应并不一定是内在对立或相互排斥的。实际上，如果我对它们的本体论内涵理解正确的话，它们应该是最终相互印证的。在某种程度上说，它们在各种异端传统的某一类中都很显著。然而，由于它们的本体论根据尚未得到肯定或尚未系统化，这些回应方式也许只能以孤立的甚至难以延续的方式发展（不论是跨越几种传统还是局限于某一传统之内，皆是如此）。

举例来说，在没有显性本体论视角（特别是在本体论预设不仅未被承认而且被认为应当避免）的情况下，对任何既定理论无论据的普遍化趋势的质疑很容易蜕变为对所有普遍化努力的反对。而且这种结果还可能导致人们虽然承认本体论预设无法避免，但把它视作超越了批判和评价的范畴。此类对所有普遍化努力的（不可持续的）反对可能反过来导致知识层面的相对主义（认识论相对主义）和判断层面的相对主义（判断相对主义），使得任何相悖的理论或观点都无法进行相对价值判断和比较。最终结果是认识论或伦理学没有了基础。在当代异端经济学各种各样的流派中无疑存在着这种类型的趋势。下面，我将讨论旧制度学派（第八章）和女权主义经济学（第九章）的各个方面时论及这些问题。一旦为本体论所做的工作不仅被承认而且被明确化、系统化并向批评敞开胸怀，这些趋势和其造成的困难就会被明显抵消。

至此，从本书这一部分的各章节以及其他作品（例如 Lawson，1994b）中，我得出的结论是，在各种不同的异端传统背后起驱动作用的那些本体论追求是相似的。或者至少，对那些确实相信可以形成一个建设性的理论大纲并致力于此的异端流派来说是如此。正是为此，如我反复建议的，把各种异端传统统一到一个相互联系或共同发展的理论大纲中将具有诸多优势。

但这也会带来一个问题，那就是，一旦各异端传统的本体论预设大体相似的说法被认可，我们就会问，又是什么东西把这些相互不同的异端理论区别开来呢。哪些特征让我们能够借以对它们进行区分？是方法论形式、所选的分析单位、采用的某种实质性理论还是其他？我在第七章中给出了我个人对这个问题的答案。

本书这部分的每一章的形式主要是由我写此书时，在相关的异端传统中正在进行的许多重大讨论的性质决定的。第七章检视了某些后凯恩斯主义者和其他人的争论，这些人认为，考虑到其带来的各种后果，后凯恩斯主义现在甚至过去都不是经济学中一种有条理的建设性理论大纲。第八章讨论了某些制度主义学派的学者最近提出的见解，即认为 T. 凡勃伦的遗产不可能成为演化经济学的一种建设性大纲，因为 L. 凡勃伦拒绝的正是建立一种建设性大纲的想法本身。第九章是一篇复制于《女权主义经济学》的论文，与正在进行的关于女权主义的讨论结合在一起，说明如何做才能有效地抵抗在当代社会理论中大行其道的无根据的普遍化趋势，同时又不失去对进步中的认识论和解放性理论的追求。

由于女权主义社会理论学家常常贬低对本体论讨论的需要，第九章加入了为本体论的有效性和重要性的辩护，因此包含了与前面第一、二部分重复的推理论证。然而，这篇发表过的文章中讨论的有些东西是本书其他地方未涉及的，而这些问题与本部分的内容关系密切，又有些新意，所以无论如何，我原原本本地收入了这篇文章。也许它也可作为一种对已经过去的东西的总结或重新强调。

本部分中的明显疏漏是有关马克思主义与奥地利学派传统讨论。但是，与前者相关的理论已经有其他具有明显现实主义倾向的学者进行了广泛的讨论，尤其是在其他学科中，而我本人则在别的地方数次讨论过奥地利学派（例如，Lawson，1994a；1997a：第九、第十章；1997d）。因此，这里集中讨论前述三种传统似乎是合乎情理的。

第七章
后凯恩斯主义的实质与各种异端传统描述中存在的问题[1]

虽然形式建模理论在很大程度上统治着当代经济学界，但它还没有取代所有其他理论与方法。实际上，许多异端研究传统生存下来，并一直以各种各样的方式为该学科重新定向而努力奋斗着。虽然它们的传播范围不广，但仍然做出了显著贡献。其中之一就是被系统地概括为后凯恩斯主义的理论。过去30年来，这一理论成果丰硕[2]，就像大多数其他异端传统一样。

然而，后凯恩斯主义也有自己的问题。尤其是，近几年来，许多学者开始质疑它是否真的是一种连贯一致的理论（见 Arestis, 1996；Arestis 等人, 1999a；1999b；Lee, 1998；Dunn, 2000）。有些怀疑正是源自后凯恩斯主义流派内部（见 Hamouda 和 Harcout, 1988）。

关于一致性的忧虑主要集中在两点上。一是经过适当抽象之后，该理论最突出、最持久的几个特征看起来并不兼容，相互间缺乏实质上的联系和相互印证，似乎不符合一套连贯一致的理论的应有之义。至少在某些批评家眼里，这些特征互不相干，只不过碰巧同时存在而已。忧虑的第二点是，那些接受后凯恩斯主义标签的不同个人提出的更实际或更具体的理论往往互不兼容、相互矛盾。而且，这些更实际或更具体的各种理论与策略观点一直在不断修正，有些改动还很大。这样的情况让有些人有了一种愈来愈强烈的感觉，那就是这个理论并非连贯一致的，有些评论家甚至认为一致性几乎是不可能的（见 Hamouda 和 Harcuort, 1988）。

我的看法与此相反，后凯恩斯主义的成果从对社会理论做出的有价值的和系统性的贡献上来讲是具有一致性的。不过为了理解这一点，必须采取实在论的社会理论化的观点。因为在我看来，该理论一致性的基础与其（大多都是隐含的）本体论追求密切相关。这里，我想简略地提出和捍卫这个观点，并引伸出它对后凯恩斯主义具有的更重要的意义。

我提过，后凯恩斯主义只是好些异端传统中的一个。后者的群体包括奥地利学派、女权主义经济学、演化经济学、旧制度学派、马克思主义经济学和社会经济学，等等。我在此提出的关于本体论预设的各种观点可以适用于大多数（如果不是全部）异端传统，或者至少可界定它们中的各个派别。具体地说，我认为，大多数异端传统的一致性基本上都有赖于其特定的本体论追求。我还认为，后凯恩斯主义的本体论预设与其他异端传统没有多大差异。这种相似性甚至催生了一个显而易见的问题，也就是这些异端理论之间有什么成体系的实际方式来区分自己和其他学说。我将在本章的接近末尾部分讨论这个问题。

一致性的问题

我从觉察到的后凯恩斯主义的一致性问题开始讨论。正如已经表明的那样，有两个必须克服的具体困难。我着力解决的第一个困难是，如何阐明该理论的大多数显著而持续性的各种广义特征以某种直接和构成整体的方式结合在一起的问题。请注意，这里的相关任务是，讨论中的那些特征以某种必要的方式联系着，就像拼图玩具的许多小块那样，也许更好的说法是正如一个连贯一致的核心观点的不同表现方式一样。

后凯恩斯主义更加突出的特点

在之前的一篇论文中（Lawson, 1994b），我把下列几点确认为后凯恩斯主义著作中最突出最持久广泛认同的表现方式。

1. 坚持反对主流所做的贡献（例如 Eichner, 1985; Sawyer, 1988; Harcourt 和 Hamouda, 1988; Hdgson, 1989; Arestis, 1990; Dow, 1992; Dunn, 2000）;[3]

2. 重点强调方法论或哲学推理（Arestis, 1990; Dow, 1990; 1992; Dunn,

2000);[4]

3. 不断强调尤其是不确定性的概念，但同时也强调历史过程的事实、制度、人的真正的选择（Davidson，1980）[5]并且

4. 采取一种具体的嫡系立场，这一点在 J. 凯恩斯的全部著作最为明显，也存在于包括 A. 斯密（Adam Smith）在内的 K. 马克思等人的著作中（Dow，1992[6]）。[7]

走向一致性

让我简略地说明一下这些特点如何可被认为既是相互相容的，又是一个连贯一致的核心观点的实质上相互关联的各种表现形式。我想表明，那个核心观点本质上就是本体论思想。

作为我的论点的切入点，从后凯恩斯主义反对主流意识开始是有用的（虽然并非必需的）。这里两个基本评论是相互关联的。

第一，回顾一下主流经济学理论，从其各种各样的实质性论断中的任何一个出发，都不可能根据其特点被合理描述为该理论是重要的。无疑，有一种非凡而霸道的主流传统被广泛认为是持久不变的。但是，它支持数不清的并往往是相互竞争的实证性论断，并以实证性样式经历着频繁快速的变化（见特别是 Lawson，1997a；和以上第一章）。该理论在经历了无数变化后唯一公认的原封不动的特征是始终坚持形式主义演绎建模的方法，而这个特征是各种异端传统不予认可的。我在别的地方也一直辩称（如前面第一章），正是这个特征才能被认为是主流理论的精髓，它不是由关于实在的观念促成的，而是由一种先验信仰造成的，这个信仰认为形式主义方法放之四海而皆准，如果研究成果想要算得上是严肃的或科学的的话。

第二，必须强调，后凯恩斯主义反对主流理论并非是马虎随意的，而是受到广泛支持的。后凯恩斯主义对主流理论的反对态度不仅反映其在一段时期的各种言论中，而且随着时间的推移大量出现于其明确的重新表述中。的确，虽然后凯恩斯主义是经济学的一项基本的建设性大纲，但其对主流理论的反对立场受到如此广泛的支持，以致有时似乎后者才是该理论最具优势和最统一的特

点（见 Arestis，1990；Dunn，2000）。

这种坚持反对主流的深广程度本身就有力地向我们说明了后凯恩斯主义作为一种经济学理论的性质。因为其批判的持久性质显示了该理论反对的不是主流的应用性一个子集的某些偶然因素，而似乎是其本质，是所有主流产出的那些习以为常的根本特征。

换言之，关于后凯恩斯主义我们能够合理推断的是，它拒绝接受主流强调的形式主义演绎建模的各种方法。它理直气壮地反对这些方法适用于所有社会情境的观念。让我们考虑一下这种拒绝包含些什么内容。

首先，它使后凯恩斯主义的观点不可避免地成为一种方法论。这是因为主流尽力维护的实质性东西是其方法上的具体立场，而这正是后凯恩斯主义所反对的。因此，我们已经能够看到后凯恩斯主义理论的两个广义特点，即它反对主流的方向和对其方法论的强调，这两者必然是相互联系的。

我们有可能如何解释这种反对主流的演绎主义方法的现象？正如我在第一章中所辩称的那样，因果序列中的事件规则性的普遍存在对演绎主义是必不可少的。这后一条件反过来预设了一种社会原子论的本体论（社会实在是由孤立的原子构成的——如我还在第一章中阐明的那样）。[8] 所以，公平地说，后凯恩斯主义者在反对演绎主义的同时，如果隐晦地，认识到相关种类的各种封闭并非是普遍存在的，作为一个普遍性命题是站不住脚的。

可以说，我们已经能够看到，后凯恩斯主义反对主流、高度重视方法论、否认在某种意义上社会实在无处不是封闭的、拒绝社会原子论与反对取消选择的可能性等等方面，具有内在关联性。这些方面如果不是相互决定的话，就是相互一致，并且相互加强。

既然后凯恩斯主义者拒绝（隐晦的）主流本体论，那么，他们关于社会本质的观点又是什么？一个事先形成的观念，如果成立的话，足以支持这种观点，即社会实在在受到本书始终支持的意义上说是根本上开放的。采纳这样一种一种观点不必否认任何局部或受限的各种类型的封闭。它反对的只是它们是无处不在和具有普遍意义的预设。这样一种态度与承认到处可见半规则性现象的观点是非常相容的。但如果著名的本体论方向的确正在后凯恩斯主义中被接受的话，紧接着的必然是从方法论上有理有据地抵制主流经济学的原子论与封闭的预设。

一旦把后凯恩斯主义以这种方式进行解释,其他令人瞩目的特征很快就会各得其所,一目了然。尤其是,如果事件并非是普遍可预见的,如果开放性的确是社会生活的根本特征,那么,基本不确定性的事实与计算出的预测风险相比也是如此。因此,根据后凯恩斯主义隐晦地坚持开放系统本体论的预设,我们发现,至少另一个后凯恩斯主义的特征与其他特征本质上显然是相互联系的。

现在应当明白,我是如何阐明后凯恩斯主义可被解释为连贯一致的,这个传统的确关系着建设性经济学理论的产生。从根本上说,我是在辩称其大量的令人注目特征是本体论事先形成的各种深刻见解的各种各样的具体表现,一种在批判实在论范围内被系统化的更加具体的开放系统本体论。

鉴于我的基本命题已很清楚,让我现在加快讨论步伐,表明如何在保持系统化为全面而一致的批判实在论的基础上,后凯恩斯主义的那些继续存在的显著特征(暂把质疑后凯恩斯主义的连贯性问题搁置在一边)与已经讨论过的那些特征被视为是具有内在联系的。

此刻,我特别需要将后凯恩斯主义的强调的见解与历史过程、制度和人的选择联系起来。如果接受讨论中的实在论视角,这个问题则很容易解决。因为历史过程预设了一种如在发展批判实在论时那样的转变性过程本体论,正如制度预设了一种结构化本体论和强调内在联系性与内在动力那样。人的选择最终与一个有结构的世界相辅相成,结构有助于人的行为,但不决定它们。举例来说,语言结构有助于语言行为,但不能控制说什么。

所以,后凯恩斯主义的非常显著与持久的那些特征可被认可为一个连贯一致的整体的各个方面。只要认识到该理论是以隐性本体论为方向的,第一是其非常持久的方面是受到批判实在论中捍卫的本体论的各种表现,第二是其对主流经济学的批判事实上鉴于后者坚持一种具体的科学本体论的普遍化(该理论对演绎主义的强调是后者需要的,结果,后者只是事后发现的一种不常见到的特例)。

然而,正是其在本体论方面的工作才使后凯恩斯主义成为一种连贯一致的异端传统,必须承认,后凯恩斯主义者并非总是以明确的本体论术语在其文稿中表达其观点的。宁可说,至少直到最近,[9]后凯恩斯主义者对主流经济学贡献的批判和对各种替代方法的阐述才常常(有一两个例外,如 Paul Davidson 强调各种非遍历性社会过程)[10]在实际上采取了确切表达的方式。

然而，很容易看到，这些后凯恩斯主义者的文章所提供的替代性概括通常不仅与主流的那些确切表达有所不同，而且主要由与开放系统本体论相一致的远见卓识提供依据。因此，与每种被动的（总是工具性优化的）原子的主流版本相对立的各种理论被创设出来，根据这些理论主体可进行真正的选择。强调真实世界基本不确定性的观点常常与当代主流经济学关于各种封闭的看法所鼓励的难于置信的知识性（knowledge）断言形成鲜明对照，两者相去甚远。

这样，经过详细考查，该理论的本体论方向最终发现无处不是显而易见的。如果其本体论预设并非总是被明确承认的，但这有助于解释某些人在一定程度上否认该理论最终证明是连贯一致的现象。使该理论的本体论方向更加明确化不仅澄清了其本身的性质，而且澄清了它对主流批判的性质，从而使这些批判更加难以避免。可是，这里的意义是，一旦我们认识到该理论的本体论方向，其各种各样的引人注目的持续性特征作为一种连贯一致的理论的各种不同表现形式就是可以理解的了。

J. 凯恩斯的实在论方向

实际上，这还不是目前这个故事的真正结尾。因为后凯恩斯主义还有另一个引人注目的特点，值得我们思考。我下面的任务是，表明对后凯恩斯主义的固有核心的这种描述是与该理论对像 J. 凯恩斯那类人物的眷顾相一致。如上所述，后凯恩斯主义的久负盛名的直系被认为包括 K. 马克思和各种古典经济学家，特别是 A. 斯密（见 Dow，1992）。然而，要了解 K. 马克思和其他古典经济学家的贡献的本质，请读者阅读其他相关论文（Lawson，1994b；Brown 等，2002a；Montes，2003）。这里，我集中讨论 J. 凯恩斯，他毕竟是个核心人物，在这个传统中大名鼎鼎。因此，此时我剩余的任务是，阐明 J. 凯恩斯的确把本体论纳入了自己的思考范围，他对本体论事业的显著贡献的确与支持当代后凯恩斯主义的人们的工作足够相似（即是说，它们是某种像在批判实在论范围内系统化了的那些东西）。

事实上，J. 凯恩斯关于社会理论的研究路径甚至早在他转向经济学之前就是本体论取向的了。这一点从他早期反对 G. 穆尔（G. E. Moore）的某些规则（诸如"在交谈中要说实话"）应当永远遵守的道德圭臬中看得很清楚。G. 穆尔的理由是这种遵守规则的行动往往会带来道德方面的好处。J. 凯恩斯反对这个理由，因为它隐晦地依靠概率的相对频率理论，他认为这是一种预设了封闭宇宙的理论（例如 Lawson, 1993；1999b）。实际上，对 G. 穆尔的推理的这次反对导致 J. 凯恩斯最终写出了他的《论概率》（A Treatise on Probability, J. 凯恩斯, 1973b）的专著，这本书表明概率判断总是有各种满足条件的，而这些条件特别是在社会领域几乎是永远不会被满足的。

因而，发现这本专著的取向往往显然是本体论的就不足为奇了。最为明显的是，在 J. 凯恩斯考查概率推论中的归纳推理是否能被证明是合理的时便是按此方向做的。因而，他曾一度力求确定采用归纳法的当代自然科学家们的隐性本体论预设。我们可以看到，他是明确质疑科学方法的本体论预设的经济学家中出类拔萃者：

> 科学家们通常按照关于物质规律特性的基本预设行事，在我看来，这远比纯粹的统一性原理简单。他们似乎在假设着某种更像数学家们称为"低效"（small effect）的假定东西，或者说，在这个语境中，我宁可把它叫作自然规律的原子特点。如果需要这种假定的话，物质宇宙系统必须由我们也许称为（关于由此表达的大小［或尺寸］并无任何含义）法定原子的那些物体构成。这样一来，每个原子都各自发挥其特别的、独立的和不变的效力，总体情况的变化是各种分别变化的数量的复合，每一个小变化都仅仅归因于先前情况的分别部分。在具体物体之间我们没有固定不变的关系，但每个物体仍然对其他物体产生着各自不变的作用，这并不随变化着的情况而变化，当然，如果所有其他伴随原因是不同的，总结果也许可被改变至任何程度。根据这种理论，每个原子都可被看作一个独立原因，并不进入每种有机合成都要受到不同规律支配的不同有机合成过程。
>
> （J. 凯恩斯, 1973b: 276, 277）

请注意，凯恩斯在注意到自然规律的原子特点的同时，他还提出了并非所有自然现象都需要具有原子特点的逻辑可能性的见解：

> 假如看上去是一个更复杂现象的组成部分，事实上科学家希望发生这种现象，也许有理由期望把它与在另一情境下同样复杂的组成部分相互联系起来。但是，如果多个整体受不同规律支配的话，那么，多个准整体，不仅因为其各个组成部分之间存在差异且与这些差异成比例，关于一个部分的知识似乎不可能导致它与其他部分的联系，哪怕是推定的或大概的知识。另一方面，考虑到大量的法定原子单位和联系它们的那些规律，在没有穷尽关于所有共存现象知识的条件下，就有可能通过推理得出成比例的结果。
>
> （J. 凯恩斯，1973b：277，278）[11]

在某些现象并非是原子状的程度上说，很清楚，预设了原子性的自然科学家的那些方法不能被认为是普遍适用的。

J. 凯恩斯的本体论观念有什么特别之处？我们可以观察到，虽然在20世纪早期的那些年月里，J. 凯恩斯似乎对自然界的物质可被看作原子状的看法的态度并不那么明朗，但到了20世纪20年代中期时，他已理所当然地确定了自己的观点，认为社会现象不可能被视为各种原子状实体。因此，J. 凯恩斯在1926年撰写埃奇沃思（Edgworth）的传记时写道：

> 在物理学中表现得异常出色的原子假设在心理学或心灵学中却完全失灵了。在每个转弯处我们都面临着有机统一的问题、离散或相不相关问题、不连续性问题——整体不等于部分相加的总和，数量比较令我们失望，小变化产生大结果，一个统一体和同质连续体的假设是不令人信服的。
>
> （J. 凯恩斯，1933：286）

J. 凯恩斯关于本体论的观点在他批评丁堡根（Tinbergen）的计量经济理论时显得格外鲜明。后者的工作被认为是没有多少根据的，这恰恰是因为它假设了一份原子因素的完美清单（即原子因素的一个有效的隔离集），也就是说，因为它假设了在相关性意义上说社会世界是封闭的，而事实上我们知道它不是封闭的。

在其中 J. 凯恩斯做出基于本体论的批判的语境，反映在对 20 世纪 30 年代一份来自万国团（the League of Nations）的邀请信的回应之中，这份邀请的目的是评估丁堡根（Tinbergen）早期有关商业周期的经济计量工作。在这里，J. 凯恩斯明确表达了一种观点，即认为经济学的物质具有这样一种性质，以致讨论中的自然科学的各种做法和常规不适用于对其的分析：

> 不像典型的自然科学，随着时间的推移，用于经济学的物质在太多的方面并不是同质的。
>
> （J. 凯恩斯，1973c：296）

如我所说，这个本体论评价是 J. 凯恩斯关于计量经济学适用可能性的评价的核心。在对万国团邀请的最初回应中，J. 凯恩斯写道：

> 首先有一个方法论的核心问题——把多元相关的方法应用于不可分析的经济物质，我们知道在时间的推移中它们是非同质的。如果在处理数量上可测量独立力量的行动，经过充分分析，这样我们便知道我们在处理独立的原子因素，以及它们之间全面而完整的关系，这些因素用变化不定的相对力量在时间的推移中作用于恒定而同质的物质，我们也许能够采用多元相关的方法，相信能够揭示它们的行动规律……
>
> 实际上我们知道，这些条件中的每一个条件都远非调查研究中的经济物质能够满足的……因此不可能做出更加详细的评论。所得的系数或协同因素显然被认为在 10 年或更长的时期内是恒定不变的。然而，我们肯定知道它们并非是恒定的。没有任何理由认为它们为什么每年不应当不同。
>
> （1973：285—6）

这类评论在上世纪 30 年代末反复出现，至 1939 年 J. 凯恩斯写出对丁堡根

的著作的最终评论时达到顶峰:

> 广义地说,最重要的条件是所有相关方面中的环境,而不是我们具体考虑的那些因素中的变动,随着时间的推移应当是恒定与同质的。我们没有把握说这样的条件将来会持续下去,即便我们过去曾发现过。但是,如果我们过去曾发现过它们,不管怎样,我们就有了归纳论证的某种基础。

他又补充道:

> 看上去反对把多元相关的方法应用于复杂经济问题的意见主要在于环境中明显缺乏任何充分程度的统一性。
>
> (1973c: 316)

所以,上面阐释的后凯恩斯主义的确与 J. 凯恩斯的路径十分一致。当然,J. 凯恩斯非常热衷于把经济学研究调整到相关方向。后凯恩斯主义者不仅保持了那个奋斗目标,而且至少隐晦地坚持着 J. 凯恩斯遗留下来的本体论方向,在反对当代主流的演绎主义还原论的斗争中尤为如此。因此,可以说,后凯恩斯主义理论也具有历史或发展过程中的一致性。

后凯恩斯主义的多种竞争性理论与策略

这样,我们可以辩称,后凯恩斯主义的持久显著的特点的确是联系在一起的,这并非出自偶然。但是,即便如此,我们常常看到,后凯恩斯主义者的更实际或具体的理论或策略方面的文章却是前后矛盾的,实际上是相互竞争的(如后凯恩斯主义者自己承认的那样,见例如 Arestis, 1990; Dow, 1990)。[12] 这是开始时的第二种观察,它似乎威胁着后凯恩斯主义可能具有的一致性。我在这里旨在表明,这样的事态也可被阐明其与后凯恩斯主义具有一致思想是相容的。

请注意,这是具有一定意义的事情,即批判实在论作为一种哲学方向的理论，其成果具有高度的抽象性，本身并不做出任何直接且具有实质性的断言或具有具体策略意义。它实质上是为包括社会科学在内的科学服务的。它不能起到代替科学探究的作用。

批判实在论的论点，举例来说，是假设社会实在是一个突现领域，它是有结构的、开放的、有区别的、动态的，在相当程度上是由具有内在联系的各种整体构成。然而，揭示或者探究具体结构，包括突现的各种整体或过程，或在其中它们结合起来产生事件的实际过程等任务，却不是批判实在论的一个组成部分。这样的工作是各种具体科学自己的事。

当然，许多对批判实在论做出贡献或由批判实在论提供依据的人们也做着更加具体的社会理论工作。然而，任何最终形成的实际观点或策略方向都与批判实在论有着理所当然的密切关系，这个结论仅通过观察到以批判实在论为根据理解科学的性质和社会的性质的研究人员的研究成果而得出。

事实上，一旦我们接受批判实在论所揭示的实在的开放性、动态性、整体性的特征，发现由实在论的观点提供根据的不同社会科学家往往对给定的具体现象的具有竞争性的解释就不足为奇了。在有这种情况的地方，把任何一种解释视为对讨论中的现象的解释是批判实在论的描述显然是不恰当的。目标仍然是追求真理，希望通过使各种竞争性假设接受经验形式和其他形式评价的检验，从解释力角度看，产生一种看上去优于别的形式的描述，等等，并由此得到广泛认同。但即便得出这种论点或在得出这种论点的地方，仍然不能说讨论中的描述到时将不会被修改或替代。我们反复重申，实在论的见解是，所有认识都是可错的、局部性的或有可能是易变的。如果未来取得进步，发生连续性变革，即便在当前我们最强有力的解释中，也将会受到鼓励。因而，在任何阶段都不能把一种实际理论说成是具有批判实在论资格。

到此，我相信，存在有关后凯恩斯主义者产生的理论成果的一种平行论点。[13]我并不希望归因于后凯恩斯主义功能不足。但是，正如批判实在论者们能够产生一系列的实际理论和策略方向，但认为这种可能性不能折中——批判实在论是整体上协调一致的理论，后凯恩斯主义似乎也能做到这一点。由于人们发现后凯恩斯主义中的一致性的基础依赖于其（往往是隐性的）本体论方向，因而它与高度具体的实际论断相一致。换句话说，各种实际论断和策略成果可被说成是由后凯恩斯主义者产生或持有的，但不构成后凯恩斯主义观点的基本特征本身。它们不构成任何事物的后凯恩斯主义理论。

附带说一下,这里要提出一个关于方法的相关观点。不管语境如何,有些评论家把反对主流理论的批判实在论先验地将形式建模普遍化的做法解释为反对所有形式建模的企图。从这种理解出发,我们可以做出这样的推论,即如果后凯恩斯主义者的确利用批判实在论的成果,这在某种程度上会限制它们从事如计量经济学那样的形式方法(见例如 Walters 和 Young,1999)。

但这里有一种误解。由于批判实在论本身关于何种具体社会过程在任何语境中起作用的问题无话可说,或关于不同的社会过程将如何结合起来产生实际事件的过程的问题无话可说,所以,它不能事先确定各种类型的方法在任何语境中是适当的或不适当的。因此,全面拒绝计量经济学,或拒绝实际上任何其他方法的立场,都不会或不可能得到批判实在论的支持。批判实在论提出的反对将经济学还原为形式分析的理由无疑是无可挑剔的。它确实强调,任何把形式方法有效地应用于社会科学研究都需要具备某些(封闭)条件,这些条件构成极为罕见的社会实在的特殊形态。但它不能也不会排除在某些语境中会出现这些条件的可能性。事实上,它已表明,讨论中的那种封闭本身就预设了一种开放的有结构的系统,这些封闭本身就是这类系统的一个特例,也就是说,不能广泛获得的那类系统的一个特殊例子(见例如 Lawson,1997a)。批判实在论因而不可能也不会先验地排除其有限度地发生。

这种实在论理论在可行性程度上说,宁可被认为本质上是事后性取向的。如果其基本关注的是把本体论思想带回到画面,表明特别在社会领域的真正可能性,但它不能先验地确定哪些可能性在任何局部语境中将被现实化。它能解释为何相关种类的事后封闭似乎在社会领域极少出现(鉴于后者人与能动性的相互依赖性、固有的动态性和高度内在联系性),它能并确实会表明在其不在场的情况下的进展方式(例如对比解释的各种形式——见以上第四章;或 Lawson,1997a:第十五章)。但就现状而言它是关于这些问题的。简言之,批判实在论有助于但不先验地排除任何范围的各种现象情境,因而与其支持方法多元论的观点并无矛盾之处。

可以说,如果后凯恩斯主义者或不管什么人真的想发现如果在某些条件下某些形式演绎方法或不管什么可能有助于启迪思想,那么批判实在论的对手不是这些人。毋宁说,对手是主张任何形式的先验主义教条。特别是在当代经济学的语境中（对后凯恩斯主义者来说是这样），主要目标是当前的主流先验地坚持认为形式建模是唯一正确、普遍有效的当代经济学研究方法，它还在实际上禁止其他替代路径。

简单地说，可通过把后凯恩斯主义视为进步的论断，或采取的做法或方向或者是批判实在论捍卫的社会本体论的具体表现，或者预设了其合理性，具有所有这些特征的后凯恩斯主义就可被认为是连贯一致的。[14]

一致性的多种含意

然而，对于后凯恩斯主义者来说，这后一种认识也许看上去是一把双刃剑，这使我对后凯恩斯主义与批判实在论之间的区别提出质疑。如果后凯恩斯主义的一致性是通过将该理论与批判实在论联系起来的方式而获得的话，[15]我们一定会提出如下问题：如此解释的后凯恩斯主义是否最终仅仅是一种哲学观念。它的确仅仅是批判实在论的一种版本或先驱吗？我怀疑许多后凯恩斯主义者是这样预设的或宁可相信如此，或者有别的什么想法。

然而，如果后凯恩斯主义的确被认为不仅与批判实在论相一致，而且相区别，并确实不可还原为批判实在论，那么，似乎接踵而来的必然是所有后凯恩斯主义者共有的一些评价或其他方面或关注，但不必包括所有接受广义的批判实在论观点的人们。我在早先一篇文章中推测（Lawson，1994b），这些将低于本体论的概括水平但高于大多数具体的实际论断水平。在早先那篇文章中，有一个问题被提及但没有得到回答——在什么程度上情况是这样的？我在下面将提供一个答案建议。

异端传统的范围：共同性与差异性

这是上面讨论的又一个具有相关性的潜在的成问题的含意。因为有人可以辩称，如旧制度学派、奥地利学派等那样的其他异端传统，也隐晦地赞同某种像批判实在论的本体论和普遍性观点的东西。如果情况的确如此，如果批判实在论的确是联系与融合各种竞争性异端传统的一个框架的话（虽然并非所有人能做到，但大多数人已经觉察到相关特征之间的联系[16]），[17]将后面这些传统相互区别开来的问题仍然出现了。[18]

我提出这些问题，不是希望隐晦地说经济学中的广义上的哲学异端传统不能自己为批判实在论做出贡献。关于哲学问题，多种见解之间的交流可能是，且无疑是，批判实在论与异端传统之间相辅相成的互动方式。但我相信，公正地说，批判实在论确实提供着比其他学说多得多、宽得多的哲学资源。经济学中的异端传统，在我看来，仍然需要从根本上将它们自己在一个更加具体或更加实际的分析水平上从根本上区别开来。

我也许会附带提及，某些（旧）制度学派的人做出了以实验为依据的断言，说什么制度构成了社会结构的种类，这（在某种意义上）是经济学中至关重要。甚至有时人们认为制度应当取代主流经济学的原子个体作为主要分析单位。不管这种断言（如果阐述更详尽）是否正确，并/或被广大（旧）制度学派的人所接受，在我看来，这恰恰是我们寻找的那种概括化的性质，但它却被合理地具体化和经验化了。当然，这个前提并不是批判实在论本身的一个组成部分。我在1994年发表的第二篇论文中提出的另一个问题是，是否相似种类的任何前提都被或可能被后凯恩斯主义圈子内的人所接受。

区别各种异端传统的提示性基础

在前面的文章中，我没有对所提出的有关如何识别后凯恩斯主义，或如何识别各种异端传统相互之间，以及与批判实在论的差异提供建议性答案。至少，我克制自己没有超越界定，每种异端传统的规定特性将有可能处于低于社会本体论的抽象水平、却高于对非常具体的现象的相对具体的社会科学解释的水平。可是，这里我真想就此问题多说几句。具体地说，我的建议是，异端传统既不能根据人们喜欢和支持的任何具体理论或策略建议，也不能从被认为构成最基本的分析单位的经济的任何特征，也不能根据任何其他具体的实际断言或方法论断言，被十分恰当地确认并相互之间进行区别（并与批判实在论相区别）。我宁可认为做出区别的最可靠的基础，是依据所提出的各种疑问或困难，或社会经济界认为足够重要或有趣或值得关注，以保证经得住持续而系统的检验。也就是说，我认为应当根据社会经济生活的特征对不同理论进行描述，在此基础上他们发现有理由连续不断地聚焦他们的研究。

换句话说，如果本体论说明异端传统与当代主流之间的差异，即是说，如果本体论的研究成果能把后凯恩斯主义和其他学术流派确认为异端学说的话，正是它们的具体的实际方向与关注，而不是答案或原理，才使异端传统之间显示出差别。

经济学在社会科学中的地位

把这个见解与我在第六章中主张的科学实在论的理论做一对比，这也许是有用的。根据后者的观点，不同的科学是根据与这些科学有关的物质的性质而被确认（并相互识别）。因此，物理学家研究某些物理学原理，生物学家研究生命过程，如此等等。请注意，第二章中所辩称的论断是，人类社会的物质是由诸如社会规则、关系、地位、过程、实践活动、整体等等这样的特征组成的。[19] 能看到这个本体论不仅适用于经济学，而且同样适用于社会学、政治学、人类学、人类地理学，和所有其他与研究社会生活有关的学科，这是中肯的。所以，接受这里捍卫的实在论的观点后，区分经济学的一门独立的学科就没有了明显的基础。毋宁说，经济学最多只能被看作同一个社会科学领域内的一种劳动分工而已。说实在的，由于历史原因，经济学也许最好被描述为社会理论的分支，或主要与研究涉及幸福的物质条件的所有社会结构和过程有关的科学（见第六章）。但不管后一种见解的细节是否被接受，这里更加广阔的相关性意义是，如果要把经济学看作社会研究的一个流派，不能仅仅根据其自己的本体论、方法论原理或实际断言，而只能根据其自己兴趣的具体焦点认定。

经济学范围内各种异端传统的地位

这种方式类似于我正在提出的各种异端传统也许同样可被看作各种劳动分

工的方式,但却是目前经济学范围内的分工。因此,(为了给出一些示例性建议,我只包括下面的几种描述),考虑到以前的重点,根据其关注的是源于社会实在的开放的基本不确定性的事实,后凯恩斯主义者也许可以得到确认。这种重点可包括不确定性或开放性的多种含义,以建立包括货币在内的某些制度,制定各种决策过程,等等。在策略层面,鉴于社会实在从现在到未来的开放性等特点,这种关注很可能包括对各种偶然性的分析,这种分析认识到普遍存在着的不确定性的事实。对那些特别受到 J. 凯恩斯影响的人来说,一个可能的焦点是,这些问题是如何引起集体性后果或宏观上的那些后果的,后者又是如何反过来强力影响个体行为和对结构转变的压力的,等等。

同样的道理,为了区分制度学派的学者,最好也不要根据其关于主要分析单位的断言,而是鉴于该理论传统上与演化问题有关,根据其对考察社会现象如何随着时间推移发生变化并/或持续的问题的兴趣而确定。从这种视角出发,社会生活的那些最具持续性的方面,如各种制度与习惯,特别有意义。在再生产与变革过程中的诸如制度和技术这样的要素之间的互动也是如此。还有一个可能的相关兴趣焦点是一种方式,在其中制度的形成与个人身份的再塑造在具体语境中可能具有解释方面的深远而重要的意义。

奥地利学派也许最好根据其强调研究市场过程,尤其是企业家精神进行确认,或者也许根据该理论注重研究生产和社会生活中的主体间互动等的重要作用而被确认。

对我来说,这里不必讲得过分具体。我想重复一下,上面讲的基本上是为了示例说明而提出的一些建议而已。

然而,这样的建议与,例如,某些女权主义经济学家已经倾向于确认她们自己的理论,即称其理论是一个关注妇女的理论,在其中把妇女看作主体(也许包括,例如,注重女人之间的差异与性别差异问题)[20]具体方向或重点是关注妇女(和其他被边缘化了的人群)在社会与经济中的地位。后者的重点包括在工作问题上妇女受压迫或歧视的社会原因、进步性变革或解放的机会、权利与策略问题,等等。这个方向在女性经济学范围内不可避免地意味着非常注重那些历史上与性别有关的问题,例如关心人,特别是小孩子,和某些具体地方的家庭结构的性质,等等。但原则上说,社会生活的任何领域都不能被排除。正是所追求问题的种类似乎最可能在异端传统范围内把一种路径确认为女权主义的，而不是具体的实际断言或方法论原理。[21]

  我也许要强调，建议异端经济学传统应当按上述方式进行确认或凸显，也就是说，把它们视为经济学范围内的各种劳动分工，我并没有主张将该题材分割开来。可以不存在严格的主题分割问题。人类社会似乎是一个具体高度内在联系的突现整体。我的建议仅仅是，各种各样的异端理论可被视为从不同角度研究同一个整体，每种理论都有自己的一套问题、即时激发的各种兴趣、不同的重点，等等，某种理论所取得的成果都需要与其他理论结合，形成综合性的东西。[22]

  然而，我要再重申一遍，我的意思是所有这些都是建议性的。它并不与某些异端经济学家的断言或方向相悖。但是，在不造成明显紧张状态的条件下，由于那套著名的建议容许用一种前后一致的方式不仅在各种异端传统中相互进行区别，还要与批判实在论进行区别，用一种既与当前主流理论有别又要超越主流理论错误的各种异端传统的一致性与共性（植根于本体论）的方式进行阐释工作，这的确需要花些力气才能说得明白透彻。

第八章
制度经济学与实在论社会理论化

100 多年前，T. 凡勃伦就概括性地提出过一个也许是经济学史上最著名的问题："为什么经济学不是一门演化科学？" C. 埃利斯（Clarence Ayres）在一篇论文中称 T. 凡勃伦为"建立美国制度学派之父与指导灵魂"，他的结论是，正是他提出的那类问题才"显示出 T. 凡勃伦遗产的意义"（Ayres，1963：62）。

但是，T. 凡勃伦遗产的意义被这么大的一个科学的哲学问题揭示出来，那么，他的遗产的特征究竟是什么？我的论题至少在哲学的那些问题上看，T. 凡勃伦的基本遗产是：

1. 一个建设性大纲；

2. 植根于本体论观念，其包含的特征与本书从头至尾辩护的东西十分相似。

这个论题看上去有可能引起争议。我当然承认，T. 凡勃伦根本上强调的不是本体论，而是具体的方法或科学形式，即演化论方法或演化论科学。从那以来，这个重点一直很突出，并连续不断地受到制度学派经济学家的反复强调。此外，虽然宣扬 T. 凡勃伦传统的旧制度主义者不断忙于重新评价 T. 凡勃伦贡献的性质问题，本体论范畴依然四处出现，相对来说至少直到最近。[1]

另外，即便我把一个建设性大纲与 T. 凡勃伦联系在一起的做法，对某些人来说似乎也是有问题的。我欣然承认，正如一项关于他的方法论方面的贡献的研究显示的那样，T. 凡勃伦在关于任何建设性大纲的问题上有点犹豫。与我的论题相反，最近发表的一些咄咄逼人的文章认为，T. 凡勃伦的基本哲学理论实际上是：

1. 一种在下面问题上的"解构主义的"冒险；

2. 认识论，一种在某些方式上类似于当今的后现代主义者的认识论（Hoksbergen，1994；Peukert，2001；Samuels，1990；1998）。

例如，H. 波伊克特（Helge Peukert）提议说：

> T. 凡勃伦的想法基本上来自于那个普通的假设，即在拉卡托斯亚式的（Lakatosian）的意义上他致力于制订一个建设性研究计划。……他没有，也不想展现一种可实际运用于经济过程分析的新的积极演化论方法。他不想假装揭示经济史或各种制度的任何逻辑。
>
> （H. 波伊克特，2001：544）

H. 波伊克特的论点是 T. 凡勃伦"只有一个科学目标"，这是"一种对他称为流行思想习惯的激进的解构性批判"（2001：544）。换句话说，"T. 凡勃伦的基本意向是揭露科学的先入之见"，这是一个反映他早期阅读 I. 康德著作时受到其影响的目标。结果是 T. 凡勃伦的思想被解释为"本世纪转折时确切地阐述了一种后现代认识论"（551）或他是个"接近于所谓的像 R. 罗迪（Richard Rorty）那样的后现代思想家们的人物"（550）[2]。

很清楚，由于本体论在制度学派传统中几乎没有得到强调，T. 凡勃伦的建设性大纲的那种想法最近被明确拒绝，如果我要强有力地捍卫自己的论题的话，似乎我有大量工作要做。然而，如果我的论点是正确的，我们就可把 T. 凡勃伦的贡献视为在实在论社会理论化方面打下了基础。我相信这是 T. 凡勃伦给当代经济学、特别是当代旧制度学派留下的一份具体遗产。其细节我将在本章末尾时探讨。

演化科学与本体论

我从本体论的问题开始。请注意，虽然演化论方法的想法或演化科学的想法在制度学派的著作中显得很突出，并多多少少与 T. 凡勃伦有普遍联系，但 T. 凡勃伦对它们的理解问题并非总是很清楚的。[3]无论如何，我想在这里重新检讨一下 T. 凡勃伦思想的重要含意。因为这是涉及到演化论方法与科学的我的论点的组成部分，T. 凡勃伦提出的一个论题实质上主要是本体论。一旦这个问题被阐述清楚，我就可以更加容易地解决一个建设性大纲是否是 T. 凡勃伦哲学遗产一部分的问题。

在 T. 凡勃伦的著名文章"论演化"（evolutionary essay）的一段文字中，他力求澄清演化科学观念，他写道：

> 演化科学与演化前科学的不同之处……是精神上的态度或两代科学家不同观点的差别。换句话说，它是基于为了科学研究的目的对事实进行评价的差别，或者说出自对事实评价的兴趣的差别。对前辈科学家和晚辈科学家来说，对各种事实评价的基础是，从细节上看，被理解为存在于它们之间的因果关系。对自然科学来说，在最大程度上的确如此。但在处理更全面的序列和关系的方案或计划时——在其对结果的确切表达中——两代科学家是不同的。当代科学家不愿意背离因果关系或数量序列的检验。当他提出"为什么"的问题时，他坚持按因果关系给予回答……这个求助对象在我们这个时代可借助积累性因果关系的概念，随时用于处理各种发展规划和一个全面过程中的各种理论问题。
>
> （T. 凡勃伦，1898：59—60）

这段文字中 T. 凡勃伦的演化科学思想的若干特点值得辨析。很显然，讨论首先是以认识论（或甚至心理学）的词语表达的。他基于诸如"精神上的态度"、"观点"、"评价事实的基础"、"科学研究目的"和"出自对事实评价的兴趣"等这样的范畴。T. 凡勃伦首先集中于可迁领域、认识的方式或形式，而不是已知事物的性质。

然而，所有方法、框架和观点都包含着本体论的各种预设。这段文字的一个引人注目的特征（也是他全部著作的特征）[4]是本体论事业处于前锋位置，并差不多被嵌入讨论之下的对各种认识方式或形式的描述之中。特别是，关注演化科学都与积累性因果关系有关。T. 凡勃伦所用的术语是变动不定的。他写过关于（在其全部著作中）因果关系、因果序列、因与果等方面的问题。然而，T. 凡勃伦不仅理解所用这些特征都是一个过程的组成部分，而且思考过一种演化科学无疑与各种这样的积累性过程的性质有关（而不与，譬如说，也许在某个阶段发生的任何结果有关）。[5]

上面引用的那段文字的另一个显著特征是，T. 凡勃伦认为一种演化科学部分由被排除于相关的科学本体论之外的东西凸显出来。可以肯定，当代科学家或演化科学家关注的是各种因果过程。此外，任何这样的科学家"都不愿意背离因果关系的检验"（加以强调）。如果先辈科学家们曾用过因果思想的话，他们还引入了"自然规律"或正态性或目的论这样另加的概念。前辈演化科学家从不认为仅根据因果关系就足以将实在概念化。[6] 然而，对演化科学家来说，根据 T. 凡勃伦的说法，因果是唯一的解释标准。因此（继续前面 T. 凡勃伦那段著名的引文），T. 凡勃伦坚持认为，如果演化科学领导者们值得赞扬的话，那么，其功劳在于：

> 他们拒绝回到苍白的现象序列，而是为其最终综合法寻求更高的基础……并借助其积累性特点，表明这种苍白的与个人感情无关的因果序列可用来为其正确理论服务。
>
> （T. 凡勃伦，1898：61）

因此，他持有这样的观点，即认为如果一种科学算得上演化科学的话，说任何情境的出现都是预先决定的，因而在任何意义上都值得赞扬或是合理的，这种看法是不合理的。这些是预先或非演化范畴：

> 在各种事件进程中关于一种合理性趋势的观念，是外加的关于演化的先入之见，它存在于任何探索过程的因果序列范围之外。
>
> （T. 凡勃伦，1898：76）

毋宁说，T. 凡勃伦把适合于演化分析的任何事件进程都描述为某种像"与个人感情无关或机械性序列"相一致的东西（Veblen, 1898: 62），描述为任何过程，在其中这样的与个人感情无关的序列被作为"不带偏见的积累因果关系"产生出来（64）。所有这些措辞都用来表明所发生事件的非预先决定、非目的论的性质。这是他的积累性因果关系论题的不可分割的组成部分。

我认为事情已经很清楚，T. 凡勃伦的演化科学观念是直接从探讨一种具体的本体论的适当性角度构想出来的。后一种本体论是一种非目的论因果过程本体论，是一种积累性因果序列的本体论。的确，在某些场合，T. 凡勃伦明确地表达了这一点：

> 关于演化科学最基本的假定，始终如一支撑探究的先入之见，是积累性因果序列的观念。
>
> （T. 凡勃伦，1900：176）

在我心中有了对 T. 凡勃伦的演化科学的这种理解之后，现在，我将转向我的更大的论题，即 T. 凡勃伦的遗产是一个建设性论题，在其中本体论占中心地位。

方法、认识（知识）理论与判断方向

这么说，T. 凡勃伦的贡献包括一个建设性大纲吗？寻求这个问题的答案的一个明显问题是，T. 凡勃伦构想出他著名的问题意向。具体地说，他在提倡一种演化经济学吗？如果是这样，他是否因此而考虑如何才能达到目的？或者是，他在采取一种更加公正的态度，希望在没有对它们的相对科学优势或价值有看法的情况下，仅仅解释或预测各种发展？

为了尽快进入本问题的核心，我的评价是，在现有文献中，关于 T. 凡勃伦提出他的著名问题的原因，有两种基本的竞争性解释。我想再添加一个。

为了系统地阐明这些解释的共性与差异，区分可能因此种方法或路径占上风的任何过程不同方面的一位评论家，可能采取的三个不同方向是有用的。它们是：第一，讨论中的科学方法（X）；第二，借助其方法（X）具有的过程本身（Y），或期望成为有影响力的过程；最后是对这个可能占上风的方法（X）采取的评价态度。

区分了这三个方面之后，传统的或更常见的关于 T. 凡勃伦对这些问题的看法的解释就可用下表 8.1 中的模式 A 表示。

模式 A	X	Y	Z
(C. 埃利斯	讨论中的	由此过程 X	朝向 X 的评价方向
			非中性的
		期望被广泛	
		接受	
		以演化经济科学为目标的建设性研究	
	方法或科学	大纲	
	演化论的		
和大多数制度			
学派学者)			

我认为，许多制度学派学者的解释不是特别具有争议性，模式 A 扑捉到的这种论点是正确的。正如 C. 埃利斯所表达的那样：

> 在他的题为"为什么经济学不是一门演化科学？"……T. 凡勃伦提出一个从那以来一直挑战着制度学派学者的问题：如果供求规律、价格平衡理论、边际分析和所有那些，被抛掷一边，那么，制度学派用什么来填补？
>
> （C. 埃利斯，1963：54）

C. 埃利斯把 T. 凡勃伦描写成寻求着一种替代主流方法的路径，一种更能有助于理解的路径。T. 凡勃伦的起始点是"拒绝传统经济学观念"（Ayres，1963：55），他提出的"挑战"是用某种更能使"经济生活过程……被理解的东西替代主流观念（Ayres，1963：55）。正如 A. 梅休（Mayhew，1998a）报告的那样，C. 埃利斯关注的是"加速演化，现在清楚地被陈述为一条通向进步的道路"（Mayhew，1998a：459）。

以同样的方式，M. 拉瑟福德（Malcolm Rutherford，1998）曾写道，T. 凡勃伦"呼吁沿着当代演化思想路线重建或重构经济学"（463）（又见 Hodgson，1998b；Twomey，1998；和大多数探讨过 T. 凡勃伦的各方面贡献的性质的人们）。如 H. 波伊克特（2001）最近在大多数相关文献中发现的那样：

不管是肯定性解释或否定性解释，一种新古典的、新的偏见，或一种旧制度学派的偏见，它们都有一个共同点；那就是，它们都假设 T. 凡勃伦提出或试图提出一个积极的探索性和建设性的替代研究方案。

(H. 波伊克特，2001：543)

T. 凡勃伦的演化认识论

虽然符合模式 A 的解释性文献通常情况下都含有有意义的深刻见解，但我相信，到最后，大多数这样的解释在一定程度上也是误导人的。因为 T. 凡勃伦对下述看法非常清楚：经济学将被界定为一种演化科学，它独立于对后者本来就值得成为一种可能的认知手段的考虑，即是说，它不顾一种演化经济科学可能拥有的有助于人类理解力的任何潜力。在这种情况下，T. 凡勃伦认为没有必要提出一种建设性大纲（不管是想要的还是理想的）。因为不管怎样经济学将成为一种演化科学：

后来的（演化的）领会与吸收事实和为达到认识目的而操作它们的方法也许比早一点的方法好一些或差一些，更值得采用或不怎么值得采用，更充分或不够充分；它也许或多或少具有仪式或美学的效果；我们也许会被迫为我们教养不良的思维习惯入侵学者领域而懊悔。但所有那些都在目前的话题之外。在当代技术的紧急需要的压力之下，人的日常思维习惯正在陷入科学中构成演化论方法的那些思路；攀登更高更古的平原的认识（知识）正在变得与它们格格不入并对它们没有意义。社会和政治科学必须随波逐流，因为它们已经深陷其中。

(T. 凡勃伦，1898：81)

作为一位彻底的演化论者的 T. 凡勃伦

T. 凡勃伦辩称，经济学正在成为一门演化科学，不管谁高不高兴。因此，考虑如何致使这种局面发生是没有意义的。我认为，模式 A 对 T. 凡勃伦解释演化论方法（X）将如何被接受的理解必须被拒绝。但用什么来填补？W. 塞缪尔斯（Warren J. Samuels, 1990）提供过一篇事实上反对模式 A 的优秀文献。在提供了大量原文依据的基础上，W. 塞缪尔斯做出结论：

> 的确，T. 凡勃伦是一位真正的（我可以这样说吗？）演化论经济学家：他把他的演化思想应用于自己的思维中，甚至应用于演化论的思维本身。

（W. 塞缪尔斯，1990：707）

随即又说：

> T. 凡勃伦……采取了这个观点……即解释是具体的解释系统，不存在依据其在不同的先入之见之间进行选择的具有任何程度的严肃决定性的元标准及其他等等，除了通过挑选依据其先入之见被选择的那个前提之外，不存在独立的解释或评价立场。

（W. 塞缪尔斯，1990：703—4）

这里，我认为，W. 塞缪尔斯认可 T. 凡勃伦的观点，即采纳演化论方法或"演化论的思维"本身就是某种可用演化论方法分析的东西，或受演化论的思维支配的东西。W. 塞缪尔斯还自以为 T. 凡勃伦相信，没有从其出发演化论的思维方法与其他方法相比可根据相对价值能被有意义地进行评价的立场。因此，W. 塞缪尔斯的观点与其他类似的观点一样，在我看来，可用表 8.2 中模式 B（的一个版本）表示。

表 8.2　模式 A 与 B

模式 A	X	Y	Z
（埃利斯	讨论中的方法	由此 X 期望被广泛接受	朝向 X 的评价方向
	或科学	演化经济学建设性研究	非中性的演化论的或
和大多数制度派学者）		大纲、目标演化的	中性的

在表 8.2 中，第一栏中的"演化的"这个术语指的是讨论中的方法（X），而在第二栏中它表示按演化论方法分析的一个过程（Y）。[7]通过描述，在第三栏中，评价方向（Z）是演化论者的方向，我只是意指一个视角，根据这个视角，任何结果（这里，说明确些，相关的预期结果都表示普遍接受演化论方法）都被看作仅仅是偶然发生的或"与个人感情无关的"。它被产生或"被选择"都不能因此而使它成为标准的、好的或值得褒扬的东西，等等。

我相信，模式 B 是对 W. 塞缪尔斯的解释的一个很好的代表（从后现代或类似的角度描述 T. 凡勃伦的其他解释也是这样的代表）。的确有理由得出结论：正如我已经注意到的那样，模式 B 至少部分地比模式 A 先进。然而，还有一种感觉，那就是我认为模式 B 走得太远。我认为一种较好地代表了 T. 凡勃伦的观点的解释，也是下面我将阐明的解释，被系统化为第 192 页（原著）表 8.3 中的模式 C。

表 8.3　模式 A、B 和 C

模式 A	X	Y	Z
（埃利斯	讨论中的方法或科学	由此过程 X 期望被广泛接受	朝向 X 的评价方向
和大多数制度学派学者）	演化的	经济学演化科学的建设性研究大纲目标	非中性的
模式 B	演化的	演化的	演化论者的
（塞缪尔斯和后现代主义者）			或中性的
模式 C	演化的	演化的	非中性的

为什么我认为模式 C 较好地代表了 T. 凡勃伦的观点呢？有好几种理由。在试图证明它们之前，我先把它们一一列举出来。第一，可以表明，W. 塞缪尔斯和其他人引用的用来支持模式 B 的那些段落，只能看作不利于 T. 凡勃伦明确辩称建设性大纲应被接受的思想。在批评模式 A 的一个方面时，人们想当然地认为模式 B 是唯一切实可行的另一路径。然而，一旦模式 C 引起争议，我们就能看到，如果模式 B 想要保持下去，就需要更多的论证。在我看来，W. 塞缪尔斯注意到的那些段落至少与适合模式 B 一样适合模式 C。第二，T. 凡勃伦在支持与演化论方法相关的具体本体论观念时，被认为明确参与了本体论的批判活动（或决定性否定）。[8] 归纳起来说，这些断言提供了一个对 T. 凡勃伦解释，凭此，他不坚持认为我们大家都受到当前认识论或阐释学框架的限制。如果得到事实的证明，我们就会看到，它们在某种程度上把我们推向支持这里争论的综合性论题，即 T. 凡勃伦的一份有意义的哲学遗产，是一个实质上具有本体论性质的建设性大纲。可是，在进一步论证之前，我需要证明上述断言是有道理的。

支持 T. 凡勃伦是一位彻底的演化论者的原文证据

为了根据 W. 塞缪尔斯所指的那些段落理解模式 C 至少与模式 B 一样好，让我对后者略加考虑。例如，我已经注意到 T. 凡勃伦写过下面的话：

> 为了认识的目的理解与吸收事实的后一个（演化论的）方法也许多多少少比前一个有价值或充分或差不多。……但它们全不在目前的话题之内。
>
> （T. 凡勃伦，1898：81）

我们仍然能看到，这段文字证实的不是 T. 凡勃伦否认任何科学方法具有固有优点的可能性，而仅仅是他认为这样的问题与任何具体方法是否被接受的过程没有相关性。根据 T. 凡勃伦的见解，关键只是不管演化论方法是否具有固有优点,它都将会在经济学中占支配地位。值不值得的问题在像此段文字这样的段落中被搁置一旁,而不是因为难以确定而不予考虑。

对 W. 塞缪尔斯来说带有根本性论证的另一段文字如下:

> 在当代文化中,工业、工业过程和工业产品……已经成为塑造人的日常生活的主要力量,因而成为塑造人的思维习惯的主要因素。所以,人学会了如何从技术过程的作用出发思考问题。对于那些由于在这个方向上具有格外强的易感性(斜体)而沉迷于事实科学研究习惯的人来说尤其是如此。
>
> (T. 凡勃伦,1906:17)

这段文字被 W. 塞缪尔斯解释为显示 T. 凡勃伦接受了这样的思想:一切思维或思考都受制于特定的系统,在我们的认识论框架中我们实际上没有选择权。

请注意,我虽然为模式 C 辩护,但我不希望否认工业过程和产品对群体习惯等具有重要影响,甚至还影响着各种科学过程。在某种程度上,我们所有人都是我们的社会条件塑造出来的。但接受这一点并不是要否认批判性评价思维的所有空间。尤其是,受到特殊社会力量的因果关系上的主要影响,并不能阻止我们调查研究或认识这些力量。正如 E. 索菲亚诺(Evanthia Sofianou)(在对后现代主义的极具深刻见解的评价中)所说:

> 为了研究社会结构,我们不必置身其外。当然,我们的确不能用神的眼睛(上帝的眼睛)观察世界,但这并不意味着我们只能用一个孩子的眼光进行观察。
>
> (E. 索菲亚诺,1995:384)

此时,我的断言仅仅是,那些显著影响并非全都是决定性的,T. 凡勃伦认识到了这一点。我把引用 T. 凡勃伦的这段文字中的词与短语用斜体表示,仅仅因为,在我看来,它们容许保留一个批判空间。思考习惯是被塑造的,而不是被决定的。如果这对某些已经学会用上面所说的方式思考的人来说"格外真实"的话，那么，强调这一点的意向也许是仅仅因为它并非对其他每个人都格外真实。可是，再说一遍，重点的确在第二栏的词条上。显然，T. 凡勃伦认为，变化的过程基本上是演化的，但并不完全是。并非每个人都是完全易感的。

这样留有余地的陈述在 W. 塞缪尔斯引用的其他段落中也有出现。这里，我不能包括所有这样的摘录，仅以下面几段为例做说明。我想使读者不仅注意该评论的主要推力，而且要注意那些留有余地的措辞：

> 经济学家们的观点大部分总是他们那个时代开明的常识的观点。特定一代经济学家的思想态度很大一部分是当前世界关于其理想与先入之见的特殊产物。
>
> （T. 凡勃伦，1899b：86，加以强调）

对 W. 塞缪尔斯的评价具有中心意义的另一段文字如下：

> 公开声明从这个观点本身出发进行的对科学观点的讨论，是一个圈子内部争论的必然现象；这样的现象很大部分是照此继续进行的特点。其大部分是从本身的角度解释科学观点的一个企图，但并非从整体出发。
>
> （T. 凡勃伦，1908：32，加以强调）

W. 塞缪尔斯是正确的，因为这表示 T. 凡勃伦承认有必要自我指认，将一个人置于那个人自己的分析范围之内。在这方面，T. 凡勃伦无疑显示了自己是他那个时代的主要思想家。但是，那些用斜体表达的文字，可用来限定在什么程度上 T. 凡勃伦视自己在一个"圈子内"争论问题。他的下一句话解释了他的这种限定：

> 这种研究不假定在论述科学假设的起源或合理性问题，而只是在论述习惯性使用这些假设的发展和使用它们的方式问题。
>
> （T. 凡勃伦，1908：32，加以强调）

这里，我认为 T. 凡勃伦是在说，他论述的仅仅是关于由此演化假设最终被广泛习惯性使用的演化过程的。然而，合理性问题却显然未被考虑。T. 凡勃伦还没有走到能表明这些假设的合理性问题超出了研讨范围的地步。他只是在表明，做出任何这样的评价并非是他的基本目标的任何组成部分。

因而，到此为止，我已表明，即便是 W. 塞缪尔斯强调的那类原文依据也没有提供解决 T. 凡勃伦对模式 B 的解释问题的办法。它并非不利于模式 A 的一个方面，也就是 T. 凡勃伦提倡采用一个建设性大纲的想法。但是，捍卫模式 B 需要更多的论证。对那些为了树立演化论者的正当立场而支持模式 B 的人来说，他们还必须示例证明，对 T. 凡勃伦来说，这些演化力量是决定性的，而演化论方法本身却超出了评估的范围。W. 塞缪尔斯似乎的确乐于把"思维习惯与行为习惯的文化决定论"归因于 T. 凡勃伦（Samuels，1990：711），但我认为，摘录于 T. 凡勃伦的那些段落并不支持这样的归因。确实，W. 塞缪尔斯摘录的这些段落中的各种限定条件对模式 B 没有任何真实意义，并已经表明模式 C 是更加适当的代表。无论如何，有可能产生只能受到模式 C 支持的更多的原文依据或其他依据。

T. 凡勃伦的评价方向

我已经注意到，对 T. 凡勃伦来说，演化论方法大致上被定义为一种适合于因果性本体论的方法。我是在说，虽然 T. 凡勃伦预料演化论方法将通过一个演化过程扎下根来，他实际上是从积极角度估量这种发展趋势的。如果这个解释是正确的，我们也许期望发现支持它的具体证据。确切地说，我们也许期望在 T. 凡勃伦的著作中发现，表示他的确相信演化论方法作为一种科学的助手不仅值得采用或真实可靠，而且比他所指的其他方法更值得采用或更真实可靠。此外，由于演化论方法是根据其适合于一种具体的因果性本体论构想出来的，我们也许还期望不仅会发现 T. 凡勃伦热衷于这种本体论的证据，而且还会发现一种信仰的证据，这种信仰是，正如与这种观点一样的一种本体论观点能被直接得到捍卫（而不是把各种本体论预设都看作其当前思维习惯的副产物，并且不欢迎质疑）。

当然，恰恰是模式 C 的这两个涵义才是那些赞同模式 B 的人所否认的。后一种撰稿人把 T. 凡勃伦解释为其辩称我们或多或少是由各种文化框架决定的（Samuel，1990；Peukert，2001）。从这种观点出发，T. 凡勃伦的见解是"没有什么真理能超出替代性的并往往是对立的各种框子（科学的或别的什么的）"（Peukert，2001：551），因此，T. 凡勃伦的因果性先入之见一定"派生于"他关于方法的观点，而不是来源于使前者具有适当性的深刻见解（Samuels，1990）。

现在，我认为 T. 凡勃伦的确既在直接捍卫因果性本体论，他本人又被看作从绝对与相对两个角度评价演化论方法的。首先让我考虑这个论点的前一部分。[9]

批判本体论与明确否定

在别的地方（Lawson，1997a：50—1），我为区分不同的竞争性本体论观念的明确否定的方法（包括争论的其他形式）进行了辩护。目的是找到与一位对手所持的替代观念相一致的共同之处，然后表明这个共同之处预设了与保留观点相一致的本体论的和其他方面的条件。我认为，事实上凡勃伦追求的正是这样一种明确否定，以便在积累性因果关系中提供根据。[10]让我简略地阐述一下。T. 凡勃伦认识到，一些当代科学家（特别是那些关注应用数学形式化的人）拒绝具有连续性、效率性和活跃性共同特点的积累性因果关系的形而上的概念。[11]这个特殊科学家群体对 T. 凡勃伦评头品足，企图通过仅集中于可感知的"与变化并存的现象"回避因果性形而上的观念：

> 因果关系概念被认为是一种形而上或抽象的假定，一个非难的问题，而不是一个观察的问题；然而，据宣称，科学研究既不，也不能，特别是目前不能合理地利用比一个与变化伴随现象的空洞概念更形而上的一种假定了，诸如根据数学函数充分表达的那些东西。
>
> （T. 凡勃伦，1908：33）

T. 凡勃伦似乎接受这种论点：至少对某些统计材料来说，变化伴随现象在科学中起着一定作用，因而有可能"利用"它。这是一个共有前提，T. 凡勃伦承认其"有道理"（1908：33）。[12]但在承认这个前提的同时，T. 凡勃伦辩称，他的对手们通过执着于此，预设了恰好是他们力求否认的东西。根据 T. 凡勃伦的说法，正是这些科学家不能不把因果序列"归罪于"各种事实，即便他们不承认在这样做：

> 此断言（不非难因果性）的确具有其自己的反驳性论据。在做出这样一种断言时，在既拒绝非难那些形而上假定又反过来批评其批评家们维护自己的观点时，那些科学家们都是从因果角度提出论据的。为了论战的目的，在他们的敌手将被科学驳倒的地方，不明确的伴随现象假定的捍卫者们发现那种假定是不充分的。在这种变换不定的结合中，仅仅为批评家的陈词与他们对这些问题不能自圆其说的阐述之间具有一种空洞的数量伴随现象（数学函数）关系，他们不满足于为此提供依据。他们辩称，他们不"利用"诸如"效率"这样的一个假定，而声称他们"利用"的是函数概念。但"利用"的不是一个关于泛函数变分的概念，而是以一种颇为总体性的高度拟人化形式出现的因果效率概念。他们自己的思维与他们"应用"的那些"原理"或实验与计算之间的关系不被认为属于这种不明确类型，他们把那些东西设定在自己"寻求"事实的任务之中。
>
> （T. 凡勃伦，1980：34）

这里，基本的相关性问题不是 T. 凡勃伦的本体论论点是否正确，或是否发人深思，而是他为实现自己的理想是否尽力而为。T. 凡勃伦并非无批判地接受愿意致力于何本体论观念，而是他非常明确地追求着证明那套方法比另一套方法的解释力更优越的目标，具体地说，是指他认为与演化论方法有密切联系的那一套方法。

还应当看到，T. 凡勃伦不只是在"解构"拒绝接受因果关系本体论的科学家们的观点，他也不是在仅仅显示他们的那些前提预设了一种因果关系本体论。在表示接受他们的前提时，他还同时承诺致力于其显而易见的那些预设。

此外，T. 凡勃伦曾一度试图搞出一个在批判实在论中很熟悉的论证版本。在别的地方（Lawson，1997a；以上第一章），我曾辩称，虽然经验实在论者（那些将实在还原为各种事件和它们之间的相互关系的人）颂扬控制实验，把它说成科学的典范，因为大部分事件规则性发生于这些实验，但他们缺乏对事件规则性受到这些实验条件重大限制的解释手段。或宁可说，他们只有通过承认希望否认它而能够解释后一现象。这是因为为了理解这种情境，就必须认识到事件规则性受到如此限制的原因，只是因为多半在控制实验中，底层因果机制才能从抗衡或抵消机制中被隔离出来，因而能从经验上得以确认。从 T. 凡勃伦下面的评论中，我们可以肯定地说，他正在获得同样的深刻见解：

> 尤其是技能高超的实验者本人，也有可能否认他的聪明才智，在这样的情况下，说得上比空洞的伴随关系更有效率。他的那些前提、假设和实验与他的理论成果之间的联系并不令人觉得具有数学函数的性质。一贯坚守函数原理或伴随变差，排除了求助于实验、假设或探究——的确，它排除了向任何事物求助，不管是什么。其符号或数量标志不包含任何拟人化的东西。
>
> （T. 凡勃伦，1908：35）[13]

T. 凡勃伦对演化论方法的支持

如果 T. 凡勃伦为因果本体论进行辩护（虽然只在脚注中），把演化论方法描述为适合于它的一种方法（较早的分类学演绎方法等更加适合），如我所说，期望他会表明把演化论方法看作科学方法的某种积极倾向。他的确做到了。与他鲜明支持积累性因果关系本体论的态度相一致，T. 凡勃伦被视为从绝对和相当两个角度支持演化论方法。

第一，他非常坚定地把依据演化论的思维习惯看作实在论的：

但在后来的经典作家手里，（经济）科学与那种实在论或演化论的思维习惯没有联系，这种思维习惯大约在本世纪中叶在自然科学中相当流行。

(T. 凡勃伦，1898：69)

第二，他做出了一个比较评价。T. 凡勃伦不把他讨论的思维习惯的变化解释为在认识论上是中性的，而是看作沿着实在论方向的一种运动：

在当代，特别在工业国家，在实在论方向上的这种对人的思维习惯的强迫性引导已经叫得特别带劲了；结果以有点不情愿但却因积累逐渐增加而不得不告别陈旧观点的方式显示自己。这种告别再明显不过，并在那些与诸如工程设计、技术发明等当代机械过程有直接联系的知识的普通分支中走得最远。

(T. 凡勃伦，1898：63—4)

让我在此强调一下，我并没有把 T. 凡勃伦解释为他在辩称，在著名的实在论方向上思维习惯不断变化的原因是其真实性的品质或可取之处。被观察到的这种运动的这一特征并不是对其本身的解释。毋宁说，T. 凡勃伦隐晦地表示，各种相关的思维习惯因植根于机械过程性质的各自理由而正在占上风。技术以鼓励群体性思维习惯发生变化的方式发展着。这些东西甚至转而影响着经济学家的科学思维习惯。但 T. 凡勃伦并未暗示，技术的各种具体发展在某种程度上是实在论方向上促成思维习惯变化的意向导致的。后者只不过是由不同目标支配的一个过程的非故意副产物。工业过程的各种发展并不总是鼓励更真实或演化论的思维习惯。然而，实际情况是，技术过程的当代变化，不管其具体原因是什么，在当前时代都具有产生这种效果的性质：

随着时间的推移……制约人对事实的系统化的环境条件以这种方式发生变化，以致把事件序列的无人情味的特点越来越置于最显著的位置，对没有从客观公正的角度理解事实的惩罚更加确实与快速。大量形形色色的事件势不可挡地强力注入人的头脑。精神的能动性的导向之手或对各种事件的一种倾向，随着人对事物的认识越来越深广，变得难以捉摸和辨认。

(T. 凡勃伦，1898：63—64)

总之，T. 凡勃伦的确表明了他的评价，认为演化论方法更加真实，却从未暗示过后者的品质是他期望演化论的思维习惯逐渐成为主导思维方式的理由。

我也许要强调，这种对 T. 凡勃伦立场的辩护，并不意味着我同意他的全部论证。T. 凡勃伦认为，机械过程的传播，必然会导致广泛接受预设了非目的论因果本体论的注重事实的思维习惯。人们预料，正是这种运动最终会导致广泛接受演化论方法，即便在经济学界也是如此。我们知道，这后一推断是不完全正确的。我的目的是确认 T. 凡勃伦的基本观点的许多方面。我们是否全盘接受 T. 凡勃伦对机械过程如何影响群体习惯的描述，这又是另一回事。

T. 凡勃伦对支持演化论方法持保留态度之谜

一旦 T. 凡勃伦著作的各种特点被明确聚焦，我认为我们就能看到模式 C 提供了一种比其他可供选择的说法更有根据的对 T. 凡勃伦观点的解释。然而，在模式 C 对 T. 凡勃伦的解释表示满意之前，我认为它向我们抛出一个必须面临的挑战。这就要解释 T. 凡勃伦明显不肯强调他支持演化论方法的原因。因为，虽然 T. 凡勃伦接受演化论方法的优越性的态度是显而易见的（至少从研究他的文稿中得知），但必须承认，这一点并未过度陈述。T. 凡勃伦的确竭力淡化上面讨论和确认的各类事实。即便是明确否定也只是表明相对支持 T. 凡勃伦对其选择方法的先入之见，因为那些否定只是出现在脚注中。虽然 T. 凡勃伦著作的一个与众不同的根本特点是，与当时和现在的主流理论预设的观点形成鲜明对比的一种本体论观点，但仍然不能说 T. 凡勃伦对明确而站得住脚地阐明或论证本体论做出过显著贡献。此外，T. 凡勃伦在其一个文本的主体部分明确主张演化论方法优于其他竞争性方法，这无疑也是主要从"最新的"或诸如此类的实用主义角度进行说明（见例如 Veblen, 1898：57）。那么，为什么 T. 凡勃伦不肯十分鲜明地表示他支持演化论方法并使经济学成为一门演化论科学？

如果是这样的话，我认为这种含糊不明的态度恰好说明，把 T. 凡勃伦的谨慎态度解释为暗示演化论方法将会仅因为在某种意义上是最真实的而流行起来。这不是他的主要意思。正如模式 B 的支持者准确认定的那样，T. 凡勃伦本人就在讲述一个演化故事。他从演化论出发，提供了某种具体（碰巧是演化论的）方法如何上升到支配地位的描述。他提出了一个与他对演化论方法的解释相一致的演化论分析方法。

我早就注意到 T. 凡勃伦的评价：当代演化论科学家"不愿意告别因果关系或数量序列的检验"，拒绝"背叛苍白的现象序列，不愿为其综合分析追求更高的平台"。所以，如果 T. 凡勃伦本人关于这个范畴的描述称得上是演化论的，那么，有必要说他也没有与"因果关系或数量序列的检验"告别。这样一来，任何 T. 凡勃伦也抱有的对该方法具有更大的充分性与真实性的信仰，都不应当鲜明地出现（被认为没有出现）于他的演化论故事中。

简言之，正是为了强调他的演化论模式正在演化论的理论基础上（他相信）升至支配地位，T. 凡勃伦才不愿频繁地表明他自己对演化论方法的评价。根据 T. 凡勃伦的观点，值不值的问题与演化论分析方法无关。随着被认为是演化论的各方面发展的进行，他自己的评价被视为与他的论点不具相关性。

然而，T. 凡勃伦设想的演化模式本身并没有排除一种情况的可能性，在那里，"与个人感情无关"的力量，的确能产生可被判断为最好或值得或比其他路径更真实的科学方向，但是，此处后者仅仅是一种该过程非故意的副产物，对因果过程本身不产生任何方向性影响。演化模式中没有任何必要表明，某些甚至许多演化过程的评论家既置身其中又保留某种具有批判性距离的东西是不可能的。[14] 即便在他非常含糊的时候，T. 凡勃伦也没有否认演化论方法被评价的可能性，或否认在一定语境中具有内在价值的可能性。的确，我们还进一步看到，T. 凡勃伦提出过各种各样的论据与陈述，它们都表明，他确实认为演化论方法是实际可行的，其许多本体论预设更是站得住脚的。

含意的一致性

在这里让我把论点的性质明确阐述一下。我暗中奉行宽厚和善与理解别人的原则。根据这个原则，在对一个作者的意思有对立解释的地方，最好采纳认为作者观点前后一致的那种解释。这样说，我并非指最好找到从我们最新的理解角度认为作者的见解很正确的那种解释。[15]根据那个标准，举例来说，像亚里士多德、牛顿和爱因斯坦那样的人也不总能做到自圆其说。宁可说，我的意思是，最好寻求使作者的每篇文章在具有内在一致性或以发展眼光看是一致的意义上是相当连贯的解释，并且，那种解释对他或她那个时代的知识做出了贡献。

虽然模式 C 能与赞同模式 B 引用的证据相一致，但关系却不能颠倒：模式 B 不适合于明确支持 T. 凡勃伦（"实在论的"）的演化论方法，该方法的基础是，他坚信积累性因果关系是一种比被考虑的其他理论更站得住脚的本体论。

也许我要强调，我暗示的解释模式 B 的紧张状态并非以前没有注意到就已经过去。因此，W. 塞缪尔斯曾在他表示支持模式 B 的结论时写道：

> 这并不否定 T. 凡勃伦注重事实的态度，对演化科学与技术的喜爱和支持，把它们视为必不可少的力量。但它并不能使我们在 T. 凡勃伦的著作中觉察到和理解，作为一名客观演化论经济学家他所做的工作与承认他的工作的主观和规范的界限之间存在紧张状态，那就是，其自指的特性……T. 凡勃伦对含糊不明的东西安之若素。
>
> （W. 塞缪尔斯，1990：707）

这里从模式 C 的角度出发我得出的断言是，我们能够认识到科学中同样的主客观的各个方面，的确，在全部科学中，几乎没有必要把紧张与含糊归因于 T. 凡勃伦，这是 W. 塞缪尔斯不可避免的发现。[16]

假如模式 B 是对 T. 凡勃伦的正确阐释的话，这就意味着，他将止步于比"赞同被选择的就是被选择的"观点前进甚少的地方。这是一种判断相对论。

在答复 R. 豪克斯伯根（Ronald Hoksbergen，1994）时，W. 塞缪尔斯（1998）说，他并不了解任何"跟人们发现认为认识论或伦理学中不存在某些客观确定基础的极端相对主义者"，"这些人匆匆做出结论：没有什么是重要的（823），他忽略了这一事实——他的解释差不多最终离开了 T. 凡勃伦的观点。对模式 B 的解释，T. 凡勃伦做出别样结论的真正基础会是什么？（关于所有这些，请特别参见 Sofianou，1995）

致力于认识论的相对主义是另一码事。后现代主义者和现代批判实在论者这类人都具有这种观念。这样一种相对主义承认我们大家都处于一定的情境之中，并承认（相对于我们的地位、经历，等等）我们形成各种片面的、可错的和瞬变观念的相对性。可是，这种相对主义可与一种本体论的实在论结合，共同阻止滑向判断相对主义观点的倾向，这也是 W. 塞缪尔斯想避免的事情。[17] 这意味着承认任何层面的竞争性断言都朝向比较性评价开放的可能性和需要，这是一种明确的实在论方向。

一个建设性大纲的遗产

这样一来，所有这些将把我们引向何方？我的论点是，T. 凡勃伦在形成他的著名疑问时至少有两个方面的关注。第一，他希望经济学成为一门更加倾向于实在论的学问，支持他所持的经济学应当是一门演化科学的信仰。第二，他对解释为什么这种情况尚未发生和宣称不管出现什么障碍它都不可避免地会很快发生的问题感到兴趣。

请注意，具有重要意义的是，从实践的蕴涵意义上说，在很显著的程度上，第二种关注背后的种种预设主导着涉及第一种关注的那些预设。毕竟，如果某种事物被认为必然发生，"应当怎么办"（使其发生）的问题实际上就会成为无关重要的事情。这就是为什么 T. 凡勃伦从未明确表达或主动提出一个建设性纲领的原因。

然而，（迄今为止）已经证明，T. 凡勃伦关于经济学不可避免地会成为一门演化科学的评价是错误的。他提出了一种演化认识论，至少从其精确预测的特定形式看，已证明这种认识论是错误的。的确，T. 凡勃伦关于机械过程会如何影响人的思维习惯的说法特别不足为信。在学术进程中，学术界会发生什么不存在不可避免性。很多旧制度学派的学者目前依然生存于当代主流群体之中，而后者的思维习惯是演绎主义的，这个事实本身就是对此看法的一个实际证明。

结局是，T. 凡勃伦在提出他的著名问题时的两个关注，和接受它的实际意义，对经济学面临的形势不再是多余的了。换句话说，在我们发现自身所处的环境中，毕竟至少有一种发展演化科学的推动力，这可被说成是 T. 凡勃伦遗产的一部分。即便模式 A 并不是对他贡献的一个正确解释，其强调的这个激进大纲仍然是某种我们也许有理由期望 T. 凡勃伦积极促进的东西。不能说他的具体演化理论欠成功，就意味着会削弱他对经济学成为一门演化科学的心愿。因此，C. 埃利斯和其他一些人都可被说成在发展着一种 T. 凡勃伦大纲或计划。

实际上，我们可在某种程度上合理地推断出比这更多的东西。T. 凡勃伦曾经在其"论演化"中表明了他的观点：如果经济学要成功地成为一门演化科学的话，"奔向这个目标的道路的总方向目前已很清楚"（Veblen, 1898: 72）。当然，T. 凡勃伦认为考虑中的结果是不可避免的。这也许在很大程度上解释了 T. 凡勃伦相对忽视了阐述持久性的本体论。但是，从他预言的失败中，我们也许有理由把他使演化经济学结局圆满的方案，看作他对如何使结局圆满的评价的标志。因而，我们也许可把 T. 凡勃伦关于这样问题的文章解释为不仅为一个 T. 凡勃伦建构主义大纲提供了支持，而且为其提供了一个提示性基础。在 T. 凡勃伦阐明他认为一种演化经济科学可能采取形式的程度上说，从被阐明的描述切实可行的程度上说，我认为我们还是能接受一个建设性大纲（不仅仅是这样一个大纲的推力）确实是 T. 凡勃伦遗产的一个特点的见解。我想快点表明，情况的确如此（从相似观点出发的更加详细的讨论，请特别参见 Mayhew, 1998a; Hodgson, 2001b）。

T. 凡勃伦贡献的性质

我认为，T. 凡勃伦的贡献实际上是一种本体论命题的表现，显然与当今的演绎主义主流表现相冲突，一个在各个方面与本书中捍卫的命题相一致的表现。[18]此外，如果我在这一点上是正确的，接着就是，当今的凡勃伦主义者有理由努力落实这个建构主义方案，它也是一个涉及向本体论转折的方案，简言之，是一个实现实在论社会理论化的项目。

简单地说，我在这里的断言是，T.凡勃伦所持的中心哲学命题，是自然实在和社会实在至少包括仅可从非目的论积累性因果关系的角度进行设想的某些方面。现在，很清楚，T.凡勃伦认为这种本体论能描述，如果不是全部，也是许多科学的特征，因为他对它们的阐述全都与演化论方法相一致。但这并不意味着，他认为社会过程或者可还原为自然过程，或者缺乏显著的经济学特征。实际上，就他对社会领域的理解而言，T.凡勃伦的各种阐述有理由怀疑的一个特例的观点——他事实上倾向于我在本书和其他地方一贯维护的社会活动的实在论转变模型（Lawson，1997a；上面第二章）。现在让我简略阐述一下这个断言，并对它表示支持。

一种转变性社会本体论

据我回顾，根据转变模型，社会生活的所有方面在不同程度上都是变化不定的，通过人的社会活动，每个方面都在不断地被再生产或转变着。例如，社会结构[19]被概念化为既不是固定的也不是被创造出来的。宁可说，它既先存在于行动也制约着行动，通过人的总体行动，其本身也在被再生产和转变者着。社会存在是一个不断转化的过程。

此外，人们发现这种观念转变还适用于人类个体的许多方面。人，像社会一样，是结构化的。正因为如此，每个人类个体同样经历着一个转变过程，或者说，是一个转变过程。这是因为如果我们这个水平的种类存在物（species-level being，指人类，既是自然存在物，又为自己存在，可以能动地、有意识地改造世界，译者注），虽然并非是非历史的，似乎是事后相对持久的，更不用说文化与个人对我们本质的各种表达了。个体在社会中出生，并通过社会，以一种他们那些具体能力与个性，包括心理和其他倾向，在某种程度上被社会条件铸造、塑造、形成和不断转变的方式存在与发展着。

用不同的说法表达，社会结构和其他结构在其能持续发挥作用的那个阶段，有助于铸造和转变受它们影响的个体。的确，我们也许可以说，各种结构同时制约、致使并历时地促进人的能动性不断发生转变（见 Lawson，1997a：特别是第十三章；上面第二章）。

关键是人的实践活动。上面和其他地方维护的关于人类社会观念的一个核心要素，是一个关于运动的过程，它有赖于人的行动或实践活动。通过人的行动，所有构成社会的社会结构都在被再生产和转变着。通过同样的活动，人类自身也至少在某些方面被再生产或转变着。简言之，我所坚持的基本观点是关于一个高度有结构的、相互作用的运动过程，其各个不同的方面——个体、结构和语境等——每个方面都相互预设与制约，但不会还原为另一方。每个方面都是社会过程的一个元素，既是其他方面再生产和转变的一个条件，也是一种结果；一切都通过实践而被再生产和转变着。

T. 凡勃伦的演化经济学

现在，让我来考虑一下所有这些对 T. 凡勃伦关于演化经济学的隐晦看法的意义。因为 T. 凡勃伦的评论——"奔向这个目标（朝着一种演化经济学走）的道路的总方向目前已很清楚"，发现于他更加著名的"论演化"（evolutionary essay）的文章中，我首先将我考虑的问题限制在那里发现的那个看法上。

请注意，正如我们所见，演化科学与积累性变化和因果关系的各种非目的论过程相关，这才是 T. 凡勃伦的理解。因此，发现 T. 凡勃伦在深思适合于演化经济学的物质材料时着重注意的正是这种过程，就不应当感到吃惊了：

> 经济生活过程在很大程度上仍然等待着理论概括。在其中经济过程持续进行的活跃物质，是工业界的人的经验或人力资源。为了演化经济科学的目的，需要说明的积累性变化的过程是做事方法的变化序列——处理生活的物质资料的方法。
>
> （T. 凡勃伦，1898—70—1）

这段文字的几个特点值得注意。首先请注意，T. 凡勃伦一开始就提到经济"生活过程"。我认为，这种表达意味着，随着时间的推移发展或变化的方式，

T. 凡勃伦关注的是人类社会与文化以及处于社会与文化中的人。正如 C. 达尔文对由"遗传变异"调节的一切生命的历史感兴趣一样,我认为 T. 凡勃伦把演化社会理论的目标看作通过遗传改良调节的人类社会文化的历史。

当然,T. 凡勃伦把重点放在经济学上。所以,他从根本上关注的是这个生活过程的一个方面,即经济方面(虽然我们将在下面看到,他认识到所有社会文化的发展都具有经济特征)。所谓"经济的"说法,T. 凡勃伦意指生活过程的那个方面与处理"生活资料"的方法有关。所以,T. 凡勃伦关注的是社会文化的演进,把它主要与处理生活物质资料的方法的变化联系起来,基本上是技术。

请注意,关于这个主题的大多数现有著作的一个问题,根据 T. 凡勃伦的说法,是"求助于诠释各种有形体和环境的方式与手段"一直被视为仅仅处于其惰性状态的那个方面之下(基本上被设想为一可供人类使用的一大堆有形体)。这样一个视角对分类学的目的来说是不错的,但不适用于把它们考虑为积累性变化或发展过程的各种元素。[20]

但如何把这些物质资料视为或看作这样一个过程中的各种物品?T. 凡勃伦的回答是,把它们当作人的知识、技能和偏好的事实看待。在这些方面之下看问题,生活资料实质上采取了(或它们制约着)"各种流行的思维习惯的形式,可以说它们就这样进入了工业发展的过程"(1898:71)。习惯既是持续的,又能进行调节,以适应"有形事实的变化"。然而,可获得的各种物质的物理特性全都是常量,T. 凡勃伦使其与对分类学的兴趣联系起来。首先,也是最重要的是,人主体展示了发展中的连续性:

> 机械装置发生的变化是人的因素发生变化的一种表现。有形事实的变化只有通过人的因素才能促成进一步的变化。正是在人的经验或人力资源中,才能寻找到发展的连续性;因此,如果当真要研究这些驱动力的话,正是这里才是研究经济发展过程的驱动力的真正地方。如果这门学问想要成为一种演化科学的话,那么,经济行为必须是它的研究题材。
>
> (T. 凡勃伦,1898:71—2)

这段摘录实质上表达的是 T. 凡勃伦所持的经济学核心题材的观点。我们将会看到，他进一步拓展了这个要点。但是，我们已经有了一个关于社会活动的基本转变模型，在这个模型中；阐释被理解为有形事实的生活资料的种种方法，既是行为的条件，又是行为的结果。正是因为"人的因素"的变化，"机械装置"才发生变化。

然而，如我所说，T. 凡勃伦关注的是更加广义的经济生活过程。在这方面，除机械装置外，还有更多的东西被再生产和转变着，不仅包括个体，而且包括任何个体都是其组成部分的群体，也包括更加广阔的社会与文化。T. 凡勃伦通过批判奥地利学派传统激发了对他在这方面观点的讨论，不是为了把生产资料看作无自动力的东西（在他的判断中，这是"古典趋势"的败笔，在很大程度上也是历史学派的败笔［1989；72]），而是为了保留关于人性的一个有毛病的观念。从这个观念出发，在很大程度上，人处在各种力量冲击下，被视为经历各种快乐与痛苦的状态。T. 凡勃伦用对比的方法利用"被当代人类学研究再次强化了的较近的心理学研究成果"（1898—73），为关于人性的另一种观念辩护，按照这种观念做事是人的特性。即便在体验和渴望某些事情时，各种活动总是以非偶然的方式参与其中。人的活动是一切的中心：

> 根据这个观点，人的活动，经济活动是其中之一，不能理解为满足某些确定欲望的偶然发生的事情。活动本身是过程这一事实，指引产生行动的各种欲望，则是决定具体方向的性情环境，活动将在这些环境中，在特定情况下展示自己。
>
> （T. 凡勃伦，1898：74）

这里，T. 凡勃伦接受个人行动要受各种性情环境指引的观点。他还承认：

> 这些在其下行动的性情环境对该个体来说是最终的和确定的，只是在所从事的具体行动中他必须把他的态度视为动因。
>
> （T. 凡勃伦，1898：74）

然而，从他关注的更加广阔的视野看，即从演化科学的视野看，这些性情环境只是暂时性特征，是过往之事的产物和发展的下一阶段的一个条件；它们

"只是提供了过程的下一步的出发点而已"(Veblen,1898:74)[21]。

这样,这里我们便有了一个积累性因果关系的过程,这个过程影响着生活的方式方法、个人的思维习惯、态度、性情环境,等等。这样一个积累性因果关系过程还表现个体所生活的群体的特征:

> 在这方面,对于个体来说是真实的东西,对生活在其中的群体也是这样。一切经济变革都是经济群体中发生的变化,该群体求助于其解释物质现象的各种方法的变化。这种变化最终总是思维习惯的变化。即便是工业的机械过程中发生的各种变化也是如此。为了达到某些物质方面的目的而发明的一种机械装置成了造成思维习惯进一步增强的环境——程序的习惯性方法——因而成了进一步发展包括追求各种目的和为了促使被追求的各种目的进一步发生变化的那些方法的出发点。
>
> (T. 凡勃伦,1898:75)

这样,T. 凡勃伦把积累性因果关系阐释为演化经济学的题材,这种阐释的核心组分本质上是社会活动的一个初步转变模型,在其中,各种生产方法和个人的特质既是这个过程的条件也是其结果,两者都在其中被不断转变着。

经济学范围内演化论方法的位置

请注意,T. 凡勃伦并不追求把经济学的一切化约为演化科学。明确地说,他并没有排除各种目的论过程也构成经济学研究的合理对象的想法。尤其是,T. 凡勃伦承认个体行动是有目的的,因此,对其理解需要的是方法,而不是T. 凡勃伦所考虑的那些东西:

> 从人总是到处寻求做点什么这个意义上说,经济行为是有目的的。在具体细节上,除了详查各种活动的细节以外,他们在追求什么是回答不了的;但是,只要我们作为经济群体的成员不得不与他们的

生活打交道，一般事实仍然是，他们的生活属于一种有目的的、不断展开的活动。

任何被调查者或调查者们的共识设想为值得达到或者足以达到的目的，在它倾向于或应当倾向于这点的意义上，它也许是，也许不是一个有目的的过程。不管是或否，它是一个与当前的研究无关的问题，也是一个不需要演化经济学考虑的问题。

(T. 凡勃伦，1898：75—6)

他本人对各种事件的关注范围更加广阔。此外，T. 凡勃伦认识到，经济学领域并不与所有其他领域完全隔离。[22]尤其是经济利益和其后果影响着所有其他领域。在展开这个论点时，T. 凡勃伦提及了制度。经济利益与这些制度的形成和积累性发展有关，不管它们是否可被视为具有基本的经济特性。请注意，T. 凡勃伦现在从经济生活史的角度阐释他的讨论：

任何群体的经济生活史都是由人对生活资料利益的追求所造就的该群体的生活史。这种经济利益在很大程度上解释了塑造所有群体的文化发展的原因。从根本上说，它非常明显地引导着那个范围的习俗惯例和现在被称为经济制度生活的方式方法的形成与积累性发展；但是，同样的利益还遍布于该群体的生活，与其文化发展的各个时期产生的各种结构特征和经济关系不那么直接有关。经济利益伴随人的一生，它伴随一个群体的全部文化发展过程。它影响着所有阶段的文化结构，因此，在某种程度上，所有制度可以被说成是经济制度。实际情形必然如此，因为行动的基础——出发点——过程中的任何一步都是由以往过程塑造的思维习惯的整体有机综合物。

(T. 凡勃伦，1898：76—7)

总起来说，T. 凡勃伦辩护的实质是，一种演化经济学必须是一个关于积累性因果关系过程的理论，这个过程以受经济利益影响的人的活动为中心，这个过程能充分解释从所有个体的特性、习惯（特别是思维习惯），到社会文化的各个方面和各种制度的一切发展（再生产与转变）。一言以蔽之，演化经济学必须使自己关注生活过程的各个经济方面：

> 按照上面所说，演化经济学必须是一种由经济利益决定的文化发展过程的理论，一种就过程本身的角度而言的经济制度的积累性序列的理论。……这样一种经济学的目的必须是追溯从文化序列中的经济利益出发的积累性运作过程。它必须是一种关于该种族或群体经济生活过程的理论。
>
> （T. 凡勃伦，1898：77—8）

我相信，我们从这一切中对 T. 凡勃伦关于演化经济学的见解有了清楚而深刻的了解。正如我所说，当时给 T. 凡勃伦的印象是，实现这个设想中的观念是不可避免的。从事后的有利条件看，我们可看到，它曾经并非是不可避免的，现在也并非是不可避免的，但需要积极的支持以推动其发展。根据这个新认识，我认为我们没有理由不把 T. 凡勃伦的远见看作一种当今的（T. 凡勃伦式的）建设性大纲的基础。

演化科学、制度和自然选择

在最后考虑所有这一切对旧制度学派的任何现代 T. 凡勃伦流派的意义之前，我认为简略地评述一下发现于"论演化"和别的文章中的 T. 凡勃伦的一种贡献很重要，因为它对任何现代版的 T. 凡勃伦大纲都有意义。我心目中的特点是实际存在的一种缺陷。尽管援引 C. 达尔文的著作和 T. 凡勃伦把自己解释为 C. 达尔文主义者的论述数量很大，"论演化"一文的一个显而易见的特点是，其根本没有论及 C. 达尔文的"自然选择"机制（或相关的选择性适应的范畴）。事实上，就我所见，"自然选择"这一术语在汇集成《现代文明中科学的地位》（"The Place of Science in Modern Civilization"）一书的各种方法论论文中只出现过一次，即便那时，似乎也只是顺便提了一下。[23] 它显著出现于 T. 凡勃伦的第一部著作《有闲阶级论》（"Theory of Leisure Class"）的一章中。但这本书基本上是写实际问题的，而不是关于方法论的。不管怎样，它仍然具有

T. 凡勃伦关于方法论的论文的一个非常鲜明的特征，即虽然从头到尾都明显论及演化论方法和演化（或当代）科学，但关注 C. 达尔文的自然选择过程的地方却少得多。

我们应当怎样理解这种现象？有些观察到极少用"自然选择"这一术语的评论家担心，这有可能被某些读者用折中的办法理解为把 T. 凡勃伦的解释视为属于 C. 达尔文主义。为了避免这种推测，很多解释认为，T. 凡勃伦忽略这些内容的动机是为了避免把读者的思想搞混，或出自诸如此类的目的。[24]

我个人对 T. 凡勃伦很少用"自然选择"这个词语的解释有点与众不同。正如已经注意到的那样，我的确承认 T. 凡勃伦有可能把自己解释为 C. 达尔文主义者。但我认为，具有 C. 达尔文主义的特征就意味着将演化科学还原为对自然选择过程的关注的看法是错误的。我觉得，T. 凡勃伦至少最终会赞成这个观点。让我简略阐述一下 C. 达尔文的演化观念不可化约为自然选择的断言。

对 C. 达尔文来说，演化是生命的一部历史，它假定所有生命体之间是相互联系的，把生命过程视为由有所变异的后代调节的过程。对当前的讨论来说，C. 达尔文描述的相关方面是，C. 达尔文的观点很明确，那就是，将会发现的这样的变异调节机制不会还原为自然选择的各种过程。他甚至在其《物种起源》的序言中同样明确地陈述了这个观点。我已经在上面的第五章中注意到，在《物种起源》的最后一版中，他抱怨道，他已被那些说"我将物种变异完全归因于自然选择"的人"严重歪曲了"（Darwin，1872—421）。也许值得注意的是，G. 罗马尼斯（George Romanes，1892—7）的著名论文使 C. 达尔文对自己被歪曲的抱怨引起了广泛关注，该文发表的时间与 T. 凡勃伦阐发关于 C. 达尔文演化论看法的时间大致相同。在反思 C. 达尔文被歪曲的抱怨时，G. 罗马尼斯评论道："在 C. 达尔文的全部著作中，不可能有措辞如此强烈的段落：它表现了他已发表的数千页文字中唯一令人心酸之处。"（1892—7：5）

实际上，G. 罗马尼斯在这一点上是错的。C. 达尔文于 1880 年在《自然杂志》上发表了一封信，其中的措辞是同样强烈的。但这越发强化了 G. 罗马尼斯的观点，因为下面这段文字同样关注 C. 达尔文在其《物种起源》里强调的那个具体的歪曲。这一次，C. 达尔文专门针对那个"无耻之徒"：

我很遗憾地发现，W. 汤姆森（Wylville Thomson）先生并没有弄明白自然选择原理。……假如他明白的话,他在给《挑战号航行》的序言中就不会写出下面这句话:"深海动物群的特征绝不支持把物种演化归因于仅受自然选择支配的极端变异的理论。"这是神学家和玄学家在写科学问题时的一种司空见惯的批评,但却鲜见来自一位博物学家……威维尔·汤姆森先生能说出一个曾经说过物种演化只取决于自然选择的人的名字来吗?

(C. 达尔文,1880:32)

所以,没有必要因知道 T. 凡勃伦频繁引用 C. 达尔文而极少使用自然选择和与此相关的术语(如选择性适应)而感到苦恼。不能说,从这里提出的对 C. 达尔文所强调的东西的解释中他就认为,他相信这样的机制在社会生活(或者相反)中不起作用(或甚至会盛行起来)。为了使他的观念在 C. 达尔文的模子中继续一种发展演化经济学的有潜力的框架,他的分析降至对各种具体机制的具体性的分析水平并不那么重要,不管它们是什么机制。为了这个目的,T. 凡勃伦确认了积累性因果关系的非目的论过程就足够了。任何语境中发挥作用的各种精确机制是一个细致具体经验性分析问题。

明确引用"自然选择"的各种过程主要限于 T. 凡勃伦的《有闲阶级论》一书的问题,人们认为这解释了这个很吸引人的问题,因为如我所说,这是一个不怎么形而上或抽象的问题,而是一项很实际的工作。如果说这就是解释的话,我们仍然必须看到,T. 凡勃伦做出的断言比一项对实际问题的研究能允许的要强一些。的确,在《有闲阶级论》中所引用的(制度,特别是思维习惯的制度)这样的自然选择过程,实际上几乎是普遍化的。[25] 我认为,(就我观察)T. 凡勃伦从此略去了关于自然选择过程的普遍性断言的事实表明,他最终意识到坚持这样一种方法论(还原论的)立场比较好。[26]

习惯、制度和转变模型

这里,我还要说说 T. 凡勃伦关于习惯于制度的某些看法,和这些看法如何与社会活动的观念转变相联系。

实际上，刚才讨论的《有闲阶级论》中的那一章从好几个方面看显然是初步的。有些时候，制度被视为不同于思维习惯，在另一些时候，这两个特点几乎是合并在一起的。即便在这一章里 T. 凡勃伦也暗示，他实际上并不关心（自然选择的）适应性过程是如何运作的。毋宁说，他的基本观点是强调这样一种见解：制度在发展变化，它们这样的发展变化对活动的发展必不可少：

> 然而，从当前目的出发，关于适应性过程的性质问题——不管主要是性情和性格的稳定类型之间的选择，或主要是人的思维习惯对变化着的环境的适应——都不比制度通过这种或那种方法发展变化重要。……这些制度的发展就是社会的发展。
>
> （T. 凡勃伦，1899a：190）

一旦我们转向他后来在一定程度上更加成熟的方法论著作时，我认为，就会特别发现关于制度与习惯之间关系的更加一致的观点。例如，请考虑一下 T. 凡勃伦的《边际效用的局限性》（"The Limitations of Marginal Utility"，1909）一书。在这里，正如在早期的《论演化》中所讲的那样，T. 凡勃伦把"当代科学"解释为"充满了关于起源于积累性变化问题的学问，它以因果关系的术语所表达的生活史的形式趋于同样一个理论概括"（1909：240）。他对经济学的各项任务的看法与10年前的看法非常相同。[27]但他关于制度的看法却一直在发展。现在没有把制度与习惯合并起来的趋势。[28]进一步说，表达由此制度与习惯生产与发展的方式所用的术语与社会活动的转变模型非常相似。因此，T. 凡勃伦写道：

> 制度结构的发展与变化是群体中个体成员的所做所为的结果，因为只有凭借个体的习惯性和经历，制度才得以产生；正是在这种同样的经验中这些制度才会发挥作用，并指导和确定行为的目标和目的。当然，制度系统将那些传统的行为标准、理念和原则强加于个体，而这些东西构成了该群体的生活样式。
>
> （T. 凡勃伦，1909：243）

当然，T. 凡勃伦在这样一段文字中表达的观念与本书自始至终捍卫的转变模型的概括形式之间有一个显著的差别。虽然一般地说，我一直致力于研究社会结构与能动性，和它们是如何相互制约的，T. 凡勃伦则侧重于转变观念的一种特殊情况，在其中制度是社会结构的基本形式，习惯是人类实践的基本形式，[29]两者互为条件并且是两者相互作用的结果。

但我认为，这些差别主要反映了我们各自理论的不同志向。我自己的目标是获得一种可持续的具有一般性的社会本体论，而 T. 凡勃伦的目标则是期望社会实在的那些特征最有助于对积累性因果关系的一种传承性描述。这样，我关注的是发展涵盖社会结构的所有方面，通过实践活动的一切形式它们再生产或转变的各种方式，这些形式在适当的地方包括目的论的形式，而 T. 凡勃伦则非常强调演化的特殊情况。似乎 T. 凡勃伦的观点是，正是像制度和其条件与后果那样的东西才能很好地为达到他关注的传承型描述的目的服务：

> 因而，这个领域的科学研究必须应对个体行为问题，个体行为通过概括形成其理论成果。但这样一种研究只有在下述条件下才能为传承理论的目的服务，那就是，一方面，这种个体行为必须有利于形成习惯的那些方面，从而有利于制度结构的变化（或稳定）；另一方面，个体行为必须接受公认的制度观念和理念的指导并在其指引的那些方向上进行。
>
> （T. 凡勃伦，1909：243）

当代旧制度学派的意义

那么，接着的问题是，关注保留凡勃伦流派的旧制度学派对当代理论有什么意义？我的论点是，在 T. 凡勃伦的著作中，我们发现了制度经济学或演化经济学的一个建设性大纲的基础。所期望的理论是一个与变革、特别是积累性因果关系的各种过程有关的理论，一个与制度和习惯有关的理论，这些制度和习惯的核心特点是互为条件、互为后果的，并要在它们的各种经济特征条件之下进行考虑。

如此解释的所期望的理论从其基本概念上说是一种广义本体论。我这样说的意思是，它是一种取决于（碰巧与当前的主流理论有别）本体论评价的理论。我承认，制度学派的学者没有过度强调本体论问题，但肯定有一个更明确、更系统地诠释当今制度学派的理论预设的理由。即便如此，对本体论的各种考虑自 T. 凡勃伦以来一直有效地推动着许多制度学派的传统见解与合理关注向前发展（尽管如 T. 凡勃伦本人那样，主要以隐晦的未被公认的方式进行）。对本体论的各方面的关注仍然具有相关性，特别是在指导研究方面。例如，它们提示了研究方法可能的局限性，提示了其追求研究有望产生成果的那些问题或项目。它们在方法论层面也具有提示作用。让我就这三个要点考虑一下有关 T. 凡勃伦大纲的几个例子。

T. 凡勃伦的本体论观念不是涵盖社会领域的广义的哲学观念，而是一种关于积累性因果关系的非目的论过程的具体的科学观念这个事实，它明确地表明了其局限性。因此，根据 T. 凡勃伦本人的观念，不去追求先验地将这个演化论重点普遍化是有道理的。具体地说，如果演化科学与积累性因果关系的非目的论过程有关，经济生活的各种目的论特征有充足理由不使整个经济学还原为演化论思想。

同样有意义的是，当把 T. 凡勃伦的贡献至少考虑为一个整体时，为了再次使他的思想保持一致，重要的是不把演化科学本身还原为对自然选择过程的研究。宁可说，后者只不过是积累性因果关系的非目的论过程范围内的各种具体机制而已。其与社会领域的相关性问题是某种事后或事后决定的事情。

这些提示性考虑本身就表明，致力于研究这些问题或理论有可能是富有成效的。无疑，确定经济学的演化论方法的潜在范围（或其有用性的界限）的任务现在被视为这个理论的一种恰当工作。考查各种制度、习惯和类似的东西，是否的确是与对积累性因果关系的传承性描述有关的演化论强调的重点最具相关性的工作特征，也是一个适当的任务。另外，研究各种制度与习惯随着时间的推移是如何相互联系并互为条件的，是否也是演化论的重点最具相关性的特征，也是一个如此适当的任务。适合于这里的另一项有用的工作是，研究对自然选择机制的阐释与社会领域的相关性问题。人的主观性如何受制度过程的影响并由其塑造的问题这里也是一个具有相关性的问题。这后一研究思路将涉及把一个重点放在尤其是人类学的许多事情上的问题（特别参见 Mayhew, 1998a；1998b）。

说到方法问题，有时候表明，T. 凡勃伦的大量文稿对实际经济学理论不具有方法论的意义。但我认为，现在我们可以看到，这种看法是不正确的。当然，在做具体的调查研究之前，要确定哪些精确方法在任何既定语境中将证明最为有用，即便可行，也是罕见的。但是，阐明必要的各种方法论取向或路径往往是可能的。在重点探讨积累性因果关系的各种非目的论过程时，T. 凡勃伦关心的不是可用经济理论不受外界影响或非历史系统进行有效分析的那些现象（如果有的话）。[30] 的确，他拒绝接受社会过程，通常可被描绘为具有走向如不受外界影响的计划或理论假设的那样的常态或既定结果或"自然状态"的趋势的想法。即使个体的各种活动是有意而为，并从目的论的意义上说，在大多数情境中发生的事情只有在事后才能确定。所以，与 T. 凡勃伦的视野和兴趣相一致的实质性研究主要是向后看的。它十分明显地包括对所发生的事进行深入细致的经验性调查研究，和不断对向前发展的具体过程的评价。它要求研究人员竭力揭示已经存在和正在实际发生的事。的确，进入 20 世纪 25 年之后，T. 凡勃伦满怀信心地认为（如果是错误的[31]），这就是"目前一代经济学家"正在做事的程序：

> 各种不受外界影响的经济理论系统均衡而简明，它们不再是注意的中心焦点；也不觉得需要这样的焦点。……其间，对工商业中各种向前发展的具体过程的详细而专题性的并分项列出的探究、描述、分析和评价，正在引起经济学家们的高度注意；而不是对计划理论的精细的重构与建议，那种做法曾经是一场巨大的运动，给行家和他们的徒弟们带来安慰和信心。几乎没有希望让目前一代经济学家搞出一个经济理论的简明扼要的总系统来。
>
> （T. 凡勃伦，1954 [1928]：8）

如果涉及一般原理，T. 凡勃伦继续道，它们主要是：

> 常识的好些原理和流行于本世纪前 25 年的普通信息是一种演化

或传承的总特征或总看法,在其中,它们把注意力集中在向前发展的变化上,而不是将其聚焦在"人的自然状态"上,老纳塞(Nassau Senior)把它称为"人们认为的不可避免的历史运动"。经济学界现在面临的问题不是事物如何使自己稳定,处于一种"稳态",而是它们是如何发展与变化的。

(T. 凡勃伦,1925[1954]:8)

在所描述的方法论方向上,如果 T. 凡勃伦的评价在被人们采纳的程度上是错误的话,接受其方向的仍然只是制度学派中的几个小群体和各个地方的其他一些人。[32] T. 凡勃伦提供了一个坚实的基础,不是使所描述的那类工作如批评家们所解释的那样成为反理论或非理论的东西,[33] 甚至于连某些同情者也有点忧虑,[34] 而是在与关注积累性因果关系过程有关的演化论方法更加广义的概念性框架保持一致的意义上,使其成为理论性的东西。

因此,我是在表明,当今真正应当吸收的是 T. 凡勃伦所强调的东西,因为它一以贯之地标志着经济学范围内的一种具体的演化理论,一种有理由解释为 T. 凡勃伦的遗产的理论。这种理论无疑是一种需要被看作旧制度学派传统的组成部分,或至少被看作其核心部分。用 C. 埃利斯的话来说,这种传统承认,T. 凡勃伦是其"创建之父和指导灵魂"。

如果如我辩称的那样,人们认为这种理论与对经济的发展变化的分析密切相关,特别是与对根据制度、习惯和诸如此类的东西解释的积累性因果关系的物质过程的研究密切相关的话,它可被视为一种具有特殊重点的实在论社会理论化的理论。这样一种阐释的一个优点是,能辨出这种理论的不会将其简化为坚持任何瞬变的当前结果或还原论的各种假定(有关各种分析单位和类似的东西)特征的前后一致的方式。它还以与本书中始终捍卫的那种实在论一致但不被还原为后者的方式支持这种理论。最为重要的是,它使该理论承担其一系列任务,力求完成这些任务既迫切又有希望结出硕果。

充分利用 T. 凡勃伦的成果

归结起来说，T. 凡勃伦并没有把演化科学的观念提升为一个建设性大纲。他相信，没有什么理由这样做，因为他期望经济学不管怎样正在成为一种演化科学。此外，他认为，使演化论方法占支配地位的迫切性的理由与演化论方法的重要性并没有直接关系。的确，他相信，这种方法将由此上升到支配地位的过程本身，就可根据他对该概念的非目的论理解被解释为具有演化论性质。因此，T. 凡勃伦费尽苦心地避免隐晦地说，他期望经济学将成为一门演化科学，与他可能做出的关于演化方法的重要性的任何判断是联系在一起的。也就是说，他热衷于以前后一致的方式应用如他所理解的演化论方法，使自己成为一名早期的演化论方法论者。

但 T. 凡勃伦的确做过一些比较性评价。他的确偏爱（至少在脚注中维护）演化论方法或其先决条件。再说，T. 凡勃伦的演化认识论的具体版本最终证明是错误的。他的经济学不久就会成为演化科学的预言，也被各种事件挫败。

在这些情况下，T. 凡勃伦的正式立场和其实际涵义可合理地发挥作用。确切地说，T. 凡勃伦关于演化经济学如何才能形成的具有长远意义的深刻见解，有理由可被考虑为 T. 凡勃伦式的建设性大纲的一种基础。

我已经表明，T. 凡勃伦关于演化经济学的具体观点，明确地反映了他坚持与当前主流预设的本体论不同的一种社会本体论。这是一种非目的论的积累性因果关系本体论。如果我们想从 T. 凡勃伦的深刻见解中获得最大好处，就必须认识到，使传统的本体论见解更加明确、更具持续性和更加系统是至关重要的。

T. 凡勃伦判定，经济学不仅而且应当是一门与演化论科学相一致的学问。我实际上是在说，当今对这个评价的恰当的重新阐释应当是，当代旧制度学派的传统也许，并看上去应当，力求使其显而易见的潜力变成现实，不仅使其成为一种建设性理论，而且使其成为与实在论社会理论化密切相关的那个经济学流派中的一种别具一格的演化理论。

第九章
女权主义、实在论和普遍主义[1]

先验普遍化的做法

当代社会理论表现出对过度普遍化的危险性越来越敏感,这一点上女权主义贡献良多。它的基础是承认占支配地位的那些价值观、经验、目标和常识性解释也许不过如此;它们没有什么是特别天经地义或必然普世的东西可言。所有断言,不管来自学术界内还是学术界外,不管是审慎概括的还是大胆提出的,都是由特殊利益群体从某个具体角度出发做出的。没有个人或群体能合理地自称拥有中性的、超脱的、无偏见的观点;所有理解都是片面的(因此是有缺陷的、很可能只是暂时的)。将先验普遍化或认为某些立场具有广泛合理性的做法,现在被广泛看作是一种方法论的错误,有可能导致严重的政治后果。[2]

然而,众所周知,事实证明人们很容易从反对先验普世化滑向反对所有总结概括的尝试。尤其是,一旦某种主导性立场或方法普遍合法性的基础受到了质疑,就很难避免人们得出结论:所有相关的方法或立场的合法性都是相似的。

对于某些问题,这种反应并没什么不对,甚至是有助益的。但并非所有问题都是这种情况,我认为,特别是在有关更广义的阐释理论和人的解放的问题上。尤其是,理论家们已经发现很难捍卫一种客观性或认识进步的观念,或很难维持解放政治的基础,而这些目标都是许多女权主义者主要关注的问题。人们总是得出结论,即便是在这类问题上,我们都可以放心地说仍然存在着许多差异。

这里,我的有限目标是要辩称,在对付后者这类困难时,来自从事与现代版的科学实在论有关联的显性本体论分析的女权主义解释理论和解放理论,具有某些可能的优势。

为了鼓励这种立场,我并不希望暗示女权主义思想中完全缺乏科学实在论或对本体论的各种考虑。说实在的,我认为这种情况是不大可能的。但我觉得,可能的情况是,本体论所应承担的义务极少被明确指出过。当不管以什么形式提出实在论的问题时,在我看来,在大多数女权主义思想中都是以过度警惕的方式对待后者的,似乎接受任何鲜明的实在论观点就一定是有问题的。

并非我独自一人有这种看法。例如,C. 纽(Caroline New, 1998:2)最近在记录中说,在现代女权主义思潮中"实在论"似乎"变质了",并写道,"实在论在现代女权主义理论家中回响甚微"(1998:12)。她还暗示,想要据之以理,"强力"捍卫从女权主义观点出发的理论上的实在论是要冒风险的,"当前的支持者们似乎不愿冒这个险"(1998:6)。

其他人提醒说要保持距离。M. 努斯鲍姆(Marth Nussbaum,在关于人的能力性质的论证中支持的伦理学论点无疑是实在论的)发现实在论的地位足够低,以至于要求小心看待"对寻求广泛支持不依赖形而上学的实在论真理的伦理观点与政治观点来说,会显得战略上是明智的"想法(Nussbaum, 1995:69)。[3]

有些人觉得需要明确否认。D. 哈拉维(Donna Haraway)提供了一个突出的例子。尽管试图提出一种似乎明显支持科学实在论或本体论实在论的观点,[4] D. 哈拉维看上去觉得可信性建立在明确否认情况就是如此:"我推荐的方法并不是一个'实在论'的版本,这个理论与人类活跃的能动力的互动方式很差劲。"(Haraway, 1998:260)

我的忧虑是,这种否认或拉开距离的思想取向,有可能导致实在论被合理地贬低到实际上削弱女权主义理论的程度,尤其是会阻止其有效应对已经显示出的各种紧张或困难的行动。因此,我在这里旨在反对任何总体上拒绝采用实在论类型的分析,错误地认为这种分析最终会不必要地阻挡女权主义思想和其进步。

我还是从界定我的某些用语开始。从这里出发,经由本文的主体部分,到表明我认为显性实在论或本体论分析能做出的各种区别。

女权主义与实在论

事实上，实在论有数不清的类型或解释。这里从与该术语相关的最广泛的哲学意义上说，任何断言某种实体，诸如黑洞、夸克、性别关系、尼斯湖水怪、公共事业、概率、男人、女人、真理、桌子、椅子，等等的存在的观点都可被定义为实在论。我认为，就其本身而论，显然存在着大量可想到的这类实在论，我们大家都是这种或那种实在论者。

在科学中，一种实在论观念，亦即科学实在论，断言探究的最终客体主要独立于或至少先于对其的探究存在着。我这里主要关注的事情与科学实在论有关。但在这里，其他类型的相关实在论中有意义的是感性实在论（perceptual realism），这种实在论认为时空中物质实体的存在独立于对其的感性认识，和断言性实在论（predicative realism），这种实在论认为，共相（或万物的共性）或者独立于具体的物质材料而存在，如柏拉图实在论（Platonic realism）中所说的那样，或者如亚里士多德实在论（Aristotelian realism）中所说的那样，存在于其特性之中。很清楚，科学实在论化约为感性实在论或断言性实在论，如果科学认识的对象只是物质客体或柏拉图或亚里士多德的各种形式的话。

如此解释的实在论与本体论，即对存在的本质的研究，具有固有的密切关系。的确，正是这种对本体论的明确关注才是我想在这里着力强调的东西。并非科学实在论者传统上感兴趣的所有问题都已经指向对本体论的显性研究。其实，直到最近，关于实在论的各种讨论才在很大程度上转向关于我们的知识（认识）的真实性的认识论问题，而不是关于结构和事物的实在的本体论问题。[5]可是，辩论在最近几年一直在进行，而且，我认为其方式与女权主义的关注具有相关性。[6]

当然，即便在科学实在论首先被认为不是一种关于认识或真理的理论，而是关于存在的理论的时候，它肯定仍然具有认识论的意义。但需要强调指出的是，对具有下述假设或要求的科学实在论或本体论实在论来说没有什么是必不可少的：假设或要求认识对象是自然的，或不是瞬变的，获得的认识不是可错的、片面的，或本身不是瞬变的，或科学家和研究人员不是被放在某个位置的、没有偏见和兴趣的、不受实际情况、文化和社会条件制约的。

我之所以强调这个方面，仅仅是因为我觉得它对实在论的批判方向来说也许处于中心地位，这是我在大量的女权主义思想中发现的。我关注的是，在女权主义文献中存在一种想用一种具体的朴素的实在论形式代替所有（特别是科学）实在论的倾向。有一种版本把所有实在都看作固定的，把科学与知识看作没什么价值或益处或中性的，必须趋于被认为是客观的真理。在如此构想的科学实在论的程度上说，其在女权主义思想中被拒绝是可解释的。[7]

这里，我主要关注的不是解释讨论中的现象，而是要指出它的某些后果。我的出发点仍然是那个看法，即不管什么理由，作为一个明确的方向，科学实在论不应当被排除于主流对女权主义的讨论之外或被轻视，包括目前正在经济学界发生的事。[8]但我在这里的意向，即本文的主要目的是要表明，不管做何种解释，这种情况是很不幸的。在女权主义思维中恢复明确的实在论推理，不仅不必滑向绝对主义，而且有可能取得建设性的重大成效，为发展女权主义认识理论和解放理论做出贡献。[9]

实在论或本体论重要性的一个标志

在本文的剩余部分，我想提供一套简要的示例帮助支持我的断言，实在论思想，尤其是显性本体论分析，可能有益于任何未来的解释理论和解放理论，也许对它们是必不可少的。我想特别指出，对支撑面临我开始时提到的诸多问题和困难的启示性理论和解放理论，这样的分析很有可能是至关重要的——关键在于既需要反对无事实根据的先验普遍化，又没有全部丢弃为普遍化或共性所做的努力。

我从当代经济学面临的具体方法问题入手，为了提供我的第二个示例，过渡到女权主义认识论范围内讨论更加广泛的各种话题，再到评价人的解放理论的可能性，这是为了我的第三个示例。在为后两个示例奠定了基础的第一个示例中，我通过使本体论承担质疑经济学的某些方法的普遍相关性加入了女权主义思潮的"解构主义"派别，那些经济学方法实际上已经以一种先验的方式被普遍化了。在第二和第三个示例中，我表明本体论分析如何能有助于支持女权主义者所追求的那种认识论和解放理论的。

示例1：关于社会过程的形式建模

首先考虑当代经济学中的方法问题。这里，占支配地位的特点是广泛依赖形式建模的做法。[10]这种方法在经济学范围内无疑已被无根据或未经论证地普遍化了，尽管这种方法有大量失败的记录。女权主义者还批评它是男权主义。我认为的确如此（虽然也是一种也许具有具体的种族或阶级特征的方法）。但是，女权主义批评家接着干什么？需要更加强调包括女权主义者喜欢的所有其他方法吗？[11]或者更多的女权主义者应当作形式建模的工作？[12]也许两种反应都会出现，或者它们大体上是相容的吗？譬如说，面对女权主义建模者缺乏的状况，需要对目前解决的那套问题进行不必要的限制吗？或者说，形式建模方法本身在其用途方面受到不受欢迎的限制，甚至它们也可能在阻碍着启示和解放的进程？我们如何开始着手做出决定？

回答这样的问题，那些也许包括也许不包括一个假两分法的问题，起码要求对形式建模方法的启示性潜力进行调查研究。我想辩称，这需要高度重视本体论。特别是，我想指出，通过简短考查社会物质的性质和形式建模程序的预设，可表明后一程序根本不能胜任阐明社会领域的任务。这个结论很容易得出，但鲜见有那么精确的，因为很多人不肯从事本体论的研究工作。正是这种勉强的态度才是我希望质疑的东西。

形式建模的特殊性

但形式建模在有用性方面真的受到如此限制了吗？正如我所说，我认为的确如此，并可被表明是如此。让我简短地阐述一下我的论点。首先，考虑一下形式建模具有相关性的各种条件。从根本上说，这样的建模试图在一套可测量的事件或事态与其他事件或事态之间建立联系。它预设了表层现象间的相互关系，即严格的（也许包括概然性）规则性形式"只要事件或事态 X，那么，事件或事态 Y"。让我把这种情况下产生的规则性称为封闭系统。形式建模为了具有一般相关性预设了这样封闭的普遍性。

现在，经常被记录却很少见反思的一种观察是，在天文学之外，这样的事件规则性，或一般地说至少发现科学中令人感兴趣的和有意义的那些规则性，主要限于在严格控制的实验条件之下。另外一种观察是，控制实验的结果往往被成功地应用于规则性不明显的实验室之外。

因此，把更多资源积极投入，以说明额外形式经济模型的合理性，承认这种情况的存在，并已经引起了怀疑。肯定地说，过去50多年计量经济理论的大量失败标志着人类社会是开放的，社会领域的规则性远不是普遍的。通常的回应当然是，宣称我们必须更加努力地进行试验：利用更大的数据集建立更复杂的模型；在更微观或至少不同的层面进行更深入挖掘，以期发现竞相追逐的各种恒定性。然而，认识到即便自然领域比较明显的规则性也是系统受限的，主要发现于实验控制的情境之中，这种情况促使人们怀疑，在社会领域，即便从原则上说，有意义的成功也许是不可能的。很清楚，在此阶段，对被观察到的事件规则性的模式的形成进行解释是十分必要的。

但我们如何理解观察到的大多数事件规则性仅限于实验条件之下？首先请注意，这种观察对任何坚持认为这类事件规则性对科学（作为包括自然规律在内的科学规律或诸如此类的规律的不可或缺的对象）是必不可少的规划立即会造成紧张。这是因为科学（如果认为必须阐明事件规则性的话）毕竟不仅远非是普遍的，而且，在天文学之外，主要局限于实验条件之下；实际上它被从世界上发生的大多数事件中隔离了出来。此外，由此你必然会得出结论，许多自然规律（如果事件规则性对它们是必不可少的话）依赖于人的行动（在建立的实验情境中），这至少是反直觉的。但接下来的结论还有，下述进一步的人所熟知的观察是不可理解的：科学在不发生事件规则性的实验之外是有效的。

那么，我们如何理解这些考量？在实验活动中，科学家如何能够频繁地共同确定只有在他们干预之下才会出现一种具体事件模式？尤其是在事件规则性不会必然出现的条件下，我们如何才能理解在实验室之外成功地应用科学成果？针对各种这样的实验做法、结果和其能够被成功地应用于非实验情形的现象，世界可能像什么样子？

结构化的本体论

为了对这些问题提供一套令人满意的答案，不仅必须放弃隐晦地存在于大量经济建模活动与辩论中的那个假设，即受欢迎的那种事件规则性在自然界具有普遍性，而且同样必须放弃广泛持有的那个观点，即对大自然的科学上的各种重要概括是由各种事件规则性构成。我们要换个角度，必须承认科学研究的对象是结构化的（不会还原为事件），不可迁的，即不受主观确认的影响而独立存在和行动的。也就是说，实验活动和结果与在实验情境之外应用实验确认的知识，只能通过借助某种像结构、能力、生成机制和趋势的一种本体论那样的理论，才能成为可理解的，这些东西位于本质上开放世界的事件流的背后并支配着事件流。

举例来说，一片秋叶的下落并不与实验的规则性相符和，正是因为它是由不同的并列并抗衡的各种机制以各种复杂方式支配的。叶子的道路不仅要受引力拉力的支配，而且要受空气动力学机制、热力学机制、惯性机制以及其他机制的支配。因此，根据这种观念，实验活动可被理解为试图进行干预，以便通过约束所有其他潜在抗衡力量隔离感兴趣内容的一种机制。目标是设计一个系统，在其中任何被考察机制的各种行动更加容易辨识出来。这样，实验活动不是作为一种罕见的情境的产物可以获得理解，在其中经验规律开始起作用，而是作为一种干预被认为是可理解的，这种干预造成那些特殊环境而设计。在这些环境下，一个非经验规律、一种机制或趋势可在经验上被确认。规律本身（现被理解为对一种底层趋势的活动方式的一种描述）总是在起作用；如果触发条件成立，机制就会被激活并起作用，不管正在发生着其他什么事情。基于这样的理解，例如，一片树叶受引力趋势的支配，即便我把它握在手掌中或它从屋顶和烟囱上方"飞过"。通过这种推理，我们就能理解人们能成功地把实验室产生的科学知识应用于实验情境以外的情况。机制在一种语境中起作用，与对该规律特定性质的说明不具相关性。

封闭的条件

那么，如果我们要理解实验控制下的事件规则性和更广泛地把实验确认的科学知识应用于实验之外的情况的话，似乎我们必须认识到实在具有以下特点。

1. 开放的。事件规则性并非是普遍的——开放性是必要条件，这样，封闭，即事件规则性的发生，是人取得的成就。

2. 结构化的。它由底层的力量、机制等等和事件与事态的实际过程构成。

3. 具有两者的共性特征：

（1）可分隔的，即容许实验操作，把某些机制与其他因素的作用隔离开来；

（2）具有固有的稳定性和"原子性"，即一旦机制被触发，容许产生明确的、可重复的和可预见的各种后果。

在这些条件之下，人的干预能造成一种情境，在这种情境中，一种既能在实验室内又能在实验室外发挥作用的机制在控制实验条件时可被隔离和触发。在这些情况下，触发条件与该机制的作用之间的可预见的相关性是行得通的，一种建模策略也是合理的。

社 会 领 域

如果要以概括化的方式坚持形式建模方法的话，那么，在什么程度上这些本体论条件，即通常能够被满足的显得至关重要的那些条件，可转而应用于社会领域？当然，我提出这个问题，纯粹是为了确定形式建模的方法是否与社会领域具有很大的相关性。我们将会看到这是不可能的。

首先，社会领域是什么意思？这里，我遵循标准做法，把它解释为其存在至少部分地依赖于有意向的人的能动性的现象领域。

如此理解的社会世界显然是有结构的。举例来说，我们的各种语言行为的、但不会还原为语言行为的条件,是各种语法规则与其他语言结构。很容易看到,社会生活一般来说要受社会规则的支配或社会规则有助于社会生活。各种规则规定各种权利、义务、特权和其他可能性与界限。

虽然社会领域结构化的事实似乎是计量经济学家追求的那种社会事件规则性的一个必要条件,正如我们所见,它还不足以造成这样一个结果:包括机制在内的社会结构还需要具有固有的稳定性,并易于被隔离。我想表明,正常满足这后两个条件是不可能的,这就基本上说明了计量经济学迄今为止遭到广泛失败的原因。

首先请注意,因为社会结构既依赖于人的能动性,又反过来制约它,社会分析的重点有必要从那些经济学中人们熟知的创造与决定的(极端)观念转到再生产与转变的观念。这是因为如果后者被这样的活动所预设的话,人有意向的活动并不创造社会结构。而实际情况是,个体能动力(主体)利用社会结构,把它作为行动的一个条件,通过各个个体的总体行动,社会结构被再生产(或至少部分地)被转变。同样,社会结构也不能被物化或具体化,因为其本身总是依赖于人的转变性能动作用,只有在行动的那一刻,社会结构的各个方面才能被解释为对个体来说是既定的。简言之,通过个体在行动中利用结构,结构的形态才能被不断再生产或改变。[13]

社会地位与社会关系是社会实在的组成部分

因此,社会生活不仅是结构化的,而且具有固有的动态性。在强调其结构性的过程中,到目前为止,我一直将重点放在社会规则上。但这还不是结构性的全部内容。尤其是,社会存在从根本上说还由社会关系和社会地位构成。这些特点对理解人在其中的能动性与结构同时出现的独特方式是极其重要的。

一旦我们注意到那个经验的一般特征(并探究其条件),即关于各种不同的个体遵循或显然可遵循的各种做法之间的系统性差距时,就很容易认识到社会关系和社会地位的意义与事实。虽然大多数规则可被广大人民群众中的不同群体所利用,但即便在一定的文化范围内,这绝不意味着所有规则都是可用的,或同样可适用于每个人。相反,任何社会都是根据现成的各种义务与特权被高度分割成部分的。例如，容许并要求教师遵循与学生不同的做法，政府部长遵循与普通民众不同的规则，雇主与雇员、男人与女人、房东与租户，等等都是这样。作为资源的各种规则并非是同等可用的，或并非是同等适用于社会每个成员的。

那么，用什么来解释义务、权利、特权和责任的不同归属问题？这个问题把我们的注意力引向人和社会结构，诸如规则那样的东西最初是如何聚在一起的更加宽广的问题。如果像规则那样的社会结构与人、人的能动性和行动是不同种类的事物，那么，人的能动性与结构之间的连结点是什么？它们之间是如何连结的？尤其是，它们是如何以下面这样的方式相接的？不同的主体获得不同的责任与义务，并因此需要不同的社会规则且在行动中要受这些规则的制约，权利结构与主体的关系也是如此。

如果实际情况显然是教师与学生负有不同的责任、义务，政府部长面临着与我们其余的人不同的责任与义务的话，那么，同样明显的是，这些义务与权利是独立于那些恰巧目前是教师、学生或部长的具体个人而存在的。假如我作为一名大学教师，明天要去别的地方工作，另外某个人将会把我的教育责任接过去，享受与我目前一样的义务与权利。的确，占据学生地位的人每年都不同。一句话，社会基本上是由一系列的地位构成的，每个地位都与大量的义务或权利联系在一起，可以说，不同的主体占据着不同的地位。

如果我们注意到另一种观察，即占据任何类型地位的人日常所遵循的做法总是朝向某些其他群体的。举例来说，教师的权利、任务和义务是朝向他们与学生的互动（后者相反），朝向研究资助团体或权力机构，等等。同样，房东的权利与义务总是朝着他们与租户的沟通，等等。

内在关系的重要性

这些考虑显然表示某些形式的关系所扮演的因果关系角色。必须对两种类型的关系进行区分：内在关系与外在关系。如果一方面与另一方面没有构成相互关系，那么这两个方面的关系被认为是外在关系。面包与奶油、咖啡与牛奶、两个陌生的路人都是这方面的例子。对比之下，如果两个方面构成相互关系，它们就被说成具有内在关系。房东与租户、雇主与雇员、教师与学生、磁铁与磁场都是容易使人想起的例子。在每种情况下，都不可能只有一个方面而没有另一个方面；每个方面都根据与另一方面的关系部分地是自己做着自己本应做的事。

请注意，要理解上述由不同规则支配的社会状况，首先要求我们承认社会生活的内在关系。其次，要认识到讨论中的内在关系基本上不是关于个体本身的，而只是关于社会地位的。地位是根据与其他人的关系确定的，譬如，教师与学生的关系。换言之，出现的画面是一系列的地位或关于地位的一套网络，这套地位网络的特点是各种规则和由此与它们有关的各种做法，在那里，后者是根据与其他地位和其相关的规则与做法决定的。根据这个观点，社会的基本建筑切块是地位，各种地位涉及、依赖于社会规则和相关任务、义务和特权，或根据它们构成，再加上它们支配的各种做法，在那里，这样的地位既根据与其他地位的关系确定，并且立即就会被各种个体占据。

最后，还要看到，社会系统或集体性的观念可直接用现在已阐明的各种社会规则、做法、关系和地位的观念进行阐述。尤其是，在这个框架内受到支持的社会系统与集体性的概念，恰恰就是关于一个网络状的各种有内在联系的地位和与其相关的各种规则与做法的整体。所有为人熟知的各种社会系统、集体和组织——经济、国家或民族、国际与国内公司、工会、家庭、学校和医院——都可被认为有赖于、预设了或存在于这种形式的有内在联系的各种地位—规则系统。

作为社会科学一般化工具的形式建模

经济建模这种做法的结果如何？我们知道，计量经济学和其他与探究令人感兴趣的社会事件规则性的各种理论至今很不成功。我们现在有了一种解释：人类社会是一个具有高度内在联系的固有的动态过程，这个过程依赖于但不还原为具有转变能力的人的能动性。无疑，由实验造成稳定隔离的社会结构与过程的孤立状态看来是行不通的。足够稳定的事件规则性有助于经济建模做法至今没有发现成功地自发产生，它隐藏于有意向的行动背后，这一点也并不令人吃惊。可以承认，人为造成发生了无数多的规则性，但正因为如此，它们引起的科学研究兴趣却很有限。例如，在世界的某些部分，圣诞节每年通常都在同一天庆祝——虽然在这里，譬如，有些特殊家庭由于疾病、12月25日家庭成员需要外出等等原因有可能例外。但像这样的规则性几乎不可能造成形式建模者试图揭示的那种结果。

简而言之，社会领域似乎是由基本上不可分割、不具内在稳定性的材料所构成，因此，经济学中形式建模理论缺乏成功是完全可以理解的，未来的成功看上去也是不大可能的。

我认为，结论必然是女权主义者在对形式建模的批判中显得过分谨慎。肯定地说，认为那些以经验为导向的女权主义经济学家坚持在所有语境下应用标准计量方法正在犯着方向性错误，这种看法是有根据的。

但是，也许情况的确如此，即认为女权主义者在确认涉及产生错误原因的基本方向上大体是错误的。在我的心目中，男性经济学家具有把人主体描写成相对孤立的、不受环境影响的个体的天性，女权主义经济学家倾向于把这一点解释为根本性的。后者被视为一种特有的男权主义观点，与女权主义强调的社会关系的观点相抗衡。我认为的确如此。但这也许是间接或下意识取得的。因为我在表明，有别于其他社会科学家的主流经济学家的根本问题，是其对形式建模的基本不加批判的热忱。为了保证采取事件规则性形式的效果，就必须确切表达关于可分割的内在恒定的稳定实体概念 – 基本上是孤立原子，一旦意识到这一点，主流强调的东西就会井井有条、一目了然。因为主流的个人主义主体的意义仅仅是，可能是处于各种独特的最优化情境中的各种个体优化原子，这就保证了稳定的可预见的结果。因而，也许建模策略本身在这里是主要的男权主义错误，而实际上各种公式化概括只有次要意义。[14]

无论如何，本体论分析被视为能引出重要结果的分析方法。这显示了形式建模不仅是过度片面的，它也许实际上被摆错了位置。[15] 经济学家可追求如成功的事后自然科学同样类型的目标；即致力于确认表层现象的各种原因。但是，当主流经济学家坚持认为我们大家都应当基本上无例外的专门从事形式建模工作时，他们成功地不仅将研究经济学的所有替代路径不加调查研究地边缘化，即将那些不基于封闭系统建模的路径边缘化，而且把即便在自然科学研究中也发现仅仅是特例的（主要限于严格控制的实验条件下）一种做法普遍化，可以想象，这是一个社会领域中完全没有合理对等物的特例。

示例2：认知实践不可或缺的地位性兴趣

如果这种有时在实验科学中产生的事件规则性在社会科学中相当难找，那么，对社会现象的系统性调查研究如何可能？如果本体论已经帮助我们理解了形式建模方法在社会科学中遭到的事后失败，和后者作为阐明开放社会系统的方法所固有的局限性的话，它能引导我们进一步向前走，并指引我们获得一种更富有成效的做事方式吗？我现在就想表明这是能做到的，并在这样做的过程中必然会参与和有益于女权主义理论中突出的有关认知的情境性的讨论。

开放系统的一种认识论

如果社会实在是开放的，具有复杂结构的，是固有动态的和高度内在联系的，各种变动不定的机制混合在一起位于直接经验的表层现象的下面，我们怎样开始探查各种机制或过程的相对不同方面的各自影响？这就是我在这里着手解决的问题。只有通过对本体论的反思，这个问题的确显然是一个需要解决的问题。

为了激发我的答案，让我留意一下控制实验在企图产生事件规则性的"反复试验"中，并非全都采取了孤立而单一稳定的各种机制形式的现象。那就是，虽然主流建模方法要求的那种事件规则性主要产生于严格控制的实验情境之下，但并非所有实验情境都与产生这种形式的事件规则性有关。例如，植物种植实验用实例表明了一种替代路径，它涉及利用一个控制组帮助识别感兴趣的各种具体机制的效果。例如，如果在宽敞地里种庄稼，就不可能期望影响产量的所有因果因素都是稳定的、能再现的、甚至是可识别的。然而，可通过确保两组作物接受大体相似的条件（除系统地应用于一组而不是另一组的那个因素以外），就可取得理解方面的进步。在这种情况下，两组作物的平均产量的系统性差异可有理由归因于讨论中的那个因素。

换句话说，实验控制频繁采取比较两个具有相同或相似历史或状况的不同群体或人群的形式，除了用某种确定的方式"对待"一个群体而不是另一个群体。

当然，在刚才描述的作物种植方案中，目的是用某种已经认为具有增产因果能力的化合物进行实验。然而，我们的基本关注是，探测至今未知或未公认的某些机制的影响效果。但是，譬如说，事先期望某种作物的产量在整块地的各个部分大体上都相同，但事后发现这块地一头的产量均高于其他部分，在这种情况下，很容易评价这个方案的相关性。在这个案例中，实验人员并没有积极地对待该块地相关的那一头。即便我们尚未意识到其身份，但初看上去这里似乎有一个额外的因素在起作用。

我是在表明，与开放系统中社会科学解释相关的一般情境，是一种在其中存在着两个或更多个可比较的有关群体的情境。我们的背景知识引导我们期待这些群体的结果之间的明确具体的关系（往往是一种相似性关系，但并非总是那样），但在那里我们事后因实际上发现的那种关系而感到惊异。在这样的情况下，有一种之前不知道的可识别的因果机制或一种机制的几个方面在起作用，初看上去还是有道理的。然而，在这些情况之外，很难看出在一个开放系统中识别至今尚不知道的因果过程的各种项目是如何能够开始的。

对比性解释

因此，社会实在的开放性和结构化的性质，意味着我们也许要求助于某种像对比性解释的东西，其描述性陈述的形式是"这个而不是那个"。在第四章中"对比解释"标题下讨论过的"对比解释"与诸如"为什么作物的平均产量是x？"的问题无多大关系，而是与"为什么这块地那一头的平均产量明显比其余部分的产量高？"的问题有关。解释后一个问题比解释总产量的问题容易得多。虽然解释总产量问题要求详细列出所有与其有关的因果因素，对比性问题则要求我们只识别出产生那种差异的原因。但是，这里相对系统的各种对比意义不仅仅在于描述的任务不那么繁重这一事实，而在于那些对比提醒我们要注意这种情况，其中有某种令人感兴趣的需要解释的东西。[16]

当然，也许结果是讨论中的这类对比曾是无处可见的。但事后的情况并非如此，它们显然到处可见。女性找到的工作通常比男性的差，或同工不同酬，比男性得到的少；驾车从剑桥到伦敦通常晚上比白天快；在英国，目前很多女人要化妆，而大多数男人却不这样做；目前英国单性学校女生的学业成绩比男女同校的好，等等。

因此，我是在说，在一个高度内在联系的动态的不可分割和不可重复的实在中，因果机制的效果可通过在实际现象层面系统表达有趣的对比研究而得到确认。这意味着识别两组结果之间的差别（或令人惊异的关系），它们的因果关系史表明，讨论中的那些结果应当处于某种明确期望的或貌似合理的关系之中（常常是一种大致相同或相似的关系），这种关系往往与我们观察到的情况完全不一致。我们不，也不可能解释任何社会现象或其他现象的全部因果条件。这样做，也许意味着要把一切都归因于"大爆炸"和其以外的东西。我们宁愿把目标定为识别各种单套的因果机制和结构。这些机制和结构在不同组的结果或特点之间观察到的关系，在现在期望而不是过去期望，或许曾期望，或至少在想象为一种真实可能性的地方显示出来。

请注意，顺便说一句，我当然没有假设，直接产生令人惊异的对比的任何因素或因素集不可避免地会与所有其他因素机械地结合起来。在一种情景而不是另一种情景中在场的一种因果因素完全能与其他因素以有机的或有内在联系的方式相结合，这样便能影响任何或所有因果条件发挥功能的方式。这纯粹是某种在调查研究的过程中决定的东西。这里，我主要集中在令人感兴趣的有用性问题上，以使人们了解有可能获得成功的各种解释理论。

注意，似乎我在这里推荐一种合理的一般性方法。我的确是在这样做，虽然我并没有声称如何概括其相关性。毫无疑问，我并不希望宣称不同于一种片面观点的东西。但说实在的，不能离开概括性。说到处都有差别，或差别很重要，或认识是受境况限制的、片面的，等等，这样的断言依然是一般性的。相关意义是（譬如说，不像经济学中的形式建模那样）我在确认一条路径，按照这条路径，可广泛应用的那种断言似乎事后具有某些根据：既有认为人类社会不仅是开放的，而且是具有内在结构的理由，也有社会领域中大量存在的令人感兴趣的对比证据。

附带说一下，我们能注意到主流经济学的占优势的方法，即形式建模方法，不管怎样，最终只是我所捍卫的方法的一个特例而已。因为在某些实验条件下，稳定的机制可被且往往被隔离起来，并可在经验上得到确认。仅仅因为产生于实验条件范围内的事件模式系统地出现,与"外面"那些模式形成对比,这些契机显得很有意义。换言之,实验科学家有能力通过解决"为什么这种事件规则性在这些特殊实验条件下而不是别的条件下被获得?"的对比性问题而取得进展。这个仍然困扰着主流经济学建模者的问题,当然是,虽然令人感兴趣的对比在社会领域到处都是,但如果有的话,也似乎极少有涉及发现在严格程度上可被看作符合其有意的(解释、预测和政策)目的的令人惊异的事件规则性的对比。

我们也许还注意到,对实在的开放性和结构性的更加广泛的争论(在上面关于形式建模的讨论中受到支持)本身就是对比性解释的进一步的例子。既然这样,讨论中的对比就是那个概括化的经验事实,即在天文学外,科学中感兴趣的事件规则性主要限于各种实验情境。解释这种对比性现象将导致我已阐明的结构本体论。因此,可以看出,如果令人感兴趣的具体对比会导致关于各种具体机制的假设的话,那么,令人感兴趣的一般化对比则可导致哲学本体论。鉴于令人感兴趣的对比的事后普遍性,开放系统的事实可被认为既不会削弱科学,也不会削弱哲学。

情境性认识

请注意,所有这些都与女权主义理论化中强调的认识的情境性有关。因为它源于对对比性解释的强调,即科学解决各种问题和对待这些问题的方式,必定反映科学家和调查研究者的观点、理解和个人社会经历,简言之,就是两个字,即他们所处的"情境"或"境遇"。在选择解释性分析基本现象的过程中,科学(和其他)兴趣必须容忍的几乎不可能是一种新见解。但现已清楚,一旦我们认识到社会科学解释的对比性质,研究者的兴趣就必然会决定研究哪种因果机制。因为,当一个开放系统中的现象是由多种原因决定时,挑选出来加以注意的那个具体原因取决于确认为令人费解的、惊异的、非同寻常的、不想要的或以其他方式令人感兴趣的对比。这将反过来反映个人或研究小组或有兴趣的旁观者的兴趣与理解。他们也许只是那些看得出行为异常的动物的有兴趣的农民,只是发现一个孩子各方面不怎么正常的父母,只是能充分评价某些占优势的结构或过程或其不平等，等等的性质或程度（或影响）的那个被边缘化的小组。

以这种方式，如果还要加上其他方式的话，从发现令人惊异的和需要解释的各种对比的角度看，调查研究者的情境性在科学研究与解释中处于显著地位。它影响着调查者的实践活动的方向与地点，这样一来，最终就会做出如此这般的发现或对理解的贡献。事实上，我现在想表明，通过深思现象的多元因果关系所得出的关于认识的情境性的深刻见解，不仅起到了强化女权主义坚持的关于认识的情境性观点的作用，而且还使我们对女权主义认识论中提出的某些相关问题有了进一步的了解。让我简单指明一下对比性解释与女权主义认识论相结合的几种方式。

对比性解释与女权主义认识论

我首先应当强调，对比性解释理论不止是支持许多女权主义者辩称的论题，即认为感兴趣的立场是不可避免的。毫无疑问，后一见解是受到支持的。这种深刻见解足以削弱那个传统假设，借此，如 S. 哈丁（Sandra Harding）批判性总结的那样："处于社会境况下的信仰只能算作看法。为了达到知识的地位，信仰必须摆脱其最初的那些局部性历史性兴趣以及价值观与日程表的桎梏，也就是说，要超越那些东西。"（Harding，1993：236）。

然而，我主张的地位性观点又进了一步，认为感兴趣的立场（包括已获得的价值观与偏见）不仅是不可避免的，而且实际上是解释过程的必不可少的助手。[17] 探查和确认以前不知道的因果机制的任务似乎是要求承认令人惊异或感兴趣的那些对比，后者转过来又预设了人，这些人处于这样的地位：能够探查出相关对比，觉得它们令人惊异，要不然则令人感兴趣，并想按照他们感到的惊异和引起的兴趣行动。开启新的调查路线，需要人们对从某些方向上看事物有预先倾向和确实的偏见。

其结果是，如果由以不同方式具有预先倾向或处于不同境况的人来承担的话，科学研究或者更一般地说认识过程能够从中受益。因而，实际情况确如其他女权主义者所辩称的那样（如 Seis，1995；Harding，1995；Longino，1990），竭力把各种不同的声音吸纳入科研群体或任何显著的讨论，不仅基于民主或公平的原因，而且基于良好的认识论实践的原因，这是能够得到支持的。

其次，立场理论家认为的边缘化地位有助于形成深刻见解，比较性解释理论似乎能加强这一看法。让我们回顾一下立场理论或"认识论"论断：某些地位性认识方式在某种意义或方式上是享有特殊待遇的。在早期的女权主义立场的概括化表达中被强调的是女性的认识方式。[18]在更近的描述中，任何被边缘化群体的观点都被视为受到了优待。我这里的论题是，如果我们看到在其能更好地认识某些有意义的对比方面，被边缘化现象（部分或整体）的产生具有相对优势，就可对这种立场理论的断言给予大力支持。

那么，被边缘化，意指受社会生活某种形式的中心的制约，如何能够享有一种认知的相对优势？更具体地说，为什么我认为它能帮助探查出（有待解释的）非常有意义的对比？我认为，答案在于边缘的双重特点，即它既指内部人又指外部人所处的位置。如果你被边缘化，你就处于中心之外。但同样，如果要被边缘化，你首先得归属于英国妇女通常被归属的那类人，但霍皮族印第安人在现代英国社会的许多领域未被边缘化。女权主义经济学家、后凯恩斯主义者、旧制度学派的学者、奥地利学派学者和马克思主义经济学家被边缘化，但物理学家、化学家在现代大学的经济系却没有被边缘化。

我认为，正是这种归属的两重性和受制于中心的特点才对被边缘化的人在认识论方面的优势地位极其重要。它有助于意识到有意义的对比。因为不像优势群体，被边缘化的人往往被迫既要意识到优势群体的各种做法、信仰体系、价值观与传统，又要坚持自己的立场。在这种情况下，对被边缘化的人群来说至少有更多的机会意识到两者之间的对比，这些对比最终能导致对两套群体结构、两者的相关性和其之间的内在关系理解，和因而最终对整体功能的理解。正是以这种方式和在这种特殊意义上，被边缘化的人群更容易获得的各种对比才有可能在一定的语境中显得特别重要。[19]

我在这里不能详尽阐述这个论题。但即便从上述简短的描述中我们也能看到，这个论题和更一般地说对比性解释理论，如何能够支持"女权主义认识论"和尤其是立场理论的某些深刻见解，同时又能避免常常与后者的观点相关联的许多紧张感。明确地说，对比性解释符合女权主义者广泛接受的那条原理，即所有声音都可容许参与谈论，并以下述方式这样做：既不假设被边缘化的声音必须提供真实描述，也不假设结果需要过量的相互对立的声音，而这些声音受到一种判断相对主义（即在其中任何有争论的断言不可能受到歧视或被任意对待的一种相对主义）的支持。让我简单陈述一下理由。

请首先考虑一下立场理论应当给出更真实描述的想法。这似乎是某些理论批评家的一个推论。因此，例如，J. 弗拉克斯（Jane Flax）的批评重点是"女权主义的立场观点比先前男性的那些观点更真实"的看法（Flax, 1990：56）。尽管 A. 阿西斯特（Alison Assister）反对 J. 弗拉克斯（Jane Flax）的评价，也清楚理解立场理论的同样含义："我不同意她的（J. 弗拉克斯）的看法，然而，在她的断言中，没有比先前的男性观点更真实的女权主义的立场观点了。"（Assiter, 1996：88）可是，不幸的是，A. 阿西斯特仍然支持她的评价，认为女权主义者有一套共同的价值观，这必然会把他们引向通往真理的道路，或至少获得"可称得上知识的'根本性'深刻见解"（1996：92）。为什么认为，或有根据认为，在 A. 阿西斯特的描述中这种现象尚未得到阐明？

然而，从前面的讨论中必然会得出这样的结论：之所以摈斥立场理论是因为要求它给出更真实的描述，是基于对一种立场或观点的能力方面的误解而产生的。一种立场观点优于另一种立场观点的好处是，它有益于探查出各种不同的对比，从而有助于探索不同的研究思路。在对一种显著的对比现象的任何调查研究中，也许应当欢迎各种猜测性解释，确认一种相关的因果机制的工作是容易还是困难，除了其他因素，既取决于语境又取决于有关研究人员的技能。但这本身与所涉及的任何立场观点的性质无关。具体地说，被边缘化的立场观点的系统性优势，如果有的话，不在于获得答案的真理性的地位，而在于被公认为有意义的那些问题的性质，因而在于那些答案所给出的实质性要义。

这里，我的理解似乎与许多立场理论家们本身的理解一致，他们把重点放在获得研究的各种可供选择的新思路。请思考一下 S. 哈丁下面的一段话：

> 处于这种等级社会底层的人们的活动可作为思想活动的起始点——为了每个人的研究与学术——从此处看，人与人的关系和世情世风变得清晰可见。这是因为被边缘化的人们的经历与生活，如他们所理解的，提供了需要解释的特别有意义的问题或研究议事表。

（S. 哈丁, 1993：240）

因此，对比性解释理论对立场理论提供的启示，有助于消除每个人都声称被边缘化的观点之所以受到优待，是因为总觉得这些观点应当是更加真实的想法。我现在想表明，对比性解释理论也有助于抵消有时在批评立场理论中提出和得出的相反的推论，这样便容许难以计数的以前被边缘化的声音参与交谈，不可避免地会导致大量相互对立的声音。认为必须遵循后者的信仰会鼓励那个结论反复出现，即立场理论家对多种声音的支持背离了接受一种形式的判断相对主义的态度。请再思考一下 A. 阿西斯特的推理：

> 虽然 S. 哈丁在其断言中有一种合理的观点，即把某些群体的代表排除出去有助于认识水平的提升，而根据民主原则容许所有人表达意见的交谈则会导致回到 S. 哈丁希望拒绝的那种判断相对主义。
>
> （A. 阿西斯特，1996：86）

然而，从对比性解释理论的视角出发，我们就能看到，大量相互对立的声音和执着于一种判断相对主义都是不可避免的。许多不同声音的流行，即便全都在考虑同一现象，也许仅仅反映了对各种不同对比的聚焦。研究不同的对比可使我们找到并揭示想探知的各种原因。举例来说，假如我们集中研究二战后英国的生产率记录，即便我们的所有观察者都是经济史学家，每个人都会各自注意到一种有别于其他人的对比，因而寻求一种不同的原因。例如，我们其中一位经济史学家也许注意到讨论中的生产率记录比战前英国的记录好，并寻求导致那种结果的主要因素（也许是战后需求的扩大）。另一位也许注意到战后英国的生产率表现低于许多不然会不相上下的工业化国家同一时期的生产率，并深思造成这种状况的因果因素（也许是英国相对独特的地方性工业谈判系统）。如此等等，不一而足。

简言之，假设即便聚焦于同样的工作条件或一个特殊群体的日常生活的某个方面，不同的观察者会看出反映其自身境况的各种对比（反映妇女、女性同性恋者、移民、老年人、"无技能工人"等人境况的那些对比），这样做，就会揭示底层因果关系情境的各个不同方面，这种看法并不牵强附会。但在这个评价中，决不需要所做出的发现或概括出的因果关系理论必然是互不相容的或对立的。

如前所述，毫无疑问，实际情况是所产生的各种因果解释往往是相互竞争的。但如果果真如此，对这种情况就不必要有什么特别成问题的东西，因而肯定没有理由欢迎一种判断相对主义。这是因为当产生各种竞争性理论时，每一种都要根据其经验上的相对充足性经受评价。这是一个较长的故事，我在这里不打算讲（见 Lawson，1997a：第十五章；前面第四章）。但没有理由认为所涉及的问题在性质与程度上与那些相对抗的问题不同，譬如说，一名单独的科学家或研究人员自己概括出一套与一种具体的对比性现象完全一致的竞争性假设，并希望在它们中进行选择。一旦我们容许各种理论可根据其相对解释力被选择，在处理各种竞争性解释时就不会存在不可避免的问题。

示例3：人的解放的可能性

现在我转向我的第三个，也是最后一个示例，以表明本体论的重要性。这里，我主要想考虑开始时提到的女权主义的解放理论，尤其是许可表达各种不同声音的愿望。这里的核心问题是女权主义者认识到，占支配地位的各种价值与兴趣需要被认为只不过是为我们大家的利益着想，尽管主流群体以为他们常常为我们大家的利益说话或做事，但实际上不必这样。突出的事实是，在反对主流群体使自己理解的身份、价值和习俗等普遍化习性的过程中，有些女权主义理论家倾向于对共同价值与共同关注的可能性感到绝望。明确地说，在回应较早的女权主义理论化中认为的种族差异、种族中心主义、文化、年龄等等被边缘化的批评中，有一种认为根本不存在女性或女权主义者或实际上任何其他显著群体具有共同特点的倾向。

因此，在一定限度内产生的观念是一个关于只有差别、只有各种独特价值、独特利益和独特经验的世界的观念。纠正共同身份的观念、集体挑战占上风的价值、促进科学进步、形成具有一致性的转变性解放理论等的任何基础都被削弱，在此过程中，任何关于女权主义或任何其他集体主义理论观点都蒸发了。[20]

例如，这种退化为个人主义的极端形式，加上与这种形式有关的近乎无能为力的集体表达或另一种行动形式,是文化理论的体验和经历的表现。这里,讨论中的趋势鼓励对所有涉及情感或涉及各种基于审美判断和说明其辨别力的相对持续的跨文化敏感形式进行压制。这种做法不肯在文化研究领域触及价值问题,和实际上使文化批评沦落为文化史与社会学的趋势中达到顶点。

我们越来越清楚地看到经济学领域中同样的倾向,出现各种指令,要求把标准方法论当作令人绝望的理论放弃,而是把思想史或思想社会学作为方法论来信奉(见 E. Roy Weintraub, 1989;或 Andrea Salanti 和 Ernesto Screpani 于 1997 年写的各种文稿)。结果是结构了对任何形式批评工作进行支持的可能性。最后,不加区分地使任何是或恰巧是实际存在的实证主义合法化达到这个过程的顶峰。

实在比事件和事态过程具有更多的意义

然而,我们可以看到,一旦我们承认实在是结构化的、不可还原为经验和其直接对象的观点,这样用来破坏女权主义解放理论的稳定的评价就几乎不可能是必须接受的。我已经辩称,现实论,即认为实在可还原为事件和事态的实际过程的论点是站不住脚的,我们还必须认识到一个由底层结构、力量、机制、趋势等等构成的领域。我至少在考虑自然科学与社会科学研究对象的语境中明确地阐述过这个问题。我现在想表明,人的主观性也不例外,我们能够并应当用结构化的人性观念取代后现代主义版本的现实个性(个体性)的观念。一旦达到这个目标,把一个关于个体的更充分的非现实化观念添加在已经获得的那个社会观念上,我们就有了一个基础,能清楚地看到,即便在某种意义上各种经验是独特的,或者说每个人类个体都具以某种方式显示出来的鲜明独特性,也不能因此认为各种社会或个体的所有方面都需要如此。在不同层面可能存在着各种共同的特点。我现在想辩称后者的确是实际情况。基于这样的理解,我还想表明,解放性理论进步的可行性完全能够安生落定。

我已经讨论过我把社会看作如此结构化的方式。让我在此简略勾画一下人性的一般结构,特别是人的各种需要与欲望之间的差异,表明它们对讨论中的各种问题的重要性(较深入的阐述见 Lawson, 1997a; 1997b)。

关于人性问题

我必须立即强调，这里任何站得住脚的关于共同人性的观念都不会是与历史无关的。但同样，认为人不具有各种共同特点，尤其是能力（例如语言能力——如关注谈话的后现代主义者预设的那样）的看法似乎也是难以置信的，这两种观点都源于一种科学认可的遗传结构，并用来把我们与其他物种区别开来。当在一个特征集，或在高度抽象的水平下考虑时，人性可被认为是一种共同属性，一个基于我们的遗传结构、显现于某种广泛需要和能力（如使用语言）上的特性。

当然，即便是一种共同的人性，也只能用固有社会化的大致基于史地和具体文化与高度差别化的形式进行表达。换言之，当以上面不同的一套特征，尤其是在较低的抽象水平上看人性时，人性可被理解为具有历史特征的相对具体的特性。人性在这个水平上的发展，有其时间、地点和个人出身条件的源头，随后又受阶级、性别、职业地位等等的影响，在其中，个人总会更宽广地经历各种体验。举例来说，我们不能只是抽象地说话，我们只能说一种具有史地特点的具体语言或方言。无数人在其一生中都要受制于相同或相似的各种决定形式，从这种程度上说，也许具有一种历史性相当稳定的共同特性。

注意，接受这种观点并非要否认在有限范围内任何个体总是要受各种经历的唯一结合体和产生一种具体个性的决定模式的支配。因此，从第三个和更加具体的角度出发，或从较低的抽象水平上说，任何一个具体的人的本性必须被视为大致独特的个性。没有理由怀疑一个人的个性基本上是由他或她的社会特性构成的。每个人都是由出生及其后的社会关系和其他决定模式中他或她的行为和经历的产物。个体行为或在他或她身上发生的事都可从由社会造成的该个体的能力、责任和倾向的角度进行理解。因而每个个体的能动性会受到他或她身处的各种关系的制约，正如这些关系与总的社会结构反过来取决于人类行为的总和一样。

因而，最终，个体的外显特性与经历也许是独特的。但这与位于各个层面的共性或一般性是相当一致的，只有当我们超越仅根据事实，特别是经验性的本体论时，我们才能理解这种深刻见解。

需 要

如果我们承认人主体是如此构成的，我们就可承认共同或共有的各种需要的一个基础。人的自由的可能性预设了人的共同目标的存在，即是说，真实的利益与动机最终植根于各种共同需要与能力。如果每个人的需要是纯粹主观的，相互对立的，不可协调的，那么，设定社会解放的目标从一开始就可能是个有待争论的问题。共同的真实利益的条件是一个关于所有有关解放建议的预设——不管是否支持（相对）变化或（相对）连续性——无论公认什么观点。当然，起码我们有着使我们的某些或全部能力变为现实的共同需要：作为人，让我们的潜力变为现实。

因此，并不难看出，道德理论化的可能性至少部分地建立在一种公认的共同的人性基础之上，承认其基础是作为一个物种的我们的生物统一性。然而，由于这种共性总是历史与社会促成的，人的各种需要将会以许多可能的方式显示出来。这样一来，承认上面阐述的关于社会的观点，即对社会目标的追求总是在相互冲突的与地位有关的利益语境中发生的。例如，也有可能我们大多数人在大多数时间都需要说我们"自己的"（各种）语言。毫无疑问，以阶级地位、年龄、性别、民族、国家、区域、文化等等的利益为中心的各种冲突，正如任何其他事物一样的真实和具有决定性作用。即便如此，各种不同的群体仍然有可能合作，容许不同的甚至对立的利益得到实现。可是问题是，相互对立的、与地位有关的利益或已形成的各种需要仍然存在。也许只有依靠我们作为人的统一性和我们的社会与历史经验的更加一般化的各种特征或性格结构，更加明确和更具持续性的进步才会得到保证。

当然，确认人的需要总是有许多实际问题，不管它们在哪种一般化水平上。因为真实需要不可还原为显性欲望，欲望不可还原为满足它们的手段，事情无疑是复杂的。[21]但是如果真实需要因而被变成难以观察到的东西，这本身就使对其进行确认与自然科学中对观察不到的东西（引力场、磁场和社会关系等）进行确认最多同样成问题。的确，（虽然证明此断言的正确性尚须等待时机）这是一种对比性解释可再次证明是富有成效的情境。

人类解放的可能性的基础

此刻，我们能够看到我维护的关于人性、人的需要与利益的观念，再加上前面第一个示例中阐明的社会本体论，就能使我们同时承认认识或知识的相对性、经历的独特性和进步的可能性，包括解放理论在内。这是因为现在已很清楚，承认我们每个人作为独一无二的个体或个人，（部分地）由我们一生中自己走过的独特道路所造就，并同时承认我们可有相似的需要或利益，并处于相同或相似的对我们周围的其他人的支配地位和关系（包括性别关系）之中，这两者并不矛盾。从这个角度出发，既承认我们不同的个体和经历，又承认在变革某些社会关系的形式中共同利益的可能性，这两者并不矛盾。这里的根本问题是，人的主观性、人的经历和社会结构是相互不可还原的事实；尽管高度相互依赖，按本体论的观点，它们每个是截然不同的存在模式。

我很想再强调一下，关于使人的潜力变为现实的各种过程，我并没有假设，社会结构的所有方面，譬如说性别关系，并非全是固有动态的，或者到处都一个样。首先，社会结构的存在依赖于有意向的人的能动性。它既是人的实践活动的条件又是其结果，因而是固有动态的，其连续性依赖于固有的具有转变能力的有意向的人的能动性。第二，社会结构具有固有的史地与文化的特点，依赖植根于地理和历史条件的各种实践活动。不存在这样的假设：1999年剑桥发生的性别关系的再生产或转变与100年前的那些变化相同，或与目前存在于英国、日本的某些部分或不管什么地方的那些变化相同。一切都要视具体情况而定。我的经验是，大多数地方的性别关系仍然可用来促成局部性的男人支配或压迫女人的各种做法，或以某种方式显得处于优势地位。[22]但是，从时空角度看，共性与差异的程度是某种事后确定的东西。

对来自不同背景的人来说，这种观念还承认，他们的个性或个体性是很不相同的，但当他们来到同一个地方时，他们就会受到相似的地方关系、性别关系和其他关系的制约，或被迫处于这些关系之中，不管他们是否意识到这一点，或他们最终学会了自如地与该地方的人和事打交道，这一点是可行的。举例来说，似乎目前在英国的某些地方任何一个女人夜间独自去酒吧时都有可能遭到某些"男人"的骚扰，不管前者以前的经历、已认识到的能力、普遍认可的需要、期望、对当地的性别关系等的自我知觉或理解是什么样的。

由于同样的原因，英国的有些"男人"意识到在黑暗的街道上接近一个"女人"可造成对方焦虑，如果从其身旁走过或超过她会引起最低程度的惊慌的话，他们就会有意识地横穿马路去对面一侧。即便一个正在被超过的人（对当地的文化很无知）没有感到任何惊慌或焦虑或其他什么，这种情况也会发生。性别关系随着时空在一定程度上的延伸和这些关系促成的各种活动，可不顾受影响的那些人的认知或理解与愿望，超越事实地起作用。显性实体和个体经历中多重差别的存在并非与这个深刻见解不一致，这种道理与假设每片秋叶的独特道路并非在削弱所有树叶都要受到超事实引力——"拉力"的支配没什么不同。

简言之，一旦结构化本体论被承认，我们就能看到，现实化过程中的多样性与在底层原因或结构水平上一定程度的统一性仍然是相一致的。这里辩称的观念因而给植根于真实需要和利益的解放政治学打下了坚实的基础。这样做，通过意识到总体上多元文化主义或多种差异的存在，并不需要以任何方式削弱或抵制这样的为解放而进行的实践活动，它就尤其为女权主义性别关系的转变理论提供了坚实的基础。它还毫不费力地为各群体之间的团结策略或群体间联系紧密的行动策略保留了可能性。一句话，它超越了目前似乎充满很多女权主义认识论和政治理论的各种紧张状况。

女权主义理论化（或在已经很有影响的社会哲学）的某些流派中似乎早已出现的先验普遍化的形式已被再次认可。通过正确地强调各种经验与显性性质的差异但却错误地将实在还原为经验及其直接客体的做法，那种受到鼓励的观点，是一个关于只有唯一性和差异的世界的看法。这样做的结果是，原先将自己的具体特性看作似乎普遍的那些占支配地位的群体毫无疑问地断定为共同特征，在这些地方，我们仅仅获得了一个具有普遍化差异的世界。似乎导致维护任何可信性或使人相信的理由的错误结果的一个必要条件，是忽视了对显性本体论的探究。

结　语

　　我已经注意到，显性本体论分析在很多女权主义理论化中明显被错误地贬低，我已表明，这种疏忽是很不幸的，因为本体论对任何未来的阐释理论和解放理论都是很重要的。我已提供了一些案例支持这种论断。

　　不管用什么理由来贬低对这种实在论的关注，其意向是强调实在论者不忠于绝对主义，相对主义者同样不忠于非实在论。毋宁说，相关问题是：在给定的语境中哪种实在论的观点和哪种相对主义的观点是站得住脚的？事实上，我在这里为一种本体论的实在论和一种认识论的相对主义辩护，两者加起来等于拒绝一种判断相对主义而支持一种判断理性。[23]在这方面，我维护一种具体的社会理论，这个理论保留和支持女权主义理论中"解构"转折背后的推动力，并使自己成为这种推动力的一部分，但整个理论同时又通过其强调本体论避免了整个（包括判断）相对主义的自我颠覆。

　　这里维护的这种具体的实在理论是一种关于结构化和开放世界的理论。这种观念承认，在我们每日的活动中，我们所有人都是复杂结构化的、处于一定的社会与文化背景中的、有目的、有需要的个体，都在深谙世道地能干地应对着复杂多变的、仅仅被部分理解并与其抗争的权利、规则、关系的各种结构，和其他可供我们支配的各种社会资源，等等，这种资源可能相对持续，却是瞬间变化的依赖行动。本体论分析为探索此实在提供了一种深刻洞察力。

　　因此，当 D. 麦克洛斯基（Deirdre McCloskey）以其他人的方式警告人们防止欣然接受"物质实在论"，其根据是"这里争论的问题是哲学的事，实在是一种比必要的日常生活更深层的东西"（1997：14—15），这里的基本错误在于认为"日常生活"没有深度，哲学探讨（不可避免地声称"探讨"）的是远离我们大家不断遇到的事情的一种实在。这种错误的假设事实上是认为社会实在，尤其是"日常生活"，可还原为社会事件的实际过程。这种将实在还原为经验及其目前客体的错误，是本体论分析要求我们纠正的一个错误。

　　现在，我终于意识到，上述要点是相当图式和仓促赶出来的。我觉得一些人会很不相信所提供的许多要点或全部要点。恰好，我的确发现，目前阐释的广阔视角如我熟悉的（见 T. lawson, 1997a）任何视角一样是一个站得住脚的、解释力很强的理论视野。但我应当再次强调，前面大部分讨论的目的主要是示例性地说明问题。这里，我的基本目标不是要说服其他人准确地接受所阐明的观念，以表明这样一些观念，或支持这些观念的显性本体论分析的确值得更多的女权主义者关注。我这里的主要目的是，帮助消除各种具体辩论中存在的我认为不必要的障碍，希望把进一步的讨论转到一种具体的对话上来，甚至发起新一轮具体对话。这是因为似乎有可能，如果包括女权主义经济学家在内的女权主义者能让实在论，尤其是让显性本体论分析更加充分地走出边际化的境况，我的目的也许仅仅是，从我目前的位置出发，由此开辟的发展机会将会证明给每个人带来好处。

第四部分
PART FOUR

从历史角度看经济学实践

当代经济学学科被一种主流理论统治着，其倡导者坚持认为，数学演绎建模方法是放之四海而皆准的。几乎没有人试图证明这种态度的合理性。然而，这个数学化理论看上去不是那么特别成功，肯定不比其他各种竞争性方法和传统方法更加成功。因此，我们想在这里解这个谜。经济学为何、如何陷入这种状况的？它是如何坚持下来并继续坚持的？特别是，当我们有可能期望一种不比其他理论具有明显解释力优势的理论来扮演一个更加谦逊的角色时，数学化理论是如何取得统治地位的？这个对比性问题是本书最后一章解决的问题。

从表面上看，似乎历史的、政治的和文化的力量都很可能具有较强的解释力，而我发现情况也确实如此。不幸的是，鉴于摆在我们目前的问题无疑代表了当代经济思想史上最迫切、最具挑战性的问题之一，少有严肃的研究专注于该学科的文化政治历史。无论如何，注意到这种令人瞩目的局面，确切地意识到还有比我这里说的多得多的话需要说，因此，我写了本书的最后一章，以起到抛砖引玉的作用。尽管如此，我仍然要强调，相信所提出的描述的确（至少）是解释我们面前这个谜的一个基本组成部分。

第十章
对当代主流经济学数学化趋势的一种解释

需要解释的现象

我们如何说明当代数学化理论在经济学中地位上升并持续占据统治地位的现象？我认为，不能从它对我们生活的这个世界的启示来解释。因为这方面的证据很少。说实在的，即便根据其自己的理论依据，被视为科学事业或解释事业的当代主流理论也处于不太健康和不太明确的状态。毫无疑问，这是许多主要代表人物的观点（见 Rubinstein，1995；Leamer，1983；前面第一章）。在主流以外，甚至在经济学学术界之外，广泛认为该理论作为一种解释理论表现得的确相当差劲（见 Parker，1993；Howel，2000）。

也许这种批判性反应有时过分贬低了所取得的成绩。但是，肯定没有确切的依据支持这样的看法，即这个理论对提高对社会的理解水平方面的贡献比许多或者已被取代或者与其（名义上）进行竞争的传统理论更多。这就是这里的有关考虑。据我所知，没有任何论据、依据或理由认为，这个主流传统比下面的各种传统理论在解释世界方面做得更加成功：譬如说，由 T. 凡勃伦、J. 康芒斯和其他人提出和倡导的旧制度学派或演化论传统、建立在凯恩斯的深刻见解之上的后凯恩斯主义传统、建立在 C. 门格尔、L. 米塞斯和 F. 哈耶克等人的深刻见解之上的奥地利学派传统、马克思主义传统、女权主义经济学家与社会经济学家提出的传统理论，如此等等。相反，在前面的几章中，我已经为相信异端传统取得成功的潜力（不仅仅在迄今为止的见解水平上）提供了更加充足的理由。

但实际情形却令人感到困惑。这不仅是因为这些异端传统在经济学界被边缘化的事实，而且因为它们被边缘化的程度引人注目。根据我的所见所闻，极少见大学的课程或教科书中承认存在不同的理论和传统。如果我们放宽眼界，在经济学以外看一看，似乎没有任何别的具有主流传统的学科达到无处不居于统治地位的程度（或在解释方面取得的成功相对甚微）。

然而，我们看一看目前的局面就知道，似乎一个有趣的现象需要我们解释，一个令人惊异的对比需要我们说明。这种数学化理论在经济学中是如何上升至如此高的程度、达到统治地位的？又是在有可能合理地预料它表现得不比其他被继续研究的理论更好的情况下（尤其是鉴于其缺乏比较成功的解释的条件下）如何维持较长时期的统治地位的？这就是我此时此刻的对比性问题，我想提供一个至少简略的答案，以确认其是整个故事中的一个至关重要的部分。[1]

解释的第一步

此前我已经提供了部分解释（下面我将进一步提供依据）。具体地说，以前我曾指出过这种显著局面形成的一种推动力，我相信这是最重要的一种（Lawson, 1997a；1997e）。那就是在当代西方文化中对数学无批判的极端崇敬。这种推动力是一种遍及社会的文化现象。数学在许多领域扮演着非常重要的角色，这种观念深深嵌入了我们的文化思维中。正如 M. 克莱恩（Morris Kline）在其《西方文化中的数学》一书的序言中总结他的发现时所言：

在这本书中，我们将主要研究数学思维是如何塑造了 20 世纪人们的生活与观念的。相关的思想将按出现的时间为序，书中的内容从古巴比伦和埃及文明的开端一直延伸到当代的相对论。也许会有人质疑较早历史时期的素材的准确性。然而，当代文化其实是许多先前文明的无数贡献的积累与综合。古希腊人最先认识到数学推理的力量，他们圣明地允许众神利用数学设计宇宙，然后促使人们去揭示这种设计的模式，不仅给予了数学在其文明中的一种显要地位，而且奠定了我们自己文明中的基础思维模式。在后继文明把这份礼物传递到当代社会的过程中，它们也不断赋予数学新的更加重要的角色。这些数学的功能和影响中许多已经深深嵌入了我们的文化。

(M. 克莱恩，1964：viii)

的确，数学的影响嵌入我们的文化很深，很多人似乎认为任何用数学表达的事物都是正确的，与此同时，为了使事物正确、可靠、见解深刻或科学（至少具有科学身份），就必须用数学表达它们。对很多人来说，似乎如果一个研究领域要想是科学的或具有产生知识活动的相应身份，抑或被视为严肃的，它就必须采取一种数学形式，这纯粹是一个无须争议、无须质疑的信仰问题。

这无疑是当代经济学学术界颇为流行的观点。事实上，正如我在第一章中详细阐述过的那样，在当代主流经济学家的著作中，数学建模甚至与（被认为包括全部理论的）"理论"的概念同义。数学形式主义对科学或严肃研究是必要的信仰，甚至被那些已经意识到该理论的大量失败的主流经济学家所接受（Kirman，1989：137），也被那些试图以严肃的态度改变该学科现状的经济学家所接受（见 Sen in Le Monde "世界报"，2000 年 10 月 31 日）。更有甚者，许多连那些自认为是异端经济学家的人似乎也受到其诱惑。如果对许多人来说，数学形式主义是必不可少的信仰、嵌入过深不易摆脱的话，形式主义有可能实际上有害于理解的思想，则超出了理解力的范围。许多像 F. 哈恩这样的人正如我们在第一章中注意到的那样，干脆拒绝后者的可能性，被视为"一种完全不值得讨论的观点"（Hahn，1985：18）。对大多数经济学家来说，数学形式主义只是对严肃的实质性理论化来说是必不可少的。

可是，这里的问题是，经济学家们一味地模仿、借用和再生产着更大群体的"科学标准或科学准则"，那些准则随着时间的推移和数学在无数领域取得的成功，已经嵌入我们关于事物是如何发展变化的背景知识之中。无疑，我们不得不接受的事实是，经济学中数学化理论的持久力在某种程度上归功于我们广阔的文化中对数学的感知方式。

为什么在社会科学各学科，特别是在经济学中，数学的地位如此之巩固？事实上，有证据表明，数学越来越向所有领域"侵入"。但是，有一种广泛流行的看法，即既认为社会领域中可测量的现象主要在经济学学科领域之内，又认为任何可测量的东西均有可能用数学描述。如果如我正在表明的那样，任何可用数学描述的事物都应当用其描述的话，数学化趋势在经济学中比在社会理论化的其他领域显得更加突出，就不是令人吃惊的事。

也许我在做进一步阐述之前会强调一下，在做这些评论时，我丝毫不想贬低数学。与此相反，我也被其雅致和力量所迷。但也可能在承认后者的同时，不能由此得出数学可不加批判地、无限制地到处传播的结论。我只是想对我所见的当前不加批判地接受任何数学化的现象引起注意。如我所说，这就是整个嵌入西方文化和习惯、准则、习俗惯例，尤其是当代经济学界的权力结构的一个大方向。

另 一 个 谜

到目前为止，我的论题一直是，这种基于文化的、使数学成为必要的科学思想，是经济学数学化理论前进的推动力。虽然广泛觉察到数学与所有严肃思想之间联系的事实，的确使我们明白了数学化理论尽管缺乏成功是如何坚持下去的道理，很清楚，对这个论题来说仍然存在一些有待解决的问题。到目前为止给出的解释充其量是很不完全的。这是因为与数学化有关的各种做法上升至显著地位，20世纪这件事才出现于社会现象研究。然而，正如 M. 克莱恩所说，我所指的文化对数学的热情拥抱在此很久以前就显而易见了。这种情况在经济学历史最长、传统最强大的国家尤为如此。特别是在法国，数学的文化影响至少自18世纪欧洲的启蒙运动以来就一直很强大。然而，即便在法国，只是到了20世纪，使经济学数学化的企图才得以实现，使其上升到统治地位。

因而，从我一直主张的这个论题的观点出发，有待解开的一个重要谜题是，如果我确认的数学对严肃研究至关重要的文化准则真有如此重大的意义，为什么经济学中的数学理论至少在像法国这样的国家没有较早上升到统治地位？正如我正在表明的那样，既然数学对严肃研究至关重要，吸引力如此之强、难以抗拒，并显然很容易复制和模仿，那么，为什么这样的想法或科学传统直至最近才被广泛接受，并享有现在如此高的地位？另外，考虑到数学理论在其阐释能力方面（当然是与其他竞争性理论相比）没有取得显著突破的那个时候（或其后）和（地方）却最终上升到统治地位，为什么偏偏在那个时候（或从此以后）能出类拔萃、独占鳌头？或者从另一角度看这个谜，鉴于数学在西方文化中的地位不总是会造成这样的结果，我的论题如何说明经济学数学化的理论作为支配方法现在仍然继续着的事实？

简言之，用什么来解释经济学的数学化理论在时间推移中的相对命运？对数学力量的信仰及其对所有严肃研究的必要性如果长期以来一直是我们文化的一个根深蒂固的特点，其重要性和普遍性也如证据所示的话，为什么该理论的命运并非自始至终同样好？为什么尤其是20世纪初以来经济学中的数学化理论运作得明显更好，而我们也许会认为其进展可能与之前没什么不同？这里，我们显然有另一个对比性现象有待解释。

拓展了的解释性论题的性质

对引人注目的那个谜的较早解释，我想提出一种拓展解释。至少在某些部分，被拓展了的解释故事也许可以被合理地理解为一个演化故事，融合了与C.达尔文的自然选择机制相似的许多元素。的确，经济学数学化理论上升到突出地位并继续保持着，但在任何阶段都没有表现出自己比其无数竞争者在解释方面更加成功，这种事实直接表明，自然选择演化过程的大量元素也许在起作用。这是因为一个核心而重要的C.达尔文主义的见解认为，人口中的一部分人群也许比其他人群更加兴旺，仅仅是因为这些群体的人具有一种其他群体的人不具有的特质，这种特质能使他们更能适应某种地方环境。那些最兴旺的人群具有的内在价值的问题与这个故事没有相关性。我将辩称，这种自然选择机制确实是对经济学数学化理论跌宕起伏的命运解释的一个部分。但同时，我将表明，这样的演化机制也只是整个故事的一部分。这个片段也有助于表明，借用生物学的相关之处充其量仅有可能贡献部分深刻见解。

演 化 解 释

为了表明我所理解的"自然选择"的概念，表明为什么经过自然选择过程淘汰后的存活者通常在任何意义上都不需要被看作颂扬性的，简单回顾一个生物学的例子也许有用。考虑一只有斑点的灰色和黑色蛾的经历，看它如何适应英国工业化环境的变化不定的。19 世纪前，有斑点的灰色蛾比黑色蛾更为常见。当有斑点的灰色蛾栖息在地衣覆盖的树上时，这些蛾不会被各种鸟看见，能有效地保护自己，而黑色蛾在明亮的有色树木的映衬下容易被鸟发现并吃掉。然而，随着 19 世纪工业化的到来和发展，污染物消灭了某些地方树上的地衣，致使树皮接近黑色。以上两种鸟继续栖息在树上。但现在有斑点的灰色更容易被鸟识别出来，从有斑点的灰色品种转变为更黑颜色的品种，两种鸟的数量比相对发生了变化。从某种意义上说，由污染物造成的黑色树皮保护了黑色蛾，从而避免了食蛾鸟追扑的厄运。C. 达尔文提供了类似的例子：

当我们看见食叶昆虫是绿色的，食树皮的昆虫是有斑驳灰色的，高山雷鸟冬天变成白色的，苏格兰雷鸟是灰暗色的，黑琴鸟是泥炭色的，这时，一定会相信这些颜色有助于保护这些鸟和昆虫，以避免受害的危险。

(C. 达尔文，1859：84)

然而，请注意，虽然讨论中的各种颜色的确有助于其拥有者生存，但主要的自然选择机制既不是以变种代（这里指遗传或基因变异）的条件影响环境的方式起作用的，也不是以环境条件影响变种代（变异）的方式起作用的。毋宁说，讨论中主要因果机制涉及与个体水平上独立产生的品种分别（即其中包括"选择"）有关的某些环境因素。在我们的案例中，众所周知的那个环境因素不是在蛾的类型可能发生变异的水平上进行选择的，而宁可说是在很多个体蛾的水平上进行选择的。通过这样一个自然选择机制，出现了生存个体与环境之间的契合。这种契合的任何部分都并非是任何人设计的。它解释了为什么本质在其外显的地方往往具有设计表象的问题。

现在，让我们回到讨论的要点，回到要点的这个过程的一个重要特征，是发现某些个体之所以比其他个体过得好，仅仅是因为它们是一种类型或具有一种品质，这种类型或品质比较能适应其所处的地方环境，而不是因为在任何更宽广、更绝对或更褒扬的意义上，它们是很成功的。

如我所说，我想提出的当代主流经济学或数理经济理论（面临后者不能提供任何明显表现相对解释优势的失败）上升到统治地位并继续保持这种地位的解释，在很大程度上采取了同样的形式。该理论在最近200年左右一直被接受的方式与相关局部环境在某种程度上的转变有关。与其被接受相似的各种变化与该理论的相对解释成绩或表现的变化无甚关系。

自然选择模型

换句话说，这里我想考查的是，可能有一个一般过程或变化模型，一个由各种生物学例子或表征充分说明了的过程或模型，但该模型也有各种社会表现形式。确切地的说，我想表明，这样一个一般模型的确是可以识别的，它的那个社会表现形式是当代经济学史，或至少是其（当前主流的）数学部分的各个重要方面的历史。

现在让我通过提取更加一般化的自然选择演化故事中的必要组分继续说明这一点。这里的论证将很简略，但它应当足以说明问题。然而，想了解更多细节的读者，可参阅前面第五章中对其基本模型的更详尽阐述。

首先，在任何能将自然选择机制包括进去的模型中，在相关群体中必有多样化的品种。自然选择演化描述的是一个群体范围内具有一种特殊品质的个体最后取得统治地位或繁荣起来的故事，之所以能这样是因为，或者

1. 这个特殊品质是新出现的，发现能较好地适应其"出生"的环境，或者，

2. 该特殊品质总是存在，但环境条件在相关意义上（独立地）朝着有利于讨论中的那种品质的方向转变。

如果一个群体中的每个个体具有完全相同的那些品质，就没有经自然选择而变化的演化基础。如果演化要继续进行，一个群体中必须要有一个促使不断发生变化的源头。

第二，如果具有比较易于适应环境的品质或特质的个体，要经过一段时间在一个群体中取得优势地位，就必须有一个借此讨论中的那种特质（颜色或其他什么）从一代到另一代被再生产的机制。按照 R. 道金斯（Richard Dawkins，1976；1978）的说法，我将把复制其结构的一个条目称之为"复制基因"

(replicator)。

第三，必须有一个由此具有不同特性的各种个体与其环境相互作用的机制。如果没有这样的相互作用，在此环境中比其他个体更能适应或更能生存的意义上的一个具体的多个个体组成的亚群体，就不会有被选择的机制。请注意，我这里指的不是变种代（变异）的条件与环境之间相互作用，而是指环境与所有在其中发育成长的个体之间的相互作用。D. 赫尔（David Hull, 1981）的说法，我将把这种机制称之为"参与体"（interactor）。所有方面对按照演化路线进行的解释都是必要的。

PVRS 模 型

让我把支持这些特征的一种抽象模型称为"群种再生产选择模型"（population - variety - reproduction - selection）或 PVRS 模型（前面第五章中详细讨论了这个模型）。很清楚，要知道一个关于事后适应的自然选择故事的模型并非（整个）是一个设计的结果，情况一定是 V（品种产生）和 S（环境选择）基本上是独立的。

请注意，表明这样一个 PVRS 模型不仅在生物学领域可具有相关性，而且在社会领域也可具有相关性，但这并不意味着，以这样一个模型在生物学领域具体化的方式的所有方面都可迁移或延伸到社会领域。说实在的，如果该模型对社会领域具有完全的相关性，其在社会领域中的具体化与在生物学领域中的具体化将是很不相同的。

十分清楚，社会领域发生的任何创新、再生产、相互作用和选择的过程，只能通过人的能动性的作用才会实现。社会系统既不是自我再生产的，也不是自然被生产的。宁可说，社会系统的再生产因能干的、有目的的人的日常活动、他们对日常任务的理解，并以非常确定的方式起作用的有关社会秩序的理解而发生。

两个领域之间的第二个重要差别（反映在任何 PVRS 模型的形式之中）是，任何品种代和选择条件之间的相互联系在社会领域比在生物学领域更加密切。虽然社会领域大量发生的现象是非故意的，也许是被误解的，但意向性在社会领域远比在自然领域有意义。

我把一个包括变种代（或变异）和选择条件的 PVRS 模型视为相互间严格独立的、极性的或新 C. 达尔文模型版。换言之，它是具有纯粹 C. 达尔文模型的各种特征的 PVRS 模型。它就是这个具体的极性模型或极其接近它的模型，常常被认为在当代演化生物学中具有重大相关性。肯定地说，正是这个版本的 PVRS 模型才最能说明我这里感兴趣的自然选择机制。这是因为这个版本的模型清楚地说明了秩序，即个体与环境的适应、部分与整体的适应，即便在变种代和环境条件完全不相关的地方也能出现。

当然，有可能具体说明不符合极性 C. 达尔文概念的各种版本的 PVRS 模型。我把能使环境选择条件（S）反馈到变种代（V）的过程中的一个 PVRS 模型称为后反馈或 S–V 模型。[2]对社会领域来说，符合这样一种模型的例子是，任何在其中市场调查及其结果的情景，或对环境条件的其他预期，都会被反馈到变种代过程。

此外，我想说说在一个（受条件或机制影响的）各种特性的品种（V）因果性地影响选择条件（S）时的 PVRS 模型，即前反馈或 V–S 模型。这里的一个例子是，一种在其中广告或任何形式的说服活动用来"操纵"选择环境的情形。

我在上面只是简略地提及它，所以，让我强调一下，我指称为 C. 达尔文式的自然选择概念的 PVRS 模型的版本，在其中 V（变种代）和 S（环境选择）的一个条件是独立的，至少在一定程度上是如此。因此，我不将它限于极性 C. 达尔文式的版本，而是限于任何版本，在其中，后者与环境和各种因素或特性有重要关系，这些环境和各种因素或特性在很大程度上是被独立决定的。

当然，在社会领域，人们期望在演化或 PVRS 模型具有相关性的程度上，它绝不会是纯粹或极性 C. 达尔文式的（它要求人的实践活动和不同的存活率独立于人的意向性）；也不是后反馈，即后向决定的（当代主流的功能主义错误）；也不是纯粹前反馈的，即前向决定的（随意性或油灰泥似的［比喻］环境）。在一个复杂的、整体的未被完全理解的像我们世界这样的世界上，如果在任何 PVRS 情境中，时而发现一个 C. 达尔文式的自然选择元素是有意义的，我们不应当感到吃惊，但期望前反馈与后反馈两种机制各自发挥其作用。

现在，归纳一下这个简略的讨论，C. 达尔文式的自然选择模型（一个在其中 V［变种代］和 S［环境选择］条件在有意义的程度上是独立的模型），有希望成为抵制那些仅从意向性、事先设计、走向"正常"或否则可预测的结果的角度看待所发生一切的立场的有用之源。这个模型反对任何其他这样的模型，即那些模型假设，所有结果都以某种方式来看是最优的，并认为这个假设的最优性（在一个理性地、工于计算的个体的世界上）实际上就是其自己的解释。

然而，值得强调的是，在任何证明 PVRS 模型是适当的社会解释的语境中，基于对个体分析的自然（或环境）选择机制将构成任何社会分析的整个故事是不可能的，即便有时具有重要意义。换言之，如果一种成功的社会—演化解释是可能的，那么，它将有可能确认仅仅相对独立的变种代与选择条件之间相互作用的各种模式。变异与选择模式的严格意义上的 C. 达尔文式的分离，似乎有可能在某种程度上被因果性相互依赖性和因果性解释过程所取代。换句话说，随着个体与环境在不断再生产与转变过程中的相互作用，期望任何这样的解释都可以既包括和谐与紧张的转变模式，也包括容纳与拒绝的转变模式。肯定地说，不应当忽视演化趋势构成了这个故事的一部分的可能性。

但认识到这一点并不能妨碍一种与 C. 达尔文的自然选择相似的机制在社会领域中起作用，也许是一种非常重要的作用。这样的可能性是否会变为现实，是某种仅由经验才能确定的事情。碰巧，我相信，我心目中与经济学数学化理论最终上升到支配地位、并能在随后继续保持下去有关过程，正是这种类型的一个例子。现在，让我直接解释一下这种特殊现象。

当代主流经济学

扼要重述一下，鉴于当代经济学的形式建模方法并不比其他许多与其竞争的学术流派表现得更好（甚至在绝对意义上它并非是一个令人瞩目的成功故事），它的崛起和持续保持强大的支配性、主流、传统的地位提供了一个需要解释的具体而有趣的现象。

的确，我相信当代主流的历史，即形式建模的方法上升到统治地位的各种做法和这种地位继续"存在"的方式，构成了学术经济学史的未成文的最重要的一章。我意识到的一个有意义的例外是 B. 因格劳（Bruna Ingrao）和 G. 伊斯雷尔（Giorgio Israel，1990）对一般均衡经济学理论的精彩研究，这项研究与我自己阅读过的经济学史中的有关片段关系密切。这里，我只能对某些相关发展给予最简略的描述。

社会演化故事的基本组成部分

请注意，首先我打算说明的也许是相关群体的数量问题。具有各种不同特性的个体（其中某些个体［或特性］比其他个体更能适应具体环境的转变）的数量有多大？我心目中的群体的数量是那些采用各种做法研究包括经济现象在内的社会现象人员的数量。我这里特别感兴趣的群体成员中，命运跌宕起伏的亚群体，是采取与那套用数学化方法研究社会现象明显相关的那个群体。

我描述的一个基本组成部分是，承认实际情况并非是，一位伟大的经济学家在前不久一个晴朗的早晨，一醒来就萌发了将该学科数学化的思想，并由此走出去，在由文化嵌入的形式化具有普遍相关性的信仰的帮助下，很快就获得了它。假如实际情况如此，那么，我的解释性描述已经足以达到我的目的了。然而，情况并非如此。相反，对社会和经济进行形式化研究的企图已经存在很长时间。因此，这样的企图应当仅被视为一套长期存在的研究方法，仅仅是全部学术或严肃研究的各种不断相互竞争的做法中的一套做法。

然而，正如我们将看到的那样，只是最近，以将社会现象数学化为方向的各种做法才明显流行起来。因此，初步表明，如果一种演化解释在这里是合适的，那么，它将可能是涉及相对独立的、有利于（已经到位的）数学化做法的环境转变的一个版本。的确，我将辩称，恰恰是数学化理论在时间长河中跌宕起伏的命运，在很大程度上反映了相关环境中发生的（自主性的）各种变化，反映了我们的确与自然选择类型的演化故事中的某些东西有关。

参与体与复制体

将很清楚的是，在我提出的描述中的各种参与体，是与理解社会有关的各种研究常规或惯例。但什么是复制体，即其结构可被传承或复制的实体？我认为它们采取了信念、指示、法令或习俗准则的形式。在所有旨在理解社会的研究方法或做法的背后，是某种类型的各种信念或准则，即便它们有时与"社会现象能够并应当接受严肃的系统性研究"的观念没什么不同。的确，很多人显然持有这种信念，并通过模仿和说服不断被复制着。

请注意，在被复制的过程中，这样一种信念可能发生"变异"或以多种方式被稍稍"修改"。对这种具体信念的一个可行的修改方式涉及用"数学的"代替"严肃的系统性"的说法。这当然等于原始思想与科学传统相结合，所谓科学传统，即"数学对包括科学研究在内的所有严肃研究都是必不可少的"观点。说得通的是，原始准则的所有变化产生了与追求对社会的理解有关的种种做法。但是，在各种显著变异也被接受的地方，只有数学形式才会被考虑进去。

值得注意的是，没有理由期望各种经熏陶传承的准则或信念（复制体）能与最终产生的各种常规惯例（参与体）精确匹配。举例来说，使数学化的各种企图可受到稍微有些变化的信念或准则的影响以增强其适应性。个体也许会受"数学化有趣味或很重要"的信念的引导，而不受更确定的"为了称得上严肃或科学的研究，数学化是必要的"信念的引导。但是，鉴于当今后者盛行，加上其明显的诱惑力，完全有理由认为，在相当长一段时间内它还是同样有魅力的，至少从启蒙运动时期以来一直是这样。

当然，没有什么事物在时间的推移中能完全保持原样。如果早在200年前，譬如说，就有可能出现一种积极的关注，这种关注也许会对社会现象的数学建模是否会和、会怎样进行下去起决定性作用（这样，在探索是否有可能取得进展的过程中，许多个体撰稿人就可能会相互模仿)，当代数理经济学家的种种做法通常根本就不会以促使数学化为目标的形式呈现出来。毋宁说，数学形式主要是以不加质疑的方式被接受的，而实际上通常是未被充分认可的。以同样的方式，最终的操作方式往往只是以经济学的名目出现，而不是以数学建模或类似的东西出现。即便在个人与其他撰稿人争论问题时，隐性的、经熏陶传承的准则"用数学"也罕受挑战，而更常见的现象是无意识地"效仿"。

因此，在当今各种形式化做法如此突出的条件下，更加无意识地模仿和借用讨论中的"科学准则"的可能性比以前大得多。的确，当前的经济学数学化是一种在很大程度上被制度化的现象。处于不同地位的个人在任何场所的行为方式无不明显受到演化了的那套规则（包括各种传统习俗）和关系的影响，那些规则和关系限定了他们同等地位上的各种选择与义务。[3]经济学界的情况也是如此，尤其是与我这里感兴趣的传统习俗有关的方面。譬如说，不像200年前，必须用数学的"科学传统"或指令在当代经济学机构的制度结构中已经根深蒂固，不断影响着各种权力关系、关于雇用员工的操作程序、再生产着各种各样的等级制度、资源配置，等等，所以，它着实关系着鼓励哪些做法的问题。简言之，诸如重点强调的那个准则一类的许多准则在当前几乎发挥着具有命令权的"游戏规则"的作用。M. 塞特菲尔德（Mark Setterfield, 1997）做过相似的评论：

> 作为一个行业，经济学界被根据某些"游戏规则"组织其行业的经济学家们占据着，他们根据这些规则打交道。……目前，这些规则包括诸如"解释愈数学化愈好""相关引文只能来源于最近的学术期刊的文章""只需要听从主流……经济学家""只有内定为顶级刊物的期刊才算数"等等法令式的东西。
>
> （M. 塞特菲尔德，1997：23）

认识到所有这些，在一定程度上意味着提醒我们社会活动的转变模型对人类社会所发生的一切具有核心意义（见第二章）。所有包括各种准则和传统在内的相对持续性结构不仅影响着人的实践活动，而且通过实践活动被再生产和转变着。这种情况当然在人类的较早时代也是如此。但是，起作用的各种社会关系的性质，在其中具体规则和传统习俗被再生产（包括模仿）和转变（包括修改）的方式无疑在不同时期和许多方面可能是非常不同的。

假定有什么事物是固定不变的话，那也是极其罕见的。即便如此，如果这里强调的各种考虑,都是始终要牢记在心的事情或问题,但它们本身和相关解释,并不解释早些时候确认的那个对比性的谜。它们无疑与理解社会文化系统的演变过程及其重要意义具有相关性。但是,那个具体的对比性问题,即为什么数理经济学没有在我们可能期望的地方较早时期取得像今天这样的支配性地位,至今仍然未得到解决。我们对最终取得突破的时间问题也没有比较令人信服的解释。[4]

这里,我想对某些显著进展提出一个建议性解释。然而,在着手之前,我必须首先坚决支持那个具体断言:与用数学化手段研究社会与经济有关的各种做法的确早已存在,至少在像法国这样的国家里是如此。有些人对此一直心存疑虑。然而,如果他们没有怀疑,那么,正如我已经提到的那样,数学化趋势在时间的推移中变动不定的命运,此假设之谜恐怕早就被视为不成为谜了。在这种情况下,我就没有必要对此做进一步的解释了。可是,毫不令人吃惊的是,问题并不那么简单。

起 源 问 题

我并不自称知道,在这些研究方法最终导致当代主流经济学的历史中,形式化趋势最早在什么地方扎根的。然而,清楚的是,这个过程的一种重要推动力是 I. 牛顿(Isaac Newton)用数学成功地将天和地结合起来。即便是 I. 康德(Immaneul Kant)后来也辩称,需要一种社会科学,必要条件是要有一位像 I. 牛顿或 J. 开普勒这样的社会科学家确认社会规律。的确,在庆祝启蒙运动伟大成就的喜悦中,社会科学的"数学化"趋势成了当代西方文化的主旋律。

无疑,在启蒙运动时期,有些人对社会生活研究的数学化表现出巨大的热情。根据 B. 因格劳(Bruna Ingrao)和 G. 伊斯雷尔(Giorgio Israel,1900)的说法:

事实上,哲学思想的史学研究方法论一直把社会科学的"数学化"当作当代文化主体之一,这是在具有丰富的启蒙运动元素的大熔炉中产生和铸造出来的。

(34)正如我已经简略阐述过的那样,法国在这个发展中起到了关键性作用,尤其是在现在可被认为与当代经济学有直接关系的那些方面。让我先说一下法国这段历史的某些事情,然后,再给下述论断赋予具体内容:使该学科数学化的驱动力实际上是某种早在20世纪该理论被广泛接受之前很久就已存在的东西。一旦达到这个目的,我就有可能在其也许是最具挑战性的方面考虑我们面前的这个谜:为什么(从被接受的角度看)即便在法国数学化趋势与今天的成就相比进展得很不顺利?

法国经济学数学化的驱动力

大多数经济学家都知道,L. 瓦尔拉斯(Marie – Ésprit Léon Walras)通过将一般均衡理论公式化,使该学科数学化而做出的最终贡献。但是,即便在法国,他不是第一个也不是最后一个对该学科数学化做出重大贡献的人。L. 瓦尔拉斯之前并在启蒙运动影响下开出的法国有贡献的人的任何名单,都会包括重农主义者或重农主义"派",特别是 F. 魁奈(Francois Quesnary, 1694—1774)。F. 魁奈认为,社会的政治与道德基础是由造物主创造的一种不可逃避的力量调节的,或至少采取了自然规律的形式,这是一种支持他的关于国民财富年度再生产的著作《经济表》或《算数公式》(Tableau économique or "arithmetical formula")的一种观点。

如果要把 F. 魁奈列入这份名单,那么,他不是唯一一个。还有其他一些人,他们的贡献实际上也是很可观的。举例来说,A. 杜尔哥(Anne – Robert – Jccques Turgot,1727—1781),一位接近重农主义"派"的贡献者,提出了"血液循环"的比喻,以表明市场运作与流体动力学之间的一种联系。杜邦·德内穆尔(Dupont de Nemours, Pierre – Antoine, 1739—1817)曾辩称,因为一切事物都是按照自然的造物主建立起来的秩序发生的,所以,把数理方法应用于道德科学是可能的。M. 孔多塞(Marquis de Condorcet, 1743—1794)试图建立一种数学化社会科学(mathématique sociale),旨在获得一种根据概率演算法或概率微积分概括的主观现象的客观科学。A. 伊斯纳德(Achylle – Nicolas Isnard, 1749 – 1803)提出了他自己的算数表,以表明制造业如同农业一样也可产生一种剩余,这种剩余不仅能增加地主的收益,而且能增加稀缺生产资源的拥有者的收益。N. 卡纳尔（Nicolas - Francois Canard，1750—1833）在其论社会数学和政治经济学的著作中，第一个提出了明确的公式化表达和从动态角度看待经济均衡的观点，第一个应用了边际分析，第一个提出了关于机械均衡与经济均衡的各种思想之间的关联的概念。J. 迪皮（Jules Dupuit，1804—1866）为效用（商品的质量取决于经济个体的态度）的可测量性的思想打下了数学基础，从而对一般均衡理论的发展做出了贡献。A. 库尔诺（Antoine - Augustin Cournot，1801—1877）用实例表明，如何以要求只确切说明所用函数形式的最概括化特征的方式，用函数关系分析经济现象。他还提出了关于单一市场中一种所需商品的数量与该商品的货币价格的关系的一个假定规律的表述。正是这个 A. 库尔诺引入了后来众所周知的需求与边际成本的弹性概念和理想市场形式（完全或无限制竞争，等等）的类型的观点。他还在其他方面做出了大量贡献。

L. 瓦尔拉斯（1834—1910）至少从当今的名望来看，当然仍然是这段法国早期历史上的核心人物。但是，我们能够看到，在用公式表述一般均衡的一种数学理论时，L. 瓦尔拉斯拓展了其他人的工作成果，特别是 N. 卡纳尔、A. 伊斯纳德和 A. 库尔诺的很多贡献（虽然只有后者才得到 L. 瓦尔拉斯的明确承认）。[5]

我在此没有必要对 L. 瓦尔拉斯的贡献进行详细探讨，因为它们已经广为人知。此刻，我仅仅关注的是确认当前主流早期历史中的相关线索。对与经济学数学化有关的各种做法，我想引起人们长期以来一直存在并进展比较顺利这一事实的注意。其驱动力，即发动机，是社会文化。这对 L. 瓦尔拉斯的影响如同 100 多年前他的前辈们对他的影响一样大。B. 因格劳和 G. 伊斯雷尔对历史的分析清楚地表明：

> L. 瓦尔拉斯对法国文化主流迷恋很深，以至于激发了他把数学应用于经济学的浓厚兴趣，尤其是在经济均衡理论的早期发展阶段应用于该理论。尽管他不愿意承认他的先驱们……但其文章中的无数段落清楚地表明，他意识到，将牛顿的数理科学模式应用于经济学和社会科学的做法激发起的一种法国文化传统，它的确与此有关联。
>
> （B. 因格劳和 G. 伊斯雷尔，1990：141—2）

第四部分 从历史角度看经济学实践

我们也许也注意到，当1893年L.瓦尔拉斯在洛桑（Lausanne）从其教职上退下来时，他的职务由V.帕累托（Vilfredo Pareto，1848—1923）继任。此人生于巴黎，在意大利长大成人，他同样关注对社会世界的数学化的研究。对V.帕累托来说，至少不亚于L.瓦尔拉斯，认为可以把对机械均衡的理解作为一般经济均衡理论化的一种模型。V.帕累托试图用数理方法建立一种经济行为的理性力学或机械学，他的目的是给前者奠定如同给理性力学打下的基础一样的分析基础和经验支撑。

因此，可在法国的学术史中发现当代经济学的部分脉络。然而，虽然造成当代局面的重要贡献是在法国早期做出的，（尽管L.瓦尔拉斯时而发出与此相反的呐喊）但当时没有哪一个贡献得到特别认可。当然，正如我们现在所知道的那样，尽管特别是L.瓦尔拉斯在其死后很久才最终获得他大半生感到值得的认可，将该学科数学化的目标，包括建立一种形式化均衡理论，的确最终被广泛认可，即便数学建模方法作为研究和理解社会实在的手段从未被证明特别成功或富有成效（见例如Hahn，1985）。举例来说，P.萨缪尔森（Paul A. Samuelson）把他视为可与牛顿比肩的唯一一位经济学家。J.熊彼特（Joseph A. Schumpeter）称其为"最伟大的经济学家"。然而，在总体上即将广泛接受数学化经济学和特别是L.瓦尔拉斯贡献的重要性之前，出现了一种新的方法论框架，人们的关注重点一下子从法国转向两次世界大战之间的维也纳、英国、瑞典，最后到了美国。

然而，在考察这些发展的各个相关方面之前，还有一些其他问题需要考虑。但首先让我重新强调一下我在这里的目标。我是在提出一种对被理解为热衷于将社会与经济现象形式化的当代主流经济学的发展和持续的社会—演化解释。到此为止，我仅仅表明，在经济学家的方法论群体范围内各种做法中，竭力使社会现象的研究数学化的各种努力显然长期存在。如果这种现象至少部分地是一个演化故事的话，我需要表明，在挑选事后证明是成功的做法或滤掉那些任何时候都不是成功的做法时，环境是如何发挥作用的。我强调，我在这里并不采取决定论的立场。环境中发生的变化并非必须扮演这样的角色。我的论点仅仅是，在当代主流经济学崛起的过程中，事后证明它们的确扮演了这样的角色。

法国的数学文化

事实上，此刻我真正应当处理的一个问题是，为什么启蒙运动的光辉成就导致了这样一种将社会科学数学化的冲动，尤其是在法国。在这里我相信，这个国家中笛卡尔的遗产具有核心的相关意义。牛顿学说在学术界被当作反对笛卡尔主义的斗争武器被挥来挥去（Voltaire, 1738）。但是，一场辩论中的实际情况往往是，每方各有真知灼见，结果，一种理论根据另一方的批评做了相当大的修正，这样，便与对方的理论相符和。因此，正是由于与笛卡尔主义对抗，之后的牛顿学说（在其特别关注阐明各种规律的外衣下）[6]在法国具有许多相当独特的特点，实质上发生了很大转变，成了一种与对方理论相一致的理论。尤其是，英国的经验主义方向导致了小规模的经验研究，而法国的数理方法采取的目标则是进一步用数学方法分析牛顿的物理学规律。此外，那些接受了这个目标的人在追求实现这个目标的努力过程中取得了相当的成功。他们的成就很大，实际上，正当英国皇家协会处于衰落时期时，与这种形式的牛顿学说的发展关系紧密的法国科学院（French Académie des Sciences）却成了欧洲领头的科学研究机构。

正如所料，法国科学的这个成就在整个社会产生了撞击性的影响。后来，科学在法国人的生活中成了威望最高的领域，并因此成了最具影响力的事业之一。在其数学—牛顿学说的外衣下，科学终被视为所有研究分支领域和更具广泛性的文化的最理想境界，给促使数学—科学方法上升到社会统治地位的想法赋予了强大动力，并被视为达此境界和理解其状况的一个条件。在其对历史的概览中，B. 因格劳和 G. 伊斯雷尔把接着在法国出现的形势做了如下总结：

> 随着"法国数理学派"取得了大量成功，科学知识分子成了知识分子的典范，科学团体成了各种学术团体的典范。鉴于改良主义的价值观和专制体制的各种陈旧制度，牛顿的科学哲学和在法国建立起来的科学知识分子的典范角色，成了复兴整个社会理想的参照标准。在其新的牛顿式服装的外表下，科学把自己当作社会的中心和改革的驱

动力向前迈进，希望在知识的所有领域出现新的视野，并使科学思想的新方法能够应用于这些领域。因而这种充实和广阔意义上的科学眼光冲出了传统科学的藩篱，并在迫切需要解决制度问题、经济问题和社会问题的激励之下——首先是在法国1789年革命前的旧制度的条件之下，然后是在大革命期间的形势之下——科学治理社会和管理经济的问题从理论角度看也取得了充分的地位。

(B. 因格劳和G. 伊斯雷尔，1990：35—36)

环境：社会现象数学化的各种取向

如果一般意义上的西方文化和法国启蒙运动后的文化给予数学方法如此之高的崇敬，那么，企图将经济学数学化的现象发生于这种情况下就不令人吃惊了。

因此，这样的做法在较早时期至少在像法国这样的国家未能赢得学术界的广泛认可，可被认为是一个谜。如果文化对各种数学方法，包括在经济学领域的再生产和迅速传播给予了高度评价的话，那么，为什么那些做法没有在紧接着的启蒙运动时期以今天这样的规模在该领域更加繁荣？从那时以来，它们毕竟已经取得了支配地位，却没有证明其在解释方面特别富有成效，肯定地说不比其他方法更有成效。为什么在学术界被广泛接受的过程花了如此长的时间？为什么数学化的做法或支持它们的科学价值观、科学准则等没有在即将成为社会—经济理论家的学者中被广泛模仿？或者在它们被模仿的地方，为什么其成果不更具影响力？在法国，为什么数理经济学尤其没有在早得多的时间点被更加广泛接受，而在那里，启蒙运动产生的实现数学化理想的冲动却被迅速接受，并早就深深嵌入文化之中？

我现在想辩称，答案与促使数学化的经济学家们所处的特殊的局部学术环境有些关系。让我指明启蒙运动后早期使社会现象研究形式化的企图萌发于法国的某些与语境有关的东西，那些企图产生于这样的语境之中。

事实上，在大革命后紧接着的那段时期，法国的学术气候特别欢迎关于政治和教育改革的雄心勃勃的理论。此时，与其他许多学术和文学活动相比，对数学的应用被解释为适用于来自所有不同背景或阶级的人们，数学被视为非常理想的工具，因此，社会数学在教育系统觅得了一些空间。尤其是，法国道德与政治科学学院（Academy of Moral and Political Science of Institut de France）特别关心并积极参与把数学应用于社会研究的活动。

但是，启蒙运动文化不仅试图把数学化研究推广到所有领域，而且要求在各个领域提出证实标准。有一种严格要求，那就是描述或解释的精确性必须得到证明。即便在法国，从早期起，就有一批来自总体上是科学界，特别是数学界内部的人，相当反对将数学应用于被认为不适合应用的领域。随着大革命时期的乐观主义转向比较严厉的实在论，甚至于到了学术上不能容忍拿破仑一世时期的秩序时，就不怎么强调鼓励为其自身或因有些人反对而坚持的某些学术方法，而是更加强调接受具有可被观察到的相关性的那些学术方法。

对描述或解释的相关性的要求，如现在这样，那时将会证明超越了力图使社会王国数学化的那些手段。这是被广泛认同的，尤其是 P. 拉普拉斯（Pierre-Simon de Laplace）终于认为试图使对社会现象的研究数学化是一个学术性错误。他曾在大革命时期对那个想法给予某些支持。但是，经过进一步研究与反思，他的态度一下子变成了对其的敌视。他的敌视至深，以致在 J. 拉格朗日（Joseph Louis de lagrange）逝世后，他在法国学术界实际上取得了近乎至高无上的地位，特别是在法国几何学派研究院（Institut de France's class of geometry），这时，P. 拉普拉斯积极着手清除倡导社会研究数学化计划的残余。

在这个时期，随着 P. 拉普拉斯影响的扩大，科学界基本上丧失了将数学方法应用于物理学之外的兴趣。只有数理科学才配给予任何严肃的身份。将人类社会数学化的理论当然仍在继续。但是，数理科学发展的一个结果是抛弃构建一门自主学科所有企图。然而，具有坚持将社会现象数学化的企图的人却遵循着数理科学奠定的官方公认的模型。他们的兴趣转向传统的数学工具与观念以及机械力学的决定主义方法。举例来说，M. 孔多塞的概率方法的所有踪迹暂时消失殆尽。

J. 萨伊的影响

在这种气候中,对社会现象的研究主要采用非数学的方式也许是不怎么令人惊异。实际上,这是一个过分中性的描述。为了与 P. 拉普拉斯的观点保持共鸣,19 世纪对社会现象的研究在一定程度上成了不仅放弃追求形式化而且积极阻止它的那些人控制的对象,虽然其放弃和阻止的理由有点怪癖。

J. 萨伊(Jean – Baptiste Say,1767—1832)和事实上是他创立的法国自由学派,一个在 19 世纪大半个世纪统治了社会研究领域的学派,采取了与 P. 拉普拉斯几乎同样的立场。J. 萨伊还把反对社会现象数学化的斗争作为该学派广谱哲学的中心板块。探讨一下其原因是具有相关性的。毕竟,法国的自由学派主要关注的是具体的实际理论与政策。的确,J. 萨伊写出了大量评论,以阐明为什么真实性(或现实性)优先于"代数公式"和诸如此类东西的问题。即便如此,不得不采取的一个明显而充分的方向是,反对忽视真实世界的那些人所持的任何教条主义观点。就事情的表面看,没有明确理由使反对所有数学化趋势的斗争成为该学派计划的中心部分。但这样的事情的确发生了。确实,正如 B. 因格劳和 G. 伊斯雷尔还观察到的那样,"J. 萨伊把拒绝社会科学数学化的运动几乎推到了偏执和简单拒绝数学的程度"(Ingrao 和 Israel,1990:60)。如果 J. 萨伊和其他人对经济学所采取的立场与自然科学家的观点保持一致,也许当时对 J. 萨伊的影响做出了某些贡献,那么,实际上是什么理由使 J. 萨伊最终作为根本缘由采取了这样一种立场?

R. 阿雷纳(Arena,2000a)讲得特别清楚,这个故事有点复杂。虽然 1790 至 1870 这段时期见证了法国的古典派或人文自由主义派崛起到显赫地位的过程,作为兼创立者和傀儡于一身的 J. 萨伊,他的初始计划并非是要建立一个新学派,而是某种相当不同的东西。他的目的仅仅是在欧洲大陆传播 A. 斯密的《国富论》中的思想,虽然为了简单明了的目的介绍它时做了些拓展(Say,1803)。

但是,虽然对 A. 斯密提出了不同的解释,D. 李嘉图(David Ricard)和 T. 马尔萨斯(Thomas Malthus)采纳了类似的理论。这样便出现了一种争论,特别是在 J. 萨伊与 D. 李嘉图之间。随着时间的推移，这场争论致使 J. 萨伊对他自己的贡献进行重新评价。首先，他将他的文稿修改到独创的程度。他把他的理论重新做了解释，认为它不仅仅在传播 A. 斯密的著作中的思想，还提出了 J. 萨伊自己的科学发现。结果，他明确辩称，他提出的路径与 D. 李嘉图和其他 A. 斯密的继承者不同。虽然 D. 李嘉图在自己的文稿中没有利用数学，但他的确采用了一种演绎主义的论证风格。正是这种论证模式适合于后来的数理经济学家不费力地用数学解决问题，同时也遭遇到如经济学中数学方法所经历的与社会实在相关性的同样棘手的问题。J. 萨伊敏于显示与 D. 李嘉图的不同之处，确实被视为做出了卓越贡献。尤其是，这是 J. 萨伊选择强调的一种与 D. 李嘉图的演绎主义方法对立的方法，这个方法出现后由此成了法国古典思想的一个中心板块。因此，数学问题评论家们，像追随者们那样，千篇一律地将数学化趋势与受 D. 李嘉图影响的经济学家联系在一起：

> 不借助显然不适用于政治界的代数公式，一方面来自 18 世纪和 F. 魁奈的教条主义派的几个学者，另一方面来自 D. 李嘉图派的某些经济学家，想把一种论证方法推荐为一般性论证方法，我认为这种方法既不适用于政治经济学，也不适用于只承认经验为基础的所有科学。我这样说的意思是那种论证方法依赖抽象思想。E. 孔狄亚克（Etienne Bonnot De Condillac）准确地注意到，抽象推理只不过是用不同符号进行的一种推算。但是，一个论证或一个等式都不能提供如实验科学要求那样的达到发现真理的必不可少的数据。D. 李嘉图将其置于一种不可攻破的假设之中，因为，基于不容置疑的观察，他硬着头皮进行他的推理，直到从中得出最后结果，但他不把他的结果与经验进行比较。推理决不动摇，但是，常常有一种未被觉察到的并总是不可预测的根本力量使事实脱离我们的推算。D. 李嘉图的追随者……把真实情况视为例外，不把它们置于考虑之中。他们摆脱了经验的控制，闯入被剥夺了应用机会的玄学之中；他们把政治经济学变成了一种咬文嚼字的辩论术。扩大其影响的企图只导致了它的衰落。
>
> （J. 萨伊，1971：15）

正如 R. 阿雷纳（Arena）所概括的那样：

> 这种与 D. 李嘉图的方法相反的见解被 J. 萨伊认定为根本问题，这种观点后来被大多数 J. 萨伊的法国自由主义追随者们所采纳，因而在法国形成了人文自由主义学科理论框架的几个关键组成部分。
>
> （R. 阿雷纳，2000a：207）

毋容置疑，J. 萨伊的大多数追随者以他为榜样反对 D. 李嘉图的演绎主义方法，特别是 L. 沃洛夫斯基（Louis Wolowski，1848）、L. 雷博（Louis Reybaud）和 H. 波德里亚（Henri Baudrillart，1872）格外反对利用数学。[7]例如，据 L. 雷博说，D. 李嘉图的拥护者只是全力"用等式满足各种原理，给政治经济学提供了一种虚假的代数气氛，以给那些寻求深刻思考的人们留下印象"（Reybaud，1862：301）。

法国的自由主义学派上升到统治地位的详细过程，主要是其从根本上反对数学方法的努力，勿需我们在这里给予过多关注（在 Arena，2000a，特别是 215—218 中有明确记载）。宁可说，这里需要强调的是，一旦该学派取得了统治地位，它就千方百计地维持其地位。举例来说，自由主义者企图控制在政治经济学教学中充当任何角色的教育机构。他们在各种不同的时段对雅典娜学院（the Athénée）、专门商业学院（the Ecole Spéciale de Commerce）、国立工艺美术学院（the Ecole Commerciale，the Conservatoire des Arts et Métiers）和法国高等专业学院（Grandes Ecoles）产生过重大影响，而且往往是全面的影响，这种影响在 1871 年创立政治科学自由大学（the Ecole libre des Sciences Politiques）时达到顶峰。自由主义者还在各种科学协会创建的过程中产生过重要影响。他们于 1842 年创立了政治经济学会（Société d'Economie Politique），并于 1832 年重建后成为法国人文科学院（Académie des Sciences Morales et Politiques）的显要成员。自由主义者还或者支配、或者强有力地影响了经济学家们阅读的主要学术期刊。这些期刊包括《检察官》（Le Censeur）、《自由交换》（Le libre-Echange）、《法国经济学家》（L'Economist Français）、《全球》（Le Globe）、《辩论学报》（Le Journal des Debats）、《世纪》（Le Siècle），和最具影响力的《经济学家学报》（Le Journal des Economiste）。后者于 1841 年由自由主义者创立，一直捍卫着自由主义派的观点，直到二战中停刊。所有这一切对法国当代经济学的研究方法产生的影响再一次由 R. 阿雷纳进行了很好的概括：

> 然而，法国自由主义者精心守护着其方法产生的影响。因而，他们制定了传播这种影响的策略，并执行了这种策略。自由学派因而形成了一个由家族式关系、友谊和参与共同社团和刊物统一起来的同类组成的群体。这种参与对自由学派的核心思想的传播做出了重大贡献。然而，对其起到决定性强化作用的却是对教育机构的控制策略。这种控制帮助法国自由主义经济学家传播他们的观点，看上去只有他们这些人才称得上真正的"经济学家"似的。他们在文化、政治和社会领域的统治地位已经成为无可置疑的事。那些不接受自由主义观点的经济学家被宣布为"持异端观点者"：他们成了"社会主义者"或"禁酒主义者"；他们实际上丧失了属于政治经济学界的资格。
>
> （R. 阿雷纳，2000a：219）

根据 B. 因格劳和 G. 伊斯雷尔（1990）的说法，自由学派的影响，包括其对 J. 萨伊坚决拒绝将社会科学数学化意向大力宣传的意义，非常重要，以致"J. 萨伊的各种方法论观点使法国文化长期感到沉重受压，成了任何再想在经济学中企图利用数学的一种阻力"（60）。

因此，从法国古典时期开始到 L. 瓦尔拉斯时代为止，相关学术环境给试图使社会现象数学化的未来的专家学者造成了许多困难。在整个法国社会，数学是任何具有恭谨态度的学科的一个必不可少的特征，这一观点当时相当流行。但在学术界（相关局部环境）的相关分支学科范围内（the reception afforded），试图用数学研究社会现象的未来的专家学者却继续持否定态度。对自然科学及其数学家来说，这当然不必降低数学本身的重要性，而仅仅要求认识到经济学需要某种不同的东西。相比之下，对 J. 萨伊及其追随者来说，有可能拒绝接受数学是所有严肃知识生产过程中的一个必不可少的组成部分的观点。但是，在每种情况下，企图使社会现象研究数学化的做法都会被视为被误导了，更重要的是受到主动抵制的。

正如我们所见那样，企图使社会科学数学化的想法仍然在各个方面继续着。社会研究方法的多样化总是存在着，比较宽广的各种文化力量确保了后来研究方法的范围至少涵盖某种数学化之类的做法。如我所说，P. 拉普拉斯的影响主要导致了被迫将重点放在基于微积分方法的严格的决定主义的机械或力学方法上。在经济学范围内，J. 萨伊学派几近全面统治的事实和19世纪末历史决定论与老一套分析方法事实上越来越强大的影响，加上科学界最后几乎完全脱离了社会科学理论数学化的做法，致使后者成为一种孤立而令人厌烦的事业。L. 瓦尔拉斯本人必将遭遇的正是这些情况。

对 L. 瓦尔拉斯的接受

因此，在存在这些力量与发展的背景下，我们必须解释一下接受 L. 瓦尔拉斯的努力的缘由。毫不奇怪，当 1873 年 L. 瓦尔拉斯首次表示他试图在法兰斯学院中的法国人文科学院（Institute de France's Académie des Sciences Morales et Politiques）陈述用数学对经济学进行形式化概括的想法时，他遭到无情的冷漠或公开的敌视。尤其是经济史学家 P. 勒瓦瑟（Levasseur）对他的想法横挑鼻子竖挑眼。他特别嘲笑 L. 瓦尔拉斯把数学应用于社会现象，如他所见，这种处理方法不适合社会现象本身，说"一个人能从思考中获得比作者的数学公式好得多的想法"（P. 勒瓦瑟引自 L. 瓦尔拉斯的著作，1874：117）。P. 勒瓦瑟还警告说会出现下述危险：

> 这种危险在于，会不顾一切地将本质上复杂的各种事物结合在一起，使其成为一个一个单元，正如将一种方法应用于政治经济学，虽然这种方法对物理科学来说很优秀，但不能不加区分地应用于另一种现象的秩序，产生这些现象的那种秩序的原因变化无常，十分复杂，最重要的是涉及一个绝对不能还原为代数公式的明显变化不定的原因：人的自由。
>
> （P. 勒瓦瑟论引自 L. 瓦尔拉斯的著作——1874：119）

其他经济学家对接受 L. 瓦尔拉斯的公式化概括的想法不持几乎更宽容的

态度。

因此，由于被经济学家置之不理，L. 瓦尔拉斯将他的努力转向寻求物理学家和数学家的认可。这并不是说，L. 瓦尔拉斯不再寻求经济学家们的赞同。但是，看到数学是占支配地位和最有影响的学科，L. 瓦尔拉斯想，如果能使数学家赞同他的观点，经济学家早晚会跟随过来。但是，说服数学家承认他的观点具有相关性并不比说服经济学家更加容易。虽然某些数学家感兴趣，但大多数数学家却不感兴趣。L. 瓦尔拉斯天生是个乐观主义者，他最终宣称 H. 庞加莱（Henri Poincare）是积极倾向于他的观点的人物之一。但这实际上有点夸张。H. 庞加莱 1901 年写给 L. 瓦尔拉斯的一封短信中评论了前不久 L. 瓦尔拉斯寄给他的《纯政治经济学的要素》（Eléments d'économie Politique pure）的一个版本，他评论道：

> 在每一次数学猜想的开头，总有一些假设，为了使这个猜想富有成果，就有必要（如为了此目的应用于物理学那样）说明这些假设。如果谁忘记了这个条件，他就越出了正确性的界限。
>
> （H. 庞加莱，1901）

当然，数理经济学家们无论是在此时之前还是之后一直不能充分满足的正是这种实在论的条件。[8] 针对 L. 瓦尔拉斯的《要素》（Eléments）中的观点，H. 庞加莱特别指出了至今在大量经济学理论化中仍然相当显著的一些特点，他评论道：

> 你把人看作无限自私和无限有远见的。第一种假设也许可被认为几乎接近事实，第二种假设也许需要某些保留。
>
> （H. 庞加莱，1901）

实际上，L. 瓦尔拉斯自我宣传几年后，数理经济学的思想常常遭到数学家们的强烈拒绝，之后这两个群体——数学家与那些热衷于将社会现象研究形式化的经济学家——之间的交流大大减弱。进入 20 世纪 10 年后，似乎支持将数学方法扩大到应用于物理学界限之外，当然是应用于社会科学的目标被广泛

（虽然绝不是普遍）[9]认为是不可能达到的。

然而，尽管遭受这些挫折，这个故事此时远未结束。正如我们所知，总的说来，数学化理论和特别是一般均衡分析仍然有待如凤凰涅槃般地从灰烬中崛起，获得重生。这怎么可能？尤其是，除了其他问题外，如果正如我一直注意到的那样，该理论在阐明人类社会方面从未取得过多少成功的话，它怎么可能再次崛起？

转折性环境：重新解释数学

这个答案的一个重要部分在于相关环境中发生的一个转折，特别是发生在企图使经济学数学化的学术方法与其他各种做法相竞争的环境中发生的转折。我已经注意到，P. 拉普拉斯和其他人的批评引导那些继续搞数学化理论的经济学家采纳当代物理学范式，主要是力学范式的模型。然而，在这个时代，这种古典还原主义理论范式（将一切还原为物理学模型，特别是力学模型的计划）本身正在变得混乱。随着相对论，尤其是量子力学的发展，自然的形象尤其继续经受着重新考察，从前在物理学范围内一直被视为具有普遍相关性的微积分学的作用，甚至在那个领域里也经受着重新考察。

其最终结果是从强调试图把物理学模型特别是力学隐喻应用于数学，转向强调为数学本身而数学。随着古典物理学本身陷入危机，数学的发展将全面减少数学化理论对物理学的依赖。数学这一学科，特别是通过 D. 希尔伯特（David Hilbert）的工作，愈来愈被看作涉及为各种可能的实在提供一个框架集。数学不再被视为从对自然的研究中抽象出来的大自然的语言。毋宁说，它被设想为一种做法，这种做法与确切表达包含数套公理和根据它们推断出结果的系统有关，与事实上具有它们自己的生命力的这些系统有关。发现各种用途的任务从此之后最多被视为不太重要的，并非迫在眉睫之事。

这种按公理推理的方法一下子破除了那些想将经济学数学化的人们至今面临的不可克服的约束。与数学理论关系密切的研究人员至少暂时推迟了解释他们喜欢的公理与假设的日期。不再需要巴结坚持认为隐喻和类推的相关性一开始就成立的其他经济学家、数学家和物理学家。方法必须与社会实在相一致的要求至少暂时不再被看作一种约束性铁规，甚至不被视为一个有任何相关性的问题。似乎任何人都不可能（合理地）坚持认为，已发现经济学家的公式化表达符合任何具体模型的情况在其他地方获得成功（如物理学的力学模型）。的确，先验模型、隐喻、甚至诠释的整个思想最后都被某些经济"建模者"拒绝（虽然从未以真正言之成理的方式）。

如果那时，对许多人来说，就有某件几乎使人上瘾的、肯定具有诱惑力的事情，这件事是关于进行严肃的科学研究必须应用数学形式化方法，那么，在20世纪早期，这种具体的"科学传统"，作为社会研究的一种动因，早就摆脱了其先前的桎梏。经济学家们现在就可尽情满足其可能不怎么正当的欲望，不再需要通过实在论解释的途径证明其贡献的正确性而付出大量精力，甚至至少原则上不需要提供任何解释。

很可能，自 L. 瓦尔拉斯以来对经济学形式化最著名（当然不是唯一）[10]最有影响的文献仍然是 G. 德布勒（Gerard Debreu, 1959）的用公理看待一般均衡理论的存在与独特性问题，这一文献为其作者赢得了经济学诺贝尔奖。即便在今天，G. 德布勒的《价值理论》（Theory of Value）中的语言和象征主义或符号论仍然发现于许多公理性论文中。G. 德布勒的文稿中的合理性完全依靠公理不需要如何解释的断言。正如 G. 德布勒自己对这些问题的表述那样：

> 对严格性的遵守决定着分析的公理形式，在那里，从严格意义上说，理论及其解释从逻辑上看是完全脱钩的。为了充分表现两者间的脱离，所有定义、所有假设及该理论的主要成果，从严格意义上说，是用斜体字着重显示的；此外，从对规则解释的非正式讨论过渡到对该理论的正式建构，通常都是用下述表达中的一种显示的："用这个理论的语言""为理论本身而理论""正式地"，等等。这种二分法揭示出所有假设和分析的逻辑结构。它还可能仅仅通过重新解释各种概念，对该理论不加任何修改就直接延伸那种分析。
>
> （G. 德布勒，1959: viii，加以强调）

如果古典还原主义的衰亡和公理数学的崛起为数理经济学最终的繁荣提供了条件的话，沿着这些路线前行只能是逐步的。在此关键时刻，使经济学数学化的理论由于其与古典还原主义理论的密切联系不是在法国，而是在奥地利和德国受到更大的激励，在那里，新物理学，一种对数学的作用经过修改而特别强调公理数学的观念，早已萌芽，现在兴盛起来，注意到这一现象也许是有意义的。尤其是，正是在这里，J. 诺依曼（Neumann, John von）、A. 瓦尔德（Abraham Wald）、摩根斯顿（Morgenstern）和其他数学家做出了他们最初的贡献。虽然当时如 A. 瓦尔德和 J. 诺依曼那些人的方法相互不同，后来他们在美国相互妥协，调和起来，在纳粹的迫害之下，许多早期做出过贡献的人都移居到了那里。

当然，法国本身也终于见证了那些有意义的相关发展。我已经提到了 G. 德布勒的贡献。虽然 G. 德布勒的《价值理论》是 20 世纪 50 年代他移居美国的考尔斯经济研究委员会（US Cowles Commission）之后产生的，在很大程度上，他本人却是法国布尔巴基"派"（法国的一群辩称数学系统应作为不用有任何可能的解释的纯结构进行研究的经济学家[11]）的产儿。20 世纪 40 年代，在高等师范学院（Ecole Normale Supérieure），J. 德布勒参与了布尔巴基学派的教学工作。虽然他接受的是这种数学的训练，但经济学却引起了他的兴趣，因此，J. 德布勒设法找到一个适当的地方，以满足他根据这种数学重新用公式表述经济学的兴趣。他去了考尔斯经济委员会，与后者实际上接受了布尔巴基主义，这两件事的偶合也许是不无意义的。

关于后者的细节和所有其他发展在此不能详述。[12]虽然我的总看法如果不是全部，也是大多数这样的与众不同的路径所共有的，但不把所有具体环节联系起来是无法清楚说明的。至少在西方学术界，把社会实在限制在数学建模上的现状要推迟到某个"明天"才会改变。在这种情况下，数学建模的可能性暂时只能靠重要人物的聪明才智才能阻止。[13]

政 治 环 境

但是，这种转折以人们理解和研究数学的方式发生，足以解释经济学形式化趋势、最终获得支配或统治地位吗？至今所讨论的若干因素，无疑提供了某种理解，即一些文化观念认为数学的作用普遍存在，在 20 世纪的某个节点上，这种观念逐渐在更大程度上影响了经济学界的发展。这些因素还有助于解释，在此之前，至少在非常期望其发挥重要作用的法国，为什么数学化趋势未能发挥较大作用。然而，从 20 世纪中期起，数学化理论在经济学中的支配地位已经相当显著，所描述的环境转变本身能否足以说明这一现象尚不清楚。用数学描述事物的诱惑力能否足以解释其成功地被接受的现象？抑或，相关环境各个方面的进一步转变不仅取消了对数学化趋势的抑制，任其自由发展，而且与研究方法的其他形式相比，实际上助长了为形式化而努力的气势？我认为后者也发生了。

二战后美国的语境

这种让数学自由发展的情况，这种对理论必须符合实际的包袱或限制的取消，的确是当时的一种合理的一般现象。可是，要理解继二战后这个阶段世界范围的各种发展，就有必要弄清楚，数学与对社会实在的研究相分离的观念（容许前者不必受到与后者相符和的限制）在美国经济研究机构受到特别热烈欢迎的原因。[14]这是因为这样做的结果，是使美国拥有了支配二战后国际经济学学术舞台的各种资源的地位（如其在许多其他学科所真实表现的那样）。

为什么美国如此容易接受这种分离观念？一个重要原因是政治环境的转变。尤其是冷战背景中出现的麦卡锡主义者对持异议者的迫害严重影响了我们感兴趣的各项发展。在这种气候下，经济学研究机构的输出性质就成了一个特别敏感的问题。在这样的语境中，证明数学化经济学理论尤其具有吸引力。这是因为它披着科学的外衣，但（特别是在按布尔巴基方法的精神这样做时）实际上却没有任何必需的经验内容。麦卡锡主义者特别害怕或嫉恨的那群人是知识分子（Reinert, 2000）。由于技术主义者的强调，形式化理论几乎常常排除任何批判性或反思性取向，对那些陷于这种困局中的人显而易见极具吸引力，这不仅对缺乏安全感和有恐惧感的大学管理人员，对美国社会科学研究提供资助的那些人尤为如此（这些人在这段时期特别重要——见例如 Coats, 1992; Goodwin, 1998; Yonay, 1998）。

在做出这些评论时，我并非在暗示，那些对经济学形式化理论做出贡献的人之所以那样做，是为了迎合这种对无须争议的态度的需要。的确，我的论题的一个必不可少的部分，正是认为这个形式化理论早已建立并已被接受。如在其他地方一样，在美国也有其传统，特别是自上世纪30年代以来（例如Yonay，1998），和明显不过的是计量经济学协会（Econometrics Society）建立之后。毫无疑问，那些追求数学化理论的人仅仅是出自改进该理论的学术表现和证明其学术上的合理性才干得那样起劲的。我的论点宁可说是，在这段时期，各种各样的相关环境的变化，包括美国的政治环境的变化，有利于形式化理论的发展。应当说，周围总是有足够多的人迷恋于各种形式化的做法，或者受北美形势的吸引。这时，恰巧有一批经济学家在此政治环境的动荡中获益匪浅。[15]

事实上，长期以来美国的历史学家一直辩称，麦卡锡主义和冷战在20世纪美国的反知识分子运动的发展中起到了决定性作用[16]（见例如Hofstadter[1963]的《美国生活中的反知识分子运动》；或Bloom[1987]的《美国思想的关闭》）。这里，我的观点很简单，那就是，这种环境如同其他地方一样影响了经济学研究人员，并无疑有助于把经济学当作纯技术主义的操作那样传播。E.赖纳特（Eric Reinert，2000）做出了有些相似的结论：

> 麦卡锡主义和冷战创造了一种对新古典主义经济学和奥地利学派经济学的两种力学版本都能提供的一种经济学的需求。新古典主义关于市场出清和谐的乌托邦思想和要素价格均等化观念是对共产主义乌托邦思想及其可能衰败的权力无限的国家观念的重要抗衡物。
>
> 在这种语境中，"知识分子"成了令人讨厌的东西。对不可更动的市场经济的绝对优越性显示出的刺眼要意，"知识分子"具有修改的历史与政治资格。美国的实用主义在冷战的高压之下堕落为权宜之计和反知识分子思想。历史，包括美国历史，充满了在一切情况下和所有语境中国家干预的近乎"邪恶"的乱七八糟的信息。在人文学科中去掉了以前的经济学的坚固基础，为力学模型的规则和支配力撬开了方便之门：这些模型结论明确，但那些以纯粹和浓缩形式表达的结论却只有在没有多样性、没有摩擦、没有规模效应、没有时间观念与无知的世界上才站得住脚。……
>
> 纯新古典技术，经济和谐观念已深嵌于其基本假设之中——提供

了像 P. 萨缪尔森的要素价格均等化那样的结果——是思想与政治上都需要的那种理论。我们并不是在说这种理论是为了政治目的而创立。那些理论实际上自 D. 李嘉图以来一直在那里，但对这种理论化的需求却是在冷战期间才明显增长的，结果凸显了其重点与要旨，却顺便削弱了关于历史的反对方的论点，对其视而不见，置之一旁。……这样做的结果是，"技术员"把"知识分子"挤出了经济学行业。

(E. 赖特纳, 2000: 29)

很清楚，E. 赖特纳在把人们的注意力引向战后美国语境的性质时，如同强调各种繁荣起来的理论的形式主义性质一样，同样强调那些理论的内容。但是，（潜在的）内容的性质总是会受到那种方法的约束。不管怎样，关于环境选择的那些论点，当我们聚焦于利用技术本身时甚至越加具有相关性，尤其是与一些情况有关，在其中构建形式结构被认为不必做任何解释（又见 Morgan 和 Rutherford, 1998）。[17]

让我简略总结一下。我辩称，虽然对社会进行形式化研究方面所取得的成就甚微，但形式化趋势早在 20 世纪之前就已存在并发展着。然而，在接近 20 世纪中期的早些时候，该理论的运气从认可率的角度看开始显著好转。但是，这种情况的发生与任何其他竞争性理论相比，并非是其提高了解释业绩的结果。毋宁说，它是其被接受或受欢迎的气候发生转变的结果。这里，具有根本性的变化是数学成为可被解释的东西，标准也发生了变化，根据改变了的标准，数学推理在任何领域都被视为正当合理的。特别是在美国，政治环境也发生了相应的变化。

当然，这里没有考虑到的大量因素在形成最终结果时也起了一定作用，或至少在形成事情发生的方式方面起到一定作用。毫无疑问，正如我已经承认的那样，具体个体的生活道路各有不同，且往往是不期而遇的。当所有这一切发生时，一个特别有意义的事件是，廉价计算设备的出现提高了发展速度，最初是计量经济学的发展，之后是计算机模拟模型和诸如此类的技术的发展。的确，战争的需要也有可能催生一系列的技术发展，那些发展有助于二战后数学化理论的成长。

然而，我不需要在此陈述，在变化了的、变化着的且更加便利的环境中数理经济学最终被接受并取得统治地位的精确步骤。我真的不想那样做。这是因为我不是在暗示一个决定论的解释，即所发生的事是必然的。我的目的仅仅是想表明，如其结果那样，其他各种相关做法的环境，在决定经济学研究的哪些做法能或不能生存并顺利发展与繁荣中，常常具有非常重要的影响。虽然关于已发生的任何事物没有不可避免性，但我认为很清楚的是，环境的变化的确具有重要意义，上面关于它们的简略说明具有重要的演化—解释力。如果已发生的各种环境变化不决定结果的话，它们的确可起到使最终发生的事更有可能的作用。

使对社会现象的研究数学化的驱动力，是西方文化中长期存在的一种支配性力量，一种在学术界显得很突出的力量。然而，在 20 世纪之前，这种驱动力实际上被更具支配力的一种局部性观点限制在学术界范围之内，那个观点认为研究方法应当与研究对象具有相关性，实际情况应当制约所从事的分析。随着 20 世纪早期对数学重新进行概念化，实际情况对社会科学数学化理论的制约被取消。这样一来，由于不受制约，并受到政治环境转变的支持，加上计算设备降价和其他因素，该理论最终获得了一种凌驾一切的威风，这种威风仍然在继续起作用。

这里，从塑造一个 C. 达尔文自然选择故事的角度看，很重要的一点是，使环境产生显著转变的各种条件与其后产生经济学家们遵循的各种研究方法的条件无甚关系。产生变种代的各种条件与环境选择基本上是相互独立的。

前反馈与后反馈机制

然而，这个示例证明的话题此刻还需要做进一步的评论。这是因为虽然公理性方法容许延后各种公理与假设的实在论解释的日期，但总是期望着算总账的那一天终归会到来。我们仍在等待着。显著的成功，正如自始至终和在第一章中详细表明的那样，很难找到。那么，那种"新"数学方法出现半个多世纪后，尽管在提供阐明社会现象方面的记录不令人满意，当代主流经济学是如何设法存活下来的？

到此为止，我主要集中讨论在所有经济学研究方法中选择哪些做法或拒绝哪些做法的环境所起作用的问题。当然，一旦任何一种理论取得了某些程度的统治地位，就很可能存在其主体影响有利于那种方法的品种和选择条件的机会。如果或在某处发生这种情况，我们就必须认识到，自然选择模型在其解释贡献方面是有限的，或至少品种产生的条件与环境选择之间的依赖程度是比较高的。

例如，我们已经看到，J. 萨伊学派的统治使早期数学化理论获得适当考虑多么困难，或多么难以开始，P. 拉普拉斯的影响如何使任何不符合物理学的标准模型的努力那么艰难。这些情况都可能被视为具有某种相关性的 PVRS 模型的后反馈版本的案例，也可被视为有可能对活着的品种产生影响的选择条件的案例。

还有数不清的历史案例，借此，PVRS 模型的前反馈版本适合产品产生的各种因素影响选择环境的情况，或至少适合使其影响环境选择的企图。这样的一个案例是众所周知的——L. 瓦尔拉斯试图推广他自己的方法的例子。他不仅恳求 H. 庞加莱，还恳求几乎任何也许对其感兴趣的有影响的经济学家或更多的是物理学家或数学家支持他。正如 B. 因格劳和 G. 伊斯雷尔所说：

> 审阅一下 L. 瓦尔拉斯公开发表的信件可证实 1874 年达到的转折点。正是在那段时期，他通过信件开始大力推动一场运动，这场运动旨在开辟科学交流的各种渠道，希望赢得大量弟子，创立一批"L. 瓦尔拉斯学派"。他的方法是在各国之间建立通信者网络（英国、美国、德国、意大利和法国）。如通常那样，他的最大努力是针对他的祖国的，现在尤其是针对科学家的，但同时也没有忽视他与经济学家的传统关系。扫视一眼立即就可看到他在哪些地方找到了听众，哪些地方没有找到，哪些地方有时令人扫兴。虽然在说德语的世界人们对数理经济学相当冷漠，但在盎格鲁·撒克逊世界，人们对它却表现出极大兴趣，虽然仅仅在经济学家之中是如此。在这个领域中，与他交流最重要的人物是 W. 杰文斯（William Stanley Jevons）和埃奇沃斯（Edgworth），但这两个人都令他失望，使他为难。

(1990: 148)

如果一个世纪之前，采用对社会现象的研究数学化的新方法的各种可能性，或影响环境选择的各种可能性很难出现的话，但今天情况却发生了逆转。在当代，正是坚持把实在性或阐明社会现象作为基本目标的各种传统在大多数情况下听不见同情的声音。

换言之，我认为公正地说，在当代经济学界范围内，在某些情况下，这个数学化理论，即现在的主流传统，通过堵塞学术竞争的办法，维持着其统治地位，操纵着品种产生和环境选择两者的各种条件。例如，在数理经济学统治时期，我们倾向于一种情况，在这种情况下，许多国家的经济学专业的课程仅仅包括形式建模的各种方法（特别是研究生的课程），被视为具有权威性的学术刊物要求要有看门人，这些人有效地阻拦着非数学性阐述，经济学系职务的任命与提拔等都大大偏向于计量经济学、宏观经济学和微观经济学的建模者，如此等等。我并不是在说，这样做是出自恶意。被视为标准或正确的办事程序，和受到支持的奖励制度，仅仅反映了当今居统治地位的那群人已接受的价值观。[18]

根据我的经验，意识到当代经济学的形势的数学家、哲学家和其他社会科学家，显然站在批评经济学范围内集中强调数学化趋势的异端学派一边，虽然这常常意味着，即便有可能，他们也（错误地）不把其看作一个严肃问题。然而，当代经济学的主流却使自己处于与其他学科隔离的非常孤立的状态之中。至少直到最近，这种形势仍然看上去是可持续的。对不了解情况的人来说，强调数学造成了一种技术尖端性或复杂性的氛围，这种复杂性也许具有威胁作用，显得很神秘，只有内行才懂，成为某种沦于经济学专家之手的东西，[19]无疑在文化上被接受并受到尊崇；与此同时，该理论统治当代经济学学科的程度之高，使许多人（大多数是主流经济学家）倍受鼓舞，使他们确信自己不会错。

然而，没有什么是静止不动的，特别是在社会领域。麦卡锡时代已经过去。毫无疑问，在许多国家，像那个时代的东西已荡然无存。此外，由于计算机技术的进步而获得的对数学化理论的推动力似乎正在枯竭。在这些情况下，尽管主流仍然处于拥有权力的地位，我们也许期望能出现一股在优先考虑真实性的方向上致力于改变学术地位差异的力量。一个重要的变化似乎正在发生。在异端群体竭力做出有意义的贡献的同时，其他趋势也已准备就绪。目前，经济学专业的学生入学率在世界各地也在下降（例如见 Abelson, 1996；Kirman,

2001；Parker，1993；Pisanie，1997）。这种情况无疑与商业学校入学率的上升恰好同时发生，人类地理学系（或人生地理学）、社会学系等诸如此类的系科的重新定向，为教授和学习人生各方面知识的人们提供了大量机会，这些系科被认为与经济学有关，但在教学中却不必完全受形式主义方式的制约。这似乎可能，肯定有可能，许多这样的压力迟早定会导致更加多元的重新定向。

纵览与进一步的问题

我希望，我覆盖的面已足够宽，足以表明经济学数学化理论崛起到如此显要的地位，在某种程度上符合（或有一些方面符合）C. 达尔文演化模型，符合自然选择隐喻。从其最终上升到统治地位并保持着这个地位的角度看各种有关做法，它的确是一个成功故事。但是，用任何更宽广或更具褒扬性标准衡量，它似乎并不是一个相对成功的故事。事实上，如果根据对社会领域的知识与理解的进步衡量，正如我们所见，很多观察者却继续把当代经济学视为像一种不幸的插曲的东西。

这里讨论的例子表明，随着一方与另一方相互作用的各种变化，随着各种新做法的出现和选择与选择环境的调整，任何的确能体现一种"自然选择"类型演化趋势的社会过程，都将几乎不可避免地是一个主体与客体或"个体"与环境之间继续适应和抵制、吸引和拒绝、适合和不适合、和谐和不和谐的发展过程。因而，社会演化过程将不可避免地是一个转变着的、起起落落悄然滑行的过程。

当然，不可能有这样的假设：长期变化的任何事后底层方向是必不可逆的。有时会促使我们思考地球上的生命发展过程，包括人类突现的过程，或者思考知识的某些分支的发展过程，把它们考虑为一般而论的不可逆进步的故事。但没有任何理由认为，所有演化片段都符合被如此解释的例子。运气的逆转总是有可能的。这样的逆转当然完全是许多异端经济学家试图在当代经济学语境中努力帮助产生这种逆转的结果。因此，其目的是为这个学科重新定向。要重新设定解释的充分性、甚至真理性的目标，再次把它作为根本性的目标，作为追求一个更加多元化的研讨场所的过程的一部分。

当然,运气发生逆转的事情即便在生物学领域也不是没有听说过。早些时候,我论及过英国 19 世纪有斑点的灰色和黑色蛾的变动不定的命运的事。我尤其注意到下面的现象,随着 19 世纪工业化的发展,污染物是如何杀灭讨论中的树上的地衣,使树皮变成了黑色,使有斑点的灰色蛾与黑色蛾相比处于相对不利的生存环境的,因为它们更容易被食蛾鸟识别出来。然而,由于 20 世纪人们加强了对污染的控制,地衣再次在相关地区的树上生长起来,我也理解黑色蛾与有斑点的灰色蛾相比再次处于灭亡的危险之中。

在商务或管理学校、人类地理学、社会学等诸如此类的系科为学习不受形式建模限制的经济学的学生们提供了大量机会,和对阐明社会更加感兴趣的研究人员提供了很多空缺职位的现象,也许是标志经济学研究方法的环境中发生重新转换的一个相似案例。前不久,法国某些精英学校的很多学生开始抗议现代经济学过度数学化的做法,这次抗议行动看上去会赢得世界范围的强力支持(见 Kirman,2000 的一个综述;特别是 Fullbrook,2003 年即将出版的著作)。也许这一切将会使局面大为改观。

然而,情况也许会是,演化模型看上去的确能够为理解当代经济学界学术发展的某些重要方面提供一个框架。当然,这里提供的解释性描写,虽然是对前面文稿中的论点的一种拓展,但像任何解释性描述那样仍然不是那么全面的。的确,犹如任何解释一样,各种建议性答案激发出许多令人感兴趣的新问题。例如,为什么数学化趋势在社会科学的其他分支未能以较大规模流行起来?大多数可测量的社会现象被视为具有"经济特征"的事实足以解释这个问题吗?为什么特别是在最近 50 年,数理经济学的某些特殊形式(而不是其他形式)风行起来?它们为什么早就能达到这种程度?例如,考虑到博弈论的基本原理很久以前就被提了出来,为什么博弈论只在相对最近才显得很卓越?

反过来说,用什么来解释这里支持的解释?确切地说,用什么来解释"用数学"之类的惯常思维或各种指令的强大魅力?数学在西方文化中持续性地位和尤其对当代经济学家抱负的重大影响,仅仅是因为数学方法不是在经济学而是在无数其他学科取得了连续不断的成功吗?抑或是,另有一种更深的心理学解释,这种解释的依据也许是担心承认社会的开放性(实际上一般地说是实在的开放性),承认因此发生的普遍而根本的不确定性的事实,会造成对人生的预测范围有限并因此而难以控制发生什么吗?[20] 如果后者那个推定的心理机制具有促成作用的话，那么，就会出现一个有趣的附加问题，那就是，正如有些人怀疑的那样[21]，其影响是否与性别差异很有关系？

我把自己对诸如此类问题的答案推后到另一个时间。但是，对这些问题的大多数答案反而会导致更多的问题或有待解开的谜，真实情况是，考证经济学数学化趋势的历史文献和对形成这种趋势的解释基本上仍然是我们肩负的一个任务。

这里，我仅仅提供了我认为是当代经济学史中解释性组分的一套简单描述。但是，这是一套重要描述，这是因为某些部分显而易见的那些特点，前后一致地说明了数学化理论随着时间的推移变化不定的命运，包括排除当前被广泛接受的事实外，在没有取得任何相对明显成功的情况下，最近上升到显要地位并的确继续居于统治地位的现象。此外，这种解释上的一致性是在当前很难找到，或不易想象出另一个令人信服的解释故事的语境中取得的。

注 释

第一章 关于现代经济学现状的四个论题

1. 如 W. 鲍莫尔（Baumol, 1992）所记载的那样：

> 这些日子，任何专业生都必须花大量时间去掌握数学工具，他们常常感到，他们写的任何一篇文章如果不穿插一系列的代数符号，就会被自动拒绝，这使他们感到扫兴。
>
> （W. 鲍莫尔，1992：2；又见 G. 德布勒，1991）

2. 英国的情况肯定是这样。但似乎这种现象越来越普遍。

3. 正如 R. 盖内里（Guesnerie, 1997）所承认的那样：

> 当今，数学的作用在经济研究中虽有争议，但却是决定性的。例如，这表现在讨论经济理论时借助形式化和愈来愈不顾该领域。任何抱怀疑态度的人只好略看一下被学术界认为（不管是好是坏）最权威和最有影响的刊物中的那些最时髦问题。
>
> （R. 盖内里，1997：88）

4. 当然，一种把经济学与数学方法结合起来的趋势一直存在。例如，半个多世纪之前，P. 塞谬尔斯就设想过，经济学在某种程度上如他认为的物理学的经历那样，"将被数学俘获"（1952：63）的状况迎合了他当时正在观察的趋势：

> 的确，当我回顾近几年的情况时，单纯的数理经济学家这种人正在垂死挣扎，几近灭亡的事实令我感到吃惊。然而，正如我的一个朋友向我抱怨的那样："这些日子里，你很难区分谁是数理经济学家，

谁是普遍经济学家。"我理解他的话中的含义，但让我用一个问题颠倒一下他强调的这种现象，并以此做结尾：这是坏事吗？

（P. 塞谬尔斯，1952：66）

5. 因此，在 W. 杰文斯（Jevons）的题为"赞扬经济理论"（In Praise of Economic theory）的纪念基金演讲中，我们发现 F. 哈恩（1985），也许是当今最具思考能力的主流经济学家，只赞扬数学公理演绎建模的做法。在最近的"经济文献杂志"的一篇被称为"青年人经济理论写作指南"的文章中，作者只考虑了对数学模型的阐述（Thomson, 1999）。又见：J. 吉，1991。

6. 我自己的观点是，这里不能详述，数学是操作者的科学。根据这个看法，虽然当代经济学大量利用数学成果，但实际上，它充其量是应用数学的一个未来的分支而已。

7. 总是得承认，在每种情况下，将发生的事远比数学形式系统能表达的多（特别见：Dennis, 1994；1995）。

8. 我意识到，在各种不同的文献和学科中（包括数学），封闭的范畴用来意指不同的事物。这里，如我在以前的文章中所说的那样，我认为一个封闭系统是那种著名的事件规则性发生在其中的一个系统。

9. 我也许还要强调，这个看法并不妨碍关于模型通常是如何被使用的大量解释。模型可被看作一种对世界的叙事或讲故事的替代方法。这是（或曾经是）D. 麦克洛斯基的观点（McCloskey, 1990）。或者说，正如 M. 摩根（Mary Morgan）认为的那样，讲故事可被看作建模过程的一个必要方面（例如，Morgan, 2001）。M. 摩根的描述也许是对绝大多数做法的最好的理解。我也相信，它对所发生的事情给予了最宽厚的解释。但是，如果我们同意 M. 摩根的看法，承认可用一个既定的模型结构讲述各种不同的故事，并容许经济学家能够把探索与该结构相容的"一整个系列的特征"视为自己的事（2001：369—70），那么，情况依旧如此，正如 M. 摩根确实承认的那样，"结构制约和塑造着可用一个模型讲述的各种故事"（366）。确切地说，情况总是"故事是演绎的，因为它是用数学或数据的逻辑……模型的逻辑回答问题的"（307）。

10. 我当然知道，像别的任何事物一样，数学本身从某种意义上说也是在不断发展变化着。但是，我看不出这种见解本身会削弱我对当代主流经济学或传统特征的描述。当然，后者也在变化，但不拘泥于数学演绎推理。

11. 当代经济学无疑会受到大范围变化不定的时尚或"风气"的影响。正如 S. 托洛维斯基所说：

> 我发现当前经济学所做的事情中有好几个方面令人很伤脑筋，我希望几年后这种情况将被扭转。首先，经济学，特别是在美国，受到风气的极大影响。某些话题在一段时间里成为热门话题，耗费了研究人员的大量精力和研究经费，但不太久之后它们就陈旧过时，被某种别的话题所取代。
>
> （S. 托洛维斯基，1992：143）

B. 法恩（2001）在一项关于最近盛行的所谓的社会资本理论的原因与（不幸）后果的卓越研究中，甚至觉察到主流经济学范围内时尚起落沉浮的一种一般模式：

> 然而，正如总是被暗示的那样……社会资本理论出现并迅速上升到显著地位的现象，从学术风气的角度看是一种十分熟悉的现象。奖学金的大众化与降级作为一种更一般化的趋势更加令人不安。这个模式现已为人熟知。一两个案例研究导致了重大概念的发明与各种各样的概括。这些概念与概括根据理论性和经验性批判得到改进，那些批判指出了被忽略的许多理论上的可变因素或案例研究的反例证。现有知识和新知识匆匆经过不断演变的框架的检验。到头来，整个宏伟建筑变得过分复杂，并屈从于持异端观点的批评者或其他人，这些人一直保持着愤世嫉俗的态度或变成了愤世嫉俗的人。这时，一种新时尚或新风气就会出现。
>
> 尽管这是一种学术循环，但其后果却很重要。除大量浪费学术资源外，这种时尚的影响在较长时期不仅并非无足轻重，而且在跨学科和跨话题领域也是不可小视的。
>
> （B. 法恩，2001：190—1）

12. 举例来说，P. 米罗斯基（2000；2001）最终还是把自己视为以某种方式提出一种替代主流经济学的路径，鼓励一种作为计算科学的经济学，其重点在于自动机般的市场理论（看上去与 J. 诺依曼期望的相一致）。P. 米罗斯基常常与热衷于从事计算经济学研究的经济学家保持着一种批判性距离。但是，当他批评与他喜欢的（J. 诺依曼）的路径不同的各种计算机模拟方法时，他仍然照着做他的事。

13. 因此，R. 帕克（Richard Parker）在评价该学科的总体状况时写道：

> 经济学家们不再在他们所做的事情上保持意见一致，至少在是否值得去做的问题上也是这样。外行批评家早就发现了经济学家们的大量严重过错：他们的演绎方法、形式主义、对神秘的代数的过分依赖、对复杂事实置之度外的态度、各种经济范式很多方面的不一致。经过几个世纪的持续抵抗之后，新东西是这些同样的关注也已经开始使这个行业大伤脑筋。

（R. 帕克，1993：1）

14. （1997 年 8 月 23 日）《经济学家》杂志刊登了一篇题为"经济学的令人困惑的失败"的文章。根据这篇文章的说法，问题"不是经济学的失败，而事实上，是当代经济学的失败。古典经济学家提供了一种较好的理解"。

15. 前部长豪厄尔（minister Lord Howell）在一本获奖书中对当代经济学的现状做了如下评价：

> 当代经济学自相矛盾的情况是，虽然计算机不断粗制滥造着越来越多的数字，为发布经济状况的报告提供着越来越假的精确数据，但这个数量喜庆日背后的各种假设却越来越不可靠。经济建模要反映现实绝非易事，实际上是越来越脱离现实。

（D. 豪厄尔，2000：199）

> 经济学在其发展道路上的某个地方发生了错误的转折。已经发生的事情和信息革命强化的东西及其影响是，经济学家们已经把经济分析从哲学和真实生活中排了出去，产生出一个抽象的丑恶怪相，一个不管在个人层面还是制度层面，与日常经验和人的行为的可见模式越来越疏离的模型与假设的世界。
>
> 结果，经济学家们不仅未能觉察、解释或预测困扰世界经济与社

会的大多数弊病，而且还在决策者和宣传者中积极鼓吹一种畸形观念，这种情况反过来使大众深感迷惑，造成对政府当局的不信任——这种情况往往发生在比以往任何时候都需要加强政府与社会之间相互信任的时候。

这个由经济学界提供的误导人的"黑匣子"世界观，从最基本的微观市场运作到国家及其司法的宏观层面的所有层面，已经被百依百顺的统计学家广泛强化，这些人给各种实体提供着假精确性和数据以及在经济学理论之外、事实上并不存在的各种概念，或者这些东西的正确性已经被信息技术的影响极大削弱。

（D. 豪厄尔，2000：203—4）

16. 当然，即便一位撰稿人坚持把过程只看作使用一种语言而不是另一种语言的一个案例，也有必要承认翻译行为是罕见直截了当的。在第二种语言中发现表达以前在第一种语言中获得或确切表达的一种思想方式，是一种创造性、建构性过程。采用的词语和术语等的结构也许变化很大。也许会突出许多新特征，而其他特征则失去强调。可能的情况是，在改变语言时，我们常常部分地改变着我们呈现世界的方式。我们可用不同的方式表达各种特征。但对数学—演绎推理形式来说，必须强制采用被容许的形式，说可被说的那类事，探讨可被许可探讨的那类世界（见下面）。所以，任何仅仅为了改变语言的陈述，即翻译，将的确有可能是误导人的（又见 M. 摩根，即将发表）。

17. 进一步的讨论见 T. 劳森 1997a：（Lawson, 1977a），特别是第七章和第八章。

18. 实际上，J. 凯恩斯（1973b：276—7）早就观察到，即便对自然领域，原子主义也是不成立的（见下面第七章）。

19. 再次表明，这个评价并不特别新鲜。我们将在第七章中看到，J. 凯恩斯看到了这个问题。T. 凡勃伦在描述原子主义的一个具体的快乐主义版本时，也较早认识到这一点（见 Lawson, 1997a：10, 11）。

20. 这种方法有时还被说成约定主义。对当代主流经济学的这种解释的一个很好讨论和其批评可见于 S. 拉齐斯，1976（Latisis, 1976）。

21. 在与作者的谈话中。

22. 在几个建议性替代路径中，有些路径比其他路径更令人信服，见 K. 胡佛（Hoover, 1997: 14）。K. 胡佛的观点与我自己的观点的真正区别似乎是，K. 胡佛并非把计量经济学家看作在真正追求恒定关联，不管其修辞如何。毋宁说，他把他们在很大程度上描绘成在操练 T. 劳森（Lawson, 1997a）提倡的方法。因此，我们的区别来自一个欢迎经验性评价的断言。当然，但愿 K. 胡佛的"观察"是正确的。但是，它看上去肯定不在我的这一块，也不在我熟悉的经济学界的其他部分。随便浏览被视为有声望经济学杂志（即主流杂志），似乎就足以浇灭在这个问题上的大多数乐观主义看法。

23. 这样的一个版本是由克鲁格曼（1998）提出的，某些批评家，特别是经济学行业"之外的人"，抛弃形式主义的真正理由，是他们常常反驳各种深受重视的教条：

> 当外行人批评经济学的形式主义时，他们真正抱怨的往往并不是关于方法的，而是关于内容的——特别是，他们不喜欢形式主义的论点不是因为它们是形式主义的，而是因为他们反驳的是其深受重视的教条。

（克鲁格曼，1998: 1829）

让我直截了当地承认，如果形式主义的批评家的确反对形式主义方法，仅仅因为所得到的实际结果令人无法认同，因为批评家把他们看作在反驳深受重视的理论或其他类似东西的话，那么，这种反对并不具有充分根据。这里，我们必须毫不犹豫地赞同克鲁格曼的观点。我不怀疑，分析仅仅因为其结果总是能在某些地方找到偏爱。这是一种很难得到辩护的做法：最终，正是分析的相关性才显得重要，并非其结果是否符合我们的偏爱。

24. 有些批评家认为，形式主义应当在实际上被驱除，因为它适合于把那些没有基本数学知识的东西从会话中排出去。这种攻击又一次引起克鲁格曼（1998）的注意，他发现1997"主导"（"Governing"）杂志的编辑发表了一篇专栏文章，这篇文章特别断言：

> 代数对理解经济并非至关重要，因为果真如此，这就会使那些年轻时未学过数学现在又年事已高、学不了新东西的人丧失合法权。

（克鲁格曼，1998: 1831）

我再次认为，我们必须支持克鲁格曼不理睬这种攻击的态度。如果代数或其他任何具体研究方法对获得真知灼见或切合实际的概括性理论是必不可少的，那么，就不能仅仅因没有足够的代数知识或技能而不易参与讨论那些见解受到反对。这里当然有一个允许谁加入学术界的更加广义的问题；我个人认为准入越开放越好。这里，不存在只适用于经济学数学化而不适用于所有其他涉及具体技能、经验或技术的所有其他研究分支的根据。

25. 建模者对一个明显指责的回应常常是，经济学甚至不应当追求科学性，或任何意义上的严格性。以同样的方式，建模者常常用"适合"捍卫自己的成果，把其视为产生"明晰"或"一致性"的手段。如果有人根据某种先验基础排除社会科学的可能性，或有人认为必须避免追求明晰，那么，不管是什么语境，我个人认为这对他们是不利的。一致性更成问题。但只要我们不从静态角度看待它，接受我们常常期望能够取得的最好结果是发展中的一致性的观点，譬如说，一颗橡子变成了一棵橡树，或最初的想法变成了一篇论文，那么，一致性可被认为是一种理想的或可行的目标。

26. 对利用形式主义的批评，或者说，至少是对当代数学建模者常常用"适合"为他们辩护的另一种指责是，形式主义者不用经验数据，不根据其关于政策问题的模型得出结论。克鲁格曼（1998）援引了某些著名的例外（1830）。但是，为了同意他的看法，即该指责是站不住脚的，我们只需要看一看当代应用计量经济学家们就知道了，他们所有人都利用数据，其中许多人把它们的模型解释为直接与政策讨论有关。

27. 某些主流经济学家一直承认所有这一切。我相信，F. 哈恩就是其中之一。也许在这里值得明确重复一下他的一些反应，只要因为其他主流经济学家可能受到鼓励，从而有必要检查一下讨论中的活动是否真的有重要意义。

因此，关于用实际现象的测量数据估计或检验经济"理论"形式模型的任何企图，F. 哈恩写道：

> 我一直讨论的问题是经济学家们也许被吸引去从事下面的规划：探求观察到的事件距连续不停的瓦尔拉斯均衡中的经济的一致性有多远的问题。……（即便这个规划是成功的）……我们对事件的理解也有可能是不真实的。这是因为我们可能不理解，在一个权力分散的经

济中，连续不断的均衡如何可能，我们不理解为什么一个有工会和垄断的世界能像一个完全竞争的世界一样运行。我已经辩称的经济学理论化的企图是理解，我现在加一句：差劲的理论化是一个对理解的过早的断言。

（F. 哈恩，1985：15；又见 F. 哈恩，1994：240）

在别的地方，F. 哈恩也流露出对利用数学模型描绘政策含义的做法的态度，虽然是以戏剧性方式表达的：

当政策结论根据这样的模型得出时，就到了一个人伸手去拿枪的时候了。

（F. 哈恩，1982：29）

28. 那些只承认经济学数学方法的积极或理想方面的人们，倾向于整个忽视本体论。在别的地方（Lawson, 1997c）我已考查过，是否对经济学中采用形式方法的价值进行评价，是依据方法适合"题材"的性质，或在"本体论上适合"该题材的性质的一种"恰当性"标准是否被考虑而有所不同的。G. 阿尔古（Geoff Harcourt, 1995）已经把一大批经济学家关于数学建模的有用性的各种说法集在一起，成了一个大集。G. 阿尔古的印象是，整个画面是混合而成的，最后，没有经济学家们的明确结论。然而，G. 阿古尔的许多撰稿人的这个样本表明，更加明确的印象，是通过区分哪些人在考查形式方法是否适合于社会实在的性质，哪些人不考查形式方法是否适合于社会实在的性质而获得的。只有三个人才做这件事。他们是 A. 马歇尔、J. 凯恩斯和 K. 博尔丁。其他人，如 P. 塞缪尔森、G. 德布勒、T. 科普曼斯、J. 米尔里斯、G. 旗奇林斯基、F. 哈恩和 R. 斯通等只考虑实用标准，或那些在该语境中有太多歧义而难以解释的标准（例如，"科学的进步"）

那么，从以这种方式对 G. 阿尔古所指的文稿再划分中能学到什么？答案很简单，那就是，根据是否求助于对本体论的考虑得出一个关于数学形式主义与经济学的相关性的不同的系统性结论。确切地说，那些不能明确质疑形式方法是否能够阐明社会物质的人普遍推断，数学形式主义可应用于经济学的所有领域的见解只能是有利的，而那些质疑形式方法与社会物质性质相关性的人（A. 马歇尔、J. 凯恩斯和 K. 博尔丁）则会得出多多少少相反的结论（见 Lawson, 1997c）。

29. 所有关于这个问题的相似的观点被 N. 卡特赖特采纳（2001）（事实上，N. 卡特赖特的方法与这里辩护的观点在 D. 胡佛1997年的著作中形成对照，并受到批判）。认识到"这种规则性的确罕见，绝大多数在物理实验室也很难获得"（2001：280），大多数情况下，是在许多单一机制独立自主运行的状态下发生的，N. 卡特赖特想知道，期望在经济学中能够成立的这些规则性的条件是否有意义？N. 卡特赖特怀疑地写道：

> 让我们下一步转向一种靠自己运行的机制的想法。我们也许会根据个体偏好、目标或约束设想需求机制，或把这种机制想象为不可还原的制度性的有结构的东西。在每种情况下，为了规则性规律的缘故，当需求机制被设定单独运行时，需求规律就记录所引起的规则性行为。这种典型情况……显示出试图从规则性角度描述各种机制的能力的荒谬性。没有任何行为是供给机制或需求机制独自运行的结果，关于这种情况，没有什么特别的东西可言。一般而言，谈论靠自己独自运行的一种机制是没有什么意义的。

（N. 卡特赖特，2001：280）

另一位哲学家 J. 杜普雷（John Dupre, 2001）做出了类似的结论。为了导致事件规则性，事实上聚焦于一种稳定的必须被隔离的因果机制的假设上，结果认识到，在一个相互联系的多元的世界上，这等于假设一种因果完全性，因此，他建议经济学家也许不妨放弃对规则性规律的追求（330）。

30. 这个断言在最近法国举办的辩论会上充分得到各方面示例的证明。这场辩论会是由法国学生抗议其课程明显缺乏相关性的运动而促成的。尤其是，学生们批评他们的课程事实上主要被化简为操练数学建模。这些抗议促进了法国各种杂志和报纸间的有趣的相互交流，特别是在《世界报》（Le Monde）的许多页中。法国大多数主要经济学家的反应似乎是公开同情学生们的抱怨，尤其是要求采用更加多样的研究方法。然而，这些经济学家们坚持认为，经济学必须是科学的，在那里，科学基本上无可置疑地等于采用数学。数学对科学不是必不可少的可能性几乎无须加以思考（见例如，《世界报》2000年10月31日以"经济学中数学是必要的，但只有数学仍然不够"为题的讨论"Les

mathématiques, condition necessaire mais pas suffisante aux science economiques' in Le Monde of 31 October, 2000)。

31. 可是，请注意实验控制的条件与主流理论化有何不同的问题。在实验中，获得对一种孤立机制的理解被视为是对一种被产生的实验规则性的解释。在主流经济学那里，通常没有被产生或被发现的事件规则性，宁可说是一种理论上假设的形式化表达的构造。

32. 附带说一句，我们也许现在注意到，假设因果序列类事件规则性在自然领域是普遍存在的想法（一种似乎能鼓励主流经济学建模传统的假设），将会犯一系列或更多的有关错误。我们已经观察到，这样的事件规则性主要与实验的现实化和经验上确认各种底层机制相符合。因此，把这样的事件规则性看作脱离各种机制（和在其下任何机制可被隔离的各种条件）的现存在，就会犯A. 怀特海德（Alfred North Whitehead）1926 年所称的错置的具体性的谬误；这就是将某种事物看作与其他事物必要的关系相分离的错误，把一种抽象看作似乎比其实际更加具体的东西。

这是一种经验实在论的错误（见 Lawson，1997a：19—20）。我并不是在暗示，经济学家们必定会犯这种错误。但是，为了避免这种错误，就必须承认相关种类的事件规则性确实是由底层机制产生的，但要坚持认为这样的事件规则性在社会领域也是普遍存在的，就必须采纳一种同样成问题的态度。这就要假设不仅欢迎实验调查的各种机制代表了所有真实世界的各种过程，而且各种社会机制都是相对具体的，即是说，它们是分别存在和运行的分散实体。

满足这后一假设涉及另外两个条件。第一，它要求以每种被确认的机制的运作方式产生其效果，不受它与其余实在的关系的影响。这是一种隐性原子论假设。第二，每种机制运作效果的直接现实化必须不受其他抵消因素的削弱。这是一种孤立（或隔离）主义的假设。

坚持关于自然界（或任何其他界）的这后一种（隔离主义或孤立主义的）假设，就使得实验成为多余的、不需要的事情。为了前一（原子论）假设与其结合起来，就要达到当代主流经济学的（隐性）本体论的要求。假设这后一本体论在一个开放的具有复杂内在联系的世界上的普遍相关性，就会犯原子论和隔离主义两种错误（见 Lawson，1997a：第七章和第八章），并还能使很大一部分经济学的虚构部分和其解释失败的记录永久化。想使这些错误的任何一个错误永久化，就会犯被错置的普遍性的谬误（见下面第二章注释）。

33. 肯定地说，这种科学观念似乎把我们大家都搞成了社会（和自然）科学家。实际上，我认为它应当这样做才是正确的。例如，像大量活动那样，唱歌、做清洁、种花养草等，尤其是，某些个体只是因为他们比我们其余的人以更系统和持续的方式从事某事才被认为是那种人。承认这一点丝毫不意味着"职业人员"才采用的这样的做法和技能，以贬低他们。我相信，在科学中也是如此。

34. 这并不是一个科学论题的统一体。我只是辩称，经济学本身可采用那些似乎能描述自然科学最成功的方面的做法。一本明确挑战科学统一体论题的优秀书稿是，J. 杜普雷的《万物的无序：科学不统一的形而上学基础》（"The disorder of Things: Metaphysical Foundations of the Disunity of Science"）（Dupre, 1993）。实际上，尽管该书稿有这样的题目和方向，J. 杜普雷的立场观点（至少在许多方面）却与这里支持的立场观点相当接近。J. 杜普雷批评的支持科学统一体的秩序的观念被本质主义的（朴素或极端的）古典哲学教条、规则性决定论和物质还原论抓住了，我也拒绝接受上述所有这些观念（见 Lawson, 1997a）。J. 杜普雷主要是通过利用生物学的科学成果来批评这些论题的。J. 杜普雷同样批评极端形式的构成主义和经验主义提出的科学不统一的那些论题。他以主张一种多元的"混杂实在论"结束，这种实在论与这里支持的实在论观念没有多大不同。这位撰稿人最近关于经济学本体论的具体著述，见 Depre（2001）。

35. 虽然 K. 胡佛的这样一种称之为"函数效用"的力量与行为倾向的例子，几乎是不令人非注意不可的。

36. 事实上，走向理性（或优化）主体的概念也许根本就不是一个溯因推理案例。我在上面已承认，主流经济学家将继续在新的社会原因被假设的地方使用溯因推理。依照溯因推理的活动以搞清楚各种新实体（本体）或方面的做法，是纯解释或抽象因果解释。在一种认识的各种原因已经被确认的地方，所获得的理解就可用来说明某种具体现象，这样的活动是应用解释或具体解释的一种。严格地说，这里运用的推理模式是回溯推理（retrodiction），而不是溯因推理（retroduction）。它涉及找到一种方式，在其中，各种原因必须为产生某种现象被触发，并相互作用，以使其具体化（见 Lawson, 1997a: 221, 244）。

考虑到许多主流经济学家是从先验"理解"出发的，即认为解释性原因是一组优化人类个体，其所做所为可最好常常被考虑为一种应用类解释工作。

37. 因此，我同意 V. 奇可（Victoria Chick）（1998）最近的评论："形式主义是好，但它必须明白自己的位置（有自知之明）。经济学家们需要就其位置的界限进行进一步辩论"（Chick，1998：1968）。本章是对这样一种努力的一个贡献。

38. 可是，我想推行的那种方法多元论并不否定需要经济学实践者相互间进行批判性交流或据理游说活动。我认为，要成为一个方法多元论者，并不要求一个人不持有各种确定的观点，譬如说，有关很有可能在具体语境中取得成果的各种做法的观点。维护多元论与利用理性并不具有一致性。如我所理解或宁可说捍卫的那样，那个观点，即致力于方法多元论并不需要隐藏差别，而是要尊重和包容与自己观点不同的各种观点与方法（尤其是，要有所有评价都可能有错的意识）。采取这样一种态度，就是支持、容许、甚至鼓励各种竞争性思想与方法存在的环境，希望能够促进相互了解和相互补充与丰富。不管怎样，这就是我这里着力主张和追求并提倡的那种观点。

但是，在我看来，在既接受这样一个方向，同时又认为此时把该学科重新定向到一种有意义的程度要抱审慎态度，两者之间并无矛盾。目前，该学科的各种资源（课程、杂志、新学术职位和研究资助）几乎全部倾向于促进一个即便从自己的角度看也很不成功的项目，并且没有明确的正当性。我是在说，在某些环境中，有理由将可利用的资源的一大部分安排到促进不同方法的项目上去，特别是那些可证明能够成功阐明社会领域的方法，安排到我们有根据、期望能取得巨大成功的项目上去。

第二章 经济学中的本体论转折

1. 批判实在论这个术语花了很长时间才确定下来（见 Lawson，1997a）。在此标题下系统化了的这个当代理论很大程度上归功于 R. 巴斯卡（1978；1979）。确切地说，在经济学中，有一批经济学家正在运用它（见例如，Fleetwood，1999）。

2. 因为很显然，我的观点有时被误解。虽然当时的目标是概述一下该方法和《经济学与实在》的本体论成果，本章与那本书相比必须是相对简明扼要的，应当被视为对后者的进一步拓展了的论点的一个补充。

3. D. 汉兹（Wade Hands）把后者称为"经济学方法论的科学的哲学观点的外壳"（1994；2001：2）。如果我这里对最近经济学方法论各方面发展的呈现，是广义上的、也许是漫画式的某种东西的话，关于这个题目的一个杰出概览，一份可供人们了解关于所有正在进行的发展参考的，是 D. 汉兹的作品（2001）。这里，D. 汉兹着手对经济学方法论和当代科学理论的发展进行观察，描绘了经济学方法论的主题最近如何受到重大变化的影响的过程。另外一本同样优秀、但小一点的关于经济学方法论发展的著作，是 S. 道（Sheila Dow）的更近一些的书（Dow, 2002a），这本书特别适合作为了解正在进行的发展情况的入门之书。

4. 还存在着一种循环推理的危险。这是因为，从经济学方法是理性的前提出发，哲学研究的结果将确认有关"已公认的前提证明是有效的"这种说法的各种条件。但在只以这种方式获得支持的、被确认条件的假设的存活力程度上说，它们显然不能自己提供任何独立证明当代经济学理性的合理性的理由。

5. 关于一个有用的讨论，见 C. Lawson 等人，1996。

6. 而实际情况是，批评主要是直接针对主流或其他方法论者的批评者的。

7. 在前一章里，我辩称，当代主流的演绎主义方法预设了各种封闭系统，即出现事件规则性的那些系统。我还表明，这些东西反过来预设了原子的各种隔离系统的一种本体论。我还表明，因为发现社会实在是开放的和高度内在联系的，主流观念有可能被反复证明是非常不切实际的。这的确是我们的发现。那些方法论方面的做法主要假设了当代经济学的合理性，因而它注定会辩称缺乏真实性并非总是重要的。

当然，有些真实的是，任何对分析并非相当必要的东西也许可（虽然不需要）被非真实地呈现出来（这对结果不会有任何意义）。不过，这并非是当代经济学的虚构性质（见第一章）。

同样真实的是，如果事件规则性在社会领域是普遍存在的，不管附着于它们的理论构造的真实性程度如何，各种模型的预测可能是成功的。可是，面临当代经济学的一个问题是，相关的那类社会事件规则性是极其罕见的。

同样的情况是，如果社会实在确实是原子状的或机械的，被忽视的那些特征的效果完全可以加进去（或被减去），我们也许会把已知是虚构的断言考虑为一种方法论"第一步"，以便后来（希望）根据某种逐步接近的连续不断的近似过程进行修正（见 Lawson，1997a：第九章和第十六章）。但是，我们的本体论的各种描述，可引导我们拒绝这些关于社会领域的原子论的形而上学的观点，当然是当作一种概括化加以拒绝的。这在下面的内容中进行了说明。

事实上，我认为，如果认为主流经济学家真的情愿和实际上选择依赖他们产生的各种荒唐的虚构（不管后者被解释为不相关的细节、预测工具，或方法论"第一步"或不管什么）是有点欠宽容的。宁可说，主流经济学家可理解地（见第十章），如果是错误地（见第一章），选择了采用数学建模方法。那么，它这种先验选择的结果不令人满意，鉴于社会现象的性质，尽管他们自己不愿意，他们也被迫做出了那些虚构断言。

当然，结果是，尽管方法论者们做出最大努力挽救局势，对主流经济学来说，其唯一的持续性辩护似乎是需要中途改变原已认可的规则或程序；宣称其责任是致力于目标，而不是（即排除）社会解释（Hahn，1985；1994；Rosenberg，1976；1978；1983；1992；1994a）。

8. 值得强调的是，正如 J. 伦德（Jochen Runde）提醒我的那样，"标准经济学方法论"，如在许多教科书前言部分所说的，通常并不是在那些同样的教科书中后来讲解的方法论。

9. 在做出这个结论时，E. 李默评论道：

> 计量经济理论的见解，被经济学界的令人尴尬的很大一部分人认为基本上是不相关的。计量经济理论与计量经济实践之间的这个巨大鸿沟有可能促使产生行业紧张。实际上，一种镇静的均衡充满我们的各种杂志和会议。一方面，我们心安理得地把我们自己划入统计理论家的不结婚的神职人员，另一方面，又把自己划入有恶习的罪人——数据分析者军团。教父被赋予了罗列罪名的权力，并因他们表现出的特殊才能而备受尊敬。不期望罪人回避罪恶；他们只需公开忏悔其错误就行了。

（E. 李默，1978：vi）

D. 亨德里以相似的方式得出了结论：

> 目前，在理论与人们实际上做着什么之间存在许多差距：我认为，E. 李默（1978）对罪人与传道者的比喻在这里是正确的。理论计量经济学家说着一件事，但作为践行者又做着某种不同的事。我正在试图理解为什么经济学家们做着那个，鉴于他们懂得理论，他们显然在力争解决实际问题。
>
> （D. 亨德里等人，1990：179）

10. 虽然这个理论本质上是方法论的，但其许多倡导者和合作研究者主要是异端经济学家（包括奥地利学派的学者、女权主义者、旧制度学派的学者、后凯恩斯主义者、马克思主义者、社会经济学家和其他不结盟者），这些人不因方法论本身而关注方法论，而是关注转变当代经济学，使其更加符合实际、更具能产力（见 Fleetwood, 1999：127—32；又见 C. lawson，等人，1996）。

11. 实际上，我只得承认，我一开始学习经济学，很快就形成了这样一种观点：当代经济学，如实践证明的那样，基本上不适宜解决真实世界的问题。当我寻找关于该学科的各种评论或各项主要发展，以便了解该学科的有限的相关性问题是如何解决的时，我发现，关于社会世界的本质的讨论和关于本体论的讨论，几乎是完全空缺的，至少在后来被我视为主流理论的范围内是如此。对标准描述或经济的"模型"的比较研究活动，被准许将有限的注意力放在评价技术上。但对实在本身性质的哲学讨论如果不是被阻拦的话，也几乎是被整个忽视了。

12. 我暂时简略提示一下，在一个建设性发展模式中，本体论是有助益的，因为，如果任何一套做法的可能性的条件（也就是说，使它们成为能被理解的条件）能被揭示出来，所得到的理解将反过来有可能显示或表示某种更加广泛的科学上可行（或不可行）的东西。譬如说，正如观察到一条河中的某种鱼表示（预设了作为其生存的一个必要条件），那些类型的污染不存在，或低于某种临界水平，就可容许推断出其他种的水生动物也有可能在这样的地点生存下去，所以，某些人类活动的事实预设了在其中反过来也许有利于（也许会排除）其他形式（包括认知形式）的做法的各种条件。因此，我的理论已包含了追求除其他可能性以外的这种可能性。

13. 这解释了在考虑使自然领域中以这种方式获得的各种具体见解系统化时频繁使用超验实在论这个标签的现象（见 Larson，1997a：第五章）。当然，I. 康德采用了同样形式的论证，所问的问题是仅仅关于我们的，和我们关于存在的认识的预设的。因而，他的观念是先验唯心主义的。但是，不需要把超验论证限制于 I. 康德使用的个体主义或唯心主义模式。（见 Lawson，1997e；又见 Vskovatoff，2002）。

14. 可是，这里重要的是取得平衡。如果不必要检查关于自然或其他领域的各种做法以决定社会研究的可能性，这样做也同样没有什么必然的害处，也许会获得许多好处，特别是在关于决定研究起来很有趣味的那些种类的问题方面（Lawson，1997a：第五章）。的确，正如广泛使用隐喻那样，从外部领域借用对人的所有理解都至关重要（见第五章）。下一次轮到的错误或危险并非将一个源域的深刻见解引入另一个目标域本身，而是在不加评价与其相关性的情况下将它们强加于目标域。任何这样的借用都是合乎情理的，只要其方向是典型形式的，而不是指令性的。换句话说，把一个思想领域的概念"绑架"至另一个思想领域几乎是无害的，等等，它们可作为调查研究的范例。在当代经济学的语境中（在那里，自然主义长期以来既被断定为真实的，又被认为是概括不充分的），此时把它作为一种多方面的理论的一部分或仅仅是一部分，明确质疑其可能性具有重要的策略优势。

15. 对我的策略的一个反应是，是否值得做出这样的努力。B. 法恩即将给出的答案是否定的。在做出这个评价的时候，B. 法恩提出了四点。第一，主流拒绝在方法论水平上做事（6）。第二，主流在过去从未被"逻辑论证所左右"（7）。第三，在任何情况下，"主流学术经济学早已相当同质化，不能容忍其他替代路径，因此，越来越不可能把它作为建立一种替代路径的手段用它富有成效地工作"（7）。最后，"一种替代经济学能繁荣起来的最富饶的地方目前……在其他社会科学领域"（7）。B. 法恩从所有这些中得出结论，认为最好在实质性水平上继续进行确定替代理论的工作（特别是马克思主义政治经济学），批判实在论者对当代经济学的方法论给予的注意力，在某些环境中基本上被误导了，因而，不可避免地使该理论的批判力不足。

可做出两种快速反应。第一，也是此时最相关的是，虽然作为一名被边缘化的撰稿人，B. 法恩和我不可避免地会将我们自己的文稿与核心或主流的那些文稿进行对比研究，这决不意味着接着的是，主流理论的现有成员是我们进行各种讨论的唯一或主要听众。如果，举例来说，最近加入经济学和社会理论化行业的人被判定为更加欢迎新思想和批评，他们也处于数学意味着科学的炮火连天的断言的轰击之下，严格的解释成功最终需要看到有力证据，而不是又来一些纯粹的断言，因此，在这些霸道的重要的方法论断言中有不少错误。我所见的面临异端文稿的基本问题不是其成果缺乏深刻见解，而是主流只是因为异端文稿没有采用适当的（数学）形式在拒绝它们方面做得太成功了。不管怎样，在我心中有了这些考虑之后，改变方法论方面的问题也就不在此探讨了。

第二，我丝毫不想隐晦地批评 B. 法恩自己的那套优先项目、强调重点和方向；事实上，我对 B. 法恩的大量关注与文献十分欣赏。我觉得，我把演绎主义在各种理论中所占的地位解释为比 B. 法恩的解释更加中心和确定的现代主流那群人的思想。但是，不管情况是否如此，我并不认为，我们大家都应当从事完全同样的工作。劳动分工通常是有好处的。B. 法恩和我，虽然从表面上看两人的见解相似，但不必期望具有相同的优先项目。有些实在论者也走着 B. 法恩喜欢的路径。最近的例子包括 S. 可里文（Sean Creaven）（2000）和 A. 布朗（Andrew Brown）等人（2002a）。但我的经验是，在实质性水平上，实在论经济学家关注的是一系列当代问题和其他问题，支持一系列异端理论和其他理论。我感到，这个问题是怎么应当是这样的。

16. 我的评价显然与那些似乎把规则解释为各种做法的纯粹概括化特征的解释不同。我认为，后者是 A. 吉登斯的解释（见 Giddens，1984；又见 Archer，1995）。

17. 当然，各种做法之间的冲突常常导致现有规则的改变。但是，任何这样的由冲突导致改变的一个条件，只是现有的各种规则具有一种因果影响。

18. 作为一个推断结果，重要的是弄清楚一个封闭所必需的那套条件。在以前的文献中（例如 Lawson，1997a），我已隐晦地集中讨论了在其中假设的相关事件被认为处于同样的因果序列的那些系统，即是说，在其中一个或更多的相关事件处于其他事件的那些因果史系统。这是现代主流演绎建模的典型操作中预设的那种封闭系统，它鼓励一种原子本体论。关于这种封闭，我在《经济学与实在》中，着手确认各种充分条件。这些是外在封闭条件和内在封闭条件。然而，现在显然可以看出，在社会生活中扮演一定角色的那种规则性并没有还原为这种封闭。如果封闭范畴被认为不仅包括在其中处于因果序列的事件规则性会发生的那些系统，而且包括在那里由于具有相似的因果史而事件之间相互关联着的那些系统的话，那么，我们就必须把共享的因果史的性质承认为事实上的一种替代封闭条件。很清楚，内在封闭条件和外在封闭条件仍然足以保证因果序列类的一个封闭。但是，一个共享的因果史似乎将保证一个纯粹伴随的那种封闭。

19. 关于最近一次采用同样观点挑战的细节，见 J. 瑟尔（Richad Searle, 2001）。

20. 我认为，这也是 J. 瑟尔指称为"背景"的行动制约能力和倾向的那套的一个方面（例如 Faulkner, 2002；Runde, 2002；Searle, 1995；1999）。

21. 但如果是如此，情况并非是如布尔迪厄（Pierre Bourdieu）有时隐晦地认为的那样，承认习性的作用会削弱法典式的规则具有本体论上存在的断言。正如并非所有意会知识都是那种可被法典化的知识那样（见 Lawson, 1997a：177—8），并非所有遵循规则的行为都是意会性或习惯性的。的确，法典式的规则很有可能从视野中消失，而习性恰好在相似的动被反复进行的条件下起着支配作用。但是，当我们进入一个新地区，实际上或比方说，我们总是有可能打听存在什么样的包括习俗惯例在内的地方规矩，或受这些规矩和习俗惯例的指导。

22. 请注意，在既承认意识是由大脑过程引起，又承认它是大脑的一个突现特征的非二元观点中并没有必然的矛盾。

23. 在具体行动可由数不清的甚至是相互冲突的理由引起的程度上说，这些理由（基于生活中的实际利益的各种信仰）的作用必须被视为各种趋势（见 Lawson, 1997a：第二章）。

24. 与在《经济学与实在》利用的那个术语相似的一个术语在某些其他文献以对比方式使用的事实，已经致使各种各样的评论家将其归咎于争论中的必要的差异。但这并非总是如此。与此有关的一个例子，是对《经济学与实在》中陈述的那个观念与 J. 瑟尔著作中的观点进行的比较研究（见例如 Searle, 1995；1999；2001）。我觉得，两种观念的站得住脚的比较，可在许多方面是有用的。但我自己对 J. 瑟尔的理解致使我认为，在我们处理相同的一些问题的地方，我们的两种观念虽然并不相同，但其差距也许不如所想象的那么大。

注　释

比较中存在的一个问题也许是意向性这个术语被引入讨论的方式。对 J. 瑟尔来说，这个术语指的是那种心理特征，它可针对世界上的各种客体或事态，或是关于它们的，这一点总是很清楚。它是主观状态（包括信仰、欲望、意向和感知、爱、恨、惧怕和希望等）与世界上的其余事物的一种关系。在我和其他一些从事实在论研究的人的用法中，意向性主要指由各种理由造成某些人类日常行为（doings）的特点的语境中被概括和使用的一个术语，在那里，理由是植根于生活中实际利益的各种信仰（Lawson，1997a：第十三章）。正如在上述文本的主体部分所强调的那样，在这个框架中，正是理由引起的人的日常行为（doings）才构成了人的各种行动。

这是否意味着 J. 瑟尔和我关于行动持有不同概念？我没有把握说有。虽然 J. 瑟尔似乎没有在任何地方根据理由对行动进行过明确定义，行动似乎总是被看作由某种原因因果性地引起的东西。因而，有大量关于这个问题的如下这类段落：

> 行动的理由必须能够启动行动。如果说明了过去的行动发生的原因，那么，那个原因在那个行动的执行中必须起到因果性功能，因为它必须是该主体据以行动的原因。
>
> （J. 瑟尔，2001：138，原文强调）

更令人瞩目的是，J. 瑟尔辩称，人类"最初并没有信仰、希望、欲望和意向，后来，由外部把理性评价形式引荐给他们；宁可说，信仰等已经使现象受到形式的支配"（Searle，2001：109）。换言之："受制于理性评价标准是意向性现象的内在因素和组成部分"（Searle，2001：109）。但对 J. 瑟尔来说，行动包括在他的意向性现象的清单之中（Searle，2001：106），在那里，证明一种行动有正当理由采取了对下面这个问题答复的形式，"基于什么理由你这样行动？"换句话说，在行动中，正是行为的理由要受理性评价标准的支配。因此，在 J. 瑟尔的框架中，似乎理由的确是行动的内部因素和组成部分。

用不同的话说，没有理由的种种做法，如走路时跌倒、拉线开灯时拉断灯线等在被导向的意义上说，并非是有意向的；它们不受理性评价标准的支配。行为当受理性评价支配时是被导向的，当以某个目标为方向时，它是由理由驱动的，也就是说，是由植根于生活中的实际利益的信仰引起的。一句话，J. 瑟尔和我尽管有不同的出发点和重点，但似乎对行动都达成了相同的理解。

25. 我已观察到，实际上，对包括心理特征在内的人的主观性各个方面的所有理解，都是根据我们从事的各种理论和我们使用的各种概念而变化不定的（见上面注释24）。即便是同一个术语，在不同的理论中可有不同的用法。为了认识到这一点，就得承认所有知识的相对性，把后者看作一种社会构成。但是，承认所有知识的构成都具有社会性，并不意味着知识断言是否是真的问题对社会构成也是开放的。一个断言是否是真，宁可说取决于世界存在的方式（见 Lawson, 1997a：第十七章）。接受民间心理学或科学心理学是依赖于我们的社会结构或"制度"（Kush, 1999）的见解是可行的，这些社会结构或制度同样可用于塑造我们，但并不因此而得出结论：它们仅仅是构成，即是说，没有超出知识框架或"制度"的所指事物。的确，本书的一个中心论点是，当代经济学是一整套制度，它筑巢于其他纵横交错的鸟巢的范围之内，其各种理论（像其他各种理论一样）是社会构成，在那里，这些具体构成给意图诠释的东西（即社会实在的各个方面）提供原料，塑造它们。但其中没有任何东西会削弱经济学家们力求表达的是一个相对独立或自主社会实在的思想，即是说，一种不会还原为经济学家们的观念的社会实在，这种实在，对任何群体的经济学家来说，都是在其被调查研究的那个时刻作为既定事物存在的（或者存在于经济学家们的调查之前，即便后者有利于其最终转变）。我认可的任何东西都不会削弱经济学家的理论中质疑是真或（往往）是假的可能性。虽然有赖于我们的各种观念，但社会实在不会还原为它们。我坚持认为，通过信仰、欲望和行动等（即便某些其他文化似乎以相当不同的观念与范畴理解同样的实在）这样的民间心理学范畴，我们力求领会的那些心理特征同样是真的。我为之辩护的这种实在论能接受社会构成主义者们的许多认识论方面的深刻见解，特别是其对实证主义者和心理学个体主义者的批判。但是，在接受这样一种认识论上的相对主义的过程中，我发现没有必要放弃一种本体论的实在论。虽然我们的分析对象也许会受我们如何看待它们的重要影响，但其结果并非是后者就是那里的一切。一个非常详细的关于心理学知识的替代性重要描述（虽然并非总是对立的），一个强调重点无疑不同的描述，请参见 M. 库施（Martin Kusch, 1999）。

26. 再说一次，虽然我的范畴是某些最近关于社会理论和哲学的文献的公正标准，但它们并未被普遍采用。J. 瑟尔的术语再次稍有不同（或在使用上是不同的）。这再次引导观察者们在我们的概念之间推导出比我实际上想象的更大的差异。尤其是，有迹象表明，J. 瑟尔拒绝接受行动（有意向的人的行为——见上面注释25），或如果读者喜欢的话，"行动的意向"，可在不同的意识层面被启动或执行的看法。但我没有把握说的确如此。根据我的理解，我对 J. 瑟尔在这个问题和相关问题上的观点的一个广泛性的陈述不适合在这里表明。但是，我可简略地强调一下 J. 瑟尔在事先（或先验）意向与行动中的意向之间的区别。前者是根据信仰和欲望通过推理产生的（Searle，2001：44），而后者是在执行行动的过程中产生的。J. 瑟尔写道：

> 当然，并非所有行动都是预先策划的。我做许多事情都是无意自发地去做的。在这种情况下，我有行动中的意向，但无事先意向。举例来说，我有时起床后在房间里来回踱步，同时思考着哲学问题。我在房间里来回走动是有意向的，即便我没有事先意向。这种情况下我身体的运动是由正在发生的行动中的意向引起的，却没有事先意向。
>
> （J. 瑟尔，2001：45）

对 J. 瑟尔来说，深思熟虑引起事先意向，它又引起行动中的意向，但"行动中的意向……反过来又引起身体运动（2001：49）。请注意，这样的"在房间中来回踱步"，是行动的一个例子，按我的术语，是在实际意识水平上执行的。后者（就我所分辨）并不是 J. 瑟尔使用的一个术语。但是，J. 瑟尔很清楚，在考虑诸如这样的例子时，（采用他自己的范畴）"行动中的意向也许是、也许不是有意识的"（Searle，2001：47）。

当然，这里也有些差异。但似乎也有更多的共同特征。我们俩都强调所有行动都预设了对个人主体的一系列能力、倾向，等等的某种依赖性。J. 瑟尔把后者收集在"背景"的标题之下，在构造该个体的意义上用批判实在论进行讨论的。但这里从表面上看，两种理论没有重要区别，虽然即便我在这个问题上是正确的，但也许要花大量工作表明这两种解释是如何精确相配的。这两种理论之间另一个明显的一致点是，如果理由在执行行动时的确具有因果功能，那些理由也不需要在因果上是充足的。对于一项应当给予心理学上的充分解释的行动来说，没有必要具有因果上充分的先决心理学条件。承认我们大家都因一个或更多的理由而行动,并不是要预设一个或一套充分的先决原因。关于 J. 瑟尔在所有这些问题上的看法,请参见 J. 瑟尔(Searle)2001,特别参见第三章中论"差距或缺口"。

27. 我们不应当得出结论说,无意识决心是理论化之外的东西。举例来说,如果我们注意这样的事实:我们不断反思着,并如 M. 阿彻(2000)指出的那样,我们每个人都在与我们自己不断地交谈,就会出现为什么我们如此频繁地选择遵循日常惯例,容许习惯形成的问题。我们常常这样做,即便在初看上去不必要的时候。一个可能的解释(见 Lawson, 1997a:第十三章)是,那个个体的特定无意识动机或需要的进一步的存在,为获得"本体安全感",实现生活中的连续性和同样性,和抵消焦虑与不安全感的深度心理力量提供了条件。

28. 一言以蔽之,社会结构不只是依赖于人的实践活动,而且通过人的实践活动被重新塑造着。上面强调的转变模型也适用于人类主体的各个方面。我将在下面回到这个问题。

29. 对这里捍卫的和早些时候 T. 劳森(1997a)阐明的观念的某些批评的一个令人好奇的特点是,其不可避免的片面性被解释为下述观点的证据,即认为从根本上说不仅批判实在论以某种方式一定是有缺陷的,而且这种实在理论的供稿人因此必须致力于无前因的原因在起作用的思想。因此,例如,我已看到其表明,该理论在解释理由(斜体)方面的进一步"失败"等于认可理由是无前因的原因的见解。这样一种推理的逻辑显然是成问题的。但让我试着减轻一下这样的惧怕。首先,有一个明显的需要,那就是将推理能力与各种具体理由区别开来。前者无疑是一种突现特性,它是在人类进化过程中出现的。如果果真如此,揭示由此这种特征突现的各种机制或过程的细节的就是科学(包括生物学)的一个项目,但不是批判实在论的任务。大脑是如何产生各种意识状态的,也是具体科学的一个问题(据我所知,对此仍然知之甚少,虽然足够清楚它的确存在)。所以,是的,批判实在论"未能"解决实际的或具体的那类问题。但它的确不需要实在论者必须接受这里无前因原因的有根据推理(或如在[总是那样]分析是片面的任何别的地方那样)。它仅仅表明了本体论或目前的理解(或两者)的限度。发现该理论的片面性本身不必反映在所支持的这种断言的相关性上。

30. 虽然 L. 拉赫曼(Ludwig Lachmann)也许是对合理的抽象规划的重要

性直言表达的经济学家,但他的概括最终却是唯意志论的一种形式。他正确地批评任何概念图式,在其中,人"不是主动思维的载体,而只是一大堆纯粹的行为倾向",特别是当后者"采取了一种综合性或解释性偏好域的形式的时候"(Lachmann,1991:278)。但在发展其奥地利学派的替代路径中得出任何这样的概念时,L. 拉赫曼表明,"从其实质上看,奥地利学派经济学可被说成是在提供着一种关于行动的唯意志论理论,而不是机械论"(278)。从批判实在论的角度出发,似乎很清楚,有许许多多的方面可以融通。人和社会结构两者都具有许多其自己的突现能力集(包括人的各种行为倾向),任务是评价它们在转变模型的语境中是如何协调起来的。对 L. 拉赫曼来说,"计划是建立在可利用的手段和自由选择的目的之上的,并朝向这些手段和目的"(278)。然而,从上面所说的观点出发,手段的可利用性和目的的形成都是某种依赖于语境的东西。因而,对于实在论者来说,一个目的是研究人们是如何出自反性地理解他们的理论的,所做出的选择是如何既受促动、转变或避免各种结构形式的可能性的影响(结构实现和限制条件,就像所有因果力那样,是可保持不被操作的;这是一个依赖于人的能动性的有条件的问题,看它们是否或如何被促动或避免的,等等),又是如何导致这些结构形式发生的,和人在追求其计划或目标实现的过程中是如何不断监督他们自己的。简言之,需要一个转变观念,它预设了因果社会结构的实在和对持续发展的个体的连续不断的社会性再塑造(正如在当代奥地利学派经济学中讨论的那样,关于这些问题的一个实在论观点,请参见 Lews,2003)。

31. 一个在其中该理论仍然在快速发展的领域,与刚才讨论的能动性与结构是如何汇集在一起的理论化问题有关。我认为,公正地说,批判实在论对理解这一点比其他许多理论的贡献都大。在经济学中,举例来说,许多人仍然相信宏观水平分析与微观水平分析的调和是一个相关问题。社会结构几乎不是一个公认的范畴(见 Smith,即将发表)。批判实在论已经表明,结构与能动性包含各种不同的突现能力集,但我必须承认,还有大量协调它们的理论化工作有待去做。事实上,这方面和各密切相关的理论方面的大量工作已经开始并正在进行(又见 Davis,2001;2002;即将发表 a;即将出现 b)。实际上,特别是在经济学范围内,该理论的巨大发展和提高工作正在抓紧进行。最近的文献,可参见 A. 布朗等人(Brown et al.,2002b);S. 道(Dow,2002b);P. 福克纳

(Faulkner, 200）; J. 芬奇和 R. 麦克马斯特（Finch and McMaster, 2002）; N. 考尔（Kaul, 2002）; F. 李（Lee, 2002）; P. 尼尔森（Nielsen, 2002）; A. 维斯科瓦托夫（Viskovatoff, 2002）。

32. 这里，我所指的错误也许的确可被描述为（错误地）使抽象具体化。为了理解我这样说的意思，请考虑一下严格控制的实验，在那里，由于一种稳定的机制被成功地从各种抗衡机制中隔离了出来并被触发，一种规则性才被触发（见第一章）。该事件规则性存在于触发条件与实现了的结果之间。这里的确有共性：在实验的特殊条件下，当这种机制被触发时，就会接着出现某些结果（一种事件规则性成立）。对数不清的机制来说，甚至发现这样的情况，当它们至少在某些非实验条件下触发时，许多超事实趋势总是在起作用。但这不需要，事实上也没有接着发生只要这样的机制被触发，其结果总是能被实现的事。这并不是说，发生于实验条件下的事件规则性在其外的一切地方（或任何地方）都能持续。更不能说，因为某种事件规则性有时在控制实验条件下被产生出来，因此，这种事件规则性在任何别的地方到处皆是。这里的关键问题是，实验条件下产生的事件规则性与在实验条件下被触发的机制具有内在联系。仅仅聚焦于事件规则性就是（将其）从该机制与其隔离条件中提取出来。把规则性看作独立于该机制与其隔离条件而存在着，似乎就是把抽象看作是具体的。这就犯了 A. 怀特海德称之为错置的具体性的谬误，它是错置的普遍性谬误的一种形式。这就是把抽象的东西错误地具体化。

33. G. 霍奇逊用下面的话描述自己的理论：

> 这本书着力于（一个）……问题。是个什么问题？我把它称为历史特殊性的问题。我首先承认的事实是，在历史时间和地理空间的长河中有各种不同类型的社会—经济制度。历史特殊性的问题解决的是社会科学中解释的统一的界限问题：实质上不同的社会经济现象也许需要在某些方面不同的社会理论。如果不同的社会—经济制度具有一些共同的特点，那么，在某种程度上说，所需要的分析不同制度的不同理论也许合理地具有某些共同的特点。但是，有时候也存在重要的差别。适合于一个真实对象的概念和理论框架，也许不很适合另一个对象。历史特殊性的问题是从不同的分析对象之间重要的底层差异开

始着手的。一种理论也许不适合所有情况。

例如，今天的社会—经济制度与五百年前、一千年前或两千年前的社会—经济制度非常不同。即便是今天，尽管有一些重要的共同特点，不同国家的现有社会—经济制度在关键性具体问题上相互之间具有许多实质性差别。在生产与分配的结构、规则和机制等方面存在着许多重要变式。与文化差异有关的个体目的和社会准则也在变化着。

(G. 霍奇逊，2001b：23)

34. 正是由于这个理由，在下面的第六章中，我反对经济学或政治经济学仅限于研究资本主义。但这并不意味着我未能认识到优先研究资本主义的紧迫性，关于这个问题，我们需要具有一种对其各种关系、过程、范畴和条件的历史、社会和文化特殊性的政治经济学的敏感性。我意识到，有些人对社会理论化事业很不耐心，因为这项事业比分析资本主义的具体结构更加抽象（例如Fine, 2001）。然而，我意识到，正如我正在从事的本体论工作是为学术完整性、多学科性服务的工作一样，我也决心从事后一群体明确希望能产生成效的政治经济学研究工作。

35. 因此，结论是关注社会生活的研究人员，必须准备好应对可能偶然发生的事，因此，确定适当的方向、各种类比、甚至各种问题，将是一件高度依赖语境和无章可循的事情。

36. 也许对这里讨论过的复杂局面的一种自然反应，至少在社会理论化的语境中（与方法论等相比），就是寻求各种所谓的中范围理论。这些是实际（通常不是本体论的）概念性的东西，它们既不是一般性的，也不是纯粹经验性的，但却寻求弥合这两者的某种途径，适当地安放在两者之间。这是 R. 默顿（Merton, 1968）的抱负，最近被 R. 保松（Pawson, 1999）以一种很有意义的方式当作显性实在论的理论在做。还可参见 W. 米尔斯（Wright Mills, 1959）、A. 斯汀康比（Stichcombe, 1975）、R. 布东（Boudon, 1991）、D. 雷德（Layder, 1993）和最近的 G. 霍奇逊（2001b：21）的文章。可是，需要记住，任何具体语境中的中范围理论化的适当性总是一个经验性问题。事实上，上面和其他地方支持的本体论观念认为，实在的许多既定特点，在某些方面，可被合理地视为一般或共同的，而在其他方面，可被认为是特殊的。因此，情况也许往往是，一种恰当的社会—理论策略不是寻求一座一般性与特殊性之间心想的桥梁，而是提出能够包含同时既是一般的又是特殊的各种特征的一些概念。正如我所说，这些仍然是部分经验性的东西，不是某种我能在这里说得更多的东西。

37. 这种对完整性或整体性（全球化）越来越多的强调，常常集中于在全球性水平上权力的不断变化的形态和分布的问题上。据观察，正在对世界各地区间和跨区域的各种权力关系进行重新调整，这种调整是以各个权力地点以及受其支配的那些地点常常是洲际性的方式进行的。权力越来越少地位于通常最能明显体验到的那些地方（Castells, 1996; Dicken, 1998; Jameson, 1991）。然而，那些越来越强调互动或国际主义的人士辩称，国际发展和权力运用不必渗入国内经济。即便在他们能那样做的地方，他们也不必直接那样做。宁可说，通过许多国内政策与过程我们被折射。据辩称，国际和国内政策各领域倾向于适度保留各自性（Sterling, 1974; Dore, 1995; Hirs 和 Thompson, 1999; Kozul-Wright 和 Rowthorn, 1998）。这些观点上的差异最近重要到一定程度，以致继续进行着"全球化大辩论"（见例如，Held 和 McGrew, 2000：特别参见前言）。最近是 D. 吉利斯（Gillies）和 G. 耶托·吉利斯（Ietto–Gillies, 2002），提出许多这种语境中的重要因果性问题的一份有用的描述。

38. 为了加强这类概念，有些人一直试图将它们系统化为"集体意向性"（Searle, 1995; Davis, 2002）。

39. 实际上，这份清单包括货币（Ingham, 1996）、公司和地区（C. Lawson, 1999a; 2000; 2002）、机构（Lawson, 1997a）；交易（Pratten, 1997a）、个体（Davis, 后面的 a 和后面的 b）、社会秩序（Fleetwood, 1995; 1996）集体学习（C. Lawson, 2000）、因果关系（Fleet, 2001; Lewis, 2000a; Runde, 1998a）、各种趋势（Pratten, 1998; Lawson, 1989; 1997a; 1998）、市场（O'Heil, 1998）、家庭（Ruwanpura, 2002）、意识（Faulkner, 2002）、及时性理论化（Rotheim, 2002）、不确定性（D n, 2000; 2001）、宏观经济学（Smithin, 即将见到）、空间（Sayer, 2000）、概率（Runde, 1996; 1998b; 2001a）、信托（Layder, 1997; Lawson, 2000; Reed, 2001）、技术（C. Lawson, 即将发表）、隐喻（Lewis, 1996; 2000b）。

40. 举例来说，通过考查有关作者关于本体论的先入之见，已经证明有可能对 J. 康芒斯曾经的确持有一种理论观点的各种评价给与支持（见 C. Lawson，1994；1995；1996b；1999b）。那些评价是：F. 哈耶克的观点随着时间推移有明显改变（Lawson，1994a；Fleetwood，1995）；J. 凯恩斯拒绝接受计量经济学不是基于对该话题的无知做出的肤浅回应（Lawson，1997c；下面第八章）；T. 凡勃伦的确偏爱过一种演化经济学，但并非仅仅因为使经济学成为演化性的就能使其跟上时代（见下面第八章）；A. 斯密，甚至 I. 牛顿两人都没有采用"牛顿的"方法论，A. 斯密的贡献几乎不属于一般均衡理论的类型，或不是其先驱（Montes，2003）；K. 波普尔最终不是信仰波普尔学说的人；马克思的（资本主义趋势）理论不是一种决定理论（Fleetwood，2002；Collier，1989），等等。

41. 然而，请注意，发现实在是有结构的，它既包括各种力量（和它们可能具有的任何结构性条件），又包括这些力量的现实化，并不意味着，该现实化（或这些力量本身）被限制在任何具体的层面上。例如，很清楚，事件具有各种力量，具体地说，它们可被观察（当它们能被观察时）或能产生效果。一场战争是一个事件，包含各种结构、过程，等等。人体是一种现实，包含各种力量、结构、机制，机制又套机制，等等。在批判实在论中这一切都得到了肯定。各种力量本身可能是实际的或具有可能性的。当它们是实际的时（例如，我说英语的能力），它们是高层次力量的例子（例如，发展和说一系列人类语言的能力）。通过聚焦于各种事件和事态反复证明实际事物，最好被认为是一种初始的定向方位，受辩证发展的支配。现实论范畴抓住的那个错误很有用处，那就是，总是根据其实施和现实化看待各种特殊力量等的错误。后一种还原起到了在相关领域或特定力量层面模糊化因果效力运用的作用，鼓励了以一种具体或错误（休谟的）方式解释因果效力的做法，即是说，从恒定关联出发看问题。受到批判实在论支持的本体论讲得很清楚，根据处于较深层面的各种力量、结构和其他因素解释一个层面的现象，对研究总是一个具有潜力和富有成效的方向。

42. 我最初在第二部分中，专门写了一章关于伦理学中各种观点的意义问题。但我最终取消了这一章，因为越写越长，太长了，又过分扎实。让我在这里简单描述一下那个论点中的某些内容。在《经济学与实在》中，我主张一种特殊的道德实在论观点。所谓道德实在论，我意指存在一种客观道德或道德实在学说,具体的道德断言或判断是真还是假,是独立于我们关于它们的观念的。与道德实在论的认知主义相对称的见解是,通过科学推理或其他形式的推理,我们能够获得关于这种客观道德的知识,能够批评、转变和发展道德认识判断。

我在《经济学与实在》中提出的特殊的(自然主义)道德实在论观点,是以(特别是人类的)存在的繁荣兴旺为基础的。行动在道德上是否良好或值得,是依据它们有利于人类福利或繁荣的程度进行判断的。它们达到或达不到的程度(一个总是依赖语境的问题)并不考虑我们对它们是否达到(或怎样)达到的看法。因而,"做 x 是好的"是真(或假)的断言是独立于我们关于这个问题的信仰的。

请注意,上面关于本体论的讨论显示,所有人不仅仅是有结构的,而且具有独特具体的人格,我们每个人都处于历史之中,并通过社会关系和其他社会力量与其他任何人和大自然的其余部分是相互联系的。

看上去,这套见解必须成为我们对行动的道德规范评价的一部分。因为我们每个人都是独特的,但都存在于社会之中,在这里,我们所做的一切都影响着其他人和事,因此,似乎一个道德目标必须是把社会转变为一种既承认我们之间的差别,又不需要我们压制它们或因它们的存在而感到难受。这样的一种社会被马克思描述为 "一种在其中每个人的自由发展是所有人自由发展的一个条件的联合体"(Marx and Engels, 1952 [1848]: 76)。假定我们对人性有最佳理解,假若它可行的话,这就是我们能够正当追求的唯一的一种观念。这是因为它是对容许每个人和我们所有人,作为有需求和社会造就的人类个体,可能保持真正自我的社会的确切概括。这样一种社会形态值得称之为"好社会",或根据亚里士多德的说法,"幸福社会"。

因此,接受上述道德实在论的观点,批判实在论的本体论见解已发现对社会研究具有重要的方向性指导作用,此事已提上议事日程。这是因为,如果本体论推理提出了这样的主张,即好社会是我们所有人都能展翅飞翔的唯一前景的话,并假设我们能最终实现它,正如我所说,如此构想的好社会就应当成为可被解释为所有道德上好的行动的组成部分。因此,关于好社会是否能够真的实现的问题就被提了出来。因为如果能证明不能实现,那么,我们大家都应当行动起来、为实现这样的社会而努力的断言也许就是站不住脚的(取决于选择性的真正可能性，等等）。实际上，我认为，如果这样的社会只能被证明是不可能的，那么，接着就会出现同样的结论。这种实现反过来会鼓励对是否存在实现那种好社会的趋势构想的检验。我认为，因为如果存在这种趋势，那么，就会足以减轻对是否实际上能够实现这样一种社会的忧虑。碰巧我相信存在这样一种趋势。它取决于我们既关心他人又与他人相互沟通的进步倾向，加之（面临当前的全球化趋势）在其中后者正在发生的方式的各种变化。但是，论证这个论点需要做大量实际工作。它还涉及公开勇敢地面对休谟定律（Hume's Law）和对其采取明确立场，即是说，你不能从一种事实中得到一种价值。但这是一个很长的故事，它必然将在稍晚的某天出现于一个不同的出口。我这里把这个概要包括进去，仅仅是为了提供一种本体论如何能够进一步告知方向性的感觉。至于伦理学，我已表明，它既能用来限制可能发生的事，也能用来鼓励研究包括人本主义问题在内的具体的实际问题。（关于在批判实在论领域内工作的那些人提出的有关但往往是不同的伦理学观点，参见 Archer, 2000；Bhaskar, 1993；1994；2000；Bhask 和 Collier, 1998；Brereton, 2000；Collier, 1999；2001；Hostetler 和 Norrie, 2000；Lawson, 2000；Norrie, 2001；Sayer, 2000。没有与批判实在论明确关联的有关文献，可参见 Boyd, 1988；1993；Dupre, 1999；Nussbaum 和 Sen, 1993；Nussbaum, 1995；Soper, 1990；Staveran, 2001）。

43. 在这个问题上，我与 H. 金凯德（Harold Kincaid, 2001）的意见一致。

44. 虽然采取本体论方向的包括经济学在内的社会理论化工作仍然非常有限，但在最近几年里情况在这里或那里开始好转。我在下面简略提一下这方面的一些文献，部分文献我只有机会瞥一眼（它们只在本书接近完成时才出现），但很大一部分在某种程度上显然与我自己的理论有关。

对目前这本书和《经济学与实在》起了很大补充作用的著作是 S. 弗利特伍德 1999 年出版的那本书。与此也有密切联系的即将出版的一卷是 P. 刘易斯的著作。

其他本体论（有时以一种很显著的方式）也明确出现的文献包括：S. 阿克罗伊德和 S. 弗利特伍德（2000）、M. 阿彻（2000）、M. 阿彻等人（1998）、M. 阿彻和 J. 特里泰（2000）、R. 巴斯卡（2000）、A. 布朗等人（2002a）、R. 卡特（2000）、A. 科利尔（1999；2001）、N. 科斯特洛（2000）、S. 可里文

（2000）、B. 丹乐马科等人（2002）、J. 戴维斯，即将出版、S. 道（2002）、P. 唐沃德（即将出版）、V. 奇可（1998）、C. 哈姆林（2002）、D. 汉兹（2001）、C. 何梦笔（2001）、G. 霍奇逊（2001b）、E. 福布鲁克（2002）、C. 劳森（1999a；1999b；2000；2002）、P. 刘易斯（2002a；2002b）、U. 梅基（2001）、E. 内尔（1998）、R. 纳尔逊（2002）、A. 诺里（2000）、P. 诺斯欧瓦（1995）、H. 帕托迈基（2002）、B. 皮克斯顿（2002）、R. 莆夫茨（2002）、S. 普拉顿（1997a；1997b；1998；2001）、R. 罗塞姆（1999；2002）、J. 伦德（2001a；2002）、A. 赛耶（2000）、T. 斯库拉斯（2000）、J. 史密斯因（2000）、I. 斯塔弗伦（2001）R. 威尔莫特（2002）等人的文章或著作。

45. 因此，仅仅因为某些撰稿人用马克思著作中的例子说明他们的论点，有些评论家就把批判实在论解释为与一种诸如马克思主义那样的更加实际的观点具有本质联系，B. 法恩却传递出一种更精确的印象，他注意到（尽管遗憾地表示）批判实在论未能走"通向他赞同的那种马克思主义的道路"（12）。然而，当B. 法恩表示，在当代经济学语境中发展起来的批判实在论，在对下述理论的方向采取非常肯定的态度时"过分宽容大度"，这些理论是："新女权主义经济学、演化理论、某些路径依赖文献、奥地利学派、马克思主义和（某些）后凯恩斯主义观点等（4）。必须承认，这种支持不仅没有延伸到这些（或任何）理论可能产生的数不清的实际理论和政策立场，但其自身寄托于这样的评价，即这些理论本质上不仅比当代主流方法更加多元，还预设了一种比其更站得住脚的本体论。后者评价至少部分地具有经验的性质。无疑，它是我大部分接受的一种（见下面第三部分）。但是，它却使对这些理论的解释成了经济思想史上有争议的一个问题，而不是批判实在论中的一个命题。

第三章　实在论与其有何关系？

1. 本章最初发表在《经济学与哲学》杂志（1999）第15卷，第269—282页上。

第四章　社会科学的解释方法

1. 把本体论硬塞给方法（即把认识论还原为本体论的一种本体论上的谬

误），是这里拒绝的第二个"从上到下"的方法（又见第二章）。因此，这里讨论的解释方法，仅仅是一种建议性的做事程序，它具有应对第二章中捍卫的那种本体论的潜力。不出人意料的是，接受这种本体论的其他人也可常常被看作以相关但不同的方式推动着解释工作（见例如 A. 布朗等人，2002b；P. 唐沃德，2002；J. 芬奇和 R. 麦克马斯特，2002；F. 李，2002）。

2. 在这里进一步澄清和阐明我对因果解释的某些理解也许是有用的。根据因果解释的观点，解释某种现象就是确认其因果史的某些方面，或者阐明它们。这里，根本的一步是揭示有助于或能产生被解释的现象的各种结构、力量、机制和趋势。当然，各种事件或事态正如底层结构和趋势等一样具有因果关系性（具有因果特性）。主流经济学家经常寻求表现事件或事态的各种变量之间的相关性，譬如说，消费支出的变化与可支配收入的变化，或名义工资的变化与消费价格的变化，投资数量的变化与某种利率的变化，等等，这些东西之间的相关性。这种做法明显成问题的特点，不在于调查研究每对事物的第二个组成部分（自变量或前置事件）是否存在于第一个组成部分（因变量或因果事件）的因果史中（第二个组成部分是第一个组成部分的因果条件）的经济学家们的努力，而在于先验地坚持认为如果每对事物的两种现象的确具有因果关系，那么，它们一定是恒定结合的（或被一种"行为良好"的概率规律所涵盖）。

出现这样的严格事件规则性的系统被说成是封闭系统。那些在其中相关事件是很系统的，所以某些事件（"自变量"的前置事件）处于其他事件（因果事件或因变量）的因果史中，它们可被称为因果序列封闭。主流传统的基本错误是假设这种类型的封闭在社会领域是普遍存在的。这个假设所反映的事实是，当代经济学的主流理论（当代微观建模、宏观建模和计量经济建模）不仅与因果关系制约有关，而且是演绎主义的。根据演绎主义，解释一个事件就是从一套事件规则性和初始条件出发对其进行演绎推理（见第一章）。事实上，假设的恒定结合的经济事件很少如此，但前置事件却常常因果性地制约着结果事件（尽管实际上通常经由开放的非原子状的人的能动性，并与其他［往往是瞬变的］因果因素的一个［变化着的］变种相配合）只会起到把事情搞乱的作用。

我提到这样一些事情是要承认，尽管因果分析，正如我正在解释这项工作那样，构成了拒绝演绎主义的一种普遍态度，但它并没有因此排除揭示处于其他事件的因果史中的各种事件的活动。然而，情况往往是，当我们力求解释社会现象时，对前置制约事件的确认，如果相关的话，将是不够的。即便在一个封闭系统中，上述那种因果序列的情境，一种仅仅关于各种事件和所获得的它们之间的相关性的知识，最多容许一种对任何结果的片面、有限的解释与理解。在社会世界，这种类型的封闭无论如何是相当少见的。事实上，即便在自然领域，人们发现它们也主要被限制在实验控制的情境之下。结果是，除了由规则高度控制的日常行为外，人们发现讨论中的那种规则性的确是非常稀少的。因此，通常情况下，在社会研究中的因果解释要求识别某些结构和机制，等等，它有利于或可产生令人感兴趣的现象。

所以，紧接着的是，我关注的当然是识别位于与要解释的现象的一个不同层面的社会结构和机制，等等。通常情况下，这就是我采用因果解释范畴的意图。很清楚，我对因果分析方法感兴趣，这些方法要适合在其中甚至常常在实验室取得的那种受限的和因果序列封闭、大多数情况下不在场的那些条件。本体论理论化表明，不管在时间长河的任何一点存在的社会实在的精确形态或结构是什么，社会科学理论家都应当至少准备好在这样的开放条件下做好调查研究工作。

我也许在此还要强调，在本章中我的基本关注不是在其中对底层机制的认识也许可用于进一步解释的方式。应用这样的认识活动来说明具体事件或结果可称之为应用解释或具体解释（见下面第六章）。对比之下，识别至今未知的或知之不多的各种因果机制和因果条件等可被理解为纯粹解释或具体解释。我把后者的活动在本章中简单地系统化为因果关系解释。

3. 在接受这一点时，我不希望暗示所有自然科学都是实验科学。正如在《经济学与实在》（Lawson，1997a）中强调的那样，与 R. 巴斯卡（1978；1979）及其他人把在社会领域缺乏实验机会不视为对自然主义的一种限制的看法上，我的观点有所不同（也就是说，我把这种缺乏实验机会的情况，视为符合在自然科学的意义上对社会现象的研究可以是科学的要求）。对实验机会的一种限制代表了所有科学面临的一个问题或挑战。然而，这并不会贬低其是社会科学研究面临的中心问题的重要性（在实验机会的确受限的地方）。宁可说，从这种认识中得出的一个结论是，我在下面主张的那种事业，也许会以某种方式还具有应用于各种自然科学语境的潜力。

4. 似乎涉及讨论中那种推理的两个核心错误。第一，对一种复杂社会实在的实在论分析必须本身足以复杂，以便不可能（因此需要依赖各种简单化虚构）预设一种真理对应论或认识对应理论，即一个分析对象与对该对象的分析必须处于一种同构关系之中。这样一种观念是站不住脚的（见 Lawson, 1997a：第十七章）。在不知道虚构化的情况下，我们当然能表达各种整体实体或整体存在物。举例来说，也许是，为了解释某个具体地区的当前的歧视现象，就有必要集中研究一下在空间中伸展的一个整体，随着时间的推移，该整体不断被再生产和转变，一个包括宗教、文化和生物学等方面的整体。但没有明显的固有理由说明我们为什么竟然只是因为它是整体性的和复杂的，就心照不宣地歪曲这样一个过程。主要理由是，对这样一个解释性因果过程的任何讨论都采取了语言和符号等的形式。一个客体的复杂性在描述该客体时并非不可避免地以与该复杂性相似的一种形式反映出来。认识及其客体通常是不同类型的"事物"，各有其存在的模式。

第二，所有实在的复杂性的确意味着，解释工作总是会涉及各种抽象方法。但这些抽象方法绝不会还原为孤立主义的各种程序。在抽象过程中，我们聚焦于一个被研究客体一个方面或一个集的各个方面，而暂时把其他方面或那个"具体"整体搁置一边。至关重要的是总是要认识到，我们聚焦其上的各种特征是更加具体的各种实在的各个方面，并会受到也许具有内在联系的其他方面的制约，这些方面我们暂时没有集中研究。但是，只要我们力求用这样的抽象方式，就完全没有理由假设，分析的不可避免的片面性需要我们求助于我们已经认为是虚构的各种断言或概念。抽象就是集中我们的焦点，而不是假设我们没有明确考虑的各个方面不存在，或者虽然我们暂时忽视某些方面，但不能否认这些方面对我们聚焦的那些方面的重要性。在这方面，抽象过程就像观看和领会一场电视"现场"播放（譬如说，一场表演或体育赛事），这时并不会假设不在我们屏幕上的任何事情不会在时间的任何一点发生，我们所见情境的各个方面与我们没有见到的那些方面在满足程度上是被隔离的或是孤立于那些方面的。简言之，抽象是一种可应用于开放（和封闭）系统的方式方法，而对孤立主义方法的依赖意味着把所有现象看作似乎它们是在封闭系统中被决定的，不管它们是否如此。一旦抽象成功，我们就能通过综合过程从重构我们对（更加）具体的事物的观念（关于这些，参见 Lawson，1997a：第九和第十六章）。

5. 方法论不（或不再）还原为这样一种观念的案例是 D. 汉兹在其最近的可被恰当地称为《没有规则的反思》（Hands，2001）中举出的。

6. 正如已经说明的那样，这个例子是在 J. 穆勒的《有差别的方法》中举出的（见 Mill，1981：391）。

7. 或者，至少在那几块地范围内的邻近次地块上，在那里，实验对比空间最终证明不足以从头到尾是同质的。

8. 我喜欢这个术语，因为我们关注的是对各种对比的解释。"对比"这个术语表示的是被研究的（关系）客体性质的某种东西，而不是研究或解释过程本身的性质。

9. 如果有一种意义，在其中不令人感兴趣的现象是令人感兴趣的现象的一个条件的话，不令人惊异的现象可以是令人惊异现象一个条件的情况同样如此，料想的事情是料想不到的事情的一个条件，普通的事情是了不起的事情的一个条件，等等。

10. T. 劳森继续辩称"这样的契机对研究者是重要的，因为它们提供了接触一种社会实在的机会，社会实在具有固有的内在联系性，通常情况下，能被那些直接参与的主体意会性领悟"（189）。

11. C. 劳森详尽地讨论过这个过程。C. 劳森选出来作为讨论在瓦解或混乱时刻找回意会知识的一位较早的撰稿人是 J. 康芒斯。这个过程突出地出现于 J. 康芒斯对各种过程的分析之中，在那里出现混乱，然后停歇下来，尤其是发生于通过既由某个中央当局制定或使其合法化的规则与日常程序，又出现于习俗惯例的那些规则与日常程序两者都存在而产生的各种矛盾之中（关于所有这些，见 C. lawson，2000）。

12. 当然，在对比空间从目前的时间点延展到未来的特殊情况下，我们预料事情将如常继续进行，对对比空间误解的事后结果，和一种意料之外的因果机制在起作用的事后结果，也许实际上是相同的。

13. 炔诺酮，一种合成黄体酮，1960 年被美国食品与药物管理局批准为妇女用口服避孕药。它被制造商命名为异块诺酮－缺雌醇甲谜片，但大多数人只把它称为"药片"。上世纪 60 年代末之前，如果不经家长同意，一名医生无权给一个未婚少女开口服避孕药。但到了 60 年代末，立法开始发生变化，使年轻的未婚妇女有权获得避孕服务。

14. 当然，这在一定程度上是从反方向强调把那些差异作为"噪音"试图假设其不存在或掩饰那些差异的主流建模者的观点。

15. 对比（或对比性）解释，在很大程度上建立在 J. 穆勒的逻辑系统之上，在过去 20 多年的历史中对其进行了广泛讨论（见例如 van Fraassen，1980；Garfinkel，1981；Lewis，1986；Lipton，1991）。然而，虽然我认为，公平地说，这个文献的很大一部分与应用性解释有关，与考虑已知因素可被说成能构成一个充分解释有关，我在这里关注的是 J. 穆勒系统未涵盖的一个话题，即在识别未知或至今未得到承认原因的过程中对比现象的作用。

16. 也许这个方案的一个特例是，一个在其中看上去许多非伪造的（因为相对持续或引人注目，等等原因）相互关系在它们未被预期的地方出现的案例。我们的事前预料是，起作用的因果因素是如此复杂，以致想象不出任何系统的模式，然而，出现一个或更多的模式表明，先验理论或评价也许是不正确的。K. 胡佛（1997：2001a）就是以这种方式看待某些观察到的失业与空缺之间的关联的。K. 胡佛进一步观察到，"即便……失业与空缺的关系可能会消失……它也一直需要解释"（1997：26）。如果这种关系能被解释，它不会消失，后来的变化也可能反映一种需要探索的有趣的对比现象。另一个例子也许是，曾预料有点不同的选举模式在各个地区实际上也许是相似的，等等。

17. 当然，在异常现象面前，一种范式的改变也许需要较长的时间。我并不想暗示，到处都在追求真理。在本章中，我关注的仅仅是认识论上的可能性。例如，在当代经济学中，起因于主流经济学家的各种做法的不正常现象的数量已经相当巨大。的确，R. 利普西（Richard Lipsey）承认：

> 不正常现象，尤其是那些跨学科分支和可用的各种复杂技术研究的不正常现象，在大多数自然科学中不可能的规模上是可容忍的——可被视为一种流言蜚语，假如它们是的话。

（R. 利普西，2001：173）

另外的更加适当的替代主流的各种范式已在等待侍奉。这当然正是我在这本书中力求引起人们广泛注意的情况。但不能忽视的事实是，在认识过程中，实际上发生的事会受到制度限制和其他限制以及各种深刻见解的影响（见第十章关于此问题的特别论述）。

18. 因此，在相关问题上，我在《经济学与实在》中写道：

> 举例来说，"妇女比男子照料孩子的时候多"；"在英国出身于贫困家庭的儿童只有较少一部分最后能获得高等教育"；"在西方工业化国家，20世纪90年代的平均失业率高于20世纪60年代"；"20世纪90年代，英国公司的外包或'外加工'的生产部分多于20年前"；"在19世纪晚期，英国的公司越来越多地进行内加工生产"；"世界上越来越多的人生活在城市里"；"在英国，妇女通常穿较淡色的衣服，用更多的化妆品，但独自去酒吧的时候比男人少"；"英国公众显示有意投保守党的票的比例激增至大选水平"；"政府发言人在战争期间撒谎更多"；"20世纪70年代以来，英国报道的犯罪率一直呈上升趋势"；"古巴人目前排队花的时间比英国人多，而英国人排队的时间又比意大利人多"；等等。或者说，在一般水平上，某些经济体而不是其他经济体具有持续性通胀的趋势，某些地区性制造部门的增长率或下降率持续出现明显变化，富足中的持续性贫困，主要为了交换而不像从前那样为了直接使用的持续性生产，等等，提供了大量经济现象中值得注意的时空模式方面的例子。在每一个这样的实例中，除了不断重复这样的特性外，并不存在固定不变的关系，不然就是到了似乎仍然需要解释的程度。在每一个这样的实例中，我们期望存在一种系统性可鉴别的机制，这种机制能够被社会科学揭示并正在起作用，或者说上述所期望的初看上去总是有点道理。
>
> （T. 劳森，1997a：206—7）

19. 值得注意的是，英国集体谈判的独特的地方性，我在上面推断的对比解释，是某种讨论中的整个时期都存在的东西。

第五章 演化经济学？关于借用演化生物学的问题

1. 见 G. 霍奇逊，1995：xv。
2. 一个最近的例外是 J. 维罗曼（Jack Vromen, 2001）然而，J. 维罗曼对演化经济学的本体论条件的强调不如对 R. 纳尔逊和 S. 温特（1982）的文献对本体论预设和"演化博弈论"对本体论预设的强调那么重。另一个我遇见的正如本卷的文献是 C. 何梦笔（Carsten Herrmann-Pillath, 2001）的著作，当时即将付印。这个文献的方向更加接近这里主张的观点，并在很多方面是对它的补充。很清楚，有一个共同的认识，那就是需要将本体论更明确地引入演化思维，这是一个对世界的开放性及其结构性的认识。然而，我们强调的东西是不同的，我们涵盖的范围也是不同的。C. 何梦笔很少将重点放在社会过程上，而是更加强调心智突现于生理演化，应当包括在公认的经济学的题材之中（并表明实在论比工具主义优越）。我们采取的方法也所有不同，因为 C. 何梦笔的写作似乎意味着作为演化经济学的可能性是一个已放弃的结论。我们最大的差别也许在于，C. 何梦笔把本体论哲学学科解释为一种教条主义，认为接受一种本体论"教条"高于另一种教条的看法无异于一个欣赏品味的问题。

3. 实际上，我们这里能确认一连串相关错误。不明推理式谬误与已提到的认识谬误相似，相信本体论问题可还原为认识论问题，关于存在的问题可被重新说成关于（存在）的知识问题。语言谬误，指的是假设存在的各种问题可被还原为论述（关于）存在的问题，是另一个相关范畴。我们还可以把关于人性和幸福的问题，还原为最好的政策和（影响幸福的）实际行动的问题的错误，确认为道德谬误。我打算在将来某个时候探讨这种谬误。所有谬误都是可被称为还原论谬误的一般谬误的各种不同类型，这是把关于某类事物的问题还原为（或错误地理解为）性质或特点很不相同的某类事物的问题的错误。

4. 当然，隐喻像大多数其他范畴一样，是一个有争议的概念。那些拒绝一种实在论方向的人无疑不赞同这里认可的解释。但是，此后他们可能会在整个讨论中持有异议，参与争论。

5. 正如众所周知的那样，演化思想已经从经济学走向生物学，反过来亦如此。

6. 对早期的基督教徒来说，它是一个信仰问题，即认为生命世界是上帝最初创造的一个世界的复制品；种既不允许灭绝，也不允许转变。这导致了早期的调查者把化石解释为恰巧类似于贝类和其他生命形式的模式。然而最终，人们认识到化石的有机性质，到了 18 世纪末，人们承认岩石对以前存在的生命形式提供了一种扼要的记录。然而，在很大程度上，当代经济学家用他们"对系统的外生震荡"概念解释不易适合其模型的东西，这时科学家希望避免关于不断变化的现象的亵渎上帝和神的结论，转而依靠他们自己的外生震荡理论；尤其是，他们援引关于周期性洪灾和其他大灾难的理论。每次灾难之后，上帝都看到需要用一个新的生命群填补这个世界。这种解释类型的一个困难来自最终发现，化石层不仅揭示了生命形式的差异，而且证明生命在进化。最低和最古老的岩石层记录了无脊椎动物，鱼类出现于较晚的时候，然后是爬行动物和鸟类，再后来，出现了包括最后出现的人类在内的哺乳动物。进步论者与其他神创论者辩称，这仅仅意味着上帝早就交错安排了他创造万物的方式；在这些变化中不涉及转变或后代的问题。但在这样做的过程中，各种各样的撰稿人现在开始承认需要解释的现象早已发生变化。

　　设计用来保留传统观念的不同观点得到发展。但到了 18 世纪末，科学一般说来在生物学中开始走树立一种发展变化观点的道路。最有意义的是，地球在宇宙中失去了其中心地位；这个封闭的世界向一个无限的宇宙开放，宇宙逐渐被视为一种发展的过程，如果是受规律支配的。同时，生物学家们认识到，许多生命形式包含曾经但不再是功能器官的残余（如不再帮助飞行的翅膀），这直接削弱了来自设计的论点。

　　到一定时候，关于地球上生命本质的许多进一步的见解产生了，人们承认，关于本质根本不会改变的观念被像其他任何事物一样也处于相对不断转变的状态的观点所取代。正是为了说明这种转变机制，演化理论才被构想出来。

　　7. 我的印象是，与利用生物学成果有关的经济学家和其他一些人很少关注各种生物学过程本身的性质（对社会过程的关注也是如此）。毋宁说，有关模型论点的各种报告显示，似乎辩论可在独立于考虑真实世界过程性质的层面上得到解决。换言之，频繁出现的情况是，在生物学（或包括心理学）哲学中，认识谬误是很显然的：关于存在的各种问题在这里和在其他地方一样，也常常被看作似乎可还原为关于对存在的认识或对存在建模的问题。

　　8. P. 博格（Peter Boag）和 G. 彼得及 R. 格兰特（Rosemary Grant）研究了达芙妮岛（Daphne Major）上的雀科鸣鸟（见例如 Boag 和 Grant, 1981），J. 韦纳（Jonathan Weiner）在其著作中很好地概括了他们的发现（1994）：

　　　　在格兰特一家人居住在这个岛上的头四年里，他们从未见过生存斗争搞得……非常激烈。对达尔文的雀科鸣鸟来说,那些年曾是好年份。到 R. 格兰特一家人待在那里的第一个季节末时,例如,达芙妮岛上就能听到 1500 种强音。这些强音的 10 个中就有 9 个 11 月份时仍然活着,直到下一场大雨来临之前。这个岛上还有大约 300 种仙人掌雀科鸣鸟,第一个四月时,20 个中有 19 个活过了那个干旱季节,一直活至 11 月份。

他们在那里的第四年,即 1976 年,气候特别湿润,到处一片绿色。1 月和 2 月降雨充沛,1 月和 5 月阳光明媚,降雨总量达到 137 毫米,是达尔文雀科鸣鸟的大好年。

(J. 韦纳,1994:71)

9. 参与这项研究的生物学家根据各种种子被破壳的容易程度将它们分成等级。这种做法导致了一种"斗争指数",被编排为最低号码的种子最易被破壳。1976 年 6 月,每平方米火山岩(这些岛都是火山爆发区)有 10 多克种子。

到了 1977 年 6 月时,每平方米仅有 6 克种子……到了 11 月时,就只有 3 克了。

由于每逢干旱季节它们总是这样,那些鸟就去寻找最易破壳食用的种子。到现在为止,它们共享着最后一批阿月浑籽果。它们已到了碗底。前一年的 6 月,雀科鸣鸟食用的 5 颗种子中的 4 颗容易破壳,在"指数"表上不到 1。但随着小、软和容易破壳的天芥菜属和其他植物的消失,等级不断攀升,最多超过 6。鸟儿们被迫与大而坚硬的圣檀木籽、仙人掌籽和蒺藜籽作斗争,这是生存斗争的标志,一颗被剑鞘保护的种子。

(J. 韦纳,1994:73—4)

10. 在整个旱季,该岛上的种子总量不断往下降。留下来的种子的平均尺寸和硬度不断增加。岛上雀科鸣鸟的总数随着食物供应量的减少而下降:1976 年 3 月为 1,400,1977 年 1 月为 1,300,当年 11 月时减少到不到 300。

其次,他们逐个品种进行统计。1977 年年初时,达芙妮岛上有大约 1,200 个强音。到年底时只剩下 180 个,失去 85%。

那年年初时,该岛上仙人掌雀科鸣鸟的精确数目是280。到年底时,只剩下110,失去60%。

最小的地面雀科鸣鸟小地雀,1977年年初有一打之多,其中只有一个活过了那一年。

(J. 韦纳,1994:77)

11. J. 韦纳(1994)几乎激动不已地描述了科学家 P. 格兰特和 P. 博格研究1977年的各种数据的整个过程。首先,这些科学家讨论了许多雀科鸣鸟的死亡和其他细节问题。

最后……P. 格兰特和 P. 博格研究了存活者的喙。……从强音中,他们已经知道,长有最深的喙的最大的鸟,具有最好的啄开大而硬的如蒺藜属那类种子的工具;当他们统计总数时,他们发现,在干旱期间,当鸟只能发现大而硬的种子时,这些身体大的大喙鸟最能脱险。存活着的强音比死者的平均大5%—6%。干旱前的平均强音喙长为10.68毫米,喙深为9.42毫米。活过干旱期的强音的平均喙长为11.07毫米,喙深为9.96毫米。变化太小,裸眼看不出来,这样小的差异造成生死之别。上帝的磨坊把东西磨得特别碎。

他们看到的不仅仅是自然选择在起作用。而且,这也是有史以来记录下来的关于自然界中自然选择的最详细的一个片段。

(J. 韦纳,1994:78)

12. 请注意,具有重大意义的是,身体和喙的变化忠实地从一代传到了下一代。结果,雄性在爱情方面的不相配的幸运让干旱的影响更长久。1978年存活下来的雄性和雌性的大个头鸟的强音已经明显比干旱期前的平均强音大。这个群体中,成为父亲的雄性鸟的个头比其他鸟的个头大。那年孵化出来并长大的幼鸟最后的个头也大,它们的喙也深。新一代的平均强音喙比干旱前其前辈的喙深4%或5%。

在1997年的干旱期间,芬奇组织(the Finch Unit)曾看到自然选择在起作用。现在,从其后果中,他们看到演化(或进化)在起作用,从鸟喙的大小和其他尺寸中也能看到这一点。

注　释

　　从那以后，在达芙妮岛上工作的观察人员只好继续观察。他们只好不断回到那里。他们不仅看到了在达尔文的雀科鸣鸟中达尔文过程在起作用，不仅自然选择能在其群体中导致演化，而且其过程比达尔文当时可能设想的快得多。

（J. 韦纳，1994：81）

　　13. 这种喙的大小差异也许看上去没有什么特别的意义。一个人能够很容易想象到，一阵阵不同的气候状况能如此改变环境，以便重新选择有利于较小喙的雀科鸣鸟。的确，这样的现象也记录在其他研究达尔文的雀科鸣鸟的人的笔记中。其他演化性变化当然更加持久。无疑，我们很多人在长大的过程中都听说过用自然选择观点解释长颈鹿的长颈现象。根据标准描述，曾经一度长颈鹿的颈比今天观察到的长颈鹿的颈要短得多。让我们做如此假设吧。该假设常被讲述，它是说曾经发生过某件事，从此，一种长颈鹿就出现了。那个某件事，根据大多数解释，在于个体基因层面的一种变异。这样的长颈鹿还能吃到其他动物够不着的高枝上的树叶，因而兴旺发达起来。其后代也是如此，凭借基因再生产，它们还长有更长的颈。的确，一般情况下，长颈鹿不仅比其他动物能更好地应对环境，它们还能在其他动物不能生存的条件下生存下去：当食物集中长在树的高枝上时。逐渐地，赋予长颈鹿的优势导致它们成了鹿群中占统治地位的群体，最终真的成了唯一的群体。

　　我不知道是否有证据支持这样的解释。但是，不管是否有，产生雀科鸣鸟的喙的演化过程的性质在很大程度上是相同的，如果在一个较小的规模上的话，尽管其结果看上去不怎么稳定。说实在的，这的确是一种带根本性的见解，一个达尔文本人曾经强调过的见解，意思是各种变化不需要大到很显著的地步才有意义。一个器官在某个方面的小小的变化可能意味着生死之别。

　　14. 当然，因为在生物学中，所有生物都在演变，它们包含着其以往演化和高度路径依赖的各种特征。在生物学中，与在其他一切学科中一样，为了理解，历史是重要的。

　　15. 我不是在表明，但愿 C. 达尔文本人能接受这个精确的案例。

　　16. J. 拉马克模型是根据 J. 拉马克的名字（Jean Bapiste de Monet, the Chevalier de Lamark, 1774—1829）命名的。然而，"J. 拉马克"在坚持该学说时

远非是独特的（承认获得性特点的遗传的可能性）；他也不是其最初概括者。可是，在写下下面的话时，J. 拉马克接受这种学说的态度是很清楚的：

> 通过其种族所处环境的影响，因而通过有势力地使用任何器官或永久不用任何器官的影响，大自然给予个人所有获得物和造成所有损失；所有这些东西都通过再生产保留到新出现的个体，倘若获得性改变对两种性别都是共同的，或至少对产生幼体的那些个体是共同的。
>
> （J. 拉马克，1984［1809］：113）

关于进一步的讨论，见例如 R. 伯克哈特（1997；1984）或 G. 霍奇逊（1993；2001a）。

17. 当然，在下述条件下是可能的：

（1）各种特性可作为对环境条件的适应而发展；

（2）这些特性只可能通过某种有能力发展它们的子集而被获得；

（3）这些特性有助于"生存"，它将显得似乎我们有一种后反馈机制，而实际上我们没有。那就是说，似乎环境决定着遗传变化。举例来说，设想有一个子集的雀科鸣鸟发展出一种飞行技术，它非常有助于避开捕食者，或有助于获得一种类型的食物，或不管什么。假如有一个子集的雀科鸣鸟具有发展这种技术的能力（遗传变异的一个结果）就好了，那样的话，环境将有利于那些具有这种能力的鸟，并能帮助发展它。因此，似乎有某些雀科鸣鸟正在环境中发展出一种特性，并通过遗传将这种特性传下去。宁可说，这种能力（借助我的建构）经由遗传变异而非环境选择首次被产生出来。其重要意义是，这样的案例在最终它们也许会求助于自然选择机制的时候，不求助于一种自然选择机制而出现。

18. 当然，这个例子仅仅表明，一种选择趋势也许在大多数社会的许多方面起着作用（甚至在像法国这样的坚决抵制语言帝国主义的国家里也是如此）。

19. 然而，让我简略地进一步阐释一下。数学化理论的好几个特点很显著。其发展是积累性的。数学形式方面的增量变化，当其与环境压力的选择性效应相配合时，就导致产生了复杂的、多功能的各种经济理论、做法、项目和制度等。后续的数学形式在没有以任何最佳方式表达的情况下，已具有适应性。它们反映了一种内部动态变化，这种变化是由历史条件造成的，而不是命中注定地趋于一个独特的演化最最佳有效形式的结果。为了看清这一点，我们只需要记住这点就行了：经验统计工作多早就演变成了当代计量经济学的"概率方法"，它反过来在形式上又适应于广泛引入计算机大学的需求；后来，随着高能力廉价计算机的普遍使用，计算机模拟方法论又是如何上升到统治地位的。此外，数学的基本概念与技术通过有点像生物学领域的遗传的一个过程而连续不停地运作着，它包括储存信息的纵向传播（即随着时间推移而复制）。更具体地说，数学概念与技术以相当于基因编码的形式与功能，储存关于理论适应的编码信息。复制或遗传随着时间推移通过基本方法与概念的复制而发生。关于数理经济学史的一项研究表明，虽然实际理论化的内容从一个时期到另一个时期往往转变比较明显，支持着更加实际的文献，但在方法论连续性和概念连续性上却有一个程度问题。这些被复制的方法和概念在新思想产生时，被计量经济学家和理论家们派上了用场。

简言之，数理经济学可被认为是一种具体的文化传播机制，通过把信息编码为概念形式而起作用，往往在教科书、学术论文、讲座等中被复制，从而支持着在时间之间（inter-temporal）的传播。数理经济学的论述目前似乎具有了自主和自我参照的能力，其程度足以为其提供自我复制的能力，同时，通过共同演化，它与更加广泛的学术和其他过程联系起来。

20. 我注意到，根据《牛津英语词典》，一个模因纯粹是"一种文化元素，它可被考虑为通过非基因手段，特别是模仿而传承的东西"。

21. 有时据说，如果模因的确存在，它们不可能是真正的复制基因，因为，不像基因，它们只是作为某些其他主体活动的后果而复制的。请注意，首先，我不认为如果这样的差别的确存在，它们就很重要。毋宁说，该断言似乎显示出对隐喻和比喻性质的误解。相关问题是要识别一种由此秩序在没有设计的情况下产生的过程。但在复制中，无论如何把基因视为在一定程度上是自给自足的，我认为这种观点不正确。在生物学中，没有自我复制分子。为了其复制，DNA依赖大量蛋白酶，这种情况（为了它们正确合成）反过来需要许多其他因素（诸如嵌入DNA的四个核苷基的组合排列的编码信息——见例如Steven Rose, 2001; Dover, 2001）。

22. 对某些模因论者来说，人们发现模因至少存在于大脑中，虽然它们在大多数情况下不是从大脑中产生的，而是从其他地方获得的。根据这种观点，文化单元或某些这样的复制基因是在人的心智中变异的。

23. 我这里并非把所有文献都指称为模因论。但是，我阅读过的许多文献，与下面的 J. 多弗（Dover, 2001）关于 R. 道金斯（Dawkins）著作评价的实质相一致：

> 人们可以常常发现，R. 道金斯面临两种方式（利己基因：时而我们看见它，时而我们看不见）。R. 道金斯的强硬之处是，他开阔了我们的眼界，使我们看见了一种关于自然选择的遗传马达的新的戏剧性的思维方式（他称之为"变形"）；他的柔软之处是，他没有说出任何重要的东西，这是真的，因为他从内心深处承认，正如 C. 达尔文正确想象的那样，表现型才是基本的原动力。同时向两个方向看的能力被 R. 道金斯本人比作用实物演示内克立方体，从一张 2D 纸上的图像展示一个 3D 立方体的两个同时出现的方向。我们不应当被这种尖锐的矛盾现象所欺骗；R. 道金斯的写作觉察到的冲力仅仅是关于一件事的：功能重要性和复杂性的一切，是一种自然选择所塑造的适应，自然选择是为利己复制基因的好处服务的。警示、条件、"如果"和"但是"，都不是壮丽幻想的组成部分。

（G. 多弗，2001：55—6）

24. 真实情况也许是，作为社会动物，我们常常吸收我们周围人的观点与价值。但是，这并不需要文化决定论。

25. 举例来说，有一种需要，由于模因（meme）这个范畴被发声后听上去很像基因（gene），它们俩的关系比两者的实际关系更加密切，因此，一个模因就是一个基因的意义比隐喻上的意义更多。S. 布莱克莫尔（Susan Blackmore）敏于避开这一点：

> S. 古尔德（Gould）似乎认为，因为模因与基因被类比或隐喻联系起来，我们可能会通过比较给生物演化帮倒忙。他又一次错过了这个要点，即两者都是复制基因，但它们不必以同样的方式工作。

（S. 布莱克莫尔，1999a：18）

不管 S. 古尔德在这里是否被正确描绘，我认为，S. 布莱克莫尔提出的忧虑还是很有理由的，应当整个回避模因这个术语。这是因为它会立即招致比类比和隐喻的各种关系所需的对模因与基因的更大范围的比较。如果社会复制基因被采用，那么，它就是一个后者是否与基因享有比把它们构成为复制基因的那些因子更高的共同特征的开放性问题。相对而言，在我看来，其他评论者也（特别是那些同情模因论但还不打算或未准备好承认模因存在的人）想把模因与基因过分密切地联系起来，（不考虑各种隐喻关系的性质）对模因有资格作为适当的基因类似物提出了看上去很随意的各种要求（见例如，Sperber, 2000; Aunger, 2000）。此外，D. 赫尔（Hull, 2000）的评论认为，S. 布莱克莫尔关于模因的观念（她把模因论的主题限制在'通过模仿的信息学习'的问题上）用于把这种演化理论限制在一个单一种上，即人类，根本不是一种批评。

26. 我意识到，普遍的达尔文主义被定义为一种只与达尔文原理具有广泛的应用性有关的理论（附属考虑每个具体领域）。但如果这就是那个观点的话，这对它来说是一个多么误导人的标签啊。

27. 许多关于模因论的忧虑在某种程度上与这里讨论的那些忧虑相似，M. 米奇利（Mary Midgley, 2001）也表达过这样的忧虑。

第六章　经济学是一门独立科学吗？

1. 本章首次发表于 Economie Applquee（1997）tome L, no. 2: 5—35。

2. 因此，例如 L. 罗宾斯反对他自己的与财富（或'物质福利'）的原因有关的观念。他写道：

> 支配大多数拥护者的，特别是在盎格鲁—萨克逊国家里，经济学的定义，是其与研究物质福利的原因有关的学问。这个要素对……的各种定义是共同的。
>
> 然而，一旦我们根据其精确描述科学的各种主要概括的最终题材的能力'检验'这个定义时……似乎它就有许多不足之处，它不仅远非是勉强够格的和辅助性的，而且完全等于在展示最中心的各种概括的范围或者意义方面的一种彻底的失败。
>
> （L. 罗宾斯，1940: 4—5）

J. 赫什雷弗（Hirshleifer）在广泛意义上支持 L. 罗宾斯的概念时，是从下面有意贬低 A. 马歇尔的定义开始的：

> 至于 A. 马歇尔，何等狭隘！何等愚蠢！何等乏味！我们经济学家必须把注意力限制在平庸粗俗的物质生活方面的事情吗？
>
> （J. 赫什雷，1985：53）

G. 霍奇逊（1996）在支持关于财富的原因和利用的一种观点时，他用这个观点对抗诸如 L. 罗宾斯提出供考虑的最优化框架等。

3. 也许，对经济学的解释与这里捍卫的观点最接近，因为它寻求涵盖各种不同的观念，虽然辩称它们"没有共同之处"，这种解释是 K. 波拉尼（Karl Polany，1971：140）的解释。

4. 尤其是，虽然计量经济学的预测模型预测得不是很好，经济理论家概括的模型也没有解释任何令人感兴趣的东西（例如，Phelps Brown，1972；Bell 和 Kristol，1981；Wiles 和 Routh，1984；Donaldson，1985；Hodgson，1988；Kirman，1989；Ormerod，1994；Lawson，1997a）。

5. 利用 R. 巴斯卡（1978；1979）和其他人的哲学文献的这个理论在 T. 劳森（Lawson，1997a《经济学与实在》）中作为一种经济学观点得到广泛深入地阐述。后者最近的发展也可见于"Fleewood，1996；Ingham，1996；C. Lawson，1996；Lewis，1996；Pratten，1996；Runde，1996"的著作中。下面是关于该理论取得的某些成果的一个概览，而不是对其正确性的论证（关于后者，读者可参见 Lawson，1997a）。

6. 一般地说，要解释某个事件、某件事情或某种现象，（即待说明项）就要提供一种说明（即说明项），由此最初现象成为可理解的东西。根据演绎主义解释，有待解释的事物（待说明项）必须从一套初始条件和边界条件，再加上（假设的）普遍规律"只要事件（类型）x，那么事件（类型）y"中推演出来。很清楚，根据这种演绎主义观念，解释和预测在很大程度上等于同一回事（这就是所谓的对称命题）。前者需要对一个事件发生后（或据知已经发生）进行演绎，而后者则在（知道）其发生前进行。根据演绎主义，对规律、理论和科学的解释通过演绎包摄以相似的方式进行。当然，这并不是说，因为人们在经济学中追求这种模型，被公式化的事件规则性实际上就是从经验中产生的，或者说，总是并非明显的虚构。正是这些规则性的结构或形式才是演绎主义的鲜明特点。

7. 需要成功预测的这种科学的观念，如那些持有别样看法的经济学家一样，被那些坚信经济学不可能是科学的经济学家所接受。与此评价相一致的明确断言俯拾皆是，让我只从几个经济学诺贝尔奖得主那里举出一些样例。如果认为实际上已经获得一种成功预测的科学获奖者清单不仅包括众所周知的诸如M. 弗里德曼那样的人，而且包括已发现的正统派中诸如 M. 阿莱这样的人，那么，断定经济科学不可能是精确的，认为成功预测是不能实现的那群人则包括 J. 希克斯，一位昔日的"理论家"，他似乎在某个阶段整个抛弃了正统理论。举例来说，请考虑以下评价：

> 任何科学的必要条件是能被分析的和可进行预测的规则性的存在。天体力学就是这样。但许多经济现象也是同样真实。的确，对它们的彻底分析表明了规则性的存在，这些规则性如在自然科学中发现的规则性一样同样引人注目。这就是经济学为何是科学的道理，就是这种科学为何依赖于同样的物理学原理与方法的道理。
>
> （M. 阿莱，1992：25）

> 我想说，一门科学是由一大堆命题构成的，它们有三个显著的特点：(1) 它们是关于真实事情的，我们观察到的事情，是关于现象的；(2) 它们是一般命题，是关于现象分类的；(3) 它们是有可能将预测建立在其上的命题，是支配某种程度的信仰的命题。如果这套命题是一门科学的话，所有这三个特点似乎都是必要的。
>
> （J. 希克斯，1986：91）

> 经济学只是处于（科学）的边缘，因为它分析的经验变化多端，所以关于它们的分析是不可重复的。
>
> （出处同上：100）

8. 至少在自然领域，它在某种起作用的生成机制的概念之内，在那里，存在着自然必然性（即是说，必然性独立于人和他们的行动）。

9. 当各种前提是经验的一般特征时，这种形式的溯因推理可被指称为超验论证（例如，Lawson, 1997a；上面第二章）。

10. 如果两个物体或特征等本来就处于相互关系之中，那么它们被说成具有内在联系。房东与租户、雇主与雇员、教师与学生、磁铁与磁场都是容易出现于脑海中的例子。在每种情况下，都不可能只有一方而没有另一方，由于在其中一方与另一方所处的关系，每方都部分地是其本身，做自己应该做的事。这与具有外在关系的物体或特征形成对比。如果每一方都不由两方相处的依赖关系构成的话，两个物体或方面被说成具有外在关系。鱼与薯条、咖啡与羊角面包、汪汪叫的狗与邮递员、两个陌生路人等都提供了这方面的例子。

11. 我提出这个建议性综合思想体系，并不是想表明，J. 穆勒必须采纳一个原因或因果关系的同一概念。他没有这样做，从这种程度上说，J. 穆勒的观念当然正被改变。但是，这样一步是上面概述的方法论研究结果所必需的。所有综合体系都需要任何原始定位各方面的改变。可是，所取得的结果的确保留了 J. 穆勒的基本断言：财富的原因是经济学关注的根本问题。

12. 毫无问题，对 L. 罗宾斯来说，任何情况下的经济特征的确是指节俭观念的。这从 L. 罗宾斯对他的公式化概括的正面论证中看得很清楚，在那里，像"经济的""经济学"这样的术语首次出现。L. 罗宾斯是通过讨论一个在有必要两者具兼的情况下，希望在工作与休闲之间进行选择的孤立个体，而展开他的论题的正面部分如下：

> 这样一种划分也许可合理地被说成具有经济特征。这个特征在哪里？
>
> 答案可在概括有必要做这种划分的必要条件中找到。这些条件有四个。首先，孤立个体既需要实际收入，又需要实际休闲。第二，他不能足以满足他的两种需要中的每一种需要。第三，他可花时间争取他的实际收入，或者他可将其用来享受更多的休闲。第四，也许可以假定，在很例外的情况下选择节省，他对实际收入和休闲的不同组成部分的需要将会是不同的。因此，他必须选择。他必须节俭。他的时间和资源配置倾向与他的需求系统具有一种关系。它具有一种经济特征。

（L. 罗宾斯，1940：12）

注 释

L. 罗宾斯坚持认为,这个"案例是整个经济学领域的典型"(出处同上:12),并构成了下面几页:

> 我们必须在资源可能被配置的不同用途之间进行选择……其他人托我们支配的服务是有限的。达到目的的物质资料是有限的。我们被赶出天堂。我们既无永久的生命,也无获得满足的无限物质资料。我们处处都得应变,如果我们选择一件事,就必须放弃其他的事,但如果在不同的环境中,我们可能希望不放弃。满足不同重要性目的的物质资料的稀缺几乎是人类行为的一个普遍性条件。
>
> 所以,这里有一个经济科学的统一性问题,即应对稀缺资料中人类行为假设的各种形式问题。

(出处同前:15)

13. 这并非要否认有些评论家(例如,Cannan,1903)确实使用了这种概括。但如果我们要进行更广泛的对比,假如是竞争、各种观念等,那么,重要的是考虑每种情况下更好的实例。

14. 确切地说,J. 穆勒写道:

> 人们一直建议把财富定义为表示"工具"的东西:不仅意指各种工具和机械设备,而是各种社区的个体所拥有的整体积累,这些积累是用来达到其目的的各种手段。因此,一块田地是一种工具,因为它是用来收获玉米的一种手段。玉米是一种工具,是用来做成面粉的一种手段。面粉是一种工具,它是做面包的一种手段。面包是一种工具,它是用来充饥和支持生命的一种手段。这里,我们最终没有把物品做成工具,它们是因为自己而被需要,并不只是获得其他物品的手段。关于此主题的这个观点在哲学上是正确的;或宁可说,这种表达模式也可与其他模式一起被有效地使用,不是从共同观点出发传递一种关于该主题的不同观点,而是表达与共同观点有许多不同之处的看法和实在。然而,它离语言惯例太远,不可能被普遍接受,或可不能用于除了偶尔作为图示的任何其他目的。

(1900:18)

— 347 —

15. 在很多时候包括 A. 马歇尔和 J. 穆勒。

16. 这里，我们必须站在 L. 罗宾斯（1940）一边，反对 J. 穆勒和最近的 D. 豪斯曼。

第七章　后凯恩斯主义的实质与各种异端传统描述中存在的问题

1. 本章基本上是对以前的两篇论文（Lawson，1994b；1999a）的一个综合性论述和略微发展，两篇文章都发表在《后凯恩斯主义经济学杂志》上。各种各样的其他撰稿人进一步发展了这两篇文章中提出的论点，其中包括 S. 道（Dow，1999）；P. 刘易斯（Lewis）和 J. 伦德 Runde（1999）；S. 普拉顿（Pratten，1996；1997b）；E. 麦克纳（McKenna）和 D. 赞诺尼（Zannoni，1999）；R. 罗塞姆（Rotheim，1999）。也有些人就密切相关的各种问题开展辩论（特别是见 Brown，2000；Dow，2000）。其他一些人则表达了与这些文章中不同的观点，尤其是 S. 帕森斯（Parsons，1995）；B. 瓦尔特斯（Walters）和 D. 杨（Young，1997；1999）。对后面这些批评家的回应同样存在；特别是见 E. 麦克纳（McKenna）和 D. 赞诺尼（Zannoni，1999）；J. 伦德（Runde，2001b）；S. 弗利特伍德（Fleewood，2002）；P. 阿雷斯蒂斯等人（Arestis et al.，1999b）和 S. 邓恩（Dunn，2000）。

2. 正如作为一项文献研究中的实例发表在《后凯恩斯主义杂志》上的一篇文章所显示的那样。

3. 在这一点上，下面的评论是典型的：

> 后凯恩斯主义经济学可被看作覆盖了相当多种类的方法。有时人们说，后凯恩斯主义者的统一特征是新古典主义经济学不喜欢的东西。
>
> （M. 索耶，1998：1）

> 后凯恩斯主义经济学常常被描绘成，与其撰稿人在根本问题上的任何一致性看法相比，由于其不喜欢新古典主义理论而更显出色。
>
> （J. 霍奇逊，1989：96）

说后凯恩斯主义理论不是怎样，比说它是怎样争议更少。后凯恩斯主义理论不是新古典主义理论。

(A. 艾希纳，1985：151)

后凯恩斯主义者往往把他们的理论以否定方式定义，确定为一种对新古典主义经济学的反动。

(P. 阿雷斯蒂斯，1990：222)

有些人已经辩称，把后凯恩斯主义者团结起来的是一种否定因素：拒绝新古典主义经济学。

(S. 道，1992：176)

在后凯恩斯主义和新李嘉图主义的局外人看来，似乎这两派理论和其主要拥护者最引人注目的地方是，似乎它们只要一个粘合主题，那就是两者都拒绝霸道的新古典主义范式。

(M. 拉沃伊，1992：45)

又见 O. 哈姆达（Hamouda）与 G. 阿尔古（Harcourt, 1989：2）和 G. 阿尔古（Harcourt, 1985：125；1988：924）以及许多其他人的著作。

4. 这种强调显然来自对任何后凯恩斯主义文献内容的匆匆一阅。此外，可发现下面的明确评价：

这样，后凯恩斯主义著作的方法论内容是极其崇高的。这与极少注意新古典主义教科书中的方法论问题形成对照……从思想直到技术的后凯恩斯主义的方法论观点要求它作为一个问题必须被继续提出来。

(S. 道，1992：182)

后凯恩斯主义学派代表了对方法论、思想和内容的肯定陈述。

(P. 阿雷斯提斯，1990：222)

一种确切表达后凯恩斯主义经济学的方法是方法论的方法。在别的地方……我已经试图把后凯恩斯主义定义为一种共有的方法论路径……

后凯恩斯主义可被理解为政治经济学的一个子集，这个子集反过来可被理解为包容多种多样方法的一般方法论。因而，一个意图是从方法论的角度将后凯恩斯主义与政治经济学联系起来。

(S. 道，1990：346—7)

5. 下面是一种典型评价：

后凯恩斯主义者采用的历史与人文主义模型也许可归纳为下面三个命题：(1) 经济是一个历史过程；(2) 在一个不确定、不可避免的世界上，预期对于经济结果具有不可避免的重大影响；(3) 经济制度与政治制度在形成经济事件的过程中起着重大作用。

(P. 达维松，1980：158)

在上面的第三个标题下，P. 达维松明确强调，"收入和权力分配是后凯恩斯主义者的基本关注"(162)，他花了一些时间从更一般的范畴讨论了后凯恩斯主义对民主问题、政策问题和分配问题的关注。

6. 请考虑一下 S. 道的（如果是高度缩写的）典型评论吧：

正如"后凯恩斯主义者"这个名字所表明的那样，J. 凯恩斯的工作具有重大影响。但 J. 凯恩斯并非是对该学派具有唯一影响的人物，说实在的，影响过 J. 凯恩斯本人的较早期的学者常常被后凯恩斯主义者确认为是直接影响他们的人。……

后凯恩斯主义植根于古典经济学。……

亚当·斯密被看作第一个关键人物……

就后凯恩斯主义经济学的内容而言，关键性古典人物是 T. 马尔萨斯、D. 李嘉图和 K. 马克思，他们每个人都对后凯恩斯主义经济学范围内的不同群体产生过影响。

(S. 道，1992：177)

7. 其他可包括进去的争辩者，例如 P. 斯拉法（除这里未曾聚焦的后凯恩斯主义的其他可能的名义特征外），似乎只可被一部分后凯恩斯主义者接受，对被包括进去的人似乎特别有争议，这种情况下，我的策略是忽略他们，不在这里明确考虑。这样做似乎是恰当的。这是因为后凯恩斯主义的一致性不能发现于那些被后凯恩斯主义者广泛认同的特征中，那么，把有争议的那些特征包括进去就不可能改变事态。换句话说，如果能在这里未考虑的不属于、不可能属于或不应当属于一致性的那些认同的特征范围内找到或发现一致性的话，那么，评价是否必须以一致性为条件的问题就应当容易得多。

8. 经济分析主要是从原子状个体主体的角度表达的。内在稳定性，因而被动性通常是通过把这些主体解释为工具或机械最佳者而获得的，这些最佳者是在一个独特最佳条件总是存在并被发现的各种条件下行动的。

9. 然而，当代后凯恩斯主义的方向现在似乎在相对快速地发生着变化，尤其是在某些地方。关于后凯恩斯主义理论和理解的最近本体论显性文献，见例如，P. 阿雷斯蒂斯等人（Arestis et al, 1999a; 1999b）；J. 罗塞（Rosser Jr, 2001）；S. 道（Dow 1997; 1999; 2000）；P. 唐沃德（Downward, 1999; 2000）；S. 邓恩（Dunn, 2000; 2001）；G. 丰塔纳（Fontana, 2000）；F. 李（Lee, 2002）；E. 麦克纳（McKenna）和 D. 赞诺尼（Zannoni, 1999; ）R. 罗塞姆（Rotheim, 1998; 1999; 2002）；赛特菲尔德（Setterfield, 2000）；D. 史密斯（Smith, 即将发表）。

10. 见例如，P. 达维松（Davidson, 1978, 1980, 1989, 1991, 1994, 1996）。

11. 如果需要进一步表明 J. 凯恩斯早期的实在论方向，让我回顾一下 J. 凯恩斯在其专题论文中用来做结论的一些观察与反思吧：

> 19 世纪的物理学家们把物质还原为粒子的碰撞与排列，它们之间最终质的差别就非常少了；孟德尔派的生物学家则在从染色体的碰撞与排列中追求人的各种各样的特性。在以上两种情况下，类比于完全的随机游戏是真实存在的；目前有些推理模式的有效性取决于这样的假设：它适用于我们正在应用模式的这种物质。这里，虽然我有时抱怨其缺乏逻辑性，但我从根本上同情对当时统计理论概念的深刻理解。如果同时代的生物学和物理学学说仍然站得住脚，我们将超乎寻常地证明某些传统的概率微积分方法的合理性（如果是不应得的）。概率论教授们因辩称似乎自然是一个按固定比例装有黑色和白色球的大瓮而常常遭到嘲笑。L. 奎特雷（Quetelet）曾经用好些词宣称——"I'urne que nous interrogeons, c'st la nature."但在科学史中又一次证明占星术的许多方法对天文学家也许是有用的；也许最终证明是真的——从而把 L. 奎特雷的话颠倒过来——使其成为："La nature que

nous interrogeons, c'est une urne."

（J. 凯恩斯，1973b：468）

12. 因此，P. 阿雷斯蒂斯（1990）承认，"存在着理论前提的实质性理论多样性"（222），S. 道（1990）评论道："现有的后凯恩斯主义的重要特点是其内容的明显的多样性。"（352）

13. 当然是其他异端经济学家的那些观点。

14. 这个断言从最近对后凯恩斯主义做出贡献的大量撰稿人正面响应批判实在论的成果和发现中得到的进一步的支持。见例如，阿雷斯蒂斯等人（Arestis et al.，1999a；1999b）、S. 道（Dow, 1997；1999；2000）、唐沃德（Downward, 1999；2000）；S. 邓恩（Dunn, 2000；2001）；F. 李（Lee, 2002）；E. 麦克纳（McKenna）和 D. 赞诺尼（Zannoni, 1999；R. 罗塞姆（Rotheim, 1998；1999；2002）；M. 塞特菲尔德（Setterfield, 2000）；J. 斯密斯因（Smithin, 即将发表）。

15. 当然，它仍然是一个悬而未决的问题，即后凯恩斯主义者是否真的重视某种一致性问题（虽然如此，如果他们不重视的话，问题仍然明显出现）。我仅仅关注它如何可能被最好地概念化和实现的问题，如果它是被向往和追求的话。

16. 举例来说，G. 奥德里斯科尔（O'Driscoll）和 M. 里索（Rizzo）（1985）表明其自己的奥地利学派观点与后凯恩斯主义观点之间的共性：

近几年来，剑桥学派号称后凯恩斯主义经济学的一大美国分支，已经站出来提出凯恩斯体系的各种主观主义特征。……P. 达维松用三个命题轻而易举地归纳了后凯恩斯主义的观点……：

（1）经济在历史的真实长河中是一个过程；

（2）在一个不确定性和令人吃惊的事不可避免的世界上，预期对经济结果具有不可避免的重大影响；

（3）经济制度与政治制度并非是不重要的，事实上，它们在决定真实世界的经济结果中起着极其重要的作用。

读者将很难发现这些命题与本章论点之间的任何重要差别。更加令人吃惊的是，P. 达维松对这些命题含义的详细阐释增加了（而不是减少了）交叠的面积。很显然，在后凯恩斯的主观主义与奥地利学派的主观主义之间有着多得多的共同基础。然而，两个学派之间相互得益的交流却非常罕见，虽然相互有益的交流似乎很有意义。

(G. 奥德里斯科尔和 M. 里索，1985：9)

奥地利学派与制度主义之间的共同基础也以类似的方式，引起有些人的注意（例如，Samuels, 1989; Boettke, 1989）。关于这个题目甚至还举办了一场专题研讨会。此外，很清楚，这里多次强调的共性寓于一开始就注意到的作为后凯恩斯主义特色的各种特性之中。因此，例如 W. 萨缪尔斯（1989）发现奥地利学派和制度主义"每方都从其与新古典经济学对比的角度部分地定义自己"（60）；"两派都更多地由一个范式构成，而较少由一种充分详细的各种具体理论的总体构成"（61），两派都有方法论上的、哲学上的（包括认识论上的）和各种政治经济问题与基础方面的先入之见（与新古典主义相比）（61）。又见 S. 邓恩（Dunn, 2000）。

17. 因此，例如，正如 E. 米勒（Miller, 1989）拒绝承认 W. 萨缪尔斯（1989）与 P. 波伊克特（Boettke, 1989）做出的关于奥地利学派与制度主义者之间的共性的具体断言那样，P. 达维松（1989）几乎对 G. 奥德里斯科尔和 M. 里索强调的后凯恩斯主义者与奥地利学派之间共性的具体断言不屑一顾。

18. 我以前曾猜想，如果有突出的可辨别特色的话，这些特色也一定会发现于位于社会本体论抽象水平之下和位于对高度具体的社会现象相对具体的社会科学的解释水平之上的各种特征中。

19. 从这个角度出发，主流经济学通过其方法显示自己优势的事实已经指明了一种需要解释的现象。

20. 所有异端传统都以与主流强调的东西不同的方式进行工作，当然，并对其持批判态度。在确指女权主义经济学的语境中，我在此重新强调这一点，正是因为有一种趋势，即有些人把女权主义经济学描述为"把女人加到主流经济学行列，把事情搅拌一下"，我不想从语境出发过度快速地解读这些篇章，让它们适合于这样一种解释。我的观点或多或少与此相反。我把女权主义理论解释为对主流强调（普遍化）的东西持批判回应的一种理论，它包含方向，如果不是很明确地，由一种比主流更具持续性、思想更加开放的、对怎样做事充满批判精神的（有道德基础和语境敏感性的）本体论提供根据。在异端传统范围内女权主义经济学也许应当首先发展其重点和解决其研究的问题的建议，我不想让这件事的任何一点因提出这个建议而受到贬损。

21. 当然，"什么是女权主义理论"的问题，在女权主义作者中进行着热烈讨论，往往产生各种各样不同的反应。关于这个问题的一项批判性全面研究，见 C. 比斯利（Beasley, 1999）。这项研究得出的评价与这里提出的非常一般性的建议无不相似。

22. 我随便用了这句话。如果调查研究结果不一致，显然需要各种批判性解决形式。

第八章 制度经济学与实在论社会理论化

1. 见例如，C. 劳森（C. Lawson, 1994；1995；1996b；1999b）；G. 霍奇逊（Hodgson, 2001b）；S. 普拉顿（Pratten, 1997a；2001）；U. 帕加诺（Pagano, 即将发表）。

2. W. 萨缪尔斯也许也被解释为提出了一种 T. 凡勃伦的后现代主义概念（Hoksbergen, 1994：694）。的确，"后现代的"是一个 W. 萨缪尔斯本人似乎喜欢接受的归属（Samuels, 1998）。另外，R. 豪克斯伯根（Roland Hoksbergen, 1994）评价说，这个后现代元素是制度主义范围内一种正在成长的力量。

3. 一个比下面包括进去的具有更多细节的极好的例外，见 A. 梅休（Mayhew, 1998a）。

4. 例如，请考虑 10 年后发表的以下段落：

> 通过对后达尔文的科学与其之前持有的观念的对比研究而产生的显著特点，是强调重点的新分布，由此，因果过程、初始原因与确定效果之间的不稳定性和过度间隔，在探索与研究中已经占据了第一位；而不是在其中因果效应曾被假定为已臻圆满，停止下来。这一观点方面的变化……后来走得甚远，现代科学正在实质上变成连贯变化过程的一种理论，它被看作一个积累性变化的序列，形成了自我连续或自我增值的能力，且没有最终期限。
>
> （T. 凡勃伦，1980：37）

5. 如在先前的脚注中复制的那段文字那样，也说得特别清楚。

注 释

6. 正如 T. 凡勃伦概括表达的那样：

　　对较早期的自然科学家来说，正如对古典经济学家那样，这个原因与结果的基础并不是确定的。他们对真实性和实在性的感觉是机械序列的确切表达满足不了的。他们对知识的系统化中使用的最终术语是"自然规律"。这种自然规律使人觉得对事件序列施加着某种强制性监视，把一种精神稳定性和一致性赋予了处于任何既定交联点的因果关系。为了满足很高的古典条件，一个序列——特别是一个发展过程——必须根据一种趋于某种精神上合理的目的的一致倾向去领会。当事实和事件被还原为关于基本真实性的这些术语，并使其与确定的常态（或标准）条件相一致时，调查研究者就会搁置他的调查工作。任何被理解为横穿事件中假设倾向的因果序列，都是一个"干扰因素"。与被领会的倾向的逻辑上的一致，根据这个观点，是制订一个认识或发展计划充分的程序基础。在这种古典传统的指导下工作的科学家们努力达到的客观目标，是根据绝对真理确切表达认识；这种绝对真理是一种精神上的事实。这意味着事实与传播一种开明、审慎常识的巧合。

　　这种发展和对事件中的常态或一种倾向的成见的弱化也许可详细地从最初的万物有灵论追溯到信仰与形而上学的精细复杂的学科：否决天意、自然秩序、天赋人权、自然规律、底层原理，等等。但这里必须指出的一切，是凭祖先和按心理学内容，这种强制性常态（标准）是一种精神的东西。为了科学的目的，它将精神上的一致性加之于被处理的事实。让人感兴趣的问题是，在当代科学手里这种关于常态的先入之见是如何正常存在的，它是如何在理性至上的条件下最终被当今的非精神序列的先入之见所取代的。这个问题非常有趣，因为其答案也许会清楚说明是什么机会使得这种古代的思维习惯在经济科学的方法中不确定地继续存在下来的。

（T. 凡勃伦，1898：61）

7. 请注意，T. 凡勃伦对作为方法或科学的一种形式"演化的"这个术语持非常审慎的态度。但并非总是如此。他时而写下像"累加因果关系的演化过

— 355 —

程"这样的段落。(T. 凡勃伦，1908：55)

8. 见 T. 劳森（T. Lawson，1997a：第五章）。

9. 实际上，正是 T. 凡勃伦或多或少从被认为适当的本体论观念的角度解释演化方法的事实，直接暗示了他不把这种本体论视为该方法的衍生物的可能性。前者不是一个隐性的、可能未被承认的、因接受该方法而产生的先入之见，而是一个关于在其下演化方法将证明是有用的各种条件的重要陈述。然而，我相信对因果关系本体论的一种独立辩护也可在 T. 凡勃伦的著作中找到。

10. 这似乎是某种在制度主义文献中大体上长期未被注意的东西。我知道 T. 凡勃伦那样写，实际上是说，经过自然选择和选择性适应，形而上学的先入之见倾向于被无批判地接受：

> 这个最终术语或认识的基础总是具有形而上学的性质。它是某种给一种先入之见有利地位的东西，被不加批判地接受。
>
> （T. 凡勃伦，1900：149）

> 正如其他常规惯例那样，这个最终的形而上学的认识基础也受自然选择与选择性适应的支配。因而，支持科学研究和研究目的的形而上学逐渐发生着变化，当然是不完全的，正如支持普通法和民权程序表那样的形而上学的变化那样。
>
> （T. 凡勃伦，1990：149）

的确，在某点上，或在某段时间，那个初步证据也许对我为之辩护的解释是最具损害性的，T. 凡勃伦提到事物是连续不断变化的假定时说，这"是一个未经证明和不可证实的假定——也就是说，它是一个形而上学的先入之见"（Veblen，1908：33）。但是，当 T. 凡勃伦阐述加在脚注中的这句话时，很显然，所谓某种不可证实的东西的意思，纯粹是指某种只可溯因或超验演绎的无法观察的事物，或者用 T. 凡勃伦的话说是个"被归因"的问题：

> 被当代科学家公认的因果关系的概念是一个形而上学的假定，是一个归因问题，而不是一个观察问题。
>
> （T. 凡勃伦，1908：33）

这个无法观察和不可证实的联系也许反映了他的那个时代的哲学思考（很

清楚，在 T. 凡勃伦的例子中，受到 I. 康德先验实在论的影响）。然而，我想强调的观点是，在同一个很长的脚注中，T. 凡勃伦明显专心论证显性本体论并为他的观点辩护。就其本身而言，如我所说，"可证实的"似乎与"可观察到的"巧合。这是因为 T. 凡勃伦强调的意义更多地反映了可观察事物的不可改性的观点。当然，从当代角度出发，我们承认，所有断言，甚至根据观察得出的那些断言，都是可错的。无论如何，我正在探讨的这个论题的重要方面并不是在诸如"不可证实的"或"可证实的"这样的范畴被使用的精确方式，而事实恰恰是 T. 凡勃伦企图辩称的累加因果关系本体论的相对优势。从他做的程度上说，我们可拒绝接受 T. 凡勃伦的想法，即认为我们关于本体论的承诺必须不加批判地接受。

11. T. 凡勃伦写道：

这对当代科学家来说，就这种被说成求助于因果关系的概念而言，否认对真理特性的这种描述并非意味着是非同寻常的事。他们否认，这样一种概念——效率概念、活动概念，等等——能进入或合理地进入他们的工作范围，不管是作为一种研究工具，还是理论概括的一种手段或指导。他们甚至否认引起其科学注意力变化的序列的实质上的连续性。这种态度尤其将自己托付给那些凭偏爱致力于理论的数学化概括的人，和那些主要迷恋于探明和解决以前未解决或未发现的理论体系的细节问题的人。

(T. 凡勃伦，1908：33)

12. 因此，T. 凡勃伦又写道：

在材料，实质上是具有不明确特点的统计材料，被科学研究充分占用的程度上，在理论的数学化概括不包括比无意义的变化元素更多元素的程度上，该论点似乎是正确的。这样的情况是必然的，因为因果关系是一种归因的事实，而不是观察的事实，所以不可能纳入数据；因为没有比不明确的变化更多的东西能根据数学术语进行表达。一个赤裸裸的符号不能传递任何更多的东西。

(T. 凡勃伦，1908：33—34)

13. T. 凡勃伦还添加了另一个事实上什么是确定的否定的例子。他评论道，那些否认无法观测的（有效的）因果关系本体论的科学家，也是对普遍流行的远距离行动的概念感到深恶痛绝的人。然而，正是这种矛盾的心理（T. 凡勃伦也可把其作为共同基础）精确地预设了这些科学家否认的对无形的或无法观察的因果关系的本体论的忠诚：

在影响对效率概念不表示明确态度的科学中（这些科学断言它们仅与数学函数的概念为伍），物理学是最直率的一门在其中该断言具有乍看上去最好有效性的科学。同时，近代的物理学家，在100多年或更长的时间里，耗费了大量时间忙于解释涉及远距离行动的所有现象的外表是如何根本不涉及远距离行动的。过去一个世纪物理学所取得的理论上的成就较大，原因在于这个（形而上学）的原理的普遍流行，即认为远距离行动并未发生，远距离的外表行动必须用有效接触、通过一个连续统一体，或者用物质转移进行解释。但是，这个原理丝毫不比物理学家们缺乏理智地对承认远距离行动深恶痛绝的态度好。一个连续统一体的必要条件涉及有效因果关系概念的一种总形式。"函数的"概念、伴随变动，不必要有接触和连续统一体。远距离伴随正如接触范围内的伴随或借助一个连续统一体的干预的伴随一样，是一个简单而令人信服的概念，如果不比这更多的话。阻挡其被接受的障碍是物理学家们抑制不住的神、人同形同性论。然而，物理学的巨大成就却归功于因具有这种人、神同形同性观念而富有活力和首创精神的人们，这些人对远距离伴随变动概念感到深恶痛绝。所有关于波形运动和平移的概括都属于此。近代关于光、电力传输、离子理论，再加上据知为"模糊"概念和后来发现的辐射与放射，都被认为为同一个形而上学的先入之见增了光，这个观念在自然科学领域的任何"科学"研究中从未缺位。

（T. 凡勃伦，1908：35—36）

14. 当然，不可能不受各项事业不断发展的影响。但是，完全顺从或完全独立并非是这里唯一可选择的两条路径。

15. 例如，我不同意G. 霍奇逊（1998）辩称的T. 凡勃伦持有一种突现理论的观点。

16. 其他人，也许特别是那些隐晦地承认模型 A 的人，似乎比 W. 塞缪尔斯更紧张。W. 塞缪尔斯注意到一封 W. P. 斯特拉斯曼（Paul Strassmann）写给他的信，他在信中关于上面讨论的问题幽默地做出结论：T. 凡勃伦是"一个假心假意的人，喜欢故弄玄虚和激怒他的门徒，嘲笑严肃认真的态度（玩游戏以消除读者的成见，期望反对意见以平息他们的不满，这也许是一种防御性妄想症似的烟幕）"。（W. 塞缪尔斯，1990：707—8）W. 塞缪尔斯还注意到来自其他人的类似的反应。W. 塞缪尔斯的反应基本上表明，他对 T. 凡勃伦同时坚持各种竞争性见解并不感到吃惊。如我所说，如果对模型 C 的解释被接受的话，就没有必要将这样的紧张归咎于 T. 凡勃伦。

17. 又见 E. 索菲亚诺（Sofianou，1995）。

18. T. 凡勃伦通常认为流行于 20 世纪转折时期的那种经济学属于分类学。这是他所反对的。但作为一项解释性工作，它显然包含像当代演绎主义理论那样的事业。正如 T. 凡勃伦评论的那样，如果要调查工业领域的一个部分，那么，一个预测计划（因为是预先决定的，因此被认为是常态化或目的论的）就会被采纳。同时：

> 这种常态化计划是指导性的，这种装置的既定部分的各种排列，根据由指定的包含在几个项式和特征的许多计算中的各种值被计算出来；构建出一个覆盖该工业领域很大一部分的俗套定式。这就是演绎主义方法。然后，这个定式用观察到的排列通过比较，和"偏振镜"式的利用"正常案例"被检验；这样，得出的结果通过归纳被证实无误。不适合于根据该定式进行解释的过程的各种特征是不正常的案例，并且是由扰乱原因造成的。在这一切中，在经济生活过程中偶然起作用的各种动因或力量几乎被整个避免了。这种方法的结果充其量是有关各种事物的正常关系的逻辑一致的各种命题的一个群集而已——一个经济分类法的系统。
>
> （T. 凡勃伦，1898：67）

19. 举例来说，这适用于其所有方面的社会结构。在批判实在论中，结构明显区别于人的能动性和行动；的确，社会结构仅仅由那些不可还原为事件和其他现实情况的社会物质的各种特征组成。社会结构包括社会规则，各种关系、各种制度、各种过程、多个整体，等等。社会结构存在的方式正是由转变模型表达的。

20. T. 凡勃伦写道：

　　描述各种物体和物质环境的方式和手段在时间的任何一个既定点上，以机械装置和包括某些机械目的各种安排的形式，存在于调查研究者的面前。因而，很容易把这些方式和手段作为惰性物质材料的项目加以接受，它们具有机械结构，因而能为人的物质目的服务。严格地说，它们是由经济学家在资本的名目下计划安排和划分的，这就是把资本设想为为人的使用服务的一大堆物体。这足以满足分类的目的；但它不是为了一种理论发展过程的目的设想这件事的一个有效的方法。

　　　　　　　　　　　　　　　　　　（T. 凡勃伦，1898：71）

21. T. 凡勃伦更加展开写道：

　　但是，从科学观点看，［这些性情环境］是主体的已有心理框架的元素，是他的祖先和他生活到他站立的那个时刻的结果。它们是其遗传特质与其以往经验的结果，那些特质与经验是在大量既定的习俗传统和物质环境之下积累性锻造出来的；它们提供了过程中下一步的出发点。个体的经济生活史是一个手段适应目的的累加过程，它们随着过程的进行而发生着积累性变化，主体与其环境在任何一点都是最后过程的结果。他今天的生活方法来自昨天他的生活习惯和环境留下来的昨天生活的机械性残余强加于他的。

　　　　　　　　　　　　　　　　　　（T. 凡勃伦，1898：74—5）

22. 的确，他采取了一种与上面第六章中包含的不无相似的观点：

　　经济利益并不是孤立行动的，这是因为它（经济利益）仅按照个体执行的目的论活动的复合物中的好几种模糊的可隔离的利益之一在进行。个体在每种情况下只是一个单个主体；但他是作为一个整体进入连续性活动的，虽然在一个既定的行动中追求的具体目的也许是根据一种鲜明的具体利益被追求的,譬如说,经济利益、审美兴趣、性需求、人道主义情结、献身精神,等等。由于这些颇好的可隔离的利益是一个有机人主体的一种性格倾向,以他的思维习惯的复合物为条件,对每一种的表达都会受到所有其余因素指导下形成的生活习惯的影响。因此,不存在经济制度的题目之下严格分开的完全可隔离的文化现象范围,虽然一种"经济制度"的范畴也许可作为一种方便的标题使用,包括那些在其中经济利益可非常直接、一致地发现表达方式的制度,那些限制最少的制度都是与经济直接关联的。

(T. 凡勃伦,1898:77)

23. 似乎当 T. 凡勃伦简略地断言,某些形而上学的知识基础一旦受到批评就会被取代时,"正如其他习俗惯例一样,是受自然选择和选择性适应规律支配的"(149)。

24. 举例来说,人们猜测,T. 凡勃伦担心,借助"自然的"这个术语会把读者的思想搞乱,使该读者以为他或者没有在处理自然过程的问题,或者就是在过度地以自然主义的方式处理着它们,或者甚至以某种方式把它们解释为"正常的",如此等等。见 G. 霍奇逊(1998d)关于这种猜测的一个清单,支持对他自己问题的答案说"不",他的问题是:"自然选择"这种说法相对不频繁地出现,能削弱 T. 凡勃伦原则上是一个达尔文主义类型的演化论经济学家的断言吗?(185)

25. 因而,T. 凡勃伦尤其大胆地断言:

社会中人的生活就像其他种生活一样,是为生存而斗争,因此,这是一个选择性适应的过程。社会结构的演化是各种制度自然选择的过程。人类各种制度和人的性格的进步,也许广义上归因于一种最适合的思维习惯的自然选择,归因于个体不得不适应社区发展不断变化的环境,归因于人们在其下生活的不断变化的各种制度。制度本身不仅是塑造流行的或占支配地位各种类型的精神态度和能力倾向的选择和适应过程的结果;它们同时也是生活的特殊方式方法和人类关系的特殊方式方法,因而依次也是选择的有效因素。所以,不断变化着的制度接着会对有利于具有最适合的性情的个人进行进一步选择,和通过形成新制度促使个人性情和习惯进一步适应变化着的环境。

(T. 凡勃伦，1899a：188)

26. 也许，T. 凡勃伦在早期的《有闲阶级论》（Leisure Class）中写过相关章节，后来又读了古罗马文献（Romannes）。当然，这纯粹是猜测。但是，不管其是否正确，我相信，把 T. 凡勃伦对演化经济学的重大贡献与他本人很快明确放弃的一个不能证实的特征过分密切地联系在一起是没有道理的。正如我常常辩称的那样，我们对一位作者最大可能的期望是，发展的一致性或连续性。随着时间的过去，我们期望随着新问题的解决，早期的错误能够得到修正。无疑，概览一下 T. 凡勃伦的著作，把他对经济学演化思维的开创性贡献与一个早期文本中一个章节发现的一种普遍流行观点联系在一起也是没有道理的，并且，那个文本似乎此后再未重印过。

27. 因此，T. 凡勃伦写道：

迄今为止，在目前这个术语意义上的一种科学，诸如与人的行动有关的经济学这样的任何科学，已成为对人类生活图景的传承性研究；在那里，正如在经济学那里一样，研究的主题是其在处理物质生活资料过程中的人的行动，该门科学有必要按照在一定程度上或宽一点或窄一点的计划研究物质文明生活史。

(T. 凡勃伦，1909：240—41)

28. 实际上，这里 T. 凡勃伦认为一种制度可以是某种非习惯的东西的断言，对某些制度主义者来说仍然是成问题的，甚至在考虑像《边际效用的局限》（The Limitations of Marginal Utility）这样的文献时也是这样。的确，虽然在讨论中的文献中，T. 凡勃伦远没有将各种制度还原为各种习惯（例如，在《所有制制度》[244]这篇特别的著作中，他写了《财产制度》[244]，《经济制度》[245]，《金钱制度》[247]，等等），它实际上是从最常引用来支持讨论中的还原法的《边际效用的局限》中提炼出来的东西。然而，我相信，制度等于习惯的看法只是误读相关摘录产生的结果，当离开其更完整的文本考虑问题时就是这样。让简单讨论一下这个有争议的问题，并为我的主张辩护。

在别的地方（见 Lawson, 1997a：第十二章；上面第二章），我提出一种对制度的解释，认为各种制度标明那些体制或系统，或标明有结构的相互作用的各种过程（把规则、关系、地位和习惯，以及其他各种做法收集在一起），或者标明它们的各个方面，这些东西都比较持久和在严格意义上可被确认。按照这个观念，一种制度是一个相对持续的社会生活特征，通过广泛接受和连续不断的使用，这个制度（或特征）在一定程度上被认为是理所当然的东西。我认为，很显然，当他评论说"通过个体的习惯化行为产生了制度"时（243），T. 凡勃伦并没有把制度还原为诸如各种习惯那样的做法。一种习惯不妨可被考虑为一种制度的一个例子，但各种制度不会还原为各种习惯（关于习惯的概念，见后面的注释30）。如我所说，制度这个说法指的是一种相对持久的公认的社会特征或社会现象。或者说，如 T. 凡勃伦在其他地方指出的那样："制度具有惯例的性质，通过习惯化和普遍承认变成了公理性的不可或缺的东西"（Veblen, 1924［1923］：101）。

然而，如我所说，《边际效用的局限》中有一段被旧制度主义者广泛引用的文字（例如，Hodgson, 1998a：176）和被广泛解释为实际上是 T. 凡勃伦对制度的定义。根据这种解释，T. 凡勃伦把制度设想为"人类共有的稳定的思维习惯的总结或概括"。

但是，现在请考虑一下从中提炼出上述"定义"的这段文字的另一个拓展版本。语境是 T. 凡勃伦对"边际效用经济学的前提"的讨论。在该讨论的相关点上，在一段包括对制度的建议性定义的文字中，T. 凡勃伦辩称：

> 边际效用经济学的这些前提……是行动的许多原则，这些原则支持着当前有条不紊的经济生活计划，就其本身而言，是行动的实用根据，如果不质疑现有法律和秩序，它们就不会受到质疑。通常情况下，人们根据这些原则安排自己的生活，实际上，他们并不质疑其稳定性和终极性。这就是把它们称之为制度的意思；它们是人类共有的稳定的思维习惯的总结或概括。
>
> （T. 凡勃伦，1909：239）

然而，T. 凡勃伦接着继续说道：

> 但是，对任何一个有文化的学生来说，为此承认这些或任何其他人类制度具有目前强加于他们的这种稳定性，或者说，它们以这种方式存在是事物的固有性质，简直是一种心不在焉的态度。经济学家把

这些和其他制度元素作为既定的或不可改变的东西接受，会限制他们以一种特有的果断的方式进行探索工作。它在当代科学兴趣所在的关键点关闭了探索之门。

(T. 凡勃伦，1909：239—40)

从这段较宽泛的文字中可以看得很清楚，T. 凡勃伦在这里根本不是在从思维习惯的角度提出一种对制度的定义。毋宁说，在这段常被引用的文字中，句子的主语并不是制度，而是（某些）习惯。T. 凡勃伦在暗示某些习惯的确有资格作为制度。更具体地说，他是在表明，有争议的特殊的思维习惯，即是说那些与边际效用分析原理关系密切的习惯，有资格作为制度，之所以这样，仅仅是因为它们已经"稳定下来"，成为"人类概括共有的"特征。T. 凡勃伦在这里并没有提出一种严格的定义，而是在隐晦地根据他的理解认为，许多制度具有相对持久性，且被广泛承认，本身就是如此。

请再考虑一下紧接着那段熟悉的简短摘录的摘要部分。从 T. 凡勃伦的暗示中可以看出，"承认这些和任何其他人类制度都具有（显著的）稳定性"是一种心不在焉的态度，显然，他不是在指制度本身，而宁可说是在指各种制度的特殊例子，即是说那些与边际效用分析原理有关的各种思维习惯。简言之，那句熟悉的摘录出现的这句话中的"它们"这两个字不是指严格意义上的制度，而是指那些特别的思维习惯。T. 凡勃伦的目的与其说是在给我们为制度下定义，不如说是在表明为什么讨论中的某些特别思维习惯有资格成为制度。当然，这样做，他显示了某种他对什么是制度的看法，但这并不能说它只限于思维习惯或任何类型的习惯。

29. 我这里把 T. 凡勃伦解释为利用"习惯"一词表明某些形式的（反复出现的）行动。我认为这的确是解释他的正确方式（说实在的，是使用这个范畴最有用的方式）。但是，由于这个术语在当代（旧）制度学派中似乎时而有不同的解释，也许在目前阶段还需要我对这些问题再简略地阐述一下。我实际上并不认为有什么大不了的事情必须依靠各种竞争性解释中最具优势的解释或被采用最多的惯用法。但是，这里似乎必须说清楚关于我自己的理解，以防万一。

T. 凡勃伦很少给他的术语下定义，但是，正如我所说，我的确发现，对他来说，最有说服力的解释是，习惯是一种基本上固定下来的行动形式，并且被反复执行，在相关情况下并不需要有意识地深思熟虑，即是说习惯性的动作。思维当然是行动的一种形式。因此，根据我正在提出的解释，一种心理或思考习惯基本上是一种稳定思维习惯。各种分析方法或原理，如果在可观察到的行动形式中反复被现实化，早迟会变成思考习惯，也就是说思维方式，这些方式自身几乎不依赖有意识的反省。根据这种观念，我们也许想或不想与 J. 康芒斯产生共鸣（1934：155），即认为"习惯是一个人的反复行为。习俗惯例是许多变化着的个人连续不断的群体的反复行为"，但习惯是人类（反复）行动的一种形式，它是被意会执行的。

对习惯的主要替代解释是把它当作一种行为倾向。现在很清楚，在某些环境中以既定方式反复行动预设了一种这样做的行为倾向，在那里，一种行为倾向是一种如此结构的或受限（较好）的潜力，以致它是指向既定条件下一种既定行为形式的（见第二章）。反过来说，这样一种行为倾向本身有可能是反复被采取的那个行动的一个结果，虽然开始时常常以一种更加自觉的方式进行的。依靠这样的自我实现的倾向（在适当的条件下）的主要意思，是指当把人类行动描述为在潜意识水平上被意会执行时的情况（关系到结构化的人类本体论的这些种类的范畴在前面第二章中已阐明）。

我的确认识到，从传统上看，习惯这个术语有时被用来表示（除别的东西外）一种以某种方式行动的稳定的行为倾向或性格倾向，也表示一种无意识的行为表现的稳定方式。我认为，有些当代（旧）制度学派的学者，也许受研读 W. 詹姆斯、J. 杜威等人的著作的影响，宁愿选择两种解释中的前者，而牺牲后者。

然而，这种用法很是不幸，因为我们已经有了"行为倾向或性情"这个范畴；我们需要一个能抓住适合于某些条件的稳定的行动形式的术语，而习惯这个范畴恰巧很好地做到了这一点。但是，比这一点更多的是，我并不认为这是 T. 凡勃伦的用法。首先，T. 凡勃伦极少用行为倾向这个范畴，就我所见，当他澄清他对习惯的理解时，他从未这样做过。此外，T. 凡勃伦往往不仅用习惯的名词形式，而且，尤其是当他详细列举习惯的具体例子时，常常使用该词的形容词形式"习惯性的"。就我所能觉察的，这后一术语总是被用来形容行动的一种形式。以此方式表达其已稳定或反复被执行。无论如何，这种解释最能讲得通为何他反复使用"习惯性回应"、"习惯性使用"和"习惯性对策"等词语。因此，我认为，对 T. 凡勃伦来说，习惯是行为的稳定的或反复发生的形式。

但说真的，即便我们认为 T. 凡勃伦把习惯理解为一种行为倾向，只要我们认识到与习惯密切相关的各种行为倾向实际上是自我实现的（在适当的条件下），那就万无一失。的确，讨论中的行为倾向和引入的稳定的行为形式之间是具有内在联系的：每一方预设了另一方。然而，当 T. 凡勃伦在使用这个术语时，如我所说，理解该术语时兴趣显然在于行动的反复形式的特点。因此，可以这样认为，任何提及习惯的地方必然会提及随即发生的行动，即便假如认为直接所指物的确是该行为倾向的原因。

换句话说，假如两种情况俱是：第一，习惯这个术语被某些解释者用来表示一种行为倾向；同时，第二，后一行为倾向以某种方式被看作独立于 T. 凡勃伦反复描述为"习惯性的"行为，而不是与这种行为具有内在联系时，才会考虑有一种源于各种竞争性概念的实质性差别。即是说，可能有某种危险的事情，假如作为习惯的行为倾向不被解释为自我发动的，而是一种有意识的深思熟虑的事的话。

但是，正如我所说，只要避开这条特别的显然错误的道路，根本就没有证据说明 T. 凡勃伦具有这种观点（相反，根据 T. 凡勃伦的想法，行为的习惯性方式的变化最终几乎是强加给我们的），我认为这里没有多少需要争论的东西。

然而，不管我们怎样看这个问题，我认为，我们可以接受 T. 凡勃伦使用"习惯"这个词语时至少包括涉及行为的稳定形式、在适当条件下反复执行的行动等见解。这是因为在他使用这个术语时，行动至少是必要的。如我所说，所谓习惯，T. 凡勃伦恰恰指这个意思，也就是说一种稳定的行为形式；T. 凡勃伦并没有提出关于结构化的人性的复杂概念。但是，如果我们认识到，T. 凡勃伦提到习惯时，总是需要一种行为形式，就足以达到我这里的目的了。因此，在说到习惯这个范畴的必然结果时，我认为至少隐含着一种行为形式是理所当然的。

30. 这使他们参与了分类法系统，遭到 T. 凡勃伦的反复批评（Mayhew, 1998a）。

31. 的确，证据表明，潮流早就向另外的方向走去。特别见 A. 梅休

(1998a)，其人力图理解为什么"甚至连 T. 凡勃伦这样的人都公开号召一种演化经济学……社会科学中关于演化观念的幻想早已开始破灭"。（Mayhew, 1998a：452）。

32. 我可以承认，当我初到剑桥时，这样的一种广义观点支持过剑桥派当时提出的那种经济学，并证明对我自己后来的发展非常有用。它在剑桥应用经济学系内的研究项目中特别显著。这类工作的一个很好的例子在 F. 威尔金斯（Frank Wilkinson, 1983）论生产系统的一篇优秀论文中得到了报导。他承认他的思想与"经济学思想中的历史与制度学派"的思想相似，F. 威尔金斯写道：

> 这篇论文的中心命题是，经济、社会和政治力量结合起来共同决定如何发展经济，结果是只能由经验上的调查研究显示的一种动态的非均衡过程。这并不是要表明，抽象推理不起作用了，而宁可说，没有或不可能有底层力量偏向着的普遍的先定"真实"系统。也没有辩称，经验性调查研究应当在与外界隔绝的环境中进行：一种理论与分析框架是必不可少的指导。但一开始就必须认识到，抛弃传统经济理论化就要求牺牲其建模的俗套和对其结论的保证。这里提出作为替代路径的是，用提高我们对经济系统实际上是如何运行的理解水平为具体目标概括出来的广阔的指导方针。这个框架是从对经验和历史的调查研究和与其他从事类似研究的人员的长期讨论中发展出来的。这个方法论的一个中心特点是，该框架本身必须经过检验，在必要的时候凝聚成各种经验调查的结果。

（F. 威尔金斯，1983：413—14）

如果前面描述了 F. 威尔金斯的基本方法的话，那么，他的结论可归纳如下：

> 在这个简略的对生产系统的变化的描述中被看到的是一个辩证的过程，在其中生产技术、经济因素、社会因素和政治因素动态地相互作用着。技术变革、产品和资本与劳动之间的权利关系以及它们中的不同派别之间的变化，会导致生产系统的破坏或根本性改变以及新形式的成长。生产系统之内和之间变化着的权力平衡与社会和政治构架相互作用，两者在此过程中都得到改善。这种观点表明，一种经济过

程与正统理论中的"均衡"过程是根本不同的,在其中权利关系和其他缺陷用某些概念上可测量的达至一种"不均衡"的距离取代了经济。隐含的意思是一个"非均衡"过程。在一个层面上,最适者和(组织最好者)能生存下去。但是,这样一个简单的演化思路却忽视了在其中生产系统创造其自身环境的方式,忽视了它们如何在技术创新和组织形式创新的影响下转变的。

(F. 威尔金斯,1983:426)

33. 关于反驳制度经济学一直是反理论的这样的指责,特别见 C. 劳森(C. Lawson, 1994;1996b);S. 普拉顿(Pratten, 1994)。

34. 见例如 G. 霍奇逊(Hodgson, 2001b:151)。

第九章 女权主义、实在论与普遍主义

1. 本章首次发表在《女权主义经济学》(1999)第五卷第 2 号上(Feminist Economics, 1990, vol. 5, no. 2)。

2. 很显然,这样一种普遍性趋势可起到排除其他声音和做法的作用。为了抵制这种趋势,在形势有利的时候,女权主义者在学术界内外也采取了一些应对策略,否则就会被边缘化,或成为被排除的声音,关于这点的一篇既充满解放精神又在各方面具有启迪作用文献(见 Susan Bordo, 1993)。

在社会理论在各个领域开放的背景下,经济学范围内的女权主义者一直在努力奋斗,在一个学科取得相应的进步,至少经过上个世纪的努力,已经成为所有多元论学科中最小的一个学科。在建设方面,创立了《女权主义经济学》杂志。这里的意图是包括以前被边缘化的或被整个排除在外的各种声音,这个意图被认为是带根本性的(特别参见 D. 施特拉斯曼的开篇社论)。在更具批判性的方面,女权主义经济学家在揭露地位显耀的经济学家,主要是白人、中产阶级和男性经济学家,使他们自己的经验和观点普遍化,特别重要的是,用假设的但未确立的自己的具体方法论和其他倾向的普遍有效性,排除那些希望用不同的方式方法做事的人,她们这方面工作的脚步也不缓慢(见例如,Paula England, 1993;Nacy Folbre, 1993;Ulla Grapard, 1995;Julie Nelson, 1993;1996;Janet Seiz, 1993;1995;Diana Strassmann, 1993a;1993b;Diana Strassmann 和 Livia Polanyi，1995）。其他一些人一直提醒着女权主义（实质性）经济学自身应当避免隐式过度一般化的倾向（见例如 M. V. Lee Badgett，1995）。

3. M. 努斯鲍姆（Martha Nussbaumann）写道："所谓形而上学实在论，我意指这样一种观点……存在着某种世界存在的确定方式，除去生物的认知能力的解释性活动外。"（1995：68）

4. 在后续的一篇反思性、批判性的文章中，或者说作为对她自己的"人机协调"的论文回应的"论情境知识"中，D. 哈拉维（Donna Haraway）承认，"女权主义者既选择性地灵活地运用着关于客观性问题的诱人的两分法的两极，又被这两极困住"（1988：249）。这个两分法是 D. 哈拉维所指的女权主义批判经验论的观点与激进构成论的观点之间的分别。经验论一翼由于从认知现实的角度看期望过多而受到批评，而激进构成论或后现代主义一翼却因对认知现实期望过小而受到批评。D. 哈拉维对她的解析概括如下：

> 所以，我认为，我的问题和"我们的"问题是，如何同时说明其不确定的历史偶然性，即所有知识断言和认知主体、承认使我们自己的"符号技术"具有意义的批判性实践，和糊里糊涂地承诺对一个"真实"世界的各种忠实描述；这是一个可被部分共享的世界，一个对自由有限的各种全球性项目、丰足的物质、较少的痛苦、有限的幸福表示友好的世界。
>
> （D. 哈拉维，1988：252）

5. 当然，所有方法和认识论观点都会产生某种隐性本体论的断言。D. 休谟的经验主义（如通常解释的那样）就是一个例子。通过把认识限制于经验，可知的实在本身事实上被限制于经验中既定的原子状事件。因此，任何普遍主义断言都被限制在这些现象的连续与共存中对规则性的公式化表达，被限制在对 D. 休谟的因果律的阐释上。

正如相信 D. 休谟模式的经验主义者预设了一种既定经验中原子状事件和事态的可知实在一样，激进构造论者也有必要承认一种文本（或会话或诸如此类的东西）的实在和所有预设。即便论述或会话只被认为是关于论述或会话的，在一个具体的论述中被讨论的文本也在本体论层面，它构成了思想和知识的所指对象，正在进行的论述的所指意义处于认知实践层面，即认识过程。哲学的实在论中没有什么证明本体论被限制在不可改变的或已知不可错的等等事情上是正当合理的。无疑,任何文本都是真实的,并是潜在的认识对象。即便某个人发出与它的一些方面不一致的声音,即便作者最后改变了他或她的观点,或者即便读者还没有完全理解作者的意图,这种情况也会依然如此。

6. 对这种文献的某些内容的介绍,请特别参见 M. 阿彻等人的文章(Margaret Archer et al.,1998)。

7. 我没有把握说,任何撰稿人都想把事情阐述得像这件事那样透彻。但是,即便在最好的女权主义著作中,有时似乎捏造许多晦涩难懂的语句暗指一个(极)概念。H. 朗吉诺(Helen Longino)的重要文献提供了一个引人注目的例子。在一个无助于事的关于实在论的陈述中,关于一种想法,她写道:"存在着一种一致的、完整的或连贯的、真实的、理论上对待一切自然现象的观念的想法。……这些想法在科学哲学中是实在论传统的组成部分"。往下几行后,她补充道:"更有甚者,科学探索者,我们和她一起,都变成了被动的旁观者和真理的牺牲品。那种不含价值判断的科学的想法,是构成这种科学研究观点的必不可少的组成部分。"(Helen Longino,1987:256—7。又见 Longino,1990:29)

以相似的方式,M. 泰勒斯(Mary Tiles)利用大写字母表示保持距离,正如 D. 麦克洛维奇(1997)在经济学著作中用来举例的方式那样写道:

> 我们看见越来越多的科学哲学家聚集在实在论(REALISM)的旗帜之下,捍卫旨在把科学视为追求客观真理(TRUTH)的观点,捍卫科学具有理论选择的各种方法的观点,即便他们不能保证真理在望,但至少能通过阻止非科学兴趣或非科学价值闯入理论选择而确保客观性。
>
> (M. 泰勒斯,1987:221)

很容易看到,诸如这些有影响力的评价(不管是否从科学实在论的角度表达的,甚至把它们的具体语境考虑进去)是如何可能鼓励所有科学实在论都采取,或者至少倾向于所描述的这种狭隘的绝对论者的观点的。我疑心,通过把这种非常狭隘的视角普遍化以涵盖科学实在论的整个观点,结果是后者,尤其是与其密切相关的明确的本体论阐释活动,就会被贬低和削弱,即便不是被整个地排除在严肃讨论和辩论之外。这样一来,有一种真正的可能性,那就是,在女权主义者的思想中,通过对事实的不实表述,科学实在论自身实际上被边缘化。

8. 例如,请参见 D. 麦克洛斯基(1997)的题为"如果你有一套修辞艺术(RHETORIC),你就不应当想要一种实在论(REALISM)"的文章,把它作为试图贬低经济学中显性实在论思想作用的最近的一个例子。

9. 可是,在表明这种构成输入如何可能取得之前,我必须确保我自己并没有在这里故意不诚实地搞普遍化。确切地说,我应当承认,至少某些女权主义理论家对实在论远比朴素的或绝对论者的观念丰富得多的事实特别敏感,并明确承认这种事实,其中一些概念正在被盲目地普遍化(见例如,Miranda Fricker, 1994;Jean Grimshaw, 1986;Marina Lazreg, 1994;Martha Nussbaum, 1995;Caroline New, 1998;Janet Seiz, 1993;1995;Kate Soper, 1991)。然而,正如其中某些个人自己观察到的那样,这群人似乎的确构成了一个相对小的群体。

10. 关于当代经济学中形式主义建模方法霸道到什么程度的一个标志,见 D. 施特拉斯曼(1994)的讨论。

11. 一组撰稿人提供了一个很好的基于更注重定性路径的各种替代方法的初步讨论的例子,这些人是:G. 贝里克(Gunseli Berik)、J. 雅各布森(Joyce P. Jacobsen)和安德鲁(Andrew)、A. 纽曼(A. Newman)、I. 斯塔弗伦(Irene van Staveren)、S. 艾斯姆(Simel Esim)、J. 奥姆斯特德(Jennifer C. Olmsted)。他们的文章由 M. 皮若尔(Michele Pujol, 1997)汇集在一起,以"扩大经济学方法论的界限"为题在《女权主义经济学》杂志上作为"特刊"发表。

12. 在某种程度上,一种回应正在实现(例如,Esther Redmount, 1995;Shelly Phipps 和 Peter S. Burton, 1995;Notburga Ott, 1995)。

13. 因此,在其日常活动中,人总是利用社会结构,反过来,社会结构又通过人采取的总体行动被再生产和转变着。虽然人的行为有时是有意图的:(1)再生产结构(对孩子说话,意图是灌输语言知识);或(2)转变结构(改变当前经济体制或法律制度的某种特征的集体性企图),但可能大多数结构再生产或转变的出现是非有意行为的结果,不管是否想要或被承认。当然,如

— 371 —

果社会结构的再生产或转变极少被个体认识到，或被其那样做的理由所认可，那么，个体在其活动中通常会有做某些事的动机或观念。在某种描述下，人的行为如果不总是有意的，在大多数情况下却是有意的。譬如说，即便大多数说英语的人在其个人语言行为中不是有意要说英语，从而再生产那种语言，可是，那种语言被再生产却是说英语者所参与的语言行为的总体结果，正如个人主体参与的各种语言行为总是有自己有意图的目的一样。

如果社会结构的再生产或转变很少是一种有意图项目的话，那么，同样的情况是，个人主体对他们利用的结构（如语言规则）并非总是很明白，肯定不是思辨地、自觉地处于如此状态。因而，出现的画面是一个总体上动机不明的和只有部分被理解的社会再生产的画面。个体利用现有社会结构，把它作为一个典型的未被公认的行动条件，通过所有个体采取的总体行动，社会结构通常被无意地再生产。一般来说，社会结构既不是被人的能动性创造出来的，也不独立于人的能动性，但宁可说是我们的一切动机性生产的无动机条件，是我们日常经济与社会活动的非被创造出的但却被利用和被再生产或被转变的条件。关于此问题的详细阐述，见 T. 劳森 1997a，特别是第十二章和第十三章。

14. 当然，两个方向都是有因果关系的，在经济学中已经历史性地联系在一起。重要意义在于只要经济学家坚持其形式主义方法，他们就会受到处理实在论描述问题的约束，即便他们想以那种方式做事。但是，当前理论与方法缠绕在一起，所以很容易支持 M. 皮若尔的结论：

> 新古典主义经济学能清洗其父权偏见、睁开眼睛看见其根深蒂固的男性至上主义造成的方法论缺陷吗？……我想表明，正是这个范式的逻辑、修辞和象征主义或符号论也许与我这里讨论的男权至上的假设……分不开。新古典主义经济学有一个压制女权主义方法的历史。我们不能坐等改变。我们必须超越它。
>
> （M. 皮若尔，1995：29，30）

还可参见 M. 麦克唐纳（Martha McDonald，1995）的评价："经济理论和方法论两者都需变革，如果它们要为女权主义的目的服务的话，并且，变革是相互作用的。"（191）。

15. 当然，所有推理都是可错的，包括这里陈述的那种本体论分析在内。

注 释

根据希望不排除任何认知活动路线的多元的反独断的立场，我并不做出这样的结论：我们需要不假思索地拒绝所有形式主义建模方法。但是，我的确认为，令人信服的根据预料令人失望的普遍化失败的记录会继续下去，我们必须接受这种看法，以期实现经济学研究资源的重新分配。

16. 当然，在最近20多年里，关于对比解释已进行过广泛讨论（见例如，Bas van Fraassen, 1980; Alan Garfinkel, 1981; David Lewis, 1986; Peter Lipton, 1991）。然而，我认为，公平地说，这份文献的许多内容与应用性解释有关，与考虑已知因素是否可被说成能构成一种充分解释有关，但我这里关注的是在确认未知或至今未被承认的原因的过程中对比现象的作用。

17. 也许，这种认识支持 D. 哈拉维的话："女权主义者所谓的客观性的意思相当简单，仅指情境知识（Haraway, 1988:253）。"

18. 这些概括化表达反过来往往建立在马克思对资本主义社会的"阶级"地位的对比分析之上。这种类型的一个主要文献是 N. 哈索克（Nancy Harsock, 1983）的"女权主义者的立场：为一种特殊的女权主义历史唯物主义拓展地盘"。

19. 我认为，这个命题的确与其他立场的理论家的那些命题非常一致。例如，它与 N. 哈索克（1983）坚持认为"一种立场不单单是一种感兴趣的地位（被解释为偏见），而且是对被占据的意义感兴趣"（218）。根据 N. 哈索克的说法，

> 根据马克思的理论，像无产阶级的生活那样，女人的生活可获得一种比男权至上更具优势的地位，可获得一种能支持强有力的批判构成资本主义父权形式的男权主义制度和思想的优势地位。
>
> （N. 哈索克，1983:217）

它还与 P. 柯林斯（Patricia Hill Collins, 1991）的"内部的旁观者"一文的讨论非常一致，也与 D. 史密斯（Dorothy Smith, 1987; 1990）的"分叉意识"一文中的看法相当一致。

20. 我们所拥有的一切是不同的声音、兴趣与价值，和不存在区分它们的任何非任意方式。每种断言都与其他任何一种断言一样好。不存在进步、批评或任何种类的与我们时代进行争斗的基础。我们拥有了我们应拥有的一切；这

— 373 —

是一种可被描述、也许不可被判断或被批评的境界。正如 S. 博尔多（Susan Bordo）对这种境界所概括的那样：

> 在评估我们的现状时，在我看来，女权主义处于比女权主义者的各种加总趋势小一点的愈来愈使人感到瘫倒（从哪重天？）进种族中心主义或"本质主义"的焦虑的危险之中。……我们想在妇女中事先合法性地丧失探索实验连续性和结构上的共同基础吗？……假如我们希望给各种不同的声音赋予权利，将策略从那个方法论格言，即我们发誓抛弃谈论"男性的"与"女性的"实在，转到……杂乱一点的，更易灵活的实际斗争，去创造不容许某些群体的人替所有人做出关于现实的决定的各种制度和共同体，假如能这样做，我相信我们会做得更好。

（S. 博尔多，1993：465）

或者如 K. 索珀（Kate Soper）抱怨的那样：

> 挑战了某种同一性思维和解构了关于真理、进步、人文主义和诸如此类的东西的具体观念的逻辑，继续向前迈进，质疑客观性的可能性或在语言中指其本身不是话语结果的可能性……被推到其最大限度时，差别的逻辑把任何对各种社会的整体分析和客观分析与这样的分析主张的转变理论一起给排除了。这样的分析容许将那些社会界定为"资本主义的"和"父权的"或确实是极权的。它没有给我们提出各种新的同一性，并非是对多元的复杂的社会性质的更好理解，而宁可说倾向于衰变为一种彻头彻尾的利己主义或个人主义。

（K. 索珀，1991：45）

21. 很清楚，需要和权利只有在确定的历史条件下可概括为目标或需求，被看作合法或合理的或非法或不合理的。在严格意义上说，它们也许被概括得很差劲或其概括是误导人的。具体地说，真实需要可在各种各样的历史伴随性需求中显示出来，然后它们也许会被任何一大批潜在的满足需求者所满足。结果是，假设或者实际满足者（例如，被购买的具体商品或许是暴力行为），或者外露的目的（如拥有比别人更多的东西）就是在界定人的需要就会犯一个伦理谬误——将需要化约为需求，将需求化约为其被满足或被外露的条件。

我当然不是在暗示，行动中外露的需求与底层需要没有关系。的确，虽然某些活动从有利于人的发展和潜力开发的观点看是不受欢迎的，但往往很容易看到，它们仍然受到来自犯过者的各种各样的真实需要的驱使——举例来说，为了得到其他人的尊重、获得内心安全感，或纯粹为了释放受挫感。但是，重要的是真实需要和外露的需求并不是混合在一起的（当然，这种看法只有可能出现于当代主流理论之中；这是一个因受到该理论继续忽视显性本体论分析而产生的错误）。关于这个问题较详尽的一个讨论，请参见 T. 劳森（Lawson，1997a）。

22. 例如，请考虑一下 K. 索珀基于英国的经验吧。在辩称"妇女生活中有一些具体和普遍的方面"时，她以孤独为案例说明：

> 我的意思是，女人生活在一种怕受侵袭的警惕状态中，必须在某种程度上组织好她们的生活，以便将这种威胁降低到最小程度。尤其是，我认为，根据我们的能力享受孤独，有一些约束条件——男人却不受这些条件的约束。作为一个女人，她在一条偏僻小路或乡村小道上遇见一个陌生男人走过来时的反应，与遇见一个陌生女人走过来时的反应是完全不同的。在前者情况下，会出现一种在后者情况下不会有的焦虑性战栗。当然，这种焦虑几乎总是被这个男子的完全友好的行为大大缓解，使焦虑者感到困窘，但给两性之间的关系已经造成损害——这种损害不是由个体男人或女人造成的，而是由他们的文化造成的。这种女性的恐惧和加之于女人能做什么的约束条件——尤其是以花她们自己的时间的方式——对男人当然也有其负面后果，大多数男人无疑会谴责其对他们自己与女人的自然关系能力的影响。……但是，实际情形照样是不对称的：愤慨或痛惜并不如恐惧那样伤害人；重要的是，它并不会影响那个男人独立地四处走动的能力。

（K. 索珀，1990：242）

23. 这是我在别的地方（T. Lawson, 1997a）更充分地探讨过的一个话题。它在 M. 阿彻以及其他人（1998）的各种文献中也是一个中心话题。

第十章 对当代主流经济学数学化趋势的一种解释

1. 显然，本章不会探讨本体论的问题。可是，如果本书中采取的关于本体论的观点被接受，它的确处理了一大堆问题，使这些问题变得引人入胜，饶有趣味。

2. 一个生物学标志是 J. 拉马克模型。

3. 例如，请参见 S. 迪金（Deakin）和 F. 威尔金森（2000）关于习俗惯例在劳动力市场范围内如何能够运行并组织安排很多个人能力和机会的。

4. 换句话说，转变模型要求用具体细节补充以理解其在时间和地点中相关点的运作。

5. 在一个自传体的笔记中，L. 瓦尔拉斯记录了他多么希望父亲说服他将他的事业放在继承父亲的工作上，创立一门"数学形式"的纯政治经济学（Walras，1893）。虽然创立一门数理经济学科学的想法早在 15 年前就已很清楚，但在 1874 与 1879 年之间发表的《纯政治经济学的要素》中，L. 瓦尔拉斯对数学化理论的贡献才明确显示出来。

6. 当然，即便在方法论层面，牛顿的贡献也比这种形式的"牛顿主义"更多。确实，牛顿的分析与综合方法在很大程度上是指向识别现象的底层原因的。特别具有偶然性的是，他扣人心弦某些重大发现却使数学表达更令人信服。这种情况的一个不幸结果是，普遍趋势是将牛顿的方法与呈现他的成果的某种方式混合起来的普遍趋势。（关于这一切，见 Montes，2003，即将发表）。

7. 可是，有许多例外。J. 迪皮追求数学化理论，但却支持自由主义纲领的剩余部分，并似乎达到某种程度的协调。

8. 换言之，数理经济学家也许力争过分，反而达不到什么都要"科学的"目标，同时，以实质性方式把后者与使用数学联系起来，这就忽视了实在。请考虑一下数学家 M. 克兰（1964）半个世纪前（那之前约两个世纪）写的一段评价吧：

> 也许责难 18 世纪和 19 世纪社会科学工作者的最严厉的批评是，他们过分强调数学，重视科学不足。他们想发现政治科学和经济科学容易遵循的公理或一般原理。但很少有人像孟德斯鸠（Montesquieu）

那样考察社会本身，首先检查他们公理的正确性，接着去检查其演绎法或推理法。

(M. 克兰，1964：39)

9. 例如，C. 吉德（Gide）与 L. 瓦尔拉斯一起创立了《政治经济学评论》（Revue d'Econmie Politique）。C. 科尔森（Colson）试图通过提出一种自由主义与数学相结合的综合体系来挽救数学化理论。

10. 例如，像 P. 萨缪尔森和 J. 希克斯这样的人的文献是不能忽视的。从某种程度上说，这些撰稿人可被视为企图提供一个一般性框架，各种各样的竞争性观点可被纳入其中并对它们进行对比。

11. 这群人往往秘密聚会，采用 19 世纪的一名法国将军的名字，他们聚会的那条街道当时已经被冠以他的名字。

12. 但请参见例如，E. 温特劳布和 P. 米罗斯基（1994）沿袭尤其是 G. 德布勒之路径的见解。或者关于 G. 德布勒自己的描述，请特别参见 G. 德布勒（1984）的文章。关于以上世纪 50 年代为中心战后法国的各项发展的描述，参见 R. 阿雷纳（2000b）。

13. 如我所说，实质性解释并没有如经济学家提出的标准那么具有约束性。的确，对有些人来说，数学的基础结构是靠其自身能力的观点似乎至少具有相当大的吸引力。请再次考虑一下 G. 德布勒下面的话：

最后达到的严格性与上个世纪 30 年代末所能接受的推理标准形成鲜明对照。那时在《计量经济学》（"Econometrica"）或《经济研究评论》（"Review of Economic Studies"）上发表的文章中没有几篇有可能在删除了其所有关于经济的解释、仅剩下其独立的数学基础结构的情况下通过决定性检验。最近分析的较大的逻辑可靠性对当代经济理论的快速建设做出了贡献。它使得研究人员能在其先辈工作的基础上进一步发展，加快他们正在参与的递加过程。

(G. 德布勒，1991：3)

14. 请看看 G. 德布勒自己的评论：

随着二战接近其最后阶段，经济理论进入一个深刻改变我们职业的强化数学化的时期。在其好几个主要特点中，那个时期没有先例……

虽然数理经济学领域的专业期刊在以不可持续的速度增长着，《美国经济评论》在一致性方面却经历了根本性变化。在1940年，在敢于包括基础数学表达的第三十卷中被提及参看的页数不到3%。50年后，其第八十卷中被提及参看的页数接近40%，它们以更加详尽的方式展示数学。

同时，具有数学能力的经济学家的增长速度在13个美国经济学系中甚至更快，这被标榜为美国博士生研究计划的最新评估标准 (Lyle v. Jones 等人，1982)，根据其系科全体教员的学术水平看其是否"卓越"或"强"。每年，计量经济学协会的会员（Fellows of the Econometric Society）都要通过选举给新加入其国际协会的成员颁发证书，其规模从1940年的46人增加至1990年的422人。至于那13个系，其教授在计量经济学协会的占比在1940年时不到1%，现在则接近50%。其中6个系达到或超过50%，它们经评估进入8强。数学如此之强势，一个系的全体教师都希望自己的学生们具备被认为最低限度的数学技能和要求掌握的微积分知识和线性代数知识，或者达到强力推荐的所有13个研究生方案的准入条件。

好几个学术奖都格外强调数学文化正在我们的行业中所起的作用。美国艺术与科学研究院（American Academy of Arts and Science）的经济学部的152名成员中，就有87名是计量经济学协会的会员；美国国家科学院经济学部的40名成员中，就有34名是计量经济学协会的会员。1969年至1990年，有30名经济学诺贝尔奖得主，其中25名是或曾经是计量经济学协会的会员。自从1947年首次把该奖颁发给P. 萨缪尔森以来，美国经济协会的约翰·贝茨·克拉克奖（John Bates Clark Medal）授予给了21名经济学家，其中20名是计量经济学协会的会员；我们协会的26位在世的前会长中，就有13位是计量经济学协会的会员。

（J. 德布勒，1991：1—2）

15. 此外，当然，纳粹在欧洲造成的威胁导致大量实证主义者和那些持有科学主义观点的人移民去了美国。

16. 即使有可能将反理智主义的根源追溯到早期的欧洲移民或"拓荒者"那里（Hofstadter，1963）。

17. 我把 M. 摩根和 M. 拉瑟福德（Rutherford）理解为采取了一种关于历史过程的相似观点（尽管看上去受到一种评价的影响，这种评价比我自己关于经济学中数学相关性的评价更乐观）。他们写道：

> 强制性的冷战，倾向于经济学家们提供专业中性的客观的业务专长（如果没有制造这种倾向的话）；这种倾向与19世纪末期职业经济学家使劲鼓吹顽固坚持的伦理主张形成强烈对比。即便在他们"不偏不倚"的模式中，19世纪末各种公共声明与专家的行话和战后经济学的工具箱式的玩意相比，提供了可观的政治弹药，这可用来遮掩来自外界的理论内容和思想意识。虽然这种数学化运动部分是由个体采取的自愿防卫活动……它还受到寻求"安全"教师的高等院校和寻求"可接受的"研究人员的研究院所的鼓励。
>
> （M. 摩根和 M. 拉瑟福德，1998：16）

18. 请再考虑一下 G. 德布勒的评论：

> 在过去的两个世纪里，经济理论被看上去不可抗拒的潮流搞得进一步失去自制力，这股潮流只能部分地由其数学化理性取得的成功进行解释。
>
> 对试图找到一种更加充分的解释至关重要的是，通过一位经济学家对数学的研究铭刻于他心中的各种价值。当被如此分类的一位经济学家判断其学术工作时，他的价值观不会保持沉默，而是可能会起到决定性的作用。正是他所选择的试图发现其答案的那个问题会受到他的数学背景的影响。因此，在那种判断中，经济学部分，如果不是成为边缘的，也会成为次要的。这种危险总是存在的。
>
> 我们这个行业的奖励系统强化了自我反省的效果。造成一位经济学理论家的职业的各种决定是由他的地位相同的同行做出的。不管他们是一份杂志或一个研究机构的推荐人、任命或晋升评审委员会的成员，当他们以任何身份坐在裁判席上的时候，他们的裁定总是不会独

立于自身的价值观。出现于他们裁判庭的一位经济学家极少不去觉察那些价值。如果他相信他们高度重视对数学的精通程度，如果他能证明他是精通数学者之一，那么，他期望得到的赞许将会决定或大大影响他的成绩。

同样的效果还会因他所处环境所施加的无情的发表压力而得到增强。

（G. 德布勒，1991：5）

19. 某些像 G. 德布勒那样的数理经济学家也看到了这一点：

数学化经济理论的推广甚至得到其深奥难懂的特点的帮助。由于其信息不能被不知道恰当要诀的经济学家破译，对它们的评估被委托给有权利用那种密码的人。但承认其技术的专门性也意味着承认他们的价值观。

（G. 德布勒，1991：6）

20. 我在《经济学与实在》（Lawson, 1997a：180—6）中表示过，人的行为的惯例化的性质与外延，是由位于深层的日常生活中对本体的安全感、连续性、稳定性和相同性心理需要，和避免激烈破坏的需要解释的。缺乏稳定性和连续性会使我们感到焦虑。J. 凯恩斯在分析投资人如何对付不确定性时也注意到这种心理需要。实际上，J. 凯恩斯的观点是，假设事情会按照它们惯常的方式继续（世界不是开放的）的做法在我们的行为中如此根深蒂固，以致它"继续影响我们的心理，即便在我们的确有足够的理由期望一种确定的变革的那些情况下"（1973c：125）；"未来与目前将不同的想法对我们的惯常思维模式与行为模式来说令人厌恶，以致我们大多数人在实际行动中极力抵制按其行事"（1973c：125）。也许，这种心理需要有助于解释在当代文化中坚持发挥数学作用的立场，因为它有时会压倒认为世界从根本上说是开放的深刻见解。果然是这样，那么，当代社会中的某些理性主义趋势只是通过忽视理性的蕴含而受到支持的事实却是一种嘲讽。无论如何，调查研究心理需要以便假设所有实在都符合封闭系统的指令和数学逻辑，所有结果都是可演绎的和可预测的，有希望成为一条富有成效的探索路线。

21. 例如，J. 纳尔逊（Nelson, 2002）指着来自以下一段文字的"经济学方法论的女权主义批判"说：

（"经济学方法论的女权主义批判"来自）对社会的、历史的、性心理的意义的深刻分析，科学的传统形象仍然树立在其参与者之中。宇宙可能是开放的，在某种意义上说，是根本不可预测和具有固有的目的性的思想——与一个封闭系统，最终可提炼成公式的、可控的和基本上中性的系统相比——并不仅仅是一种可因其逻辑意义仔细衡量、因其比较优势进行公正评价的合理的选择性本体论。……开放宇宙的思想不仅会使那些作为凌驾于其研究对象之上具有科学家身份的人们感到极度恐慌，而且与混乱状态相比，会使其安全感、其"男子汉气概"和其非常独特的自我受到威胁的人们感到极度恐慌，除非他们能让活生生的新颖的相互联系的自然的各个方面不向他们逼近，以保持安全。

（J. 纳尔逊，2003：3）

还可参见对孤独症和阿思伯格（Asperger）综合征的研究，这些研究的确表明，对这样问题的取向是性别差异性的（Baron‐Cohen 和 Hammer，1997；Baron‐Cohen 等人，2002；J. Lawson 等人，2002）。

参考文献

Abelson, Peter (1996) 'Declining Enrolments in Economics: The Australian experience', *Royal Economic Society Newsletter*, no 95, 19 – 20.

Ackroyd, Stephen and Steven Fleetwood (eds) (2000) *Realist Perspectives on Management Organisations*, London and New York: Routledge.

Allais, Maurice (1992) 'The Economic Science of Today and Global Disequilibrium', in Mario Baldassarri, John McCallum and Robert Mundell (eds) *Global Disequilibrium in the World Economy*, Basingstoke: Macmillan.

Archer, Margaret (1995) *Realist Social Theory: The Morphogenetic Approach*, Cambridge: Cambridge University Press.

— (2000) *Being Human: The Problem of Agency*, Cambridge: Cambridge University Press.

Archer, Margaret, RoyBhaskar, Andrew Collier, Tony Lawson and Alan Norrie (1998) *Critical Realism: Essential Readings*, London: Routledge.

Archer, Margaret and Jonathan Q Tritter (eds) (2000) *Rational Choice Theory: Resisting Colonization*, London and New York: Routledge.

Arena, Richard (2000a) 'Jean – Baptiste Say and the French Liberal School of the Nineteenth Century: Outside the Canon?', in Sandra Peart (ed) *Reflections on the Classical Canon: Essays in Honour of Samuel Hollander*, London: Routledge.

— (2000b) 'Les économistes français en 1950', *Revue économique*, vol 51, no 5, September, 969 – 1007.

Arestis, Philip (1990) 'Post – Keynesianism: A New Approach to Economics', *Review of Social Economy*, vol XLVIII, no 3, fall, 222 – 246.

— (1996) 'Post – Keynesian Economics: Towards Coherence, Critical Survey',

Cambridge Journal of Economics, vol 20, 111 – 35.

Arestis, Philip, Stephen P Dunn and Malcolm Sawyer (1999a) 'Post Keynesian Economics and Its Critics', *Journal of Post Keynesian Economics*, vol 21, 527 – 49.

— (1999b) 'On the Coherence of Post Keynesian Economics: a comment upon Walters and Young', *Scottish Journal of Political Economy*, vol 46, no 3, 339 – 45.

Arestis, Philip, Meghnad Desai and Sheila Dow (eds) (2002) *Methodology, Microeconomics and Keynes: Essays in honour of Victoria Chick*, Volume Two, London: Routledge.

Assister, Alison (1996) *Enlightened Women: Modernist Feminism in a Postmodern Age*, London and New York: Routledge.

Aunger, Robert (ed) (2000) *Darwinizing Culture: The Status of Memetics as a Science*, Oxford: Oxford University Press.

D'Autume, Antoine and Jean Cartelier (eds) (1997) *Is Economics becoming a Hard Science?*, Cheltenham: Edward Elgar.

Ayres, Clarence E (1963) 'The Legacy of Thorstein Veblen', in J Dorfman (ed) *Institutional Economics: Veblen, Commons and Mitchell Reconsidered*, Berkeley and Los Angeles: University of California Press.

Badgett, M V Lee (1995) 'Gender, Sexuality, and Sexual Orientation: All in the Feminist Family?', *Feminist Economics*, vol 1, no 1, 121 – 39.

Baron – Cohen, Simon and Jessica Hammer (1997) 'Is Autism an Extreme Form of the Male Brain?', *Advances in Infancy Research*, vol 11, 193 – 217.

Baron – Cohen, Simon, Sally Wheelwright, John Lawson, Rick Griffin and Jacqui Hill (2002) 'The Exact Mind: Empathising and Systemising in Autism Spectrum Conditions', in U Goswami (ed) *Handbook of Cognitive Development*, Oxford: Blackwell.

Baudrillart, Henri (1872) *Manuel d'Economie Politique*, Paris: Guillaumin.

Baumol, William J (1992) 'Towards a Newer Economics: The Future Lies Ahead!', in John D Hey (ed) *The Future of Economics*, Oxford: Blackwell.

Beasley, Chris (1999) *What is Feminism?*, London: Sage.

Bell, Daniel and Irving Kristol (eds) (1981) *The Crisis in Economic Theory*,

New York: Basic Books.

Berik, Günseli (1997) 'The Need for Crossing the Method Boundaries in Economics Research', *Feminist Economics*, vol 3, no 2, 121 – 6.

Bhaskar, Roy (1978) *A Realist Theory of Science*, Hemel Hempstead: Harvester Press (1st edn Leeds 1975).

—— (1979) *The Possibility of Naturalism: A philosophical critique of the contemporary human sciences*, Hemel Hempstead: Harvester Press.

—— (1993) *Dialectic: The Pulse of Freedom*, London and New York: Verso.

—— (1994) *Plato etc: the problems of philosophy and their resolution*, London and New York: Verso.

—— (2000) *From East to West: Odyssey of a Soul*, London: Routledge.

Bhaskar, Roy and Andrew Collier (1998) 'Explanatory Critiques', in Margaret Archer, Roy Bhaskar, Andrew Collier, Tony Lawson and Alan Norrie (1998) *Critical Realism: Essential Readings*, London: Routledge.

Blackmore, Susan (1999a) *The Meme Machine*, Oxford: Oxford University Press.

—— (1999b) 'Meme, Myself and I', *New Scientist*, March, 40 – 4.

—— (1999c) 'The Forget – Meme – Not Theory', *Times Higher Educational Supplement*, February.

—— (2000a) 'Can Memes Get off the Leash?', in Robert Aunger (ed) *Darwinizing Culture: The Status of Memetics as a Science*, Oxford: Oxford University Press.

—— (2000b) 'The Power of Memes', *Scientific American*, vol 283, no 4, 52 – 61.

Blaug, Mark (1980) *The Methodology of Economics: Or How Economists Explain*, Cambridge: Cambridge University Press.

—— (1997) 'Ugly Currents in Modern Economics', *Options Politiques*, Vol 18, no 17, September, 3 – 8.

Bloom, Allan (1987) *The Closing of the American Mind: How Higher Education Has Failed Democracy and Impoverished the Souls of Today's Students*, New

York: Simon and Schuster.

Boag, Peter T and Peter R Grant (1981) 'Intense Natural Selection in a Population of Darwin's Finches (Geospizinae) in the Galapagos', *Science*, 214: 82 – 5.

Boettke, Peter J (1989) 'Evolution and Economics: Austrians as Institutionalists', *Research in the History of Economic Thought and Methodology*, 73, 91.

Bordo, Susan (1993) 'Feminism, Post Modernism and Gender Scepticism', in *Unbearable Weight: Feminism, Western Culture, and the Body*, The Regents of the University of California; reprinted in Anne C Herrmann and Abigail Stewart (eds) (1994) *Theorizing Feminism: Parallel Trends in the Humanities and Social Sciences*, Boulder, San Francisco and Oxford: Westview Press (page references to the latter).

Boudon, Raymond (1991) 'What Middle Range Theories are', *Contemporary Sociology*, vol 20, no 4, 519 – 22.

Bourdieu, Pierre (1990) *The Logic of Practice*, trans Richard Nice, Cambridge: Polity Press.

Boyd, Richard (1988) 'How to be a Moral Realist', in Geoffrey Sayre – McCord (ed) *Essays on Moral Realism*, Ithaca NY and London: Cornell University Press.

—— (1993) 'Metaphor and Theory Change: What is "Metaphor" a Metaphor for?', in A Ortony (ed) *Metaphor and Thought*, 2nd edn (1st edn 1979) Cambridge: Cambridge University Press.

Brereton, Derek (2000) 'Innate Virtue', *Alethia*, vol 3, no 2, 21 – 9.

Brodie, Richard (1996) *Virus of the Mind: The New Science of the Meine*, Seattle: Integral Press.

Brown, Andrew (2000) 'A Comment on Dow's "Post Keynesianism and critical realism: what is the connection?"', *Journal of Post Keynesian Economics*, vol 23, no 2, 349 – 55.

Winter Brown, Andrew, Steven Fleetwood and Michael Roberts (eds) (2002a) *Critical Realism and Marxism*, London and New York: Routledge.

Brown, Andrew, Gary Slater and David Spencer (2002b) 'Driven to abstraction? Critical Realism and the Search for the' "Inner Connection of Social Phenomena", *Cambridge Journal of Economics*, vol 26, no 6, 773 – 88.

Burkhardt, Richard W Jr (1977) *The Spirit of the System: Lamarck and Evolutionary Biology*, Cambridge: Cambridge University Press.

— (1984) 'The Zoological Philosophy of J B Lamarck', in J B de Lamarck.

— (1809) *Zoological Philosophy: An Exposition with Regard to the Natural History of Animals*, trans Elliot from the first (French) edition of 1809, Chicago: Chicago University Press, xv – xxxix.

Cannan, Edwin (1903) *Elementary Political Economy*, London.

Carter, Robert (2000) *Realism and Racism: Concepts of Race in Sociological Research*, London and New York: Routledge.

Cartwright, Nancy (2001) 'Ceteris paribus laws and socio – economic machines', in Uskali M ki (ed) (2001) *The Economic Worldview*, Cambridge: Cambridge University Press.

Castells, Manuel (1996) *The Rise of The Network Society*, Oxford: Blackwell.

Chick, Victoria (1998) 'On Knowing One's Place: The Role of Formalism in Economics', *Economic Journal*, vol 108, no 45, November, 1850 – 69.

Chote, Robert (1995) 'Decay of the Dismal Science', *Financial Times*, 28 March.

Clower, Robert W (1999) in Brian Snowdon and Howard Vane (eds) *Conversations with Leading Economists: Interpreting Modern Macroeconomics*, Cheltenham: Edward Elgar.

Coase, Ronald (1999) 'Interview with Ronald Coase', *Newsletter of the International Society for New Institutional Economics*, vol 2, no 1, spring.

Coats, A W Bob (1992) *On the History of Economic Thought: British and American Economic Essays*, Volume I, London and New York: Routledge.

Collier, Andrew (1989) *Scientific Realism and Socialist Thought*, Hemel Hempstead: Harvester Wheatsheaf.

— (1994) *Critical Realism: An Introduction to Roy Bhaskar's Philosophy*,

London: Verso.

— (1999) *Being and Worth*, London: Routledge.

— (2001) *Christianity and Marxism: A Philosophical Contribution to Their Reconciliation*, London and New York: Routledge.

Collins, Patricia Hill (1991) *Black Feminist Thought: Knowledge, Consciousness and the Politics of Empowerment*, London and New York: Routledge.

Commons, John R (1934) *Institutional Economics: Its Place in Political Economy*, New York: Macmillan; reprinted 1990 with introduction by M Rutherford, New Brunswick: Transaction.

Costello, Neil (2000) *Stability and Change in High-tech Enterprises: Organisational Practices and Routines*, London: Routledge.

Creaven, Sean (2000) *Marxism and Realism: A Materialistic Application of Realism in the Social Sciences*, London and New York: Routledge.

Danermark, Berth, Mats Ekstrm, Liselotte Jakobsen and Jan Ch Karlson (2002) *Explaining Society: Critical Realism in the Social Sciences*, London and New York: Routledge.

Darwin, Charles (1859) *On the Origin of Species by Means of Natural Selection, or Preservation of Favoured Races in the Struggle for Life*, 1st edn, London: John Murray Facsimile reprint 1964 with introduction by Ernst Mayr, Cambridge MA: Harvard University Press.

— (1872) *On the Origin of Species by Means of Natural Selection, or Preservation of Favoured Races in the Struggle for Life*, 6th edn, with additions and corrections, London: John Murray.

— (1880) 'Sir Wyville Thomson and Natural Selection', *Nature*, 11 November, vol XXIII, 32.

Davidson, Paul (1978) *Money and the Real World*, 2nd edn, London: Macmillan.

— (1980) 'Post Keynesian Economics', *The Public Interest*, Special Edition, 151–73; reprinted in D Bell and I Kristol (eds) *The Crisis in Economic Theory*, New York: Basic Books, 1981.

—— (1989) 'The Economics of Ignorance or the Ignorance of Economics?', *Critical Review*, 3, 467, 487.

—— (1991) 'Is Probability Theory Relevant for Uncertainty?', *Journal of Economic Perspectives*, vol 5, no 1, 129 – 43.

—— (1994) *Post Keynesian Macroeconomic Theory*, Aldershot: Edward Elgar.

—— (1996) 'Reality and Economic Theory', *Journal of Post Keynesian Economics*, vol 18, no 4, summer, 479 – 508.

—— (forthcoming a) *The Theory of the Individual in Economics*, London and New York: Routledge.

—— (forthcoming b) 'The Agency – Structure Model and the Embedded Individual in Heterodox Economics', in Paul Lewis (ed) *Transforming Economics: Perspectives on the Critical Realist Project*, London and New York: Routledge Dawkins, Richard (1976) *The Selfish Gene*, Oxford: Oxford University Press.

—— (1978) 'Replicator Selection and the Extended Phenotype', *Zeitschrift für Tierpsychologie*, vol 47, 61 – 76.

Dawkins, Richard (1986) The Blind Watchmaker, Harlow: Longman.

—— (1993) 'Viruses of the Mind', in Bo Dahlbom (ed) *Dennett and his Critics: Demystifying Mind*, Oxford: Blackwell, 13 – 27.

Deakin, Simon and Frank Wilkinson (2000) 'Capabilities, Spontaneous Order and Social Rights', *ESRC Centre for Business Working Paper Series*, Cambridge University.

Debreu, Gerard (1959) *Theory of Value: an atiomatic treatment of economic equilibrium*, New York: Wiley.

—— (1984) 'Economic Theory in the Mathematical Mode', *American Economic Review*, vol 74, no 3, 267 – 78.

—— (1991) 'The Mathematization of Economic Theory', *American Economic Review*, vol 81, no 1, 1 – 7.

Dennett, Daniel (1995) *Darwin's Dangerous Idea: evolution and the meaning of life*, London: Penguin.

Dennis, Ken (1994) 'Formalism in Economics', in Geoffrey Hodgson, WarrenSamuels and Mark Tool (eds) *The Elgar Companion to Institutional and Evolutionary Economics*, vol 1, Aldershot: Edward Elgar, 251–6.

— (1995) 'A Logical Critique of Mathematical Formalism in Economics', *Journal of Economic Methodology*, vol 2, no 2, 181–99.

Dicken, Peter (1998) *Global Shift: Transforming the World Economy*, London: Paul Chapman.

Donaldson, Peter (1984) *Economics of the Real World*, 3rd edn, Harmondsworth: Penguin.

Dopfer, Kurt (ed) (2001) *Evolutionary Economics: Program and Scope*, Boston MA, Dordrecht and London: Kluwer Academic Publishers.

Dore, Ronald (ed) (1995) *Convergence or Diversity? National Modes of Production in a Global Economy*, New York: Cornell University Press.

Dover, Gabriel (2001) 'Anti-Dawkins', in Hilary Rose and Steven Rose (eds) *Alas Poor Darwin: Arguments Against Evolutionary Psychology*, London: Vintage.

Dow, Sheila C (1990) 'Post-Keynesianism as political economy: A Methodological Discussion', *Review of Political Economy*, 2–3, 345–58.

— (1992) 'Post Keynesian School', in D Mair and A Miller (eds) *A Modern Guide to Economic Thought: An Introduction to Comparative Schools of Thought in Economics*, Aldershot: Edward Elgar.

— (1997) 'Mainstream Economic Methodology', *Cambridge Journal of Economics*, vol 21, no 1, January, 73–93.

— (1999) 'Post Keynesianism and Critical Realism: What is the Connection?', *Journal of Post Keynesian Economics*, vol 22, no 1, 15–33.

— (2000) 'Brown's Comment: A Reply', *Journal of Post Keynesian Economics*, vol 23, no 2, winter, 357–60.

— (2002a) *Economic Methodology: An Inquiry*, Oxford: Oxford University Press.

— (2002b) 'Historical Reference: Hume and Critical Realism', *Cambridge Journal of Economics*, vol 26, no 6, 683–695.

Downward, Paul (1999) *Pricing Theory in Post Keynesian Economics*: *A Realist Approach*, Aldershot: Edward Elgar.

── (2000) 'A Realist Appraisal of Post Keynesian Pricing Theory', *Cambridge Journal of Economics*, vol 24, no 2, 211 – 24.

── (2002) 'Critical Realism, Empirical Methods and Inference: A Critical Discussion', *Cambridge Journal of Economics*, vol 26, no 4, 481 – 500.

── (forthcoming) *Applied Economics and the Critical Realist Critique*, London: Routledge.

Dugger, William M. and Howard J. Sherman (2000) *Reclaiming Evolution*: *A Dialogue between Marxism and Institutionalism on Social Change*, London and New York: Routledge.

Dunn, Stephen P (2000) 'Wither Post Keynesianism', *Journal of Post Keynesian Economics*, vol 22, no 3, spring, 343 – 64.

── (2001) 'Bounded Rationality Is not Fundamental Uncertainty: A Post Keynesian Perspective', *Journal of Post Keynesian Economics*, vol 23, no 4, summer, 567 – 87.

Dupré, John (1993) *The Disorder of Things*: *Metaphysical Foundations of the Disunity of Science*, Cambridge MA: Harvard University Press.

── (1999) 'Review of Economics and Reality', *Feminist Economics*, vol 5, no 1, 121 – 6.

── (2001) 'Economics without Mechanism', in Uskali M ki (ed) *The Economic Worldview*, Cambridge: Cambridge University Press.

Eichner, Alfred S (1985) *Towards a New Economics*: *Essays in Post – Keynesian and Institutionalist Theory*, London: Macmillan.

England, Paula (1993) 'The Separative Self: Androcentric Bias in Neoclassical Assumptions', in Marianne A Ferber and Julie A Nelson (eds) *Beyond Economic Man*: *Feminist Theory and Economics*, Chicago: University of Chicago Press, 37 – 53.

Engle, Robert, Clive Granger, Ramu Ramanathan, Vahid – Araghi Farshid and Casey Brace (1997) 'Short – run Forecasts of Electricity Loads and Peaks', *International Journal of Forecasting*, vol 13, 161 – 74.

Esim, Simel (1997) 'Can Feminist Methodology Reduce Power Hierarchies in

Research Settings?', *Feminist Economics*, vol 3, no 2, 137 – 40.

Faulkner, Philip (2002) 'Some Problems with the Conception of the Human Subject in Critical Realism', *Cambridge Journal of Economics*, vol 26, no 6, 739 – 51.

Ferber, Marianne A and Julie A Nelson (eds) (1993) *Beyond Economic Man: Feminist Theory and Economics*, Chicago: University of Chicago Press.

Finch, John H and Robert McMaster (2002) 'On Categorical Variables and Non Parametric Statistical Inference in the Pursuit of Causal Explanation', *Cambridge Journal of Economics*, vol 26, no 6, 753 – 72.

Fine, Ben (2001) *Social Capital versus Social Theory: Political Economy and Social Science at the Turn of the Millennium*, London and New York: Routledge.

—— (forthcoming) 'Addressing the Critical and the Real in Critical Realism', in Paul Lewis (ed) *Transforming Economics: Perspectives on the Critical Realist Project*, London and New York: Routledge.

Flax, Jane (1990) 'Postmodernism and Gender Relations in Feminist Theory', in Linda J Nicholson (ed) *Feminism/Postmodernism*, New York and London: Routledge, 39 – 62.

Fleetwood, Steven (1995) *Hayek's Political Economy: The Socio Economics of Order*, London: Routledge.

—— (1996) 'Order Without Equilibrium: A Critical Realist Interpretation of Hayek's Notion of Spontaneous Order', *Cambridge Journal of Economics*, vol 20, no 6, 729 –47.

—— (2001) 'Causal Laws, Functional Relations and Tendencies', *Review of Political Economy*, vol 13, no 2, 201 – 20; reprinted in P Downward (forthcoming 2002) *Applied Economics and the Critical Realist Critique*, Routledge: London.

—— (2002) 'A Critical Realist Reply to Walters and Young', *Review of Political Economy* (forthcoming).

Fleetwood, Steven (ed) (1999) *Critical Realism in Economics: Development and Debate*, London: Routledge.

Folbre, Nancy (1993) 'How Does She Know? Feminist Theories of Gender Bias in Economics', *History of Political Economy*, vol 25, no 4, 167 – 84.

Fontana, Giuseppe (2000) 'Post Keynesian and Circuitists on Money and Uncertainty: An Attempt at Generality', *Journal of Post Keynesian Economics*, vol 32, no 1, fall, 27 – 48.

Fricker, Miranda (1994) 'Knowledge as Construct: Theorizing the Role of Gender in Knowledge', in Kathleen Lennon and Margaret Whitford (eds) *Knowing the Difference: Feminist Perspectives in Epistemology*, London and New York: Routledge.

Friedman, Milton (1953) *Essays in Positive Economics*, Chicago: University of Chicago Press.

—— (1999) 'Conversation with Milton Friedman', in Brian Snowdon and Howard Vane (eds) *Conversations with Leading Economists: Interpreting Modern Macroeconomics*, Cheltenham: Edward Elgar, 124 – 44.

Fullbrook, Edward (ed) (2002) *Intersubjectivity in Economics: Agents and Structures*, London: Routledge.

—— (2003) *The Crisis in Economics: Teaching, Practice and Ethics*, London and New York: Routledge, forthcoming.

Garfinkel, Alan (1981) *Forms of Explanation: Rethinking the Questions in Social Explanation*, New Haven: Yale University Press.

Gee, J M Alec (1991) 'The Neoclassical School', in Douglas Mair and Anne Miller (eds) *A Modern Guide to Economic Thought: An Introduction to Comparative Schools of Thought in Economics*, Aldershot: Edward Elgar, 71 – 108.

Giddens, Anthony (1984) *The Constitution of Society: Outline of the Theory of Structuration*, Oxford: Basil Blackwell.

Gillies, Donald and Grazia Ietto – Gillies (2002) 'Keynes's Notion of *Causa Causans* and Its Application to the Globalisation Process', in P Arestis, M Desai and S Dow (eds) *Methodology, Microeconomics and Keynes: Essays in Honour of Victoria Chick*, Volume Two, London: Routledge.

Goldin, Claudia and Lawrence F Katz (forthcoming) 'The Power of the Pill: Oral Contraceptives and Women's Career and Marriage Decisions', *Journal of Political Economy*.

Goodwin, Crawford D (1998) 'The Patrons of Economics in a Time of Transformation', in Mary S Morgan and Malcolm Rutherford (eds) *From Interwar Pluralism to Postwar Neoclassicism*, annual supplement to vol 30, *History of Political Economy*, Duke and London: Duke University Press.

Gra a Moura, Mario da (1997) *Schumpeter's Inconsistencies and Schumpeterian Exegesis: Diagnosing the Theory of Creative Destruction*, Ph D dissertation, University of Cambridge.

— (2002) 'Metatheory as the Key to Understanding: Schumpeter after Shionoya', *Cambridge Journal of Economics*, vol 26, no 6, 805 – 21.

Grapard, Ulla (1995) 'Robinson Crusoe: The Quintessential Economic Man?', *Feminist Economics*, vol 1, no 1, 33 – 52.

Grimshaw, Jean (1986) *Feminist Philosophers: Women's Perspectives on Philosophical Traditions*, Brighton: Wheatsheaf Books.

Guesnerie, Roger (1997) 'Modelling and Economic Theory: Evolution and Problems', in Antoine D'Autume and Jean Cartelier (eds) *Is Economics becoming a Hard Science?*, Cheltenham: Edward Elgar, 85 – 91.

Hahn, Frank H (1982) *Money and Inflation*, Oxford: Blackwell.

— (1985) 'In Praise of Economic Theory', the 1984 *Jevons Memorial Fund Lecture*, London: University College London.

— (1992a) 'Reflections', *Royal Economics Society Newsletter*, 77.

— (1992b) 'Answer to Backhouse: Yes', *Royal Economic Society Newsletter*, vol 78, 5.

— (1994) 'An Intellectual Retrospect', *Banca Nazionale del Lavoro Quarterly Review*, vol XLVIII, no 190, 245 – 58.

Hamlin, Cynthia L (2002) *Beyond Relativism: Raymond Boudon, Cognitive Rationality and Critical Realism*, London: Routledge.

Hamouda, Omar F and Harcourt, Geoffrey C (1988) Post – Keynesianism: From Criticism to Coherence?, *Bulletin of Economic Research*, 40, January, 1 – 34; reprinted in J Pheby (ed) (1989) *New Directions in Post – Keynesian Economics*, Aldershot: Edward Elgar.

Hands, D Wade (1994) 'Blurred Boundaries: Recent Changes in the Relationship Between Economics and the Philosophy of Natural Science', *Studies in History and Philosophy of Science*, 25: 751 – 72.

— (2001) *Reflection Without Rules: Economic Methodology and Contemporary Science Theory*, Cambridge: Cambridge University Press.

Haraway, Donna (1985) 'A Manifesto for Cyborgs: Science, Technology, and Socialist Feminism in the 1980s', *Socialist Review*, vol 15, no 2, 65 – 108; reprinted in Donna Haraway (1991) *Simians, Cyborgs and Women: The Reinvention of Nature*, New York: Routledge and Chapman and Hall, 149 – 81, 243 – 8; also reprinted in Anne Herrmann and Abigail Stewart (eds) (1994) *Theorizing Feminism: Parallel Trends in the Humanities and Social Sciences*, Boulder, San Francisco and Oxford: Westview Press.

— (1988) 'Situated Knowledges: The Science Question in Feminism and the Privilege of Partial Perspective', *Feminist Studies*, vol 14, no 3, 575 – 99.

Harcourt, Geoffrey C (1985) 'Post – Keynesianism: Quite Wrong and/or Nothing New', in Philip Arestis and Thomas Skouras (eds) *Post Keynesian Economic Theory: A Challenge to Neo Classical Economics*, Brighton: Wheatsheaf.

— (1988) 'Post – Keynesian Economics', entry in John Eatwell, Murray Milgate and Peter Newman (eds) *The New Palgrave: A Dictionary of Economics*, London: Macmillan, 924, 928.

— (1989) 'Post – Keynesianism and Institutionalism: The Missing Link', in J Pheby (ed) *New Directions in Post – Keynesian Economics*, Aldershot: Edward Elgar, 94 – 123.

— (1993) *Economics and Evolution: Bringing Life Back into Economics*, Cambridge and Ann Arbor: Polity Press and University of Michigan Press.

Hodgson, Geoffrey M (ed) (1995) 'Economics and Biology', in *The International Library of Critical Writings in Economics*, Cheltenham: Edward Elgar.

— (1996) 'Towards a Worthwhile Economic', in S Medema and W Samuels (eds) *Foundations of Research in Economics: How do Economists do Economics?*, Cheltenham: Edward Elgar.

— (1997) 'Economics and Evolution and the Evolution of Economics', in J

Reijnders (ed) *Economics and Evolution*, Cheltenham: Edward Elgar.

—— (1998a) 'The Approach of Institutional Economics', *Journal of Economic Literature*, vol XXXVI, 166 – 92.

—— (1998b) 'On the Evolution of Thorstein Veblen's Evolutionary Economics, *Cambridge Journal of Economics*, vol 22, no 4, 415 – 31.

—— (ed) (1998c) 'The Foundations of Evolutionary Economics: 1890 – 1973', in *The International Library of Critical Writings in Economics*, Cheltenham: Edward Elgar.

—— (1998d) 'Veblen's *Theory of the Leisure Class and the Genesis of Evolutionary Economics*' in Warren J. Samuels (ed) *The Founding of Evolutionary Economics*, London: Routledge, 170 – 200.

—— (1999a) *Economics and Utopia: Why the Learning Economy Is not the End of History*, London: Routledge.

—— (1999b) *Evolution and Institutions: On Evolutionary Economics and the Evolution of Economics*, Cheltenham: Edward Elgar.

—— (2001a) 'Is Social Evolution Lamarckian or Darwinian?', in *John Laurent and John Nightingale* (eds) *Darwinism and Evolutionary Economics*, Cheltenham: Edward Elgar, 87 – 118.

—— (2001b) *How Economics Forgot History: The Problem of Historical Specificity in Social Science*, London and New York: Routledge.

Hofstadter, Richard (1963) *Anti – Intellectualism in American Life*, New York: Knopf.

Hoksbergen, Ronald (1994) 'Postmodernism and Institutionalism: Towards a Resolution of the Debate on Relativism', *Journal of Economic Issues*, vol XXVIII, no 3, September, 679 – 713.

Hoover, Kevin D (1997) 'Econometrics and Reality', working paper, Department of Economics, University of California Davis.

—— (2001a) *The Methodology of Empirical Macroeconomics*, Cambridge: Cambridge University Press.

—— (2001b) *Causality in Macroeconomics*, Cambridge: Cambridge University

Press.

Howell, David (2000) *The Edge of Now: New Questions for Democracy and the Network Age*, London: Macmillan.

Hull, David (1981) 'Units of Evolution: A Metaphysical Essay', in U J Jensen, and Rom Harré (eds) *The Philosophy of Evolution*, Brighton: Harvester Press, 23–44.

—— (2000) 'Taking Memetics Seriously: Memetics Will Be What We Make It', in *Robert Aunger* (ed) *Darwinizing Culture: The Status of Memetics as a Science*, Oxford: Oxford University Press.

Ingham, Geoffrey (1996) 'Money is a Social Relation', *Review of Social Economy*, vol LIV, winter, 507–30; reprinted in Steven Fleetwood (ed) (1999) *Critical Realism in Economics: Development and Debate*, London: Routledge.

Ingrao, Bruna and Giorgio Israel (1990) *The Invisible Hand*, Cambridge MA: MIT Press.

Jacobsen, Joyce P and Andrew A Newman (1997) 'What Data Do Economists Use? The Case of Labour Economics and Industrial Relations', *Feminist Economics*, vol 3, no 2, 127–30.

Jameson, Fredric (1991) *Postmodernism or The Cultural Logic of Late Capitalism*, London: Verso.

Jones, Lyle V, Gardner Lindzey and Porter E Coggeshall (eds) (1982) *An Assessment of Research – Doctorate Programs in the United States: Social and Behavioral Sciences*, Washington D.C.: National Academy of Sciences Press.

Kaldor, Nicholas (1985) *Economics Without Equilibrium*, Cardiff: University College Cardiff Press.

Kanth, Rajani K (1997) *Against Economics: Rethinking Political Economy*, Aldershot: Ashgate.

Kaul, Nitasha (2002) 'A Critical Postto Critical Realism', *Cambridge Journal of Economics*, vol 26, no 6, 709–26.

Kay, John (1995) 'Cracks in the Crystal Ball', *Financial Times*, 29 September.

参 考 文 献

Keynes, John M (1933) *Essays in Biography*, London: Macmillan.

—— (1973a) *The Collected Writings of John Maynard Keynes*, vol VII: The General Theory, London: Royal Economic Society.

—— (1973b) *The Collected Writings of John Maynard Keynes*, vol VIII: A Treatise on Probability, London: Royal Economic Society.

—— (1973c) *The Collected Writings of John Maynard Keynes*, vol XIV: The General Theory and After Part II: Defence and Development, London: Royal Economic Society.

Kincaid, Harold (2001) 'The Empirical Presuppositions of Metaphysical Explanations in Economics', in Uskali M ki (ed) *The Economic Worldview*, Cambridge: Cambridge University Press.

Kirman, Alan (1989) 'The Intrinsic Limits of Modern Economic Theory: The Emperor Has no Clothes', *Economic Journal*, vol 99, no 395, 126 – 39.

—— (1997) 'The Evolution of Economic Theory', in Antoine D' Autume and Jean Cartelier (eds) *Is Economics becoming a Hard Science?*, Cheltenham: Edward Elgar, 92 – 7.

—— (2001) 'Letter From France The Teaching of Economics: Signes d'Alarme', *Royal Economic Society Newsletter*, no 112, January, 7 – 8.

Kline, Morris (1964) [1953] *Mathematics in Western Culture*, Oxford: Oxford University Press.

Kozul – Wright, Richard and Robert Rowthorn (1998) 'Spoilt for Choice? Multinational Corporations and the Geography of International Production', *Oxford Review of Economic Policy*, vol 14, no 2, 74 – 92.

Krugman, Paul (1998) 'Two Cheers for Formalism', *Economic Journal*, vol 108, no 451, November, 1829 – 36.

Kusch, Martin (1999) *Psychological Knowledge: A Social History and Philosophy*, London and New York: Routledge.

Lachmann, Ludwig (1971) *The Legacy of Max Weber*, Berkeley: Glendessery Press.

—— (1991) 'Austrian Economics: A Hermeneutic Approach', in Don Lavoie (ed) *Expectations and the Meaning of Institutions*: *Essays in Economics* by Ludwig Lach - mann, London and New York: Routledge.

Lamarck, Jean Baptiste Pierre Antoine de (1984) [1809] *Zoological Philosophy*: *An Exposition with Regard to the Natural History of Animals*, trans Elliot from the first (French) edition of 1809, Chicago: Chicago University Press.

Langlois, Richard N (1986) 'The New Institutional Economics: An Introductory Essay', in *Richard Langlois* (ed) *Economics as a Process*: *essays in the new institutional economics*, Cambridge: Cambridge University Press.

Lantner, Roland (1997) 'On Scientific Pluralism: Drawing a Comparison between Economics and Theoretical Physics', in Antoine D'Autume and Jean Cartelier (eds) *Is Economics becoming a Hard Science?*, Cheltenham: Edward Elgar, 50 - 74.

Latsis, Spiro J (1976) 'A Research Programme in Economics', in Spiro J Latsis (ed) *Method and Appraisal in Economics*, Cambridge: Cambridge University Press.

Laurent, John and John Nightingale (eds) (2001) *Darwinism and Evolutionary Economics*, Cheltenham: Edward Elgar, 87 - 118.

Lavoie, Marc (1992) 'Towards a New Research Programme for Post - Keynesianism and New - Ricardisanism', *Review of Political Economy*, vol 4, no 1, 37, 78.

Lawson, Clive (1994) 'The Transformational Model of Social Activity and Economic Analysis: A Reinterpretation of the Work of J R Commons', *Review of Political Economy*, vol 6, no 2.

—— (1995) 'Realism and Institutionalism: John R Commons, Carl Menger and Economics with Institutions', Ph D dissertation, University of Cambridge.

—— (1996a) 'Realism, Theory and Individualism in the Work of Carl Menger', *Review of Social Economy*, vol LIV, no 4, winter, 445 - 64; reprinted in Steven Fleetwood (ed) (1999) *Critical Realism in Economics*: *Development and Debate*, London: Routledge.

—— (1996b) 'Holism and Collectivism in the Work of Commons', *Journal of Economic Issues*, December vol xxx, no 4, 967 - 84.

— (1999a) 'Towards a Competence Theory of the Region', *Cambridge Journal of Economics*, vol 23, no 2, 1999.

— (1999b) 'Commons' Contribution to Political Economy', in Philip O'Hara (ed) *Encyclopedia of Political Economy*, London: Routledge.

— (2000) 'Collective Learning System Competences and Epistemologically Significant Moments', in David Keeble and Frank Wilkinson (eds) *High-Technology Clusters Networking and Collective Learning in Europe*, Aldershot: Ashgate.

— (2002) 'Technical Consultancies and Regional Competencies', in Charles Dannreuther and Wilfred Dolfsma (eds) *Globalisation, Social Capital and Inequality*, Cheltenham: Edward Elgar.

Lawson, Clive (forthcoming) 'A Transformational Conception of Technology', mimeo, Gonville and Caius College, Cambridge.

Lawson, Clive, Mark Peacock and Stephen Pratten (1996) 'Realism, Underlabouring and Institutions', *Cambridge Journal of Economics*, vol 20, no 1, January, 137-51.

Lawson, Clive and Edward Lorenz (1999) 'Collective Learning, Tacit Knowledge and Regional Innovative Capacity', *Regional Studies*, vol 33, no 4, 305-17.

Lawson, John (2002) 'Depth Accessibility Difficulties: An Alternative Conceptualisation of Autism Spectrum Conditions', MIMEO: Departments of Experimental Psychology and Psychiatry, Cambridge.

Lawson, John, Simon Baron-Cohen and Sally Wheelwright (2002) 'Empathising and Systemising in Adults with and without Asperger's Syndrome', mimeo, University of Cambridge.

Lawson, Tony (1989) 'Abstraction, Tendencies and Stylised Facts: A Realist Approach to Economic Analysis', *Cambridge Journal of Economics*, vol 13, no 1, March, 59-78; reprinted in Tony Lawson, Gabriel Palma and John Sender (eds) (1989) *Kaldor's Political Economy*, London and San Diego: Academic Press; also reprinted in Paul Ekins and Manfred Max-Neef (eds) (1992) *Real-Life Economics: Understanding Wealth Creation*, London: Routledge.

— (1993) 'Keynes and Conventions', *Review of Social Economy*, vol LI, summer, 174 – 201.

—— (1994a) 'Realism and Hayek: A Case of Continuing Transformation', in Maria Colonna, Harald Hagemann and Omar F Hamouda (eds) *Capitalism, Socialism and Knowledge: The Economics of F A Hayek*, vol 2, Cheltenham: Edward Elgar.

—— (1994b) 'The Nature of Post Keynesianism and its links to other traditions', *Journal of Post Keynesian Economics*, vol 16, no 4, summer, 503 – 38; reprinted in D L Prychitko (ed) (1996) *Why Economists Disagree: An Introduction to the Contemporary Schools of Thought*, New York: State University of New York Press.

—— (1994c) 'Economics and Expectations', in Shiela Dow and John Hillard (eds) *Keynes, Knowledge and Uncertainty*, Cheltenham: Edward Elgar.

—— (1996) 'Developments in Economics as Realist Social Theory', *Review of Social Economy*, vol LIV, no 4, 405 – 22; reprinted in Steven Fleetwood (ed).

—— (1999) *Critical Realism in Economics: Development and Debate*, London: Routledge.

—— (1997a) *Economics and Reality*, London: Routledge.

—— (1997b) 'Situated Rationality', *Journal of Economic Methodology*, vol 4, no 1, 101 – 25.

—— (1997c) 'Horses for Courses', in Philip Arestis, Gabriel Palma and Malcolm Sawyer (eds) *Markets, Unemployment and Economic Policy: Essays in Honour of Geoff Harcourt*, Volume Two, London and New York: Routledge, 1 – 15.

—— (1997d) 'Development in Hayek's Social Theorising', in *Frowen Stephen* (ed) *Hayek the Economist and Social Philosopher: A Critical Retrospect*, London: Macmillan.

—— (1997e) 'Critical Issues in Economics as Realist Social Theory', *Ekonomia*, special issue on critical realism, vol 1, no 2, 75 – 117; reprinted in Steven Fleetwood (ed) (1999) *Critical Realism in Economics: Development and Debate*, London: Routledge.

—— (1998) 'Tendencies', in J Davis, W Hands and U M ki (eds) *The Edward Elgar Companion to Economic Methodology*, Cheltenham: Edward Elgar.

——(1999a)'Connections and distinctions: Post Keynesianism and Critical Realism', *Journal of Post Keynesianism*, vol 22, no 1, 3 – 14.

——(1999b)'Keynes' Realist Orientation', *The Keizai Seminar*, no 537, 106 – 14.

——(2000)'Evaluating Trust, Competition and Cooperation', in *Yuichi Shionoya and Kiichiro Yagi* (eds) *Competition, Trust and Cooperation: A Comparative Study*, New York, Berlin and Tokyo: Springer Verlag.

——(2002)'Mathematical Formalism in Economics: What Really Is the Problem?' in *Philip Arestis, Meghnad Desai and Sheila Dow* (eds) *Methodology, Microeconomics and Keynes: Essays in Honour of Victoria Chick*, Volume Two, London: Routledge.

Layder, Derek (1993) *New Strategies in Social Research: An Introduction and Guide*, Cambridge: Polity Press.

——(1997) *Modern Social Theory: Key Debates and New Directions*, London: UCL Press.

Lazreg, Marnia (1994)'Women's Experience and Feminist Epistemology: A Critical Neo – rationalist Approach', in Kathleen Lennon and Margaret Whitford (eds) Knowing the Difference: Feminist Perspectives in Methodology, London and New York: Routledge.

Learner, Edward E (1978) *Specification Searches: Ad hoc Inferences with Non – experimental Data*, New York: Wiley.

——(1983)'Let's Take the Con out of Econometrics', *American Economic Review*, vol 73, no 1, 31 – 43.

Lee, Frederic S (1995) 'The Death of Post Keynesianism', *Post Keynesian Economics Study Group Newsletter*, 4.

——(2002)'Theory Creation and the Methodological Foundation of Post Keynesian Economics', *Cambridge Journal of Economics*, vol 26, no 6, 789 – 804.

Leontief, Wassily (1982) Letter in *Science*, vol 217, 104 – 7.

Lewis, David (1986)'Causal Explanation', in *Philosophical Papers*, vol II, 214 – 40, Oxford: Oxford University Press.

Lewis, Paul (1996) 'Metaphor and Critical Realism', *Review of Social Economy*, *vol LIV*, *no* 4, 487 – 506; reprinted in *Stephen Fleetwood* (ed) (1999) *Critical Realism in Economics: Development and Debate*, London: Routledge.

—— (2000a) 'Realism, Causality and the Problem of Social Structure', *Journal for The Theory of Social Behaviour*, vol 30, no 3, 249 – 68.

—— (2000b) 'Does Metaphor Have a Place in a Realist Methodology of Economics?', mimeo, University of Cambridge.

—— (2002a) 'Recent Developments in Economic Methodology: the Rhetorical and Ontological Turns', *Foundations of Science* (forthcoming).

—— (2002b) 'Naturalism and the Rhetoric of Economics', in Justin Cruickshank (ed) *Critical Realism: The Difference It Makes*, London and New York: Routledge.

—— (2003) 'Boettke, the Austrian School, and the Reclamation of Reality in Modern Economics', *Review of Austrian Economics* (forthcoming).

Lewis, Paul (ed) (forthcoming) *Transforming Economics: Perspectives on the Critical Realist Project*, London and New York: Routledge.

Lewis, Paul and Jochen Runde (1999) 'A Critical Realist Perspective on Paul Davidson's Methodological Writings on – and Rhetorical Strategy for – Post Keynesian Economics', *Journal of Post Keynesian Economics*, vol 22, no 1, 35 – 56.

Lipsey, Richard, G (2001) 'Successes and Failures in the Transformation of Economics', *Journal Of Economic Methodology*, vol 8, no 2, June, 169 – 201.

Lipton, Peter (1991) *Inference to the Best Explanation*, London: Routledge.

Loasby, Brian J (1999) *Knowledge, Institutions and Evolution in Economics*, London: Routledge.

Longino, Helen (1987) 'Can there be a Feminist Science?', *Hypatia*, vol 2, no 3, fall; reprinted in *Ann Garry and Marilyn Pearsall* (eds) (1996) *Women, Knowledge and Reality: Explorations in Feminist Philosophy*, London and New York: Routledge.

—— (1990) *Science as Social Knowledge: Values and Objectivity in Scientific Enquiry*, Princeton: Princeton University Press.

Lou, Francisco and Mark Perlman (eds) (2000) *Is Economics an Evolutionary Science? The Legacy of Thorstein Veblen*, Cheltenham: Edward Elgar.

Lucas, Robert E (1986) 'Adaptive Behaviour and Economic Theory', *Journal of Business*, vol 59, no 4, 401–26.

Magnussen, Lars, and Jan Ottosson (eds) (1997) *Evolutionary Economics and Path Dependence*, Cheltenham: Edward Elgar.

Mäki, Uskali (1998) 'Aspects of Realism about Economics', *Theoria*, vol 13, no 2, 301–19.

Mäki, Uskali (ed) (2001) *The Economic Worldview: Studies in the Ontology of Economics*, Cambridge: Cambridge University Press.

Marshall, Alfred (1986) [1920] *Principles of Economics*, 8th edn, London: Macmillan.

— (1906) Letter to Arthur Lyon Bowley, in John K Whitaker (ed) (1996) *The Correspondence of Alfred Marshall, Economist, Volume Three: Towards the Close*, 1903–1924, Cambridge: Cambridge University Press.

— (1961) *The Principles of Economics*, 9th variorum edn, London: Macmillan.

Marx, Karl (1974) *Capital, Volume 1: A Critical Analysis of Capitalist Productions*, ed Frederick Engels, London: Lawrence and Wishart.

— (1981) *Grundrisse: Foundations of the Critique of Political Economy*, rough draft, Flarmondsworth: Penguin Books in association with New Left Review.

Marx, Karl and Freidrich Engels (1952) [1848] *Manifesto of the Communist Party*, Moscow: Progress Publishers.

Mayer, Thomas (1997) 'On the Usefulness of Economics', *Options Politiques*, September, 19–21.

Mayhew, Anne (1998a) 'On the Difficulty of Evolutionary Analysis', *Cambridge Journal of Economics*, vol 22, no 4 July, 449–61.

— (1998b) 'Veblen and the Anthropological Perspective', in *Warren Samuels* (ed) (1998) *The Founding of Institutional Economics: The Leisure Class and Sovereignty*, London and New York: Routledge.

McCloskey, Donald N (1983) 'The Rhetoric of Economics', *Journal of Economic Literature*, vol xxi, June, 481 – 517.

— (1986) *The Rhetoric of Economics*, Brighton: Wheatsheaf.

McCloskey, Dierdre N (1990) 'Storytelling in Economics', in *Don Lavoie* (ed) *Economics and Hermeneutics*, London: Routledge, 61 – 75.

— (1997) 'You Shouldn't Want a Realism if You Have a Rhetoric', mimeo: Erasmus University of Rotterdam and the University of Iowa.

McDonald, Martha (1995) 'The Empirical Challenges of Feminist Economics: The Example of Economic Restructuring', in *Edith Kuiper and Jolande Sap* (eds) *Out of the Margin: Feminist Perspectives on Economics*, London and New York: Routledge, 175 – 97.

McKenna, Edward J and Diana Zannoni (1999) 'Post Keynesian Economics and Critical Realism: A Reply to Parsons', *Journal of Post Keynesian Economics*, vol 22, no 1, 57 – 70.

Merton, Robert K. (1968) *Social Theory and Social Structure*, 3rd edn, Glencoe: Free Press.

Midgley, Mary (2001) 'Why Memes?', in *Hilary and Steven Rose* (eds) *Alas Poor Darwin: Arguments against Evolutionary Psychology*, London: Vintage.

Mill, John Stuart (1900) *Principles of Political Economy with Some of Their Applications To Social Philosophy*, London: George Routledge & Sons.

— (1981) *A System of Logic Ratiocinative and Inductive: Being a Connected View of the Principles of Evidence and the Methods of Scientific Investigation*, 2 vols, ed J M Robson, introduction by R F McRae, Toronto and Buffalo: University of Toronto Press.

Miller, Edith S (1989) 'Comment of Boettke and Samuels: Austrian and Institutionalist Economics', *Research in the History of Economic Thought and Methodology*, 151, 158.

Mills, C Wright (1959) *The Sociological Imagination*, Oxford: Oxford University Press.

Mirowski, Philip (1994) 'What Are the Questions?', in *Roger E Backhouse* (ed) *New Directions in Economic Methodology*, London and New York: Routledge.

— (2000) 'The Evolution of Market Automata and Some Implications for Financial Markets', mimeo, University of Notre Dame.

— (2001) *Machine Dreams: economics becomes a cyborg science*, Cambridge: Cambridge University Press.

Montes, Leonides (2003) 'Smith and Newton: Some Methodological Issues concerning General Equilibrium Theory', *Cambridge Journal of Economics* (forthcoming).

Morgan, Mary S (2001) 'Models, Stories and the Economic World', *Journal of Economic Methodology*, vol 8, no 3, 361–84.

— (2002) 'Seeing the World in Models', mimeo: University of Amsterdam and London School of Economics, presented at Cambridge Realist Workshop, April 2002.

Morgan, Mary S and Rutherford, Malcolm (1998) 'American Economics: The Character of the Transformation', in M S Morgan and M. Rutherford (eds) *From Interwar Pluralism to Postwar Neoclassicism*, annual supplement to vol 30, *History of Political Economy*, Duke and London: Duke University Press.

Nell, Edward, J (1998) *The General Theory of Transformational Growth: Keynes after Sraffa*, Cambridge: Cambridge University Press.

Nelson, Julie (1993) 'Value–Free or Valueless? Notes on the pursuit of Detachment in Economics', *History of Political Economy*, vol 25, no 4, 121–43.

— (1996) *Feminism, Objectivity and Economics*, London: Routledge.

— (2003) 'Once More, With Feeling: Feminist Economics and the Ontological Question', *Feminist Economics*, vol 9, no 1 (forthcoming; page references to a mimeo version).

Nelson, Richard and Sidney Winter (1982) *An Evolutionary Theory of Economic Change*, Cambridge MA: Harvard University Press.

New, Caroline (1998) 'Realism, Deconstruction and the Feminist Standpoint', mimeo: Bath Spa University College.

Nicita, Antonio and Ugo Pagano (eds) (2001) *The Evolution of Economic Diversity*, London and New York: Routledge.

Nielsen, Peter (2002) 'Reflections on Critical Realism in Political Economy', *Cambridge Journal of Economics*, vol 26, no 6, 727–38.

Norrie, Alan (2001) *Punishment, Responsibility and Justice: A Relational Critique*, Oxford: Oxford University Press.

Northover, Patricia (1995) 'On Explaining Economic Growth: A Methodological Enquiry', Ph D dissertation, University of Cambridge.

Nussbaum, Martha C (1995) 'Human Capabilities, Female Human Beings', in Martha C Nussbaum and Jonathan Glover (eds) *Women, Culture, and Development: A Study of Human Capabilities*, Oxford: Clarendon Press.

Nussbaum, Martha C and Amartya Sen (eds) (1993) *The Quality of Life*, Oxford: Clarendon Press.

O'Driscoll, Gerald P and Mario J. Rizzo (1985) *The Economics of Time and Ignorance*, Oxford: Blackwell.

Olmsted Jennifer C (1997) 'Telling Palestinian Women's Economic Stories', *Feminist Economics*, vol 3, no 2, 141–51.

O'Neill, John (1998) *The Market: Ethics, Knowledge and Politics*, London: Routledge.

Ormerod, Paul (1994) *The Death of Economics*, London: Faber and Faber.

Ott, Notburga (1995) 'Fertility and Division of Work in The Family: A Game Theoretic Model of Household Decisions', in *Edith Kuiper and Jolonde Sap* (eds) *Out of the Margin: Feminist Perspectives on Economics*, London and New York: Routledge, 148–60.

Pagano, Ugo (forthcoming) 'Critical realism and institutionalism', in Paul Lewis (ed) *Transforming Economics: Perspectives on the Critical Realist Project*, London and New York: Routledge.

Parker, Richard (1993) 'Can Economists Save Economics?', *The American Prospect*, vol 4, no 13, March, 21.

Parsons, Stephen (1995) 'Post Keynesian Realism and Keynes's General Theory', *Journal of Post Keynesian Economics*, vol 18, no 3, fall, 419–41.

Patomki, Heikki (2002) *After International Relations: Critical Realism and* the Reconstruction of World Politics, London and New York: Routledge.

Pawson, Ray (1999) 'Middle – Range Realism', mimeo, Department of Sociology and Social Policy, Leeds University (paper presented at annual conference of the International Association for Critical Realism, rebro, 1999).

Penrose, Edith (1952) 'Biological Analogies in the Theory of the Firm', American Economic Review, vol XLII, no 5, December, 804 – 19.

Peukert, Helge (2001) 'On the Origins of Modern Evolutionary Economics: The Veblen Legend after 100 years', Journal of Economic Issues, vol XXXV, no 3, September, 543 – 56.

Pfouts, Ralph W (2002) 'On the Need for a More Complete Ontology of the Consumer', in Edward Fullbrook (ed) Intersubjectivity in Economics: Agents and Structures, London: Routledge.

Phelps Brown, E H (1972) 'The Underdevelopment of Economics', Economic Journal, vol 82, no 1, March, 1 – 10.

Phipps, Shelley A and Peter S Burton (1995) 'Social/Institutional Variables and Behaviour Within Households: An Empirical Test Using the Luxembourg Income Study', Feminist Economics, vol 1, no 1, 151 – 74.

Pinkstone, Brian (2002) 'Persistent Demi – regs and Robust Tendencies: Critical Realism and the Singer – Prebisch Thesis', Cambridge Journal of Economics, vol 26, no 5, 561 – 84.

Pisanie, Johann A du (1997) 'Declining Enrolments in Economics', Royal Economic Society Newsletter, no 96, January, 7.

Poincaré, Henri (1901) Letter to Walras, in W Jaffé (ed) (1965) Correspondence of Léon Walras and Related Papers, vol 3, Letter 1496a, Amsterdam: North Holland, 162 – 5.

Polanyi, Karl (1971) 'The Economy as an Instituted Process', in George Dalton (ed) Primitive Archaic and Modern Economics: Essays of Karl Polanyi, Boston MA: Beacon Press, 139 – 74.

Popper, Karl R (1967) 'The Rationality Principle', in David Miller (ed) (1985) Popper Selections, Princeton NJ: Princeton University Press.

Posner, Richard A (1977) *Economic Analysis of Laws*, 2nd edn, Boston MA and Toronto: Little and Brown Company.

Potts, Jason (2000) *The New Evolutionary Microeconomics: Complexity, Competence and Adaptive Behaviour*, Cheltenham: Edward Elgar.

Pratten, Stephen (1994) 'Forms of Realism, Conceptions of Science And Approaches to Industrial Organisation', Ph D dissertation, University of Cambridge.

—— (1996) 'The "Closure" Assumption as a First Step: Neo Ricardian Economics and Post Keynesianism', *Review of Social Economy*, vol LIV, no 4, 423 – 43.

—— (1997a) 'The Nature of Transaction Cost Economics', *Journal of Economic Issues*, vol 31, 781 – 803.

—— (1997b) 'Coherence in Post Keynesian Economics', in P Arestis, G Palma and M Sawyer (eds) *Capital Controversy, Post – Keynesian Economics and the History of Economic Thought: Essays in Honour of Geoff Harcourt*, vol 1, London: Routledge.

—— (1998) 'Marshall on Tendencies, Equilibrium and the Statical Method', *History of Political Economy*, vol 30, no 1, 121 – 62.

—— (2001) 'Coase on Broadcasting, Advertising and Policy', *Cambridge Journal of Economics*, vol 25, no 5, 617 – 38.

Pujol, Michèle (1995) 'Into the Margin', in Edith Kuiper and Jolande Sap (eds) *Out of the Margin: Feminist Perspectives on Economics*, London and New York: Routledge, 17 – 35.

—— (1997) 'Broadening Economic Data and Methods', *Feminist Economics*, vol 3, no 2, 119 – 20.

Redmount, Esther (1995) 'Towards a Feminist Econometrics', in Edith Kuiper and Jolande Sap (eds) *Out of the Margin: Feminist Perspectives on Economics*, London and New York: Routledge, 216 – 22.

Reed, Mike J (2001) 'Organisation, Trust and Control: A Realist Analysis', *Organisational Studies*, vol 22, no 2, 201 – 28.

Reijnders, Jan (ed) (1997) *Economics and Evolution*, Cheltenham: Edward

Elgar.

Reinert, Erik S (2000) 'The Austrians and "The Other Canon"', in J Backhaus (ed) *The History of Evolutionary Economics*, Aldershot: Edward Elgar (page references to an unpublished mimeo).

Reybaud, Louis (1862) *Les économistes modernes*, Paris: Guillaumin.

Robbins, Lionel (1940) [1932] *An Essay on the Nature and Significance of Economic Science*, London: Macmillan.

Romanes, George John (1892 –7) *Darwin and after Darwin: An Exposition of the Darwinian Theory and a Discussion of Post – Darwinian Questions*, 3 vols, London: Longmans, Green and Co.

Rose, Hilary and Steven Rose (eds) (2001) *Alas Poor Darwin: Arguments against Evolutionary Psychology*, London: Vintage.

Rose, Steven (2001) 'Escaping Evolutionary Psychology', in *Hilary Rose and Steven Rose* (eds) *Alas Poor Darwin: Arguments Against Evolutionary Psychology*, London: Vintage.

Rosenberg, Alexander (1976) *Microeconomic Laws: A Philosophical Analysis*, Pittsburgh: University of Pittsburgh Press.

— (1978) 'The Puzzle of Economic Modelling', *The Journal of Philosophy*, vol 75, 670 –83.

— (1983) 'If Economics Isn't Science, What Is It?', *The Philosophical Forum*, vol 14, 296 –314; reprinted in *Daniel M Hausman* (ed) *The Philosophy of Economics: An Anthology*, second edition, Cambridge: Cambridge University Press, 376 –94 (page references to the latter).

— (1992) *Economics: Mathematical Politics or Science of Diminishing Returns?*, Chicago: University of Chicago Press.

— (1994a) 'What Is the Cognitive Status of Economic Theory?' in *Roger E Backhouse* (ed) *New Directions in Economic Methodology*, London and New York: Routledge.

— (1994b) 'Does Evolutionary Theory Give Comfort or Inspiration to Economics?' in *Philip Mirowski* (ed) *Natural Images in Economic Thought: Markets Read in Tooth and Claw*, Cambridge: Cambridge University Press.

Rosser Jr, J Barkley (2001) 'Alternative Keynesian and Post Keynesian Perspectives on Uncertainty and Expectations', *Journal of Post Keynesian Economics*, vol 23, no 4, summer, 545 – 66.

Rotheim, Roy J (1998) 'On Closed Systems and the Language of Economic Discourse', *Review of Social Economy*, fall, 324 – 34.

—— (1999) 'Post Keynesian Economics and Realist Philosophy', *Journal of Post Keynesian Economics*, vol 22, no 1, 71 – 103.

—— (2002) 'Timeful Theories, Timeful Theorists', in *Philip Arestis*, Meghnad Desai and Sheila Dow (eds) *Methodology, Microeconomics and Keynes: Essays in Honour of Victoria Chick*, Volume Two, London: Routledge.

Rubinstein, Ariel (1991) 'Comments on the Interpretation of Game Theory', *Econometrica*, vol 59, no 4, 909 – 24.

—— (1995) 'John Nash: The Master of Economic Modeling', *Scandinavian Journal of Economics*, vol 97, no 1, 9 – 13.

Runde, Jochen (1996) 'On Popper, Probabilities and Propensities', *Review of Social Economy*, vol 54, 465 – 85; reprinted in Steven Fleetwood (ed) (1999) *Critical Realism in Economics: Development and Debate*, London: Routledge, 63 – 82.

—— (1998a) 'Assessing Causal Economic Explanations', *Oxford Economic Papers*, vol 50, 151 – 72.

—— (1998b) 'Probability, Uncertainty and Long – term Expectations', in P O' Hara (ed) *Encyclopedia of Political Economy*, London: Routledge, 1189 – 92.

—— (2001a) 'Chances and Choices: Notes on Probability and Belief in Economic Theory', in Uskali M ki (ed) *The Economic Worldview: Studies in the Ontology of Economics*, Cambridge: Cambridge University Press, 132 – 53; revised and extended version of a paper that originally appeared in *The Monist*, 1995, vol 78, no 3, July, 331 – 52.

—— (2001b) 'On Stephen Parsons' Philosophical Critique of Transcendental Realism', *Review of Political Economy*, vol 13, no 1, 101 – 14.

——(2002)'Filling in the Background', *Journal of Economic Methodology*, vol 9, 11 – 30.

Rutherford, Malcolm (1998) 'Veblen's Evolutionary Programme: A Promise Unfulfilled', *Cambridge Journal of Economics*, vol 22, July, 463 – 77.

Ruwanpura, Kanchana (2002) *Matrilineal Communities, Patriarchal Realities: Female – headship in Eastern Sri Lanka—A Feminist Economic Reading*, Ph D dissertation, University of Cambridge.

Salanti, Andrea and Ernesto Screpanti (eds) (1997) *Pluralism in Economics: New Perspectives in History and Methodology*, Cheltenham: Edward Elgar.

Samuels, Warren J (1989) 'Austrian and Institutional Economics: Some Common Elements', *Research in the History of Economic Thought and Methodology*, 53, 72.

——(1990) 'The Self – referentiability of Thorstein Veblen's Theory of the Preconceptions of Economics Science', *Journal of Economic Issues*, vol XXIV, no 3, September, 695 – 718.

——(1998) 'Comment on 'Postmodernism and Institutionalism'', *Journal of Economic Issues*, vol XXXII, no 3, September, 823 – 32.

Samuelson, Paul A (1952) 'Economic Theory and Mathematics: An Appraisal', *American Economic Review*, vol 42, no 2, 56 – 66.

Sawyer, Malcolm (ed) (1988) *Post – Keynesian Economics*, Aldershot: Edward Elgar.

Say, Jean – Baptiste (1803) 'Discours Préliminaire', in *Traité d' Economie Politique*, 1st edn, Paris: Crapelet.

——(1971) [1826] 'Discours Préliminaire', in *Traité d' économie politique*, 5th edn, with a preface by G Tapinos, Paris: Calmann – Levy.

Sayer, Andrew (2000) *Realism and Social Science*, London: Sage.

Sayre – McCord, G (ed) (1988) *Essays on Moral Realism*, Ithaca NY and London: Cornell University Press.

Schumpeter, Joseph A (1954) *History of Economic Analysis*, New York: Oxford University Press.

Searle, John R (1995) *The Construction of Social Reality*, London: Penguin.

— (2001) *Rationality in Action* (The Jean Nicod Lectures), Cambridge MA and London: MIT Press.

Seiz, Janet (1993) 'Feminism and the History of Economic Thought', *History of Political Economy*, vol 25, no 4, 185 – 201.

— (1995) 'Epistemology and the Tasks of Feminist Economics', *Feminist Economics*, vol 1, no 3, 110 – 18.

Sen, Amartya (1993) 'Capability and Well – being', in Martha C Nussbaum and Amartya Sen (eds) *The Quality of Life*, Oxford: Clarendon Press.

Setterfield, Mark (1997) 'Are Academic Economists Concerned about Public Policy?', *Options Politiques*, September, 22 – 4.

— (2000) 'Expectations, Endogenous Money, and the Business Cycle: An Exercise in Open Systems Modelling', *Journal of Post Keynesian Economics*, vol 32, no 1, fall, 77 – 107.

Siakantaris, Nikos (2000) 'Experimental Economics under the Microscope', *Cambridge Journal of Economics*, vol 24, 267 – 81.

Smith, Dorothy (1987) *The Everyday World as Problematic*, Boston MA: Northeastern University Press.

— (1990) *The Conceptual Practices of Power*, Boston MA: Northeastern University Press.

Smithin, John (ed) (2000) *What is Money?*, London and New York: Routledge.

Smithin, John (forthcoming) 'Macroeconomic Theory, Critical Realism and Capitalism', in *Paul Lewis* (ed) *Transforming Economics: Perspectives on the Critical Realist Project*, London and New York: Routledge.

Sofianou, Evanthia (1995) 'Post – modernism and the Notion of Rationality in Economics', *Cambridge Journal of Economics*, vol 19, no 3, 373 – 89.

Soper, Kate (1990) *Troubled Pleasures: Writings on Politics, Gender and Hedonism*, London and New York: Verso.

— (1991) 'Postmodernism, Critical Theory and Critical Realism', in *Roy*

Bhaskar (ed) *A Meeting of Minds*, London: The Socialist Society.

Soskice, Janet (1985) *Metaphor and Religious Language*, Oxford: Clarendon Press.

Soskice, Janet and Rom Harré (1982) 'Metaphor in Science', in *D S Miall* (ed) *Metaphor: Problems and Perspectives*, Brighton: Harvester.

Sperber, Dan (2000) 'Why Memes Won't Do', in *Robert Aunger* (ed) *Darwinizing Culture: The Status of Memetics as a Science*, Oxford: Oxford University Press.

Staveren, Irene van (1997) 'Focus Groups: Contributing to a Gender-aware Methodology', *Feminist Economics*, vol 3, no 2, 131-7.

—— (2001) *The Values of Economics: An Aristotelian Perspective*, London: Routledge.

Sterling, Richard W (1974) *Macropolitics: International Relations in a Global Society*, New York: Knopf.

Stinchcombe, Arthur L (1975) 'Merton's Theory of Social Structure', in *L Coser* (ed) *The Idea of Social Structure*, papers in honour of Robert K Merton, New York: Harcourt, Brace Jovanorich.

Strassmann, Diana (1993a) 'Not a Free Market: The Rhetoric of Disciplinary Authority in Economics', in *Marianne A Ferber and Julie A Nelson* (eds) *Beyond Economic Man: Feminist Theory and Economics*, Chicago: University of Chicago Press, 54-68.

—— (1993b) 'The Stories of Economics and the Power of the Storyteller', *History of Political Economy*, vol 25, no 4, 147-65.

—— (1994) 'Feminist Thought and Economics; Or, What do the Visigoths Know?', *American Economic Review, Papers and Proceedings*, vol 84, no 2, 153-58.

—— (1995) 'Editorial: Creating a Forum for Feminist Economic Inquiry', *Feminist Economics*, vol 1, no 1, 1-5.

Strassmann, Diana and Livia Polanyi (1995) 'The Economist as Storyteller: What Texts Reveal', in *Edith Kuiper and Jolande Sap* (eds) *Out of the Margin: Feminist Perspectives on Economics*, London and New York: Routledge.

Thomson, William L (1999) 'The Young Person's Guide to Writing Economic Theory', *Journal of Economic Literature*, vol XXXVII, no 1, 157 – 83.

Tiles, Mary (1987) 'A Science of Mars or of Venus?', *Philosophy*, vol 62; reprinted in *Evelyn Fox Keller and Helen E Longino* (eds) *Feminism and Science*, Oxford and New York: Oxford University Press.

Turnovsky, Stephen J (1992) 'The next Hundred Years', in *John D Hey* (ed) *The Future of Economics*, Oxford: Blackwell.

Twomey, Paul (1998) 'Reviving Veblenian Economic Psychology', *Cambridge Journal of Economics*, vol 22, July, 433 – 48.

van Fraassen, Bas C (1980) *The Scientific Image*, Oxford: Clarendon Press.

Veblen, Thorstein B (1898) 'Why is Economics Not an Evolutionary Science?', *The Quarterly Journal of Economics*, vol XII, July; reprinted in 'The Place of Science in Modern Civilization' and Other Essays, 1919, Viking Press; republished (with a new introduction by Warren J Samuels) in 1990 by Transaction Publishers, New Jersey (page references to the latter).

— (1899a) *Theory of the Leisure Class*, New York, Macmillan.

— (1899b) 'The Preconception of Economic Science I', *The Quarterly Journal of Economics*, vol XIV, February; reprinted in 'The Place of Science in Modern Civilization' and Other Essays, 1919, Viking Press; republished (with a new introduction by Warren J Samuels) in 1990 by Transaction Publishers, New Jersey (page references to the latter).

— (1900) 'The Preconception of Economic Science IIP', *The Quarterly Journal of Economics*, vol XIV, February; reprinted in 'The Place of Science in Modern Civilization' and Other Essays, 1919, Viking Press; republished (with a new introduction by Warren J Samuels) in 1990 by Transaction Publishers, New Jersey (page references to the latter).

— (1904) *The Theory of the Business Enterprise*, New York: Charles Scibners.

— (1906) 'The Place of Science in Modern Civilization', *The American Journal of Sociology*, vol XI, March; reprinted in ' The Place of Science in Modern Civilization' and Other Essays, 1919, Viking Press; republished (with a new introduction by Warren J Samuels) in 1990 by Transaction Publishers, New Jersey (page references to the latter).

——(1908) 'The Evolution of the Scientific Point of View', *The University of California Chronicle*, vol X, no 4; reprinted in 'The Place of Science in Modern Civilization' and Other Essays, 1919, Viking Press; republished (with a new introduction by Warren J Samuels) in 1990 by Transaction Publishers, New Jersey (page references to the latter).

——(1909) 'The Limitations of Marginal Utility', *The Journal of Political Economy*, vol XVII, no 9, November; reprinted in 'The Place of Science in Modern Civilization' and Other Essays, 1919, Viking Press; republished (with a new introduction by Warren J Samuels) in 1990 by Transaction Publishers, New Jersey (page references to the latter).

——(1990) [1919] *The Place of Science in Modern Civilization and Other Essays*, New Jersey: Transaction Publishers.

——(1924) [1923] *Absentee Ownership and Business Enterprise in Recent Times; The Case of America*, London: George Allen and Unwin.

——(1954) [1925] 'Economic Theory in the Calculable future', *American Economic Review*, vol XV, no 1, supplement, March; reprinted in Leon Ardzrooni (ed) *Essays in our Changing Order*, New York: Viking Press (page references to the latter).

Viskovatoff, Alex (2002) 'Critical Realism and Kantian Transcendental Arguments', *Cambridge Journal of Economics*, vol 26, no 6, 697 – 708.

Voltaire, F M Arouet de (1738) *Eléments de la philosophie de Newton mis à la porteé de tout le monde*, Amsterdam: Etienne Ledet and Co.

Vromen, Jack (2001) 'Ontological Commitments of Evolutionary Economics', in *Uskali M ki* (ed) *The Economic Worldview*, Cambridge: Cambridge University Press.

Walters, Bernard and David Young (1997) 'On the coherence of post Keynesian economics', *Scottish Journal of Political Economy*, vol 44, no 3, 329 – 49.

—（1999）'Is Critical Realism the Appropriate Basis for Post Keynesianism?', *Journal of Post Keynesian Economics*, vol 22, no 1, fall, 105 – 23.

　　Walras, Leon (1874) 'Principe d'une théorie mathématique de l'échange', in Compte – rendu des Séances et Travaux de l'Académie des Sciences Morales et Politique, séances du 16 et 24 Aot 1873, January 1874, 97 – 120.

　　—（1893）'Notice autobiographique', in W Jaffé (ed) (1965) *Correspondence of Léon Walras and Related Papers*, vol 1, 1 – 15, Amsterdam: North Holland.

　　Weiner, Jonathan (1994) *The Beak of the Finch: A Story of Evolution in Our Time*, London: Jonathan Cape.

　　Weintraub, E Roy (1989) 'Methodology Doesn't Matter, But the History of Thought Might', *Scandinavian Journal of Economics*, vol 91, no 2, 477 – 93.

　　Weintraub, E Roy and PhilipMirowski (1994) 'The Pure and the Applied: Bourbakism Comes to Mathematical Economics', *Science in Context*, vol 7, 245 – 72.

　　Whitehead, Alfred N (1926) Science and the Modern World, Cambridge: Cambridge University Press.

　　Wiles, Peter and Guy Routh (eds) (1984) *Economics in Disarray*, Oxford: Blackwell.

　　Wilkinson, Frank (1983) 'Productive Systems', *Cambridge Journal of Economics*, vol 7, no 3, 413 – 29.

　　Willmott, Robert (2002) *Education Policy and Realist Social Theory*, London and New York: Routledge.

　　Witt, Ulrich (2001) 'Evolutionary Economics', in Kurt Dopfer (ed) *Evolutionary Economics: Programme and Scope*, Boston MA, Dordrecht and London: Kluwer Academic Publishers.

　　Wolowski, Louis (1848) *Etudes d'économie politique et de statistique*, Paris: Guillaumin.

　　Yonay, Yuval P (1998) *The Struggle Over the Soul Of Economics: Institutionalist and Neoclassical Economists in America Between the Wars*, Princeton: Princeton University Press.

人名索引

（注：以下人名索引中的数字为原著中相应人名所在的页码）

Abelson, Peter——P. 埃布尔森 xv, 279, 347

Ackroyd, Stephen——S. 阿克罗伊德 305 n, 347

Alcoff, Linda——L. 奥尔科夫 355

Allais, Maurice——M. 阿莱 13, 318 n, 319 n, 347

Archer, Margaret——M. 阿彻 Archer, Margaret S. xxv, 52, 296 n, 299 n, 304 n, 305 n, 337 n, 342 n, 347, 348

Ardzrooni, Leon——L. 艾滋鲁尼 368

Arena, Richard——R. 阿雷纳 xxv, 266—268, 343 n, 347

Arestis, Philip——P. 阿雷斯蒂斯 168—170, 177, 321 n, 322 n, 323 n, 324 n, 347, 353, 354, 359, 360, 364, 365

Aristotle——亚里士多德 201, 304 n

Assister, Alison——A. 阿西斯特 235, 347

Aunger, Robert——R. 安杰 137, 317 n, 347, 348, 356, 367

D'Autume, Antoine——A. 道图穆 348, 354, 357, 358

Ayres, Clarence——C. 埃利斯 Ayres, Clarence E. 184, 188, 189, 191, 192, 203, 216, 348

Backhaus, Jürgen——J. 巴克豪斯 Backhaus, Jürgen G. 364,

Backhouse, Roger——R. 巴克豪斯 Backhouse, Roger E. 354, 355, 362, 365

Badgett, Lee——L. 巴格特 Badgett, Lee M. V. 336 n, 348

Baldassarri, Mario——M. 巴尔达萨里 347

Baranzini, Mauro——M. 布兰辛尼 355

— 417 —

Baron – Cohen, Simon——S. 巴伦 - 科亨 346 n, 348, 359

Baudrillart, Henri——H. 博德里亚 267, 348

Bauer, Leonard——L. 包尔 xxv

Baumol, William——W. 鲍莫尔 283 n, 348

Beasley, Chris——C. 比斯利 325 n, 348

Bell, Daniel——D. 贝尔 9, 318 n, 348, 350

Berik, Gunseli——G. 贝里克 338 n, 348

Bhaskar, Roy——R. 巴斯卡 xxv, 292 n, 304 n, 305 n, 307 n, 318 n, 347, 348, 350, 367

Blackmore, Susan——S. 布莱克莫尔 137, 138, 316 n, 317 n, 348

Blaug, Mark——M. 布劳格 9, 10, 30—32, 318 n, 348

Bloom, Allan——A. 布卢姆 275, 348

Boag, Peter——P. 博格 312 n, 313 n, 348

Boettke, Peter——P. 波伊特克 324 n, 325 n, 349, 360, 362

Bordo, Susan——S. 博尔多 336 n, 340 n, 349

Boudon, Raymond——R. 布东 302 n, 349, 354

Boulding, Kenneth——K. 博尔丁 289 n

Bourdieu, Pierre——P. 布尔迪厄 45, 296 n, 349

Bowley, Arthur——A. 鲍利 361

Boyd, Richard——R. 博伊德 115, 304 n, 349

Brace, Casey——C. 布拉斯 352, 367

Brereton, Derek——D. 布里尔顿 304 n, 349

Brodie, Richard——R. 布罗迪 136, 349

Brown, Andrew——A. 布朗 173, 295 n, 300 n, 305 n, 321 n, 349, 351

Burkhardt, Richard——R. 伯克哈特 Burkhardt, Richard W. Jr 314 n, 349

Burton, Peter——P. 比尔东 338 n, 363

Califati, Antonio——A. 卡里法蒂 xxv

Canard, Nicolas - François——N. 卡纳尔 261

Cannan, Edwin——E. 坎南 349

人名索引

Cartelier, Jean——J. 卡尔特利耶 348, 354, 357, 358

Carter, Robert——R. 卡特 305 n, 349

Cartwright, Nancy——N. 卡特赖特 289 n, 349

Castells, Manuel——M. 卡斯泰尔 302 n, 349

Chichilinsky, Graciela——G. 旗奇林斯基 289 n

Chick, Victoria——V. 奇克 292 n, 305 n, 347, 349, 353, 360, 365

Chote, Robert——R. 乔特 xv, 279, 349

Clower, Robert——R. 克洛尔 22, 349

Coase, Ronald——R. 科斯 10, 350, 364

Coats, Bob AW——B. A. 科茨 Coats, Bob A. W 274, 350

Coggeshall, Porter——P. 科吉歇尔 Coggeshall, Porter E. 357

Collier, Andrew——A. 科利尔 xxv, 149, 303 n, 304 n, 305 n, 347, 348, 350

Collins, Patricia Hill——P. H. 科林斯 340 n, 350

Colonna, Maria——M. 科隆纳 359

Colson, Clément-Léon——C. 科尔森 342 n

Commons, John——J. 康芒斯 Commons, John R. 148, 247, 303 n, 308 n, 334 n, 348, 350, 358

Condillac, Etienne Bonnot De——E. B. 孔狄亚克 267

Condorcet, Marie-Jean-Antoine-Nicolas De Caritat, marquis De——M. M. 孔多塞 260, 265

Coser, Lewis——L. 科塞尔 Coser, Lewis, A. 367

Costello, Neil——N. 科斯特洛 305 n, 350

Cournot, Antoine-Augustin——A. 库尔诺 261

Creaven, Sean——S. 克里文 305 n, 350

Cruickshank, Justin——J. 克鲁克香克 360

Dahlbom, BO——B. 达尔布姆 351

Dalton, George——G. 达尔顿 364

Danermark, Berth——B. 丹乐马科 305 n, 350

Dannreuther, Charles——C. 丹罗伊特 358

Darwin, Charles——C. 达尔文 3, 111, 112, 120, 122—25, 137, 138, 206, 210, 211, 252, 312 n, 313 n, 314 n, 316 n, 348, 350, 351, 364, 365

Davidson, Paul——P. 达维松 170, 172, 322 n, 323 n, 324 n, 325 n, 350, 360

Davis, John——J. 戴维斯 Davis, John B. 300 n, 302 n, 305 n, 350,

Dawkins, Richard——R. 道金斯 122, 134—137, 253, 316 n, 351

Deakin, Simon——S. 迪金 342 n, 351

Debreu, Gerard——G. 德布勒 4, 272, 273, 283 n, 289 n, 343 n, 344 n, 345 n, 351

Dennett, Daniel——D. 丹尼特 138, 351

Dennis, Kenneth——K. 丹尼斯 284 n, 351

Desai, Meghnad——M. 德赛 347, 353, 360, 365

Dewey, John——J. 杜威 334 n

Dicken, Peter——P. 迪肯 302 n, 351

Dolfsma, Wilfred——W. 多夫斯玛 358

Donaldson, Peter——P. 唐纳森 318 n, 351

Dopfer, Kurt——K. 多普菲 xxv, 110, 351, 355, 369

Dore, Ronald——R. 多尔 302 n, 351

Dorfman, Joseph——J. 多尔夫曼 348

Dover, Gabriel——G. 多弗 316 n, 351

Dow, Sheila——S. 道 5, 169, 170, 173, 177, 292 n, 300 n, 305 n, 321 n, 322 n, 323 n, 324 n, 347, 349, 351, 352, 353, 359, 360, 365

Downward, Paul——P. 唐沃德 305 n, 323 n, 324 n, 353

Dugger, William——W. 杜加 110, 352

Dunn, Stephen——S. 邓恩 168, 169, 170, 302 n, 321 n, 323 n, 324 n, 325 n, 347, 352

Dupont de Nemours, Pierre – Antoine——P. 杜邦·内穆尔 260

Dupré, John——J. 杜普雷 289 n, 291 n, 304 n, 352

Dupuit, Jules——J. 迪皮 Dupuit, A. Jules È. 261, 342 n

人名索引

Eatwell, John——J. 伊特韦尔 354

Eichner, Alfred——A. 艾希纳 169, 321 n, 352

Einstein, Albert——A. 爱因斯坦 201

Ekins, Paul——P. 伊金斯 359

Ekström, Mats——M. 埃克斯特龙 350

Engels, Friedrich——F. 恩格斯 304 n, 361

England, Paula——P. 英格兰 336 n, 352

Engle, Robert——R. 恩格尔 20, 352

Esim, Simel——S. 艾斯姆 338 n, 352

Farshid, Vahid – Araghi——V. 法喜德 352

Faulkner, Philip——P. 福克纳 xxv, 296 n, 300 n, 302 n, 352

Ferber, Marianne——M. 费贝尔 Ferber, Marianne A. 8, 352, 367

Finch, John——J. 芬奇 Finch, John H. 300 n, 305 n, 352

Fine, Ben——B. 法恩 8, 284 n, 285 n, 295 n, 301 n, 305 n, 352

Flax, Jane——J. 弗拉克斯 235, 353

Fleetwood, Steven——S. 弗利特伍德 xxv, 63, 69, 292 n, 294 n, 295 n, 302 n, 303 n, 305 n, 318 n, 321 n, 347, 349, 353, 357—360, 365

Folbre, Nancy——N. 佛伯尔 336 n, 353

Fontana, Giuseppe——G. 丰塔纳 323 n, 353

Foster, John——J. 福斯特 xxv

Fox Keller, Evelyn——E. 福克斯 355, 367

Fricker, Miranda——M. 弗里克 338 n, 353

Friedman, Milton——M. 弗里德曼 10, 20, 29, 318 n, 353

Frowen, Stephen——S. 弗罗温 359

Fullbrook, Edward——E. 富布鲁克 xv, xvi, 281, 305 n, 350, 353, 363

Galeotti, Elisabetta——E. 加莱奥蒂 xxv

Gardner, Lindzey——L. 加德纳 357

— 421 —

Garfinkel, Alan——A. 加芬克尔 309 n, 339 n, 353

Garry, Ann——A. 加里 360

Gee, J. M. Alec——J. M. 吉 284 n, 353

Giddens, Anthony——A. 吉登斯 296 n, 353

Gide, Charles——C. 吉德 342 n

Gillies, Donald——D. 吉利斯 302 n, 353

Glover, Jonathan——J. 格洛弗 363

Goldin, Claudia——C. 戈尔丹 100, 353

Goodwin, Crawford——C. 古德温 Goodwin, Crawford D. 274, 354

Goswami, Usha——U. 戈斯瓦米 348

Gould, Stephen——S. J. 古尔德 316 n, 317 n

Graça Moura, Mario——M. 格拉萨－莫拉 xxv, 57, 354

Granger, Clive——C. 格兰格 20, 352

Grant, Peter——P. 格兰特 312 n, 313 n, 348

Grant, Rosemary——R. 格兰特 312 n

Grapard, Ulla——U. 格拉帕尔德 336 n, 354

Griffin, Rick——R. 格里芬 346 n, 348

Grimshaw, Jean——J. 格里姆肖 338 n, 354

Guesnerie, Roger——R. 盖内里 283 n, 354

Hagemann, Harald——H. 阿赫曼 359

Hahn, Frank——F. 哈恩 Hahn, Frank H. 11, 18, 19, 27, 249, 262, 284 n, 288 n, 289 n, 293 n, 354

Hamlin, Cynthia——C. 哈姆林 305 n, 354

Hammer, Jessica——J. 阿梅 144, 346 n, 348

Hamouda, Omar——O. 哈姆达 Hamouda, Omar F. 168, 169, 322 n, 354, 359

Hands, D. Wade——D. W. 汉兹 292 n, 305 n, 308 n, 359

Haraway, Donna——D. 哈拉维 219, 337 n, 340 n, 354

Harcourt, Geoffrey——G. 阿尔古 Harcourt, Geoffrey C. xxv, 168, 169, 289 n, 322 n, 354, 355, 359, 364, 367

 Harding, Sandra——S. 哈丁 234, 236, 355

 Harré, Rom——R. 哈雷 115, 356, 367

 Hartsock, Nancy——N. 哈索克 340 n, 355

 Hausman, Daniel——D. 豪斯曼 Hausman, Daniel M. 2, 63—66, 69—74, 159, 163, 321 n, 355, 365

 Hayek, Friedrich——F. 哈耶克 Hayek, Friedrich A. 247, 303 n, 353, 359

 Held, David——D. 海尔德 58, 302 n, 355

 Hendry, David——D. 亨德里 Hendry, David F. 8, 294 n, 355

 Herrmann, Anne——A. 埃尔曼 349, 354

 Herrmann – Pillath, Carsten——C. 何梦笔 305 n, 310 n, 355

 Hey, John——J. 海伊 Hey, John D. 348, 355, 368

 Hicks, John——J. 希克斯 318 n, 319 n, 342 n, 355

 Hilbert, David——D. 希尔伯特 271

 Hill, Jacqui——J. 希尔 346 n, 348

 Hillard, John——J. 希拉德 359

 Hintikka, Merrill——M. 欣蒂卡 Hintikka, Merrill B. 355

 Hirshleifer, Jack——J. 赫什雷弗 142, 317 n, 355

 Hirst, Paul——P. 赫斯特 302 n, 355

 Hodgson, Geoffrey——G. 霍奇逊 Hodgson, Geoffrey M. xxv, 8, 55, 110, 111, 142, 147, 169, 189, 301 n, 302 n, 305 n, 310 n, 314 n, 318 n, 321 n, 325 n, 329 n, 331 n, 332 n, 336 n, 351, 355, 356

 Hofstadter, Richard——R. 霍夫施塔特 275, 344 n, 356

 Hoksbergen, Ronald——R. 豪克斯伯根 184, 202, 325 n, 356

 Hoover, Kevin D.——K. D. 胡佛 Hoover, Kevin D. 25, 287 n, 289 n, 291 n, 309 n, 356

 Hostettler, Nick——N. 侯斯特勒 xxv

 Howell, David——D. 豪厄尔 8, 247, 285 n, 286 n, 356

 Hull, David——D. 赫尔 122, 253, 317 n, 356

 Hume, David——D. 休谟 64, 304 n, 337 n, 352

Ietto – Gillies, Grazia——G. 耶托－吉利斯 302 n, 353

Ingham, Geoffrey——G. 英厄姆 302 n, 318 n, 357

Ingrao, Bruna——B. 因格劳 256, 260—264, 266, 268, 278, 357

Isnard, Achylle – Nicolas——A. 伊斯纳德 261

Israel, Giorgio——G. 伊斯雷尔 256, 260—264, 266, 268, 278, 357

Jacobsen, Joyce——J. 雅各布森 Jacobsen, Joyce P. 338 n, 357

Jaffé, William——W. 雅费 364, 369

Jakobsen, Liselotte——L. 雅各布森 350

James, William——W. 詹姆士 334 n

Jameson, Fredric——F. 詹姆森 302 n, 357

Jensen, Uffe Juul——U. J. 亨森 356

Jespersen, Jesper——J. 耶斯佩森 302 n, 323 n, 324 n, 357

Jevons, William Stanley——W. S. 杰文斯 278, 284 n, 354

Jones, Lyle——L. 霍内斯 Jones, Lyle V. 357

Kaldor, Nicholas——N. 卡尔多 83, 357, 359

Kant, Immanuel——I. 康德 184, 259, 294 n, 327 n

Kanth, Rajani——R. 康德 Kanth, Rajani K. 8, 357

Karlson, Jan——J. 卡尔森 Karlson, Jan Ch. 350

Katz, Lawrence——L. 卡茨 Katz, Lawrence F. 100, 353

Kaul, Nitasha——N. 考尔 300 n, 357

Kay, John——J. 凯 8, 20, 357

Keeble, David——D. 基布尔 358

Kepler, Johannes——J. 开普勒 259

Keynes, John Maynard——J. M. 凯恩斯 4, 42, 170, 173—177, 182, 247, 286 n, 289 n, 303 n, 322 n, 323 n, 324 n, 345 n, 347, 353, 357, 359, 360, 362, 363, 365

Kincaid, Harold——H. 金凯德 304 n, 357

人名索引

Kirman, Alan——A. 基尔曼 xv, 9—11, 22, 249, 279, 281, 318 n, 357

Kline, Morris——M. 克兰 248, 250, 342 n, 357

Koopmans, Tjalling——T. 科普曼斯 289 n

Kozul‐Wright, Richard——R. 科祖尔‐怀特 302 n, 357

Kristol——克里斯托尔 9, 318 n, 348, 350

Krugman——克鲁格曼 21, 287 n, 288 n, 357

Kuhn, Thomas——T. 库恩 355

Kuiper, Edith——E. 凯珀 361, 363, 364, 367

Kusch, Martin——M. 库施 297 n, 298 n, 357

Lachmann, Ludwig——L. 拉赫曼 51, 300 n, 358

Lagrange, Joseph Louis de——J. L. 拉格兰格 265

Lamarck, John BaptisteMonet, Chevalier de——J. C. 拉马克 111, 314 n, 349, 358

Langlois, Richard——R. 朗格卢瓦 Langlois, Richard N. 149, 358

Lantner, Roland——R. 洛特 22, 358

Laplace, Pierre‐Simon de——P. 拉普拉斯 265, 266, 269, 271, 278

Latsis, John——J. 拉齐斯 xxv

Latsis, Spiro——S. 拉齐斯 Latsis, Spiro J. 286 n, 358

Laurent, John——J. 劳伦特 110, 356, 358

Lavoie, Don——D. 拉沃伊 358, 361

Lavoie, Marc——M. 拉沃伊 169, 322 n, 358

Lawson, Clive——C. 劳森 xxv, 53, 57, 97, 108, 292 n, 294 n, 302 n, 303 n, 305 n, 308 n, 318 n, 325 n, 327 n, 336 n, 358

Lawson, John——J. 劳森 346 n, 348, 359

Lawson, Tony——T. 劳森 xvi, xxi, xxiii, 8, 13, 16, 19, 20, 23—26, 28, 34—36, 39, 42, 43, 47, 53, 54, 58, 63, 64, 67, 69, 70, 74, 79, 80, 83, 94, 95, 96, 108, 111, 116, 132, 143, 144, 146, 147, 150, 166, 167, 169, 170, 173, 179, 180, 196, 197, 204, 205, 237, 239, 244, 248, 286 n, 287 n, 288 n, 289 n, 290 n, 291 n, 292 n, 293 n, 294 n, 296 n, 297

— 425 —

n, 299 n, 302 n, 303 n, 304 n, 307 n, 308 n, 310 n, 318 n, 319 n, 321 n, 327 n, 332 n, 339 n, 341 n, 342 n, 345 n, 347, 358, 359, 360

Layder, Derek——D. 雷德 302 n, 360

Lazreg, Marnia——M. 拉兹拉格 338 n, 360

Learner, Edward——E. 勒纳 Learner, Edward E. 8, 9, 11, 31, 247, 293 n, 294 n, 355, 360

Lee, Frederic——F. 李 Lee, Frederic S. 168, 300 n, 305 n, 323 n, 324 n, 360

Lennon, Kathleen——K. 伦农 353, 360

Leontief, Wassily——W. 列昂季耶夫 9, 360

Levasseur, Pierre Emile——P. E. 勒瓦瑟 269, 270

Lewis, David——D. 刘易斯 309 n, 360

Lewis, Paul——P. 刘易斯 xxv, xxvi, 35, 115, 300 n, 302 n, 305 n, 318 n, 321 n, 339 n, 351, 352, 363, 367

Lindzey, Gardner——G. 林德杰 357

Lipsey, Richard——R. 利普西 Lipsey, Richard G. 4, 309 n, 360

Lipton, Peter——P. 利普顿 146, 309 n, 339 n, 360

Loasby, Brian——B. 罗斯比 110, 360

Longino, Helen——H. 朗吉诺 234, 337 n, 355, 360, 361, 367

Lorenz, Edward——E. 洛伦茨 358

Louçâ, Francisco——F. 柳卡 110, 361

Lucas, Robert——R. 卢卡斯 Lucas, Robert E. 19, 20, 361

Magnussen, Lars——L. 马格努森 110

Mair, Douglas——D. 迈尔 351, 353

Mäki, Uskali——U. 梅基 29, 63, 64, 305 n, 349, 350, 352, 357, 359, 361, 365, 369

Malthus, Thomas——T. 马尔萨斯 Malthus, Thomas R. 266, 323 n

Marshall, Alfred——A. 马歇尔 xxi, 57, 110, 133, 141, 142, 151, 153, 154, 164, 289 n, 317 n, 321 n, 361, 364

Marx, Karl——K. 马克思 xvi, 163, 170, 173, 303 n, 304 n, 305 n, 323 n, 340 n, 361

Max – Neef, Manfred——M. 马克斯－内夫 359

Mayer, Thomas——T. 马耶尔 22, 361

Mayhew, Anne——A. 梅休 189, 204, 215, 325 n, 335 n, 361

McCloskey, Dierdre——D. 麦克洛斯基 243, 284 n, 338 n, 361

McCloskey, Donald——D. 麦克洛斯基 31, 32, 318 n, 361

McDonald, Martha——M. 麦克唐纳 339 n, 361

McGrew, Anthony——A. 麦格鲁 58, 302 n, 355

McKenna, Edward——E. 麦克纳 McKenna, Edward J. 321 n, 323 n, 324 n, 361

McMaster, Robert——R. 麦克马斯特 300 n, 305 n, 352

McPherson, Michael——M. 麦克弗森 McPherson, Michael S. 355

Medema, Steven——S. 玛提姆 Medema, Steven G. 356

Menger, Carl——C. 门格 57, 247, 358

Merton, Robert——R. 默顿 Merton, Robert K. 302 n, 361, 367

Miall, David——D. 迈阿尔 Miall, David S. 367

Midgley, Mary——M. 米奇利 317 n, 362

Milgate, Murray——M. 米尔盖特 354

Mill, John Stuart——J. S. 穆勒 141, 142, 151, 153, 154, 164, 308 n, 309 n, 319 n, 320 n, 321 n, 362

Miller, Anne——A. 米勒 351, 353

Miller, David——D. 米勒 364

Miller, Edith——E. 米勒 Miller, Edith S. 325 n, 362

Mills, C. Wright——C. W. 米尔斯 302 n, 362

Mirowski, Philip——P. 米罗斯基 7, 285 n, 343 n, 362, 365, 369

Mirrlees, James——J. 米尔利斯 289 n

Mises, Ludwig von——L. V. 米泽斯 247

Mitchell, Wesley Claire——W. C. 米切尔 348

Montes, Leonides——L. 摩根 xxv, 173, 303 n, 342 n, 362

Morgan, Mary S.——M. S. 米尔詹 Morgan, Mary S. 276, 284 n, 286 n, 344 n, 354, 362

Nell, Edward——E. 内尔 Nell, Edward J. 305 n, 362

Nelson, Julie——J. 纳尔逊 Nelson, Julie A. 8, 305 n, 336 n, 345 n, 346 n, 352, 362, 367

Nelson, Richard——R. 纳尔逊 Nelson, Richard R. 310 n, 362

Neumann, John von——J. v. 诺伊曼 273, 285 n

New, Caroline——C. 纽 219, 338 n, 362

Newman, Andrew——A. 纽曼 338 n, 357

Newman, Peter——P. 纽曼 354

Newton, Ann——A. 牛顿 xxv

Newton, Isaac——I. 牛顿 201, 259, 262, 263, 303 n, 342 n, 362, 369

Nicholson, Linda——L. 尼科尔森 Nicholson, Linda J. 353, 355

Nicita, Antonio——A. 尼奇塔 110, 362

Nielsen, Peter——P. 尼尔森 300 n, 362

Nightingale, John——J. 奈廷格尔 110, 356, 358

Norrie, Allan——A. 诺里 xxv, 304 n, 305 n, 347, 363

Northover, Patricia——P. 诺斯欧瓦 305 n, 363

Nussbaum, Martha——M. 努斯鲍姆 Nussbaum, Martha C. 219, 304 n, 336 n, 338 n, 363, 366

O'Driscoll, Gerald——G. 奥德里斯科尔 O'Driscoll, Gerald P. 324 n, 325 n, 363

O'Hara, Philip——P. 奥哈拉 358, 365

O'Neill, John——J. 奥尼尔 302 n, 363

Olmsted, Jennifer——J. 奥姆斯特德 Olmsted, Jennifer C. 338 n, 363

Ormerod, Paul——P. 奥默罗德 318 n, 363

Ortony, Andrew——A. 奥托尼 349

Ott, Notburga——N. 奥特 338 n, 363

Ottosson, Jan——J. 奥托松 361

Pagano, Ugo——U. 帕加诺 110, 325 n, 362, 363

Palma, Gabriel——G. 帕尔马 359, 364

Pareto, Vilfredo——V. 帕雷托 262

Parker, Jenneth——J. 帕克 xxv

Parker, Richard——R. 帕克 xv, 8, 9, 247, 279, 285 n, 363

Parsons, Stephen——S. 帕森斯 Parsons, Stephen D. 321 n, 361, 363, 366

Patomäki, Heikki——H. 帕托迈基 305 n, 363

Pawson, Ray——R. 保松 302 n, 363

Peacock, Mark——M. 皮科克 Peacock, Mark 358

Pearsall, Marilyn——M. 皮尔索尔 360

Peart, Sandra——S. 皮尔特 347

Penrose, Edith——E. 彭罗斯 110, 133, 139, 363

Perlman, Mark——M. 佩尔曼 110, 361

Perona, Eugenia——E. 佩罗纳 xxv

Peukert, Helge——H. 波伊克特 184, 189, 195, 363

Pfouts, Ralph——R. 莆夫茨 Pfouts, Ralph W. 305 n, 363

Pheby, John——J. 菲比 354, 356

Phelps Brown, E. Henry——E. H. 费尔普斯 318 n, 363

Phipps, Shelley——S. 菲普斯 Phipps, Shelley A. 338 n, 363

Pinkstone, Brian——B. 平克斯 107, 305 n, 363

Pisanie, Johann——J. 皮伞尼 Pisanie, Johann A. du xv, 279, 364

Poincaré, Henri——H. 庞加莱 270, 278, 364

Poirier, Dale——D. 波里尔 Poirier, Dale J. 355

Polanyi, Karl——K. 波拉尼 318 n, 364

Polanyi, Livia——L. 波拉尼 336 n, 367

Popper, Karl——K. 波普尔 Popper, Karl, R. 31, 33, 303 n, 364, 365

Posner, Richard——R. 波斯纳 Posner, Richard A. 159, 364

Potter, Elizabeth——E. 波特 355

Potts, Jason——J. 波茨 110, 364

Pratten, Stephen——S. 普拉顿 xxv, xxvi, 57, 302 n, 305 n, 318 n, 321 n, 325 n, 336 n, 358, 364

Prychitko, David——D. 普雷契特科 Prychitko, David L. 359

Pujol, Michèle——M. 皮若尔 338 n, 339 n, 364

Quesnay, Francois——F. 魁奈 260, 267

Quetelet, Lambert Adolphe Jacques——L. A. 奎特雷 324 n

Ramanathan, Ramu——R. 拉马纳坦 352

Redmount, Esther——E. 雷德蒙特 338 n, 364

Reed, Mike J.——M. J. 雷德 302 n, 364

Reijnders, Jan——J. 雷尹德斯 110, 356, 364

Reinert, Erik——E. 赖纳特 Reinert, Erik S. 274—276, 364

Reybaud, Louis——L. 雷博 267, 364

Ricardo, David——D. 李嘉图 266, 267, 275, 323 n

Rizzo, Mario——M. 里索 Rizzo, Mario J. 324 n, 325 n, 363

Robbins, Lionel——L. 罗宾斯 4, 141, 142, 151—161, 164, 317 n, 318 n, 319 n, 320 n, 321 n, 364

Roberts, Michael——M. 罗伯茨 305 n, 349

Rodrigues, Carlos——C. 罗德里格斯 xxv

Romanes, George——G. 罗马尼斯 Romanes, George J. 211, 364

Rose, Hilary——H. 罗塞 351, 362, 365

Rose, Steven——S. 罗塞 316 n, 351, 362, 365

Rosenberg, Alexander——A. 罗森堡 118, 293 n, 365

Rosser, J. Barkley——J. B. 罗塞 323 n, 365

Rotheim, Roy J.——R. J. 罗塞姆 Rotheim, Roy J. xxv, 302 n, 305 n, 321 n, n, 324 n, 365

Routh, Guy——G. 劳思 9, 318 n, 369

Rowthorn, Robert——R. 罗森 302 n, 357

人名索引

Rubinstein, Ariel——A. 鲁宾施泰因 8, 9, 247, 318 n, 365

Runde, Jochen——J. 伦德 xxv, xxvi, 108, 293 n, 296 n, 302 n, 303 n, 305 n, 318 n, 321 n, 360, 365, 366

Rutherford, Malcolm——M. 拉瑟福德 189, 276, 344 n, 350, 354, 362, 366

Ruwanpura, Kanchana——K. 卢万普拉 302 n, 366

Salanti, Andrea——A. 萨兰蒂 238, 366

Samuels, Warren——W. 塞缪尔斯 Samuels, Warren J. 184, 190-195, 202, n, 325 n, 329 n, 351, 356, 361, 362, 366, 368

Samuelson, Paul——P. 塞缪尔森 Samuelson, Paul A. 12, 262, 275, 283 n, 289 n, 342 n, 344 n, 366

Sap, Jolande——J. 插 361, 363, 364, 367

Sawyer, Malcolm——M. 索耶 168, 169, 321 n, 323 n, 324 n, 347, 359, 364, 366

Say, Jean-Baptiste——J. 萨伊 265—269, 278, 347, 366

Sayer, Andrew——A. 塞耶 302 n, 304 n, 305 n, 366

Sayre-McCord, Geoffrey——G. 塞尔-麦科德 349, 366

Scazzieri, Roberto——R. 斯卡齐里 355

Schejtman, Marco——M. 沙耶特曼 xxv

Schumpeter, Joseph——J. 顺彼得 Schumpeter, Joseph A. 57, 110, 111, 133, 139, 262, 354, 366

Screpanti, Ernesto——E. 斯克雷潘蒂 238, 366

Searle, J. Richard——J. R. 瑟尔 296 n, 297 n, 298 n, 299 n, 302 n, 366

Seiz, Janet——J. 塞斯 234, 336 n, 338 n, 366

Sen, Amartya——A. 森 249, 304 n, 363, 366

Sender, John——J. 森德 359

Setterfield, Mark——M. 塞特菲尔德 5, 258, 323 n, 324 n, 366

Sherman, Howard——H. 舍曼 Sherman, Howard J. 110, 352

Shioncya, Yuichi——Y. 盐屋 354, 359

— 431 —

Siakantaris, Nicos——N. 西亚坎塔利斯 S 305 n, 366

Skouras, Thanos——T. 斯库拉斯 354

Slater, Gary——G. 斯莱特 300 n, 305 n, 349

Smith, Adam——A. 史密斯 170, 173, 266, 303 n, 323 n, 362

Smith, Dorothy——D. 史密斯 340 n, 367

Smithin, John——J. 史密斯因 300 n, 302 n, 305 n, 323 n, 324 n, 367

Snowdon, Brian——B. 斯诺登 349, 353

Sofianou, Evanthia——E. 索菲亚诺 193, 202, 329 n, 367

Soper, Kate——K. 索珀 304 n, 338 n, 340 n, 341 n, 367

Soskice, Janet——J. 索斯凯斯 115, 367

Spencer, David——D. 斯潘塞 300 n, 305 n, 349

Sperber, Dan——D. 施佩贝尔 317 n, 367

Sraffa, Piero——P. 斯拉法 323 n 362

Staveren, Irene van——I. v. 斯塔弗伦 305 n, 338 n, 367

Sterling, Richard——R. 施特林 Sterling, Richard W, 14, 302 n, 367

Stewart, Abigail——A. 斯图尔特 349, 354

Stinchcombe, Arthur——A. 斯汀康比 Stinchcombe, Arthur L. 302 n, 367

Stone, Richard——R. 斯通 289 n

Strassmann, Diana——D. 施特拉斯曼 xxv, 6, 7, 336 n, 338 n, 367

Strassmann, W. Paul——W. P. 施特拉斯曼 329 n

Thompson, Grahame——G. 汤普森 302 n, 355

Thomson, William——W. 汤姆森 Thomson, William L. 284 n, 367

Thomson, Wylville——W. 汤姆森 211

Tiles, Mary——M. 泰勒斯 338 n, 367

Tool, Mark——M. 图尔 351

Tritter, Jonathan——J. 特里泰 Tritter, Jonathan Q. 305 n, 347

Turgot, Anne‐Robert‐Jacques, baron de l'Aulne——A. B. 杜尔哥 Turgot, Anne‐Robert‐Jacques, baron de l'Aulne 260

Turnovsky, Stephen——S. 托洛维斯基 Turnovsky, Stephen J. 284 n, 368

人名索引

Twomey, Paul——P. 图米 189, 368

vanFraassen, Bas——B. 梵 van Fraassen, Bas C. 309 n, 339 n, 368

Vane, Howard——H. 巴内 349, 353

Veblen, Thorstein——T. 凡勃伦 Veblen, Thorstein B. 5, xxvi, 110, 166, 184—217, 247, 286 n, 303 n, 325 n, 326 n, 327 n, 328 n, 329 n, 330 n, 331 n, 332 n, 333 n, 334 n, 335 n, 348, 356, 361, 363, 366, 368

Viskovatoff, Alex——A. 维斯科瓦托夫 294 n, 300 n, 368

Voltaire——伏尔泰 263, 369

Vromen, Jack——J. 维罗曼 310 n, 369

Wald, Abraham——A. 瓦尔德 273

Walras, Marie-Ésprit Léon——M. L. 瓦尔拉斯 Walras, Marie-Ésprit Léon 7, 18, 129, 260—262, 269, 270, 272, 278, 342 n, 364, 369

Walters, Bernard——B. 瓦尔特斯 178, 321 n, 347, 353, 369

Ward, Benjamin——B. 瓦尔德 31

Weiner, Jonathan——J. 韦纳 121, 312 n, 313 n, 369

Weintraub——温特劳布 30, 32, 238, 343 n, 369

Wheelwright, Sally——S. 惠尔赖特 346 n, 348, 359

Whitaker, John——J. 惠特克 Whitaker, John K. 361

Whitehead, Alfred North——A. N. 怀特海德 7, 290 n, 301 n, 369

Whitford, Margaret——M. 惠特福德 353, 360

Wiles, Peter——P. 怀尔斯 9, 318 n, 369

Wilkinson, Frank——F. 威尔金森 335 n, 336 n, 342 n, 351, 358, 369

Willmott, Robert——R. 威尔莫特 305 n, 369

Winter, Sidney——S. 温特 Winter, Sidney G. 110, 252, 362

Witt, Ulrich——U. 威特 xxv, 110, 369

Wolowski, Louis——L. 沃洛夫斯基 267, 369

Yagi, Kiichiro——K. 八木 359

— 433 —

Yonay, Yuval——Y. 约内 Yonay, Yuval P. 274, 275, 369
Young, David——D. 扬 178, 321 n, 347, 353 369

Zannoni, Diana——D. 赞诺尼 321 n, 323 n, 324 n, 361
Zwirn, Gregor——G. 茨维恩 xxv

主题词索引

（注：以下主题词索引中的数字为原著中相应主题词所在的页码）

abduction：from other domains 外延臆断，不明推理：从其他领域（借用）114，116；as causal reasoning see under retroduction；作为因果推理，见溯因推理条下；abductionist fallacy 外延谬误 114

abductionist fallacy 外延谬误 114，310 n

absences 不在场，缺位 17，65，93，94，210

abstraction 抽象 xvii，43，52，83，177，181，239，240，290 n，301 n，307 n，308 n，325 n；contrasted with methods of isolation xvii，与孤立方法对比 83，307 n，308 n

action, human see under intentionality, human 行动，人，见意向性，人条下

actualism 现实论 59，238，303 n

agency/structure interaction 能动性—结构相互作用 49—53，57，117，118，129，136，147—150，225—228，241，254，300 n；diachronic aspect of 50，205 某事的历时方面；synchronic aspect of 50，205 某事的共时方面；see also the transformational model of social activity 又见社会活动转变模型

anti–realism 反实在论 63，67，71，74；see also irrealism 又见非实在论

atomism 原子论 13—16，19，171，286 n，290 n

奥地利学派 Austrianism 6，32，167，169，180，182，207，234，247，275，294 n，300 n，305 n，324 n，325 n；see also heterodox traditions of economics 又见经济学异端传统

biological explanation see explanation, biological 生物学解释，见解释，生物学的

causal explanation see explanation, causal 因果解释，见解释，因果的

causal sequence（s）186，187，196，326 n；因果序列 relation of 什么的关系；14，105；events standing

— 435 —

in 处于事件因果序列中 14, 41, 79, 171, 296 n; closed system(s) or closure(s) of 封闭系统或封闭 15, 17, 23, 25, 41, 42, 83, 103, 119, 296 n, 306 n, 307 n; explanations of the form of 对什么形式的各种解释 15; event regularity of 什么的事件规则性 15, 17, 23, 24, 51, 82, 103, 143, 290 n; event correlations of 什么的事件相关性 25, 41, 83

closed system(s) or closure(s) 封闭系统或封闭 5, 12—17, 20, 21, 22, 23, 25—27, 41, 42, 60, 67, 68, 81, 82, 83, 84, 93, 103, 105, 106, 108, 113, 119, 143, 150, 156, 171, 173, 175, 178, 179, 222, 224, 229, 284 n, 292 n, 296 n, 306 n, 307 n, 308 n, 345 n; of causal sequence 因果序列的 15, 17, 23, 25, 41, 42, 83, 103, 119, 296 n, 306 n, 307 n; of concomitance 伴随的 15, 42, 296 n; conditions of 某事的条件 224—225, 296 n; of continuity 连续性的 41; contrasted with demi—regs 与半规则性的对比 105—107; experimental 实验的 81, 87, 93, 105, 150; of isolation 孤立的 41; psychological need for 对某事的心理需要 345 n; see also open systems 又见开放系统

collective learning 集体学习 70, 302 n

collectivities 集体性 58—59, 147, 227—228

concomitance: closed system(s) or closure(s) of 伴随：某事的封闭系统或封闭 15, 42, 296 n; event regularities or variations of 什么的事件规则性或变化或变异 14, 94, 196, 197, 296 n, 329 n

concrete 具体的 xvii, 43, 51, 52, 54, 61, 79, 84, 96, 100, 109, 126, 146, 147, 152, 157, 158, 168, 177—181, 195, 212, 260, 290 n, 291 n, 299 n, 301 n, 304 n, 307 n, 308 n, 325 n, 334 n, 341 n, 342 n; concrete or applied explanation 具体解释或应用解释 146, 147, 152, 291 n, 307 n; fallacy of misplaced concreteness 错置的具体性谬误 290 n, 301 n

consciousness, human 意识，人 46—48, 296 n,

298 n, 299 n, 302 n, 340 n; discursive 思辨的 47, 48; practical or tacit 实际或意会的 47, 48, 299 n; and unconsciousness 和无意识 299 n

contrast explanation see explanation, contrast or contrastive 对比解释，见解释、对比或对比的

contrastive explanation *see* explanation, contrast or contrastive 对比性解释，见对比或对比的

contrastive observations or contrasts or contrastives 对比观察或对比或对比物 86—108, 146, 132, 231—237, 248, 251, 308 n, 309 n, 310 n, 322 n, 340 n; surprising or otherwise interesting 令人惊异或有趣的 90, 93, 94, 95, 97, 104, 108, 231—234, 248, 309 *see also* demiregs, contrastive 又见半规则性, 对比的

contrast space（s）对比空间 89—95, 97—99, 100—103, 106, 108, 308 n; defined 确定的 89

conventionalism 约定主义, 传统主义 286 n

conventions 习俗惯例 37, 47, 50, 98, 128, 129, 135, 250, 257—259, 270, 281, 296 n, 327 n, 331 n, 342 n; as replicators 作为复制体 128, 136

critical realism *see* realism, critical 批判实在论, 见实在论, 批判的

culture 文化 36, 49, 50, 61, 62, 92, 101, 128, 134—139, 163, 193, 195, 204, 206, 207, 209, 210, 220, 226, 238—245, 248, 259, 268, 269, 273, 298 n, 301 n, 307 n, 315 n, 316 n, 330 n, 341 n;

Enlightenment 启蒙运动 264 265; the place of mathematics in modern western 当代西方文化中数学的地位 248—251, 256, 259—261, 263, 264, 277, 279, 281, 344 n

cumulative causation 积累性因果关系 112, as fundamental concern of Veblen 凡勃伦的根本关注 186, 187, 196, 198, 201, 204, 208, 209, 212—217, 327 n, 328 n deductivism *see* explanation, deductivist 演绎主义, 见解释、演绎主义的

demi-regs（or demi-regularities）半规则性 73, 79, 83, 84, 102, 105—107, 146, 152, 171; contrastive demi-reg（s）对比半规则性 106, 107, 146; contrasted with stylised facts 与特征化事实对比 83

democracy 民主 61, 108, 234, 236, 322 n

determinate negation 明确否定 192, 196, 328 n

determinism 决定论 40, 130, 263, 265, 269, 276, 303 n; cultural 文化的 195, 316 n; genetic 遗传的, 基因的 138; regularity 规则性 291 n

dialectical process 辩证的过程 336 n

dialectical reasoning 辩证推理 101, 109, 303 n

distribution, basis for a theory of 分布，一种理论的基础 econometrics 计量经济学 4, 5, 6, 9, 20, 31, 67, 102, 105, 129, 135, 178, 228, 275, 276, 287 n, 288 n, 293 n, 294 n, 306 n, 315 n, 318 n, 344 n; failings of 什么的失败 11, 13, 222, 225, 228, 293 n, 294 n; Keynes on 凯恩斯论某事 175—177, 303 n; ontological presuppositions of 某事的本体论预设 15;

theory/practice inconsistencies in 理论与实践不一致 8, 11, 293 n, 294 n; and true models 和真实模型 67

economics 经济学 19, 70, 150, 151, 249;

contemporary mainstream 当代主流（经济学） xvii, xviii—xxiii, 3—22, 25, 26, 29, 30, 35, 41, 45, 49, 50, 54—56, 59, 66—75, 77, 82, 83, 104, 105, 113, 118, 130, 143, 150, 153, 158, 159, 163, 165, 169—173, 177—183, 204, 214, 217, 221, 229, 230, 232, 245, 247—249, 252, 253, 255—259, 261—263, 277—279, 284 n, 285 n, 286 n, 287 n, 288 n, 290 n, 291 n, 292 n, 293 n, 294 n, 295 n, 296 n, 305 n, 306 n, 309 n, 325 n, 338 n, 341 n;（declining）enrolments in 入学率下降 xv—xvi, 85, 86; evolutionary see under evolutionary economics 演化的，见演化经济学条下; fluctuating fashions in 变化不定的时尚（风气）170, 284 n, 285 n; heterodox see under heterodox traditions of economics; as a separate science see under science, economics as a separate; 异端学说，见经济学中的异端传统；作为单独的一门科学，见科学条下、作为单独的一门学问的经济学 xxiv, 59, 70, 78, 141, 150, 159, 161—164, 181;（unhappy）state of 令人不快的状态 xv, xvii, xxii, 1, 3, 8—11, 61, 285 n, 286 n; student disenchantment with 学生对某事不再抱幻想 xv, 279, 281, 289 n, 290 n; see also econometrics; fictions of modem economics; mathematical modelling; methodology, economic 又见计量经济学、当代经济学中的虚构、数学建模、方法论、经济的

emancipation, projects of human 解放，关于人的理论 61, 166. 183, 218—222, 237—243, 336 n; and feminist economics 和女权主义经济学 237—243

emergence 突现 43—45, 57, 68, 131, 161, 162, 329 n; and emergent phenomena or properties including powers

和突现现象或包括力量在内的各种特征 44，46，52.114.117.147.161.162.183，296 n，299 n，300 n，

empirical realism see realism, empirical 经验实在论，见实在论，经验的

empiricism 经验主义 64，263，291 n，337 n；see also realism, empirical 又见实在论、经验的

epistemic fallacy 认识谬误 111，119，310 n，312 n

essentialism 本质主义 291 n，340 n

ethics 伦理学 60，166，202，303 n，304 n；and moral reasoning 和道德推理 173，240，260，303 n，304 n，311

eudaemonistic or good society 幸福社会或好社会 304 n

evolution 演化 116，121，122，136，189，206，211，253，299 n，310 n，311 n，313 n，314 n，315 n，316 n，317 n，331 n；biological 生物学的 121，122，310 n，313 n，314 n，317；Darwinian 达尔文的 118，206，211，212，280 n；of cultural traits or memes 关于文化特性或模因 136；

Lamarckian conception of 拉马克观念 111，124，130，314 n，342 n；

as a metaphor 作为一种隐喻 116；as natural selection 作为自然选择 121，122，253，331；as progress 作为进步 189；and teleology see under teleology；see also cumulative causation；evolutionary；evolutionary economics；evolutionary explanation；evolutionary science；memetic explanation or memetics；PVRS model；natural selection 目的论，见目的论条下，又见积累性因果关系、演化的、演化经济学；演化解释；演化科学、模因解释或模因论

Evolutionary：agent（s）演化的：演化因子 136；approach 演化方法 132，184，192，198，200，216，336 n；change or process 变化或过程 81，112，121—124，138，191—195，201，217，251，253，280，327 n；episodes 演化的插曲 280；epistemology 演化认识论 189，203，217；framework 演化框架 127，128；habit of mind 演化思维习惯 198，199；mechanism（s）演化机制 111，112，125，129，251；metaphor 演化隐喻 114，119；method 演化方法 111，119，184，185，188，190—193，195，197—201，204，208，215—217，327 n；model（s）演化模型 111—113，116，118，119，121，125，126，128，130—132，139，201，

— 439 —

280，281；psychology 演化心理学 134，139；PVRS model see under PVRS model；story，PVRS 模型见 PVRS 模型条下，故事条下 126，132，200，253，256，257，262；tendencies 趋势 256，280；theorising 理论化 xxiii，111，113，137，139；thinking 思维 137，190，191，214，310 n，331 n；tradition in economics 经济学的传统 247；see also evolution；evolutionary economics；evolutionary explanation；evolutionary science；memetic explanation or memetics；PVRS model；natural selection 又见演化；演化经济学；演化解释；演化科学；模因解释或模因学；PVRS 模型；自然选择

evolutionary biology 演化（进化）生物学 77，110—112，114，117，118，120，121，129—131，134，138—140，254，310 n，313 n，314 n，315 n；borrowing from 借用 77，110，111，112，113，114，119，125，131，139，140；disanalogies with evolutionary social science 与演化社会科学的不可类比性 129—131；see also explanation，biological；evolution；evolutionary；evolutionary economics；evolutionary explanation；evolutionary science；memetic explanation or memetics；PVRS model；natural selection 又

见解释，生物学的；演化，演化的，演化经济学；演化解释；演化科学；模因解释或模因学；PVRS 模型；自然选择

evolutionary economics 演化经济学 110—113，166，169，188，189，190，203，205，208—210，212，214，217，303 n，310 n，331 n，335 n；Veblen's conception of 凡勃伦关于某事的观念 188，205—210；see also evolution 又见演化；

evolutionary 演化的；evolutionary biology 演化生物学；evolutionary explanation 演化解释；evolutionary science 演化科学；memetic explanation or memetics 模因解释或模因学；PVRS model PVRS 模型；natural selection 自然选择

evolutionary explanation 演化解释 112，122，128，131—133，251—255，257，262，277；as a limited epistemological case 作为一个有限的认识论案例 131—140；see also evolution；evolutionary；evolutionary biology；evolutionary economics；evolutionary science；memetic explanation or memetics；PVRS model；natural selection 又见演化；演化的；演化生物学；演化经济学；演化科学；模因解释或模因学；PVRS 模型；自然选择

evolutionary science 演化科学 110，184—192，200，202，203，205—208，210，211，214，215—217，327 n；Veblen's conception of；see also evolution；evolutionary；evolutionary biology；evolutionary economics；evolutionary explanation；memetic explanation or memetics；PVRS model；natural selection 凡勃伦关于某事的观念，又见演化；演化的；演化生物学；演化经济学；演化解释；模因解释或模因学；PVRS 模型；自然选择

experimental work in science；科学的实验工作 23，24，77，81，82，87—88，90—93，95，97，102，103，105，107，143，158，197，222—225，228—230，232；290 n，300 n，301 n，306 n，307 n，308 n；

explanation 解释 xxiii，4，5，15，23—25，79—109，112，120，121，131，143，146—147 152，155，156，162，164，179，230—237，241，251—255，257，258，290 n，291 n，293 n，303 n，306 n，307 n，308 n，309 n，318 n，339 n，340 n；applied or concrete 应用的或具体的 146，152，164，291 n，307 n，309 n，339 n；biological 生物学的 110，112—114，118—121，129—130，139，254；causal 因果关系的 24，25，79—82，84，86，93—98，101—103，143，145，237，291 n，306 n，307 n；contrast or contrastive 对比或对比性的 86—109，179，231—237，241，247—248，251，308 n，309 n，310 n，329 n，340 n；contrastive, and feminist standpoint theorising 对比的和女权主义立场观点理论化 233—237；deductivist 演绎主义的 xxii，3，4，5，7，8，11—17，19，21—26，32，35，40，41，54，56，60，61，73，74，83，102，105，113，128，132，143，150，155，156，158，161，163，165，170—172，177，179，203，204，245，266，284 n，286 n，292 n，295 n，296 n，306 n，318 n，329 n；dialectical see under dialectical reasoning 辩证的，见辩证推理条下；evolutionary see under evolutionary explanation 演化的，见演化解释条下；memetic, see under memetic explanation or memetics 模因的，见模因解释或模因学条下；

pure or abstract 纯的或抽象的 146，152，156，164，291 n，307 n；see also feminist epistemology；open system（s），three–part problem of explanatory work concerned with 又见女权主义认识论；开放系统，与某事有关的解释工作的三合一问题

external relations 外在关系 58, 227, 319 n; see also internal relations 又见内在关系 fallacy of misplaced concreteness 错置的具体性谬误 290 n, 301 n

fallacy of misplaced universality 错置的普遍性谬误 xviii, 291 n, 301 n

feminist economics 女权主义经济学 6, 59, 165, 166, 169, 182, 183, 218—244, 247, 294 n, 305 n, 325 n, 336 n, 337 n, 339 n, 345 n; and formalistic modelling 形式建模 6, 7, 228, 229, 338 n; journal of 某杂志 6, 166, 336 n, 338 n; and ontology 和本体论 219—224, 229, 230, 232, 233, 237, 240—244; see also emancipation, projects of human; heterodox traditions of economics 又见解放、关于人的理论；经济学的异端传统

feminist epistemology 女权主义认识论 221, 233, 235, 242, 336 n, 337 n, 338 n, 340 n; and contrastive explanation 对比性解释 233—237; in the form of feminist standpoint theory 以女权主义立场理论为形式 219, 233—237, 340 n; and situated knowledge 和情境认识（知识）229, 233

feminist standpoint theory see under feminist epistemology 女权主义立场理论，见女权主义认识论条下

fictions of modern economics 当代经济学中的虚构 18—21, 26, 77, 83, 150, 156, 163, 290 n, 293 n, 307 n, 308 n, 318 n

formalistic modelling see under mathematical modelling 形式建模，见数学建模条下

French liberal school of economists 法国经济学家的自由学派 265—269, 342 n

functionalism 功能主义 130, 255

genotypes 基因型，遗传型 122, 135

globalisation versus internationalisation 全球化与国际化 58, 302 n habits, 习惯 45, 46, 48, 50, 132, 182, 193—5, 206, 208, 209, 212—216, 250, 296 n, 299 n, 330 n, 331 n, 332 n, 333 n, 334 n, 335 n; conceptualised 概念化的 45, 333 n, 334 n, 335 n; dispositions conditioning 倾向的形成 45, 334 n, 335 n; of thought 思想的，思维的 45, 184, 190, 193, 195, 198, 199, 203, 206, 208, 209, 326 n, 331 n, 333 n; Veblen's conception of 凡勃伦关于某事的观念 212—214, 332, 333 n, 334 n, 335 n; see also habitus 又见习性

habitus 习性 45, 46, 296 n

hermeneutic moment in science 科学中的解释学契机 14

heterodox traditions of economics 经济学的异端传统 xxiii, 6, 8, 59, 70, 113, 119, 165—169, 172, 180—183, 247, 249, 278—280, 294 n, 295 n, 324 n, 325 n; commonalities and distinctions of the 某事的共性与特殊性 180—183, 325 n; see also Austrianism; feminist economics; institutionalism; post Keynesianism; Marxian economics; social economics 又见奥地利学派，女权主义经济学，制度学派，马克思主义经济学，社会经济学

Idealisations 理想化 83

Institutionalism 制度学派、制度主义 6, 57, 59, 120, 165, 166, 169, 180, 182, 184, 185, 188, 189, 191, 192, 203, 210, 214, 216, 217, 234, 247, 294 n, 324 n, 325 n, 327 n, 332 n, 334 n, 336; as a constructive programme 建设性大纲 184, 185, 188, 189, 191, 192, 202—204, 210, 214, 217; and ontology 和本体论 184—187, 188, 195—199, 201, 204, 213, 214, 217; and postmodernism 和后现代主义 184—185, 191, 192, 202, 325 n; see also cumulative causation; habits; heterodox traditions of economics; institutions; teleology 又见积累因果关系，习惯，经济学中的异端传统，制度

institutions 制度 55, 56, 59, 70, 132, 136, 170, 172, 182, 184, 209, 210, 212—216, 297 n, 302 n, 330 n, 331 n, 332 n, 333 n; defined/conceptualised 确定的/概念化的 43, 58, 332 n, 333 n; as a candidate for socio-evolutionary explanations 作为社会演化解释的候选者 132; as the main unit of analysis 作为分析的主要单位 57, 180; Veblen's use of the category 凡勃伦对此范畴的运用 212—214, 330 n, 331 n, 332 n, 333 n

intelligibility principle 可理解性原理 33

intentionality, human 意向性，人 46—48, 129—130, 136, 147, 149, 215, 225, 241, 254, 255, 297 n, 298 n; and action 和行动 47, 48, 49, 296 n, 297 n; collective 集体的 229 n, 302 n; Searle's conception of 瑟尔关于某事的观念 296 n, 297 n, 298 n, 299 n

interactor（s）参与者 122, 127, 128, 253, 257

internal relations 内在关系 17, 39, 44, 54, 60, 74, 80, 99, 117, 149, 172, 183, 227—229, 231,

241, 293 n, 307 n, 319 n, 334 n, 335 n; see also external relations; totalities 又见外在关系，整体

irrealism 非实在论 243; see also anti-realism 又见反实在论

isolationism 孤立主义 13, 19, 83, 290 n, 307 n, 308 n

isolation (s) 孤立，隔离 xvii, 41, 155, 228, 301 n, 330 n; closure of 41; Keynes' realist orientation 凯恩斯的实在论方向 173—177

knowing, situated nature of 认识、认知，某事的情境性质 202, 229, 232—236, 337 n, 340 n; see also situated rationality, theory of 又见情境理性，关于某事的理论

knowledge 知识、认识 37, 90, 91, 92, 190, 198, 241, 297 n; background 背景 108, 230; as a condition for the production of further knowledge 作为进一步产生知识的条件 34, 92, 101; as a dialectical process 作为一种辩证过程 101; experimental 实验的 24, 224; fallibility of 某事的可错性 19, 20, 22, 27, 34, 53, 99, 178, 202, 218, 220, 292 n, 328 n; and epistemically significant moments 认知上有意义的契机 97; intransitive objects of 什么的不可迁客体 101, 223; non-neutral nature of 某事的非中性性质 220; partiality of 某事的片面性 19, 53, 75, 178, 202, 218, 220, 232; positivistic accounts of 对某事的实证主义解释 101; progress in 某方面的进步 5 90—92, 109, 218, 280; psychological 心理学的 297 n, 298 n; as social construction 作为社会建构 297 n, 298 n; tacit 意会的 97, 296 n, 308 n; transient nature of 某事的瞬变性 19, 53, 75, 178, 202, 218, 220, 337 n; see also abstraction; epistemic fallacy; epistemological relativism; knowing, situated nature of 又见抽象，认识谬误，认识论相对主义，认识（认知），某事的情境性质 linguistic fallacy 语言谬误 311 nMarxian economics 马克思的经济学 6, 32, 167, 169, 234, 247, 295 n, 305 n, 340 n; see also heterodox traditions of economics 又见经济学的异端传统

mathematical economicssee under mathematical modelling 数理经济学，见数学建模条下

mathematical modelling, in economics 经济学中的数学建模 xvii, xviii, xxii, 4, 7, 8, 12, 16, 22, 27, 249, 258, 262, 273, 289 n, 290 n, 293 n; also referred to as mathematical economics 又指称为数理经济学 5, 128, 137, 259, 262, 269, 270,

273，276—278，281，315 n，342 n，343 n，369；*also referred to as* formalistic modelling 又被称为形式建模 xviii，xx，xxi，xxii，4，6，11，13，21，25，27，82，104，113，162，168，178，179，221，222，225，228，229，232，256，278，338 n，339 n；defences of the modern emphasis on 为当代所强调的东西的辩护 21，22，287 n，288 n，289 n，290

mathematics：Bourbaki school of 数学：布尔巴基学派 4，273，274；role in science 科学中的作用 xx，22，128，129，135—137，249，250，257—259，290 n，295 n，342 n；use in economics 在经济学中的应用 xxi，7，9—12，18，249，261—267，269—271，273，283 n，342 n，343 n，344 n；interpretations of 对某事的解释 128，129；271—274，276，277，284 n；as a feature of western culture 作为西方文化的一个特点 135，248—251，261，281，345 n；*see also* mathematical modelling 又见数学建模

meme（s）模因 130 134—137，316 n，317 n

memetic explanation or memetics 模因解释或模因学 134—138，316 n，317 n

metaphor 隐喻 110，114—116，118，119，120，133，139，260，271，272，280，295 n，302 n，311 n，316 n，317 n；nature and role of 某事的性质和作用 114—116，302 n，311 n，316 n，317 n；use of in retroductive reasoning 在 溯因推理中的应用 80，96，145

methodological evolutionism 方法论演化论 57，132，212；Veblen as an evolutionist 作为演化论者的凡勃伦 190—202

methodological holism 方法论上的整体论 57

methodological individualism 方法论个体主义 16，56，57，132，147

methodological institutionalism 方法论制度主义 57

methodological pluralism 方法论多元论 27，179，279，280，291 n，292 n，305，339 n

methodology, economic 方法论，经济的 11，19，28—35，63—73，82，84，150 169—171，176，214，238，292 n，293 n，294 n，295 n，308 n，322 n，342 n，345 n；contending approaches to 与某方法竞争的方法 29—35；feminist critique of 对什么的女权主义批判 345 n；mainstream avoidance of 主流对某事的回避 11，

— 445 —

295 n; narrow conception of 某事的狭义概念 84, 308 n; normative 规范的 238; realist 实在论者, 实在论的 63, 66; see also reductionist positions, methodologically 又见还原论的观点, 方法论地

middle-range theories 中范围理论 302 n

moralistic fallacy 道德主义谬误 311 n

moral realism see realism, moral 道德实在论, 见实在论, 道德的 naturalism 自然主义 34, 35, 148, 150, 295 n, 307 n

natural selection 自然选择 77, 112, 113, 116, 119—126, 128—132, 134, 136, 138, 139, 210—212, 215, 251—256, 277, 280, 313 n, 314 n, 315 n, 316 n, 327 n, 331 n; Darwin and 达尔文和 77, 112—113, 120, 138, 210, 211, 251, 252, 254, 255, 256, 277; Veblen and 凡勃伦和 210—212

needs, human 需要, 人 20, 163, 239, 240—242, 299 n, 341 n; distinguished from wants 区别于需求 239, 341 n

neoclassical economics 新古典经济学 189, 321 n, 322 n, 325 n, 339 n

open system(s) 开放系统 19, 21, 26, 42, 51, 52, 54, 56, 60, 67, 68, 73, 77, 79—82, 84—87, 92—95, 97, 100, 103, 105, 106, 108, 109, 116, 118, 119, 120, 125, 143, 144, 150, 155—157, 161, 171—173, 177, 179, 182, 223, 224, 229—233, 243, 281, 290 n, 293 n, 306 n, 307 n, 308 n, 310 n, 311 n, 345 n, 346 n; psychological fear of 对什么的心理恐惧 281, 345 n, 346 n; three-part problem of explanatory work concerned with 与什么有关的解释工作的三合一问题 81—82, 84—86, 93—97; see also closed systems 又见封闭系统

ontic fallacy 本体论上的谬误 305 n

ontological analysis 本体论分析 xvi, xix, 20, 22, 54—57, 77, 111, 219, 221, 229, 243, 244, 339 n, 341 n

ontological conception 本体论观念 xxiii, 16—18, 28, 35, 53—55, 57, 60—62, 77, 79—81, 103, 184, 192, 214, 302 n, 327 n

ontological presuppositions 本体论预设 xvii, xviii, xix, xx, 12, 16, 57, 69, 165, 166, 173, 174, 186, 195, 201, 214, 222, 310 n ontological realism *see* realism, ontological

ontological security 本体论的实在论，见本体论的，本体上的安全感 299 n, 345 n ontology 本体论 xv, xvi, xvii, xviii, xix, xx, xxii, xxiii, 1, 12, 15—17, 22, 23, 25—28, 33—35, 39, 49, 53, 54, 58, 59, 61, 62, 64, 65, 68, 69, 75, 101, 103, 107, 111, 119, 126, 133, 139, 144, 151, 155, 165, 166, 171, 172, 173, 175, 179—188, 195—199, 201, 204, 213, 214, 217, 220—224, 229, 232, 237, 240—243, 288 n, 290 n, 291 n, 292 n, 293 n, 294 n, 296 n, 300 n, 303 n, 304 n, 305 n, 310 n, 325 n, 327 n, 328 n, 334 n, 337 n, 342 n, 345 n, 363; atomistic 原子状的 15, 26, 296 n; implicit 隐性的 23, 64, 165; social 社会的 xix, xx, 16, 17, 22, 25, 34, 35, 49, 53, 62, 68, 75, 101, 126, 175, 179, 181, 184, 204, 213, 217, 293 n, 325 n; a turn to 转向，依赖于 xviii, xix, xxii, 27, 28, 61, 120 139, 204

optimising behaviour 最佳行为，最优行为 26, 55, 141, 159, 163, 173, 229, 291 n, 318 n

phenotypes 表现型 122, 135, 316 n

plans or projects or schemes, highly abstract 计划或项目，高度抽象 46 51, 52; 152, 300 n; conflicting 有冲突的 52; and emotionality 和情绪性 52; Lachmann's conception of 拉赫曼关于某事的观念 51, 300 n; and meaning 和意义 52; and personal identities 和个人身份 52

positions, social 地位，社会的 17, 38, 39, 44, 55, 58, 59, 68, 70, 117, 136, 147, 162, 163, 181, 226—228; internally related 内在关系的 17, 58, 59, 117, 227, 228, 241

post Keynesianism 后凯恩斯主义 6, 59, 165, 166, 168—183, 234, 247, 294 n, 305 n, 321 n, 322 n, 323 n, 324 n, 325 n; prominent features of 某事的显著特点 169—170, 321 n, 322 n, 323 n; the question of coherence within 什么范围内的一致性问题 168—170, 172, 173, 177—179, 321 n, 323 n, 324 n; *see also* heterodox traditions of economics; Keynes' realist orientation 又见经济学的异端传统，凯恩斯的实在论方向 173—177

postmodernism 后现代主义 64, 184, 185, 191, 192, 202, 238,

239, 325 n

power 力量, 能力, 权力 52, 61, 70, 130, 131, 183, 243, 250, 258, 302 n, 322 n, 336 n

PVRS model PVRS 模型 123—126, 128, 129, 132, 139, 254, 255, 278; feed‐backward, or S‐to‐V 后反馈或 S 到 V 124, 125, 127, 130, 254, 255, 277, 278, 315 n; feed‐forward, or V‐to‐S 前反馈或 V 到 S 124, 125, 130, 255, 277, 278; polar, neo‐, or strict Darwinian 极, 新的, 或严格的达尔文的 124, 125, 130, 254, 255, 314 nrationality 理性, 合理性 19, 25, 26, 158—161; calculative 工于计算的, 计算的 56, 159, 255, 291 n; as a core assumption of mainstream economics 作为主流经济学的核心假设 7, 26, 158—161; as a form of behaviour 作为行为的一种形式 26, 153, 158, 159; of economic practice 经济实践活动的 28—33, 292 n, 293 n; judgemental 判断的 243; principle 原理, 原则 33; situated see under situated rationality, theory of; see also optimising behaviour 情境的, 见情境理性条下, 什么的理论; 又见最佳行为

realism 实在论 xxvi, 63—75, 218—221, 243, 244, 310 n, 337 n, 338 n; Aristotelian, 亚里士多德学派的 220; critical 批判的 xxii, 16, 28, 32—34, 53, 59—63, 70, 73, 103, 143, 144, 150, 167, 171—173, 177—181, 183, 197, 292 n, 299 n, 300 n, 303 n, 304 n, 305 n, 330 n; empirical 经验的, 经验主义的 290 n, 327 n; material 物质, 物质的 243; moral 道德的 303 n; naive 朴素的 220; ontological 本体论的 202, 219, 220, 243, 298 n; perceptual 感性的, 知觉的 220; philosophical 哲学的 337 n; Platonic realism 柏拉图实在论 220; predicative 断言性的 220; promiscuous 混杂的 291 n; scientific 科学的 219—221, 338 n; transcendental 超验的, 先验的 73, 294 n

realist socialtheorising see social theorising, realist 实在论的社会理论化, 见社会理论化, 实在论的

reductionist fallacy 还原论谬误 311 n

reductionist positions, methodologically 还原主义观点 57, 69, 73, 132, 133, 137, 138, 177, 212, 217, 71, 273, 292 n; see also methodological evolutionism 又见方法论演化论 57; methodological holism 方法论整体论 57; methodological individualism 方法论个体主义 57; methodological institutionalism 方法论制度主义 57；Universal Darwinism 普遍的达尔文主义 137，317 n

relativism 相对主义 243；epistemological 方法论的 166，202，243，298 n；judgemental，判断的 166，202，235—237，243

replicator（s）复制体 122，128，129，134—136，138，253，257，316 n，317 n

retrodiction 回溯推理 291 n

retroduction 溯因推理 25，34，80，81，96，120，145—146，149，150，291 n，319 n；also sometimes called abduction 有时又称为不明推理式 145；or 'as if' reasoning 或"似乎"式推理 145；operating under a logic of analogy and metaphor 在类比和隐喻的逻辑下运作 80，96；transcendental argument as a special case of 作为某事的一个特殊案例的超验论证 34，319 n

routines 常规，惯例 36，38，39，132，148，227，299 n，308 nscience 科学 xxiv，32，33，34，73，87，98，108，142，145，147，151，181；abstract or pure explanatory 抽象解释或纯解释 146，147，152；concrete or applied explanatory 具体解释或应用解释 146，147，152；and controlled experiments see experimental work in science 控制实验，见科学中的实验工作；290 n，300 n，301 n，306 n，307 n，308 n；economics as 作为什么的经济学 xvii，xx，25，26，78，148，149，150；economics as a separate 作为独立学科的经济学 xxiv，59，70，78，141，149，150，161—164，181；evolutionary see under evolutionary science；mathematics thought to be an essential component of 演化，见演化科学条下；被认为必不可少的组成部分的数学 xx，13，22，35，82，128，135—136，290 n，295 n；event regularities regarded as essential to 被视为不可缺少的事件规则性 13，143，318 n；nature of（natural）（自然现象）的本质 xx，22—25，143，145，146；non‑neutrality of 某事的非中性性 220—221，337 n，338 n；practical side or application of 某事的实际或应用方面 146，147，152；presuppositions of specific methods of 关于某事的具体方法的预设 xvii，174，175；Robbins's conception of 罗宾斯关于某事的观念 152—161；see also explanation；naturalism；retroduction 又见解释，自然主义，溯因推理

situated rationality, theory of 情境理性，什么的理论 58—61

— 449 —

social economics 社会经济学 6, 169, 247, 294 n; see also heterodox traditions of economics 又见经济学异端传统

social relations 社会关系 16, 56, 70—72, 117, 136, 149, 151, 152, 154, 163, 226, 240, 259, 304 n; external see external relations; internal see internal relations 外在的，见外在关系；内在的，见内在关系

social rules 社会规则 36—39, 44, 70, 117, 128, 181, 225—227, 330 n

social systems 社会体制，社会制度 21, 43, 56, 58, 118, 119, 125, 130, 150, 227, 228, 229, 254

socialtheorising 社会理论化 xv, xix, xxii, xxiii, xxiv, 8, 27, 28, 53, 57, 59, 62, 77, 78, 119, 140, 169, 184, 185, 204, 216, 217, 249, 295 n, 301 n, 302 n, 304 n; realist 实在论的 xix, xxii, xxiii, 27, 140, 169, 184, 185, 204, 216, 217

subjectivity, human 主观性，人 44—49, 215, 238, 297 n; see also consciousness, human 又见意识，人

technology 技术 16, 131—132 182, 279, 286 n, 302 n; meaning of 某事的意义 16; Veblen's theorising of 凡勃伦关于某事的理论化观念 190, 193, 198, 199, 202, 206

teleology 目的论 119, and Veblen's conception of evolution 和凡勃伦关于演化的观念 187, 199, 204, 205, 208, 212, 213, 214, 215, 217, 329 n, 330 n

tendency 趋势 144—145, 224

totalities 整体 68, 70, 72, 117, 177, 181, 183, 235, 307 n, 330 n; see also internal relations 又见内在关系

transcendental argument 超验论证 33, 34, 36, 37, 39, 43, 44, 45, 47, 49, 51—53, 132, 294 n, 319 n, 327 n; as a special case of retroduction 作为溯因推理的一个特例 34, 319 n

transcendental idealism 先验唯心主义 294 n

transcendental realism see under realism, transcendental

transfactual(s) 超验实在论，见实在论，超验超事实条下 68, 145, 242, 301 n

transformational model of social activity 社会活动的转变模型 40, 43, 45, 49, 50, 116—119, 126—129, 131, 132, 140, 204, 207, 208, 212—214, 259, 299 n, 300 n, 330 nuncertainty 不确定性 59 170, 171,

173，182，281，302 n，322 n，324 n，345 n

underlabourer conception of philosophy 哲学的服务角色的观念 xvi，53，54，57，84，177，178，301 n

Universal Darwinism see under reductionist positions, methodologically 普遍的达尔文主义，见还原论的观点，方法论地

universalising tendencies and practices 普遍化趋势与各种做法 xvii，xx，17，54-56，61，73，132，137，138，165，166，212，218，221，229，242，325 n，331 n，336 n，338 n

unobservable aspects of reality 实在的无法观察的方面 68，70-74，241，327 n，328 n

Veblen's Darwinism 凡勃伦的达尔文主义 210-212 voluntarism 唯意志论 39，40，130，225，200

Reorienting Economics 1st Edition / by Tony Lawson / ISBN: 9780415253369

Copyright@ 2004 by Routledge.
Authorized translation from English language edition published by Routledge, part of Taylor & Francis Group LLC; All rights reserved. 本书原版由 Taylor & Francis 出版集团旗下，Routledge 出版公司出版，并经其授权翻译出版，版权所有，侵权必究。

China Book Press is authorized to publish and distribute exclusively the Chinese (Simplified Characters) language edition. This edition is authorized for sale throughout Mainland of China. No part of the publication may be reproduced or distributed by any means, or stored in a database or retrieval system, without the prior written permission of the publisher. 本书中文简体翻译版授权由中国书籍出版社独家出版并在限在中国大陆地区销售，未经出版者书面许可，不得以任何方式复制或发行本书的任何部分。

Copies of this book sold without a Taylor & Francis sticker on the cover are unauthorized and illegal. 本书封面贴有 Taylor & Francis 公司防伪标签，无标签者不得销售。

图书在版编目（CIP）数据

重新定向经济学 /（英）托尼·劳森著；龚威
译. —北京：中国书籍出版社，2018.1
ISBN 978-7-5068-6519-7

Ⅰ. ①重… Ⅱ. ①托… ②龚… Ⅲ. ①经济学-研究 Ⅳ. ①F0

中国版本图书馆 CIP 数据核字（2017）第 239152 号

重新定向经济学

（英）托尼·劳森 著　龚威 译

策划编辑	李立云
责任编辑	李立云
责任印制	孙马飞　马 芝
封面设计	吕家曦
出版发行	中国书籍出版社
地　　址	北京市丰台区三路居路 97 号（邮编：100073）
电　　话	(010) 52257143（总编室）　(010) 52257140（发行部）
电子邮箱	yywhbjb@126.com
经　　销	全国新华书店
印　　刷	北京市金星印务有限公司
开　　本	710 毫米 × 1000 毫米　1/16
字　　数	495 千字
印　　张	29.75
版　　次	2018 年 1 月第 1 版　2018 年 1 月第 1 次印刷
书　　号	ISBN 978-7-5068-6519-7
定　　价	98.00 元

版权所有　翻印必究